The Lore of the Whare-wānanga

Or Teachings of the Maori College on Religion, Cosmogony, and History

VOLUME 2: TE KAUWAE-RARO
OR 'THINGS TERRESTRIAL'

H. T. WHATAHORO

CAMBRIDGE UNIVERSITY PRESS

Cambridge, New York, Melbourne, Madrid, Cape Town,
Singapore, São Paolo, Delhi, Tokyo, Mexico City

Published in the United States of America by Cambridge University Press, New York

www.cambridge.org
Information on this title: www.cambridge.org/9781108040105

© in this compilation Cambridge University Press 2011

This edition first published 1915
This digitally printed version 2011

ISBN 978-1-108-04010-5 Paperback

This book reproduces the text of the original edition. The content and language reflect the beliefs, practices and terminology of their time, and have not been updated.

Cambridge University Press wishes to make clear that the book, unless originally published by Cambridge, is not being republished by, in association or collaboration with, or with the endorsement or approval of, the original publisher or its successors in title.

CAMBRIDGE LIBRARY COLLECTION

Books of enduring scholarly value

Anthropology

The first use of the word 'anthropology' in English was recorded in 1593, but its modern use to indicate the study and science of humanity became current in the late nineteenth century. At that time a separate discipline had begun to evolve from many component strands (including history, archaeology, linguistics, biology and anatomy), and the study of so-called 'primitive' peoples was given impetus not only by the reports of individual explorers but also by the need of colonial powers to define and classify the unfamiliar populations which they governed. From the ethnographic writings of early explorers to the 1898 Cambridge expedition to the Torres Straits, often regarded as the first truly 'anthropological' field research, these books provide eye-witness information on often vanished peoples and ways of life, as well as evidence for the development of a new scientific discipline.

The Lore of the Whare-wānanga

Stephenson Percy Smith (1840–1922) arrived in New Zealand as a boy, and soon became fascinated by Maori culture. After retiring in 1900 from his career as a government surveyor, Smith devoted himself to the study of the Maori and co-founded the Polynesian Society, which published this two-volume study in 1913–15. The book contains the Maori text of an important body of beliefs and traditions which had been committed to writing over fifty years earlier, when the young W. H. Whatahoro had acted as scribe for a group of senior elders concerned to preserve this ancient and sacred knowledge. Only long afterwards was Whatahoro willing to divulge it to Europeans, and he personally assisted Smith with the translation provided here. Volume 2 focuses on traditions relating to the history and migrations of the Maori people and their arrival in New Zealand in the 'Great Fleet'.

Cambridge University Press has long been a pioneer in the reissuing of out-of-print titles from its own backlist, producing digital reprints of books that are still sought after by scholars and students but could not be reprinted economically using traditional technology. The Cambridge Library Collection extends this activity to a wider range of books which are still of importance to researchers and professionals, either for the source material they contain, or as landmarks in the history of their academic discipline.

Drawing from the world-renowned collections in the Cambridge University Library, and guided by the advice of experts in each subject area, Cambridge University Press is using state-of-the-art scanning machines in its own Printing House to capture the content of each book selected for inclusion. The files are processed to give a consistently clear, crisp image, and the books finished to the high quality standard for which the Press is recognised around the world. The latest print-on-demand technology ensures that the books will remain available indefinitely, and that orders for single or multiple copies can quickly be supplied.

The Cambridge Library Collection will bring back to life books of enduring scholarly value (including out-of-copyright works originally issued by other publishers) across a wide range of disciplines in the humanities and social sciences and in science and technology.

Memoirs

of the

Polynesian Society.

Vol. IV.

Memoirs of the Polynesian Society, Vol. IV.

The Lore of the Whare-wānanga

or

Teachings of the Maori College

On their History and Migrations, etc.

Written down by H. T. Whatahoro from the teachings of Te Matorohanga, Nepia Pohuhu and other priests of the Wharewānanga of the East Coast, New Zealand

TRANSLATED AND ANNOTATED BY
S. PERCY SMITH, F.R.G.S., F.R.Hist.Soc.
President of the Polynesian Society.

Part II.—Te Kauwae-raro
Or 'Things Terrestrial.

New Plymouth, N.Z. :
Printed for the Society by Thomas Avery.

1915

INTRODUCTION.

In the third volume of "Memoirs of the Polynesian Society," the first part of the "Lore of the Whare-wānanga" was printed. That first part dealt with the Kauwae-runga, or "Things Celestial," the earliest of the two divisions into which the old Maori Ruanukus, or learned men, separated the whole of the teaching of the College of Learning. The second part, named by them the Kauwae-raro, or "Things Terrestrial," now follows. This latter division treats more especially of their history—properly so called—in which the various migrations of the ancestors of the particular tribes from whom the information was derived, are related in so far as the record has been handed down in the Whare-wānanga, or Maori College.

It is not to be expected that this record, which is very ancient, should be very full in its earlier parts. For we have here to deal with transactions that took place—some of them—certainly some centuries before Christ, but how long ago it is almost impossible to say, and others in the early centuries of the Christian era. The only guide to dates offered by the old teachers themselves are those of the genealogical tables, and those in the process of many centuries have probably become attenuated by the dropping of many names, a process which becomes obvious on comparing the tables themselves one with another. It is unfortunate that none of the branches of the Polynesian race possessed any system of record expressed in terms of years. As we shall see in what follows, the month, and day of the month, according to their system of record, are sometimes mentioned when any event of importance occurred, but no indication of the year is ever given, and therefore we are reduced to assigning approximate dates by aid of the genealogies, checking them wherever possible by different lines and by using mean numbers where we have more than one line to refer to. The Polynesian Society has, from the very first, adopted twenty-five years as the average length of a generation so far as the Polynesian race is concerned, a number which was the result of the concensus of opinion of many people accustomed to dealing with such questions. These of course, can only be given as approximations of dates, but as we are never likely to possess anything better, we must be satisfied with it. And yet there are some few—very few—means by which we can check our chronology from outside sources. These, however, can of necessity only assist during those early stages of Polynesian history when they came into contact with other races, which practically means prior to, or almost the beginning of the Christian era. Since that date there has been no contact with any race of a higher cult than themselves, until the expansion of nautical adventure subsequent to Columbus brought, in the sixteenth, seventeenth and eighteenth centuries, a few early navigators into communication with the people. Probably the earliest date at which Europeans came into contact with the Polynesians in their Pacific home, was the year 1527 when, as so many things seem to indicate, one of the ships belonging to the Squadron of Saavedra was wrecked on the coasts of the Hawaiian Islands, and only two persons, a man and a woman, being saved according to native traditions and some of whose descendants are still living in those islands. Dr. W. D. Alexander, however, states that they in no way influenced the Hawaiian beliefs or history; and of course could not have done so in the case of these East Coast, New Zealand Maori people who left Hawaii, or ceased to have any communication with that group (as will be shown) long prior to the year 1527.

We must refer readers to Vol. III. of our "Memoirs" for information as to how these traditions were handed down and taught, merely adding here that the matter which follows was dictated by the two Sages, Te Matorohanga and Nepia Pohuhu, to H. T. Whatahoro, the Scribe, who, during several years wrote these out in the form here given, and by his aid they have been translated.

S. PERCY SMITH,
Translator.

ERRATA.

OWING to the Translator's absence in England at the time Chapters I. to VII. went through the press, and also due to his indifferent writing, there are a number of errors in both Maori and English in this book. The following, however, as it completely destroys the meaning of the text, should be corrected :—

Page 102, lines 24 and 27 from top, read Poi, not Toi.

TE KAUWAE-RARO.

UPOKO I.

Na H. T. Whatahoro i tuhituhi.

Te Hekenga mai i Irihia, ki Tawhiti-roa—Ki Tawhiti-nui—Ki Ahu.

NA, ko nga wairua o te whanau a Tāne-nui-a-rangi i kawea ki runga i tetahi maunga tiketike rawa ki reira mahia ai; kia tapu taua maunga, koia nga wairua katoa i haere ai ki reira rawa purea ai. Ka mutu katahi ka haere nga mea i rite ki nga Rangituhaha, ka wehe nga mea e haere ki Rarohenga, ki Te Muri-wai-hou—kei Te Reinga tera wahi, kei tetahi ao ke atu i tenei ao, kei raro o tenei ao taua wahi. Ko te ara ki taua wahi ko Taheke-roa—koia te au o te mate e kukume nei ki taua wahi.

Na, ko taua maunga i whakatapua ra nga wairua o tenei ao, ko Te Hono-i-wairua, kei Tawhiti-pa-mamao, kei Irihia. Ko te whenua hoki tera i wehewehe mai ai nga iwi, nga hapu, ki nga motu o te moana nui.

Na, ka rua nga wehewehenga o taua whenua o Irihia—ko to nga tinana, ko to nga wairua hoki. Ko Hawaiki-nui kei taua whenua ano, kei Irihia, ara, kei Tawhiti-pa-mamao. He kainga nui tena no nga iwi Maori nei; kei reira a Whare-kura, te whare o Rongo-maraeroa; ko te atua tenei nana nga kai e whakatipuria ana i te whenua, te kumara, te taro, te arai, te hue, te korau me era atu tu purapura katoa. Ko te arai-toto-kore e waiho ana hei whakahere atua taua kai, no te mea, kaore he toto o taua kai; ka takoto mo te wa roa noa atu. Na, ko nga kai tera i haere mai ai nga heke ki te rawhiti nei ki nui whenua haere mai ai.

I taua wa o aua heke e toru, i ahu mai te ihu o nga waka ki te rawhiti nei. Na he mea tapa atu tera Hawaiki-nui ki tenei Hawaiki i heke mai nei a Tamatea ma, hei whakamahara i a ratou ki te wahi i haere mai ai ratou.

Na, ko nga kai o nga waka i haere tuatahi mai i Hawaiki-nui o Irihia, he taro, he kumara-kao nei. Engari ko te tino kai pai rawa

1

e ki ana ratou he arai-toto-kore ; he kai mata noa ake i te moana, he hautai te kai tiaki i te wai, e kore ai e maroke. He rakau te kaunoti mo te ahi, me te hikatu.

Na, kotahi o nga tino whenua, ara, kainga o Irihia ko Kuranui ; tera kainga i a Ngana-te-ariki, i moe i a Tangi-te-ruru ; na raua enei tamariki :—

1. Atia-nui-ariki   4. Kopu-tauaki
2. Tipua-Hawaiki   5. Pukupuku
3. Kahu-kura-rongomai   6. Te Rangi-taku-ariki

Na, ko to ratou tino kainga tera, a Kuranui, o Irihia, o Tawhiti-pa-mamao, ki Te Hono-i-wairua. Ko taua tangata, a Ngana-te-ariki he tangata ariki, ko tona ake kainga ko Uru, kei wahi ke atu i Irihia. He ope haere mai i reira ki Irihia, ka noho i Kura-nui, ka moe i te wahine ariki o Kura-nui.

Ka noho ia ki reira, a, i tipu ake tetahi pakanga nui i a Kopu-tauaki, ki te tuakana o nga tamariki o Ngana-te-ariki ; he tangata whakakake ia. A i mate ia, a Ngana-te-ariki, me nga ariki e rima te kau i raro i a ia. He nui taua matenga. Ka waiho te ingoa o taua pakanga ko Hui-te-rangi-ora.

Na, i mua ake o te matenga o Ngana-te-ariki kua whanau ona tamariki tokotoru, kotahi i roto i te kopu o tona wahine, o Tangi-te-ruru, ara koia a Atia-nui-ariki, a Tipua-Hawaiki, a Kahukura-rongomai, a Kopu-tauaki. I muri o te matenga o Ngana-te-ariki me nga ariki hokorima, i te iwi Turehu o Irihia ra, ka moea a Tangi-te-ruru e te taina o Ngana-te-ariki, ka whanau mai tokorua, ko Pukupuku, ko Te Rangi-taku-ariki. Ka mutu nga uri o Tangi-te-haruru.

Ka moe wahine-ariki a Atia-nui-ariki no tetahi iwi ake o Uru ake, ko Ania-riki te ingoa. Ka puta a raua tamariki koia enei :—

1. Hui-te-rangiora   2. Tu-te-rangi-atea   3. Whenua-haere

I konei, i a Hui-te-rangiora, ka pakeke te pakanga. Ka mahia tetahi waka nui, ko 'Tuahiwi-o-atea' te ingoa o te waka nei. E ki ana, e whitu nga waka i heke mai ai ki te rawhiti, i to ratou haerenga mai. I u mai taua heke ra ki Tawhiti-roa, i runga i nga waka e whitu ra. Koia nei nga ingoa o aua waka ra :—

1. Tuahiwi-o-Atea   4. Kura-nui
2. Te Karearea   5. Te Moana-taupuru
3. Uru

E rua o aua waka kaore i mohiotia nga ingoa o aua waka. He waka tui, ara, he waka aukaha.

I heke katoa mai a Tangi-te-ruru me ona tamariki me ona mokopuna, me tetahi wahanga rahi o ona iwi. Ko te take o taua heke ko te whawhai i mate ai a Ngana-te-ariki. I aranga ki taua heke tenei whakatauki, "Tawhana Kahu-kura i runga, ko Hui-te-rangiora ki te moana tere ai."

Na, i puta mai i konei te tipuna nei a Maui e rongo nei tatou, a Maui-mua, a Maui-roto, a Maui-taha, a Maui-pae, a Maui-tikitiki-a-Taranga.

Na, ko nga waka katoa i heke mai i Tawhiti-pa-mamao, Te Hono-i-wairua (ara, tona ingoa tuturu ko Irihia) no te taenga mai o nga heke ki Tawhiti-roa katahi ka hoki atu te mihi, te tangi, ki to ratou whenua tuturu, ka puta ake taua mihi ki Tawhiti-pa-mamao, katahi ka tapā ki to ratou whenua i tae tuatahi atu nei te ingoa nei ko Tawhiti-roa.

A no te mahuetanga atu o tera wahi i u tuatahi atu ra ratou, ka haere ke mai he motu ke he wahi ke, ka kiia tera wahi ko Tawhiti-nui. No te hekenga mai ki tetahi ake wahi, motu ranei, ka mihi atu ki Tawhiti-roa, ki Tawhiti-pa-mamao. Engari kaore e mohiotia ana kei whea tenei whenua, a Irihia, a Uru, a Kuranui, a Hui-te-rangiora me era atu o a ratou kainga. Tae mai ki Tawhiti-roa kaore e marama ana, kei whea.

Na, no te taenga mai o Hui-te-rangiora ki Hawaiki nei, ka tapaia taua motu ko Hawaiki hei whakamaharatanga ki te tino Hawaiki-nui o Irihia. Ko te Hawaiki tino tapu tera o nga wahi katoa o te ao nei. No te mea he wahi tukunga hakari ki nga atua, ki a Io-matua-te-kore, me nga Whatu-kura me nga Marei-kura o Te Toi-o-nga-rangi. Ko te tino rangi tapu tera o nga rangi katoa. Na, nga tino karakia tapu e kawea ana ki runga i taua maunga, ara, ki Te Hono-i-wairua.

Na, i a ratou ka noho ki tenei Hawaiki i haere mai nei nga tupuna ki konei, ka mauria mai e ratou nga ingoa o nga tino whenua i heke haere mai ai ratou ki tenei motu tapā ai, hei whakamaharatanga ki o ratou wahi i haere mai ai ratou.

Na, ko Tu-te-rangi-atea, te tamaiti tuarua na Atia-nui-ariki raua ko Ania-riki, ko tona ingoa tuarua ko Tu-te-rangi-ariki. I tipu tenei hei tino ariki nui, a, he tangata tino mohio ia ki te mahi waka, mahi whare, ki te haere moana hoki. A, i tino tae mai ia ki Hawaiki nei, ara, ki tenei Hawaiki e kiia nei. I mahia e ia tetahi waka nui ko 'Ao-kapua' te ingoa; me tetahi whare tapu mo nga tohunga me nga atua ki Hawaiki, e kiia ana te ingoa ko Rangiatea. A, no taua whare te take o te ingoa o tetahi o nga motu i te whanga mai o Hawaiki, e kiia ana ko te Rangiatea i pae ai a Tu-rahui, a Whatonga ki taua motu, na te hau i pupuhi atu i te moana ka pae atu ki reira, i mna ake o te haerenga mai o nga heke ki tenei motu, ara, o Tamatea-nui me ona hoa.

4 THE LORE OF THE WHARE-WANANGA.

KO TE WAKA NEI, KO 'URUAO.'

Koia tenei te karakia tope, tarai waka a nga tupuna tuku iho ki a Rongo-patahi, ki a Rua-wharo, ki a Taikehu, ki a Pawa, i te wa i taraia ai a ' Takitimu.'

Te waka tuatahi tonu o te ao nei, no Tama-rereti, ko ' Uruao ' taua waka ; koia tenei te karakia a Tupai—taina o Tāne-nui-a-rangi—i te taraihanga i taua waka, i a ' Uruao.'

1. Hara mai te akaaka nui,
   Hara mai te akaaka roa,
   Hara mai te akaaka matua
   Hara mai te akaaka na
   Io-matua-taketake-te-waiora !
   Ki tenei tama nau,
       E Io-tikitiki-rangi e—i !
   Hara mai to akaaka nui,
   To akaaka roa, to akaaka-atua
       Ki enei tama nahau !
   He tama tawhito, he tama tipua.
   He tama atua nau,
       E Io-te-akaaka !
   Te takē ki enei tama—e—i.

2. Hapai ake nei au i aku toki nei,
   Ko ' Te Haemata,' ko ' Te Whiro-nui,'
   Na wai aku toki?
   Na Uru-te-ngangana aku toki !
   He toki aha aku toki ?
   He toki topetope i te Wao-o-Tāne
   Ka tuatuaia ki raro.
   He aro tipua, he aro tawhito
   He aro nou, E Tāne-te-waiora !
   Ki enei tama ; he tama nui, he tama roa,
   He tama akaaka, he tama tipua, he tama atua—e—i.

3. Hapai ake nei au i aku toki
   He toki aha aku toki ?
   He toki nui aku toki
   He toki aha aku toki ?
   He toki roa aku toki
   He toki aha aku toki ?
   He toki aronui aku toki
   He toki aha aku toki ?
   He toki mata nui aku toki.
   He toki aha aku toki ?
   He toki mata koi aku toki.
   He toki aha aku toki ?
   He toki tarai i taku waka taku toki.

TE KAUWAE-RARO.

He toki aha aku toki?
He toki whakariu aku toki.
He toki aha aku toki?
He toki ta-matua aku toki.
He toki aha aku toki?
He toki tamaku aku toki.
He toki aha aku toki?
He toki whakangao aku toki.
Ki runga ki te Iho-nui,
Ki te Iho-roa, ki te Iho-matua
Ko taku waka kia puta i tua
Ka puta i roto, ka puta i Tawhito-ngawariwari
E tu tapawhaki whaitiri—pao—e, i.

4. Kowai taku waka? Ko 'Uru-nui' taku waka,
Kowai taku waka? ko 'Uruao'—kapua-rangi, taku waka
He waka aha taku waka?
He waka tawhito taku waka,
He waka aha taku waka?
He waka tipua taku waka.
He waka aha taku waka?
He waka atua taku waka
He waka aha taku waka?
He waka rangi taku waka.
He waka aha taku waka?
He waka tairanga taku waka,
He waka aha taku waka?
He tama iara na Mumu-whango taku waka,
He waka toi-uru, he waka toi-rangi—e—i.

E hoa! Ka mutu tenei karakia i konei. Koia nei te tauira o te Whare-wānanga o enei o a matou tipuna, ka waiho hei tauira mo nga karakia a nga tipuna, heke iho ki a matou nei. A koia tenei nga karakia i akona ai ahau e oku kaumatua, e Te Matorohanga, e Pohuhu, e Ngawhare, i te tau 1863.

TE KAUWAE-RARO,

OR 'THINGS TERRESTRIAL.

CHAPTER I.

The Fatherland Irihia; migration from there to Tawhiti-roa—The Uruao canoe—Was Tama-rereti identical with Hawaii-loa?—Ancient Indian vessels.

THE first and earliest traditions we have to deal with are based on the teachings of the Sage Te Matorohanga, but were written out for me by the Scribe in somewhat abbreviated form. They do not partake therefore of the much fuller detailed accounts of subsequent transactions. This is but natural, for notwithstanding the powers of memory of a race which possessed no written records, nor made use of any system of script—at any rate in modern times, though there are faint indications that something of the kind was in use formerly—the memory of events occurring in the dark ages naturally has a tendency to fade out and suffer effacement by others that affected the people more nearly in later times.

It will much simplify the running notes that accompany the traditions if we proceed on the assumption that the Fatherland of the Polynesians is India, for I do not think there is anything in Maori traditions which will support the views of Fornander, Fenton and Gudgeon to the effect that the race can be traced further westwards, for instance, to the ancient Saba of south-east Arabia, which those writers assume to be the origin of the name Hawaiki. This name may, with equal probability, be derived from Sindhava, an ancient name for India,* in which *hava* may be the *Hawa* in Hawaiki, one of the chief names given to the Fatherland. It was Fornander in his "Polynesian Race" that first originated the Saba idea; but he allows that the people afterwards dwelt for a long period in India, and from thence migrated to Indonesia. J. T. Thompson, F.R.G.S., the third Surveyor General of New Zealand, and who had passed many years in India and Indonesia, also held that the Polynesians originated from India; but he considered they were connected with the Dravidian race of that

* See T. F. Hewitt's "The Ruling of Pre-historic Times," p. 140, Vol. I.

country. His want of knowledge of the Maori language, on which part of his theory is based, has led him to make some absurd mistakes in the philological part of his argument, and we think he has not proved the Dravidian connection, which in our opinion is rather with the Proto-Aryans, or as Logan calls them, the Gangetic race.

As has been pointed out in the first part of these traditions (Vol. III., "Memoirs of the Polynesian Society"), the tribes from whom they are derived—the Ngati-Kahu-ngunu of the East Coast of New Zealand—appear to have been a separate migration into the Pacific from Indonesia, and so far as we can at present say were a somewhat later migration, or at any rate occupied a much longer time on the way; having their own series of traditions, which differ to a certain extent from other tribes of New Zealand, at least so far as the history of their early migration and routes are concerned.

The name these people give to the Fatherland is Irihia, a name not known to other tribes, excepting in one case, that I am aware of. It appears to be applied to a continental land, and not an island. It is here the scenes connected with the creation of man, the dispersal of mankind, the wars of the gods, are located, as shown in the first volume of these traditions. The name Irihia also includes that of Hawaiki, or Hawaiki-nui (the Great Hawaiki) which—in these legends—is given also to a temple or building, likewise called Te Hono-i-wairua (the assemblage-of-spirits), for it was to this place all spirits came, and from it they separated, some to join the supreme god Io, others to foregather with the evil spirit, Whiro, in Hades. The name Hono-i-wairua as well as that of Tawhiti-pa-māmao is often used for that of the Fatherland, but not in a geographical sense; rather as a descriptive name for the place where spirits meet. Irihia is identical with Atia of the Rarotongan traditions of the Fatherland; and like Hawaiki-nui of other traditions is the site of the Deluge, and of the "Hurianga-i-a-mataaho," or overturning of the earth in the time of Mataaho. Kura-nui appears also in connection with Irihia as that of a place where the ancestors were living when the wars that led to their first migration occurred, and from which they departed by sea for the east. The name Irihia, so far, cannot be identified with that of any known country. It would be the exact form in which the Polynesians would pronounce the name of the ancient Grecian province of Illyria, but it is absurd to look for any connection there. Nor can any light be thrown on the name by its meaning, which is 'suspended' or 'baptised' (according to the Maori form of baptism), meanings which are contrary to the genesis of the language to use in a geographical sense in that passive form of the verb, and, therefore, it is a purely geographical name. Again by the known letter-change from 'r' to 'n,' the word approaches nearly to India itself, which, says J. F. Hewitt (*loc. cit.*) is derived from Snidh, or Snidhava. But we want to know a little more about this before suggesting it as the origin of Irihia.

These traditions do not supply us with the names of any other lands in the neighbourhood of the Fatherland Irihia, except 'the land of Uru,' and as we shall see, it was from thence came the intrusive people that constantly caused the exodus of this branch of the Polynesians from their original homes, and started them on those great migrations that finally landed them on the shores of New Zealand. If we may assume India to have been the original home, can we find a 'land of Uru' anywhere in those parts that will answer to the description? The description is very brief, and merely to the effect that it laid 'to the north-west of Irihia.' Now there is such a land in that direction bearing that name, and a very ancient name too. Maspero tells us* that Uru is recorded on the ancient Babylonian tablets in the cuneiform script, and he identifies it with 'Ur of the Chaldœans' of Holy Writ. The Maori Uru is doubtless identical with the very ancient land known to the Hawaiian traditions, quoted by Fornander† as Ulu-nui, which, in conformity with his theory that Saba in south-east Arabia was the original Hawaiki, he places to the north of the latter and also identifies it wtth Ur of the Chaldœans. He further says (p. 14) that *uru* is an ancient Hawaiian word for the north as well as that of a country, but it is not so given in the Hawaiian dictionary, nor is it to be found in those of any other dialects of Polynesian, except in Maori, Rarotongan and Paumotuan, where the two latter people use the word for south-west, whilst with the Maori it is west, or west-north-west, which latter is the direction of Babylonia from the mouth of the Ganges, and it was in the valley of the latter river that, so far as present evidence goes, the Polynesians were living prior to the exodus. It could be shown that some of the beliefs and customs of the Babylonians are common to them and the Maoris, derived, it is suggested, from the incursions of the people who came from 'the land of Uru' and expelled the Polynesians after dwelling together at least a generation. The names of the people have been preserved. They are:—

1. Ngati-kopeka   2. Ngati-kaupeka   3. Ngati-uenga-rehu
4. Ngati-parauri 5. Ngati-kiwakiwa

* "The Struggle of the Nations," p. 64.
† "The Polynesian Race," Vol. I., pp. 15, 134.

TE KAUWAE-RARO.

The first two names, as the Scribe tells me, are descriptive of a lanky, thin people (like the branch of a tree, which is the translation of the names), whilst the third, fourth and fifth names are descriptive of a black people; *kiwakiwa*, meaning exceedingly black (black as a coal, says the Scribe). They were not brown people like the Maoris. The word Ngati-here, usually denoting the 'descendants of,' is used as a collective term, not necessarily meaning that any of these people were the descendants of anyone bearing the personal names Kopeka, Parauri, etc., though, as we shall see, Ngati-kopeka actually did become a real tribal name, derived apparently from some slaves captured by the Polynesians, who were members of the 'lanky' races and accompanied them in their migrations.

But there is another 'land of Uru' which may, perhaps, have equally been the country of the people that finally expelled the Polynesians from their Fatherland, seeing what an ancient people they are. I quote from Mr. Edgar Thurston's great work.* He says, Vol. IV., p. 157. " 'Mysore Census Report, 1891 '—Kādu, Karuba or Kurumba. The tribal name of Kuruba has been traced to the primeval occupation of the race, viz., the tending of sheep, perhaps when pre-historic man rose to the pastoral stage. The *Uru* or civilised Kurubas, who are genuine tillers of the soil . . . . ," which I quote to show that there is a people named Uru, and that they are Kurubas now living in the Nīlgeris Hills in the Dekhan country of India. At page 158, Mr. Thurston quotes: " G. Oppert, ' Original Inhabitants of India '—Kurbas or Kurumbas. However separated from each other and scattered among the Dravidian clans with whom they dwelt, and however distant from one another they still live, there is hardly a province in the whole of Bhárata-varsha (or India) which cannot produce, if not some living remnants of this race, at least some remains of past times which prove their presence. Indeed the Kurumba must be regarded as very old inhabitants of the land who can contest with their Dravidian kinsmen the priority of occupation of the Indian soil." This shows how ancient the Uru people are. Some few of the customs of these people are not unlike the Polynesians, and the pictures of the people have a slight resemblance to them, but more to the description of the 'lanky' Ngati-kopeka.

It will be said, no doubt, that Mr. Thurston's Uru is the name of a people and not of a land; but do not our Maoris to the present day often refer to a country by the names of its inhabitants? "Where is

---

* " Castes and Tribes of Southern India," 7 Vols., Madras, 1909.

so and so?" "He has gone to Nga-Puhi"—in which the name of the tribe is used for the country.

From Mr. Thurston's work we may infer that this people of Uru were very ancient inhabitants of India, and may be the foreigners from the land of Uru of Maori tradition, notwithstanding that their country is to the south-west of the Ganges valley rather than north-west as the traditions say. Which of the two Urus (if either) is the true one, there is not at present sufficient information to decide, and we therefore leave the question open for the future students of the race to follow up.

Here we leave this question, to follow the Scribe's account which I translate; and ask the reader to remember it is but a brief sketch—written to illustrate the origin of the frequently occurring names of Tawhiti and Hawaiki—to which will be added further detail later on.

"The spirits of the family of Tāne-nui-rangi [i.e., mankind, for he was the god-creator of the first woman, guided and directed by the supreme god Io] are conveyed up to a certain high mountain and are there prepared or purified; for that mountain is an exceedingly *tapu* place, and all spirits proceed thither to be purified. After that those spirits so ordained ascend the Rangitu-haha [the conjoint twelve heavens], whilst others separate off to Rarohenga, to Muriwai-hou, which places are the Reinga [or Hades], a place situated in a different world to this, and beneath it. The road, or way, to that place is named Taheke-roa—[the long descent, or the rapid, as of a river] which is the current of death that ever draws men to those parts.

"That mountain where the spirits of this world are consecrated is Te Hono-i-wairua [the gathering place of spirits], and is at Tawhiti-pa-mămao [the very distant Tawhiti; Tawhiti-nui is a name given to this mountain by the West Coast tribes, and one cannot help fancying that it is a dim remembrance of the Indian sacred mountain Kailasa, or perhaps Mount Meru], at Irihia. It was from that land that the tribes and peoples separated off to the islands of the great ocean. There are two separations in that land of Irihia—that of the bodies, and that of the spirits. Hawaiki-nui is in that land of Irihia, that is Tawhiti-pa-mamao. It was a populous place of the Maori people; there was situated Whare-kura [the temple, college, &c.], the house of Rongo-marae-roa [god of peace and agriculture], who was the god who presided over all foods that are planted, the *kumara*, *taro*, the *arai*, the calabash, the wild turnip, and other similar foods. The *arai-toto-kore* was used as an offering to the gods, because it had no blood in it; and it would keep good for a very long time. Now this was the kind of food which enabled the migrations to come away to the east, to the many lands they visited.

[This food, the *arai-toto-kore*, or bloodless *arai*, is of great interest. The Scribe tells me that the old people did not, on being asked, know what it was, beyond the fact that it was a small seed. But some of the old people when they first saw rice, brought here by Europeans in the early years of the nineteenth century, declared that it answered the description of the *arai-toto-kore*. This, taken in connection with the fact that the Rarotongans have certainly preserved the name of rice (*vari*) in their traditions (see "Hawaiki," p. 77, 3rd Edition, 1910), seems to show that under the name *arai*, the Maoris also knew of rice. Mr. Sydney H. Ray, M.A., was good enough to search for the name *arai* in the Indian and Indonesian languages but could not discover it.* It will be noted that the qualifying part of the name is 'bloodless,' as if there was another *arai* that contained blood; and as the *arai* was used as an offering to the gods, I come to the conclusion that possibly *arai* meant at one time an offering and was not a name for rice itself, and that for some reason the blood sacrifice ceased. This accords with Indian records which say that in ancient times the sacrifice of animals to the gods was succeeded by rice offerings made in lieu thereof.]

"At the time of the three migrations [i.e., 1st to Tawhiti-roa, 2nd to Tawhiti-nui, 3rd to Ahu] the bows of their canoes were directed towards the east, and that the name of Hawaiki-nui was applied to the particular Hawaiki (Tahiti) from which Tamatea-nui came to New Zealand, in memory of the original place from which the people came.

"Now, the provisions of the canoes that first came away from Hawaiki-nui, of Irihia, were *taro* and sun-dried *kumara*. But the best food of all, it is said, was the *arai-toto-kore*; for it could be eaten raw on their way over the ocean; and water was prevented from drying up by moisture of the sea.[1] Wood was taken to make the *haunoti* and *hikatu* with which to make fire [by the usual Polynesian method of friction of one stick in the groove of another].

* In G. Oppert's "Original Inhabitants of Bharatavarsh, or India," p. 479, he gives the name *Avarai*, as that of a pulse used in offerings.

1. The Scribe tells me that the ancient Maoris carried water on their long voyages in bags made of seaweed, and that every night these were hung over the sides of the canoes in order to keep the water cool, and the bags moist and so prevent evaporation.

There was one of the settlements in Irihia named Kuranui, which was where Ngana-te-ariki lived, who married Tangi-te-ruru [a Polynesian lady], and they had the following children:—

1. Atia-nui-ariki ²
2. Tipua-Hawaiki ³
3. Kahukura-rongomai ⁴
4. Kopu-tauaki
5. Pukupuku
6. Te Rangi-tahu-ariki

"Now, their principal home was at Kuranui, of Irihia, of Tawhiti-pa-mamao at Te Hono-i-wairua. Ngana-te-ariki was an *ariki* [high chief, ruler—one may say—a king], whose own home was named Uru, which is a long way outside [or beyond] Irihia. A large party came from there to Irihia, and dwelt at Kuranui, and there Ngana-te-ariki married the female *ariki* of Kuranui [named Tangi-te-ruru].

"So Ngana-te-ariki dwelt there [at Kuranui] and then a quarrel ending in fighting arose between Kopu-tauaki [his fourth son] and the elder of Ngana's sons, for he (Kopu) was a presumptuous and ambitious man. This led to the death of Ngana-te-ariki together with fifty of the minor *arikis* under him, for the battles were severe. The name of Hui-te-rangi-ora was given to this war.

2. The name of the Rarotongan Fatherland, Atia, enters into this man's name. It is the only case known of where it is so used for that of a man.—See below.

3. Tipua-Hawaiki is probably identical with the Rarotongan ancestor **Tupua-nui-o-Avaiki.**

4. Kahu-kura-rongomai, may be identified with Ka'ukura of the Rarotongan tables. Both these two men are stated to be the offspring of Te Tumu and his wife Papa—in other words are descendants from the 'origin' and the 'earth,' which does not mean that Te Tumu and Papa were persons, but rather refers to the usual story of descent from the 'sky-father' and 'earth-mother.' See the genealogical table at the end of "Hawaiki," where it is shown that the above family flourished some ninety-three generations ago. It is just possible that the first named brother above, Atia-nui-ariki, is the same as the Rarotongan ancestor Atea, who was the brother of Tupua-nui-o-Avaiki, and that I may have copied from the not clearly written MS. of Rarotongan traditions, the name Atea instead of Atia, but this is uncertain.

In the Rarotongan tables quoted above, the period of the family to which Tupua-nui-o-avaiki, Ka'u-kura and Atea belong is stated as—by one line, ninety-two; by the other ninety-four generations ago. Since this table was published I have seen Mr. Savage's excellent table of Rarotongan ancestors, which admits of independent check on part of it, so that really it contains three ancestral lines, going back to the period of the above family, and the number of generations therein stated from the year 1900 is ninety-seven, which may be considered a very satisfactory result. When combined with the results given on page thirty-six of "Hawaiki" (third edition), we may thus, from four lines, fix the date of Te Ngataito-ariki—elder brother of Te Tupua-nui-o-Avaiki—as at ninety-five generations ago, or about the year 475 B.C.

"Before the death of Ngana-te-ariki four of his children had been born whilst one was yet unborn of the mother, Tangi-te-ruru, that is: Atia-nui-ariki, Tipua-Hawaiki, Kahukura-rongomai, and Kopu-tauaki. After the death of Ngana-te-ariki and the fifty other *arikis* by the Turehu[5] people of Irihia, Tangi-te-ruru was taken to wife by the younger brother of Ngana-te-ariki, and by him she had two other children, Pukupuku and Te Rangi-taku-ariki; and these were all of the descendants of Tangi-te-haruru [*sic*].

"Atia-nui-ariki married a high chieftainess from another branch of the people of Uru whose name was Aniariki. They had the following children :—

    1. Hui-te-rangiora   2. Tu-te-rangi-atea   3. Whenua-haere

In the times of Hui-te-rangiora, the wars became very obstinate. A large canoe was consequently built named 'Tuahiwi-o-Atea' [in which to migrate]. It is said that there were seven canoes that the people migrated in on their course to the east. They arrived at and landed on, with their seven canoes, the island named Tawhiti-roa. The following are the names of [some of] the canoes :—

    Tuahiwi-o-Atea   Uru   Te Moana-taupuru
    Te Karearea   Kura-nui

Two of the names of the canoes are not now known. They were all built up and sewn canoes, with top sides.

"Tangi-te-ruru, her children and grandchildren, all came away with the migration, together with a large proportion of her people. The reason of this migration was, the wars in which [her husband] Ngana-te-ariki had been killed [and in which their party had evidently suffered

---

5. Turehu means a fair, or white people, and the text implies that such were the people of Kuranui; but I never heard the Maoris apply that term to themselves. In these old records, there is so much unexplained, that one has to fall back on surmise, and therefore it is suggested that the Turehu people were some that assisted the Polynesians in their intertribal wars at Hui-te-rangiora, in the land of Irihia. And the only fair people one can suggest are the Pandava, or Pandyas, a *pandu*, fair people, or who, according to Hewitt ("History and Chronology of the Myth-making Age") came into India from the north many years ago—"to whom the indigenous people of Southern India trace their descent." ("Primitive Traditional History," pp. 104, 255.) I have suggested in another place that these Pandavas are the origin of the Patu-pai-arehe people of Maori tradition, who were fair in complexion, and that *Patu* may = *pandu*, white. It is also possible, one suggests, that the White race might have been some of Alexander's colonists of the Punjab, of Northern India. Of course this can only be considered as surmise at present, but it may aid the future student in solving the question.

defeat at the hands of her son, Kopu-tauaki, and his party]. This migration gave rise to the saying: 'The rainbow spans the heavens, whilst Hui-te-rangiora speeds over the ocean.' [6]

"It was from these people that sprang the famous Maui [family] of whom we have all heard—Maui-mua, Maui-roto, Maui-taha, Maui-pae, and [most famous of all] Maui-tikitiki-a-Taranga.[7]

"The people of all the canoes that came away from Tawhiti-pamămao and Te Hono-i-wairua, that is, from Irihia, which is the true name, on arrival at Tawhiti-roa the affection and regrets of the migrants were directed to the land from which they sprung, and in consequence they named the first land they came to Tawhiti-roa [in remembrance of their old home].

"And afterwards [probably after some generations—see *infra*], when they abandoned that part where they first landed and came away to another island, they named it Tawhiti-nui [for the same reason]. And so it continued; as they reached other places, or other islands, they still continued to lament Tawhiti-roa and Tawhiti-pa-mămao. But it is not known where these lands are: Irihia, Uru, Kuranui, Hui-terangiora and other of the dwelling places. The position of Tawhiti-roa is equally unknown.

TAWHITI-ROA.

[I break off the Scribe's narrative here in order to supplement it with a sketch of the occurrence that took place at Tawhiti-roa, as described verbally to me by the Scribe. In the first place it seems to me that if the migration came away from India it would naturally follow to the south-east, along the coasts of Burmah and Siam, until they reached the Malacca Straits, through which they probably passed, landing and settling for some time on Sumatra, which, I suggest, is Tawhiti-roa or Long-Tawhiti; the word 'long' being applied to it on account of the length of the island, which, otherwise, they called after the Fatherland—Tawhiti—as stated above. There are reasons for thinking that some of the people—whether at the date of this early migration, or later—also settled on the group of islands to the west of Sumatra, such as Mentawi, Mentawa and, perhaps, also Nias or Nia island, where the people are believed to be Polynesians, probably mixed more or less with some of the original inhabitants of Sumatra, who are

6. See *infra* about Hui-te-rangiora.
7. The period of these Maui brothers is about fifty generations ago, or approximately about the sixth or seventh century, when, it is believed, some of the people were still living in Indonesia. It will be noticed that the migrations referred to were previous to that date.

described below in the same terms as the people of Uru, i.e., as 'lanky' and 'very dark.' Though I know of no mention of any strait in the Maori traditions of about this period, which might fit that of Malacca, Fornander (loc. cit., Vol. I., p. 25) quotes, 'Ke kowa o Hawaii-loa, as 'the straits of Hawaii-loa,' and after identifying Java with one of the Hawaikis (in which I think he is quite right, and that it was a name given by the so-called Tonga-whiti migration) he concludes that this strait was the Straits of Sunda, between Sumatra and Java. This may be so, but the term would equally fit the Straits of Malacca.

When we come to the next migration—from Tawhiti-roa to Tawhiti-nui—we shall find additional evidence that the former is Sumatra. This migration, or at any rate the branch whose adventures we are following, does not appear to have sojourned on Java—one of the Hawa-ikis—although it is evident from the Rarotonga records that their ancestors did so. The latter are essentially a portion of what is conveniently termed the Tonga-whiti migration; probably the second one that entered the Pacific and which eventually occupied the Tonga and Fiji groups—hence the name Tonga-fiti given to them by the Samoans, who were the first people to lead the way into the Western Pacific. Many Maori ancestors were with this early Tonga-whiti migration.

But to return to Tawhiti-roa. After the people, consisting of the family and grand-children of Tangi-te-ruru, with their tribe had arrived at Tawhiti-roa, they settled down and apparently dwelt there for a long time until their numbers had greatly increased. If we are to believe in the number of chiefs who were killed in the great battle shortly to be referred to, their occupation of Tawhiti-roa must have extended over very many generations, and this is what we are led to infer from many other things. It is unfortunate that we get no help from the genealogies to decide on the length of their sojourn in Tawhiti-roa.

This island was inhabited by people who are described as *kopeka, parauri,* and *hamua,* or 'lean, lanky, and very dark and black people.' It is suggested that these lanky, dark people were the ancestors of the Battas, one of the aboriginal peoples of Sumatra, and who, as late as the last century, practised cannibalism. How long our migrants dwelt in peace with these people we know not, but the time came when a simple quarrel about some fish that were taken by the aborigines out of the nets belonging to the migrants, led to a most disastrous war between the two peoples, in which (the Scribe says) some five hundred *arikis,* or chiefs, were slain belonging to the immigrant people. The last battle fought was particularly severe;

the dead bodies were heaped up in front of the opposing warriors like a great wall as high as a man's head, and on this wall of bodies the people fought, until the numbers of the aborigines enabled them to vanquish the immigrants. Although five hundred is the number handed down in the records of these people as the chiefs who were killed in this war, we must take it as a general statement to mean a great number. But in their defeat, the immigrants secured a large number of prisoners who accompanied them in their further adventures. The names of this series of battles have been handed down as Wai-kumea, Wai-haro-rangi Wai-o-ngana, Wai-parauri; while the general name of the war was known as Te Matenga-o-tini-o-Pokaua, and of Ruamano, who was the great supreme chief (we may say king) over all the *arikis* on the migrant's side that were killed in the war.

It is possible that this great war is the same as that referred to in the Rarotongan records, on the occasion of a basket of fish-hooks having been trodden into the mud, that led to a great war and to a further migration of the people to the east. See "Hawaiki," 3rd Edition, p. 130, where the war is suggested as having occurred in Java. If it is the same incident, then the Rarotongan genealogies help us to affix an approximate date to this event as about 65 B.C. And again, we must in that case suppose the Tonga-whito migration had not as yet separated off from the particular branch of Maoris whose adventures we are tracing; this is very probable, and the separation may have occurred latter on in the eastern part of Indonesia. The probable identity of the ancestral names shown in Notes 2, 3, 4, *ante*, seems to strengthen this idea.

These serious defeats of the migrant people in Tawhiti-roa, led to the determination by the surviving chiefs to abandon that country and seek fresh homes away to the east and north-east. It may be mentioned that the Scribe told me " the first place the migration came to was called Irihia, before they came to Tawhiti-roa." Unfortunately I omitted to follow this up, for it might have been a name applied to part of Tawhiti-roa in remembrance of the original Irihia. Some evidence of this will appear later on.]

URUAO CANOE.

Just here it is pertinent to enquire how it came about that these people knew of there being lands further to the east ? The answer to it is that even before the great emigration from Irihia, voyages had been made by these people to the east, and other lands discovered. According to the teaching of the Sages from whom so many of the particulars herein given were obtained, the first vessel ever built by their ancestors was named 'Uruao,' and she was commanded by Tama-rereti, who, in the words of one of the traditions had "explored a large part of the world"; that is, the world known to the Polynesians of those times. There are no names of places mentioned, indeed there are no further particulars of this voyage, or voyages, excepting that we know this very migration we are treating of were "following the directions of he who had come back" (without mentioning the name of the voyager) who may have been Tama-rereti, or perhaps Hawai'i-loa, mentioned by Fornander as the first voyager to the east, and as so often occurs the latter name may be another for that of the first individual, for different branches of the race often preserve the records of certain events under the record of different individuals, which are not known to other branches. This arises from the old custom of people changing their names on the occurrence of some notable event, as a death, or disaster.

One of the old *karakias*, or invocations, used in the building of the ancient vessel 'Uruao,' has been preserved and has formed the type for similar ones, under the same circumstances, down to late years. How ancient it is in the belief of the people is shown by the fact that it is supposed to have been recited by Tupai, younger brother of Tane-nui-a-rangi, both gods and offspring of the sky-father and earth-mother. Again we may see how ancient this vessel is, by the fact of its name having been applied to one of the constellations—'Te Waka-o-Tama-rereti'—which is the name given to the constellation of Scorpio, the stars in which appear to the Maori as representing a canoe with high stern post, and the anchor down, attached by a cable shown by a line of stars.

The Scribe writes to me thus:—

"The following is the *karakia* used in felling the trees and in shaping out the canoes of the ancestors, which *karakia* descended to Rongo-patahi, Ruawharo, Taikehu and Pawa, and was used by them in the shaping of 'Takitumu' canoe [which brought the ancestors of the Scribe from Tahiti in the fourteenth century]. The first canoe built in the world [known to the Maoris] was that of Tama-rereti, named 'Uruao,' and this is the *karakia* used by Tupai, younger brother of Tane-nui-a-rangi, when the canoe 'Uruao' was hewn out:—

THE INVOCATION USED IN THE MAKING OF THE FIRST
CANOE, "URUAO."

[The translation of the following as usual presents great difficulties in rendering into English the ideas of the old Maori composer, largely because, whilst most of the words are in daily use, they are not intended

18   THE LORE OF THE WHARE-WANANGA.

to have identically the same meanings. It is clear, however, what the object is—an invocation to the supreme god Io to endow his artisans engaged in building the canoe with his own god-like powers, and also those of the gods of ancient times (*tawhito*), who possessed super-human (*tipua*) powers.]

1. Vouchsafe the highest knowledge,
    Vouchsafe the enduring knowledge,
    Vouchsafe the matured knowledge,
    Vouchsafe that particular knowledge
       Of Io-the-father, the origin, the life-giving !
    To this scion of thine,
       O Io-the-exalted-of-heaven, *e—i* !
    Give of thy supreme knowledge,
    Thy matured knowledge, god-like knowledge,
    To these sons of thine—
    Sons from the ancient, from pre-human times.
    Endow with god-like attributes,
       O Io-the-all-knowing ! the origin !
    These thy sons—*e, i* !

2. And now will I uplift these axes of mine.
    Named ' Te Hae-mata ' and ' Whiro-nui.
    By whom then are my axes ?
    'Twas Uru-te-ngangana [8] made my axes.
    For what purpose are my axes ?
       As felling axes in the great-forest-of-Tāne '
    To fell a tree to the earth below.
    With ancient and super-human skill,
    Such as thine, O Tāne-the-life-giving ! [9]
    (Delegate thy powers)
    To these sons, these great and mighty sons
    (Endow) these sons with superhuman knowledge and power !

3. Again my axes I now uplift
    What kind of axes are mine ?
       My axes they are great and famed ones.
    What kind of axes are mine ?
       My axes are long ones.
    What kind of axes are mine ?
       My axes are endowed with desire to succeed.

8. One of these axes—'Whiro-nui'—was said to have been used in the severance of the arms of Rangi (the sky-father) and Papa (the earth-mother) as they clung to one another when their offspring forced them asunder, and propped up the sky as we now see it. The two axes were taken from under the pillow of Uru-te-ngangana who was the first-born of heaven and earth.—See Chapter III., 3rd Volume of these " Memoirs."

9. Tāne, sixty-eighth son of heaven and earth, god of forests, birds, all woodwork, and maker of the first woman.

TE KAUWAE-RARO.

What kind of axes are mine?
   Axes with broad edges are mine.
What sort of axes are mine?
   Axes with keen edges are mine.
What uses shall my axes serve?
   Axes to shape out my canoe, are mine.
What purpose are my axes for?
   Axes to dub out the hold, are my axes.
What work are these axes to perform?
   Axes to accurately shape and finish each stroke.
What other uses are these axes of mine?
   Axes to perforate and hollow out,
   The great, the long, the matured heart-wood of the tree,
   So my canoe may emerge in the end,
   Both inside and out, like Tawhito-ngawariwari.[10]

4. What name has my canoe?
   'Tis 'Uru-nui'!
What name has my canoe?
   'Tis 'Uruao-kapua-rangi'![11]
What kind is my canoe?
   A canoe of the ancients is my canoe.
What kind is my canoe?
   'Tis a super-human made canoe.
What kind is my canoe?
   'Tis formed as a god-like canoe.
      (Or a canoe in which the gods (*scil.*, their wings) might be
What kind is my canoe?   [carried)
   Formed to sail in the Heavens is my canoe.
      (Or in each quarter of the earth)
What kind is my canoe?
   A canoe complete in all its parts is my canoe.
What kind is my canoe?
   'Tis like a son of Mumu-whango,[12]
   A canoe of life, a heavenly canoe.

"Friend: This *karakia* ends here. It is the example from the Whare-wānanga [or House of Learning] of our ancestors, and was used by them, right down to our generation, and is one of those taught to me by my elders Te Matorohanga, Pohuhu, and Nga-whare in 1863."

10. I am unable to say what this name refers to, or to translate the last line of third verse.

11. This is the full name of this ancient vessel, 'Uruao-cloud-of-Heaven,' and I suggest from the fact of there being two names, that it was a double canoe, for it is a common practise to give each of the twin canoes a name.

12. Mumu-whango, the ancestress of the *totara* tree, of which wood canoes were usually built.

QUERY: IS TAMA-RERETI IDENTICAL WITH HAWAII-LOA?

[Seeing how ancient this canoe 'Uruao' is, according to Maori traditions, it is not surprising that we have so little about it and the voyages of its Captain Tama-rereti. It is, nevertheless, the case that he is renowned as a voyager, and taking all other things into consideration we are justified in concluding that Indonesia, at any rate, if not other lands in Eastern Asia, was the scene of his nautical exploits. I have already hinted at the possibility of Tama-rereti being identical with Hawaii-loa (Hawaiki-roa in Maori). According to both the Hawaiian and Maori traditions they were the earliest known voyagers of the Polynesian race. Fornander says of him (*loc. cit.*,Vol. I., p. 25):—"This chief was a noted fisherman and great navigator, and on one of his maritime cruises, by sailing in the direction of the star Iao (Jupiter, when a morning star) and of the Pleiades, he discovered land which he called after his own name [Hawaii], and other islands after his children. Delighted with the country, he returned to his native land after his wife and family, and having performed the same eastern voyage in the direction of the morning star and the Pleiades, crossing the ocean which is called by the diverse names of Kai-holo-o-ka-ia [Tai-horo-o-te-ika in Maori] 'the sea where fish do run,' Ka Moana-kai-maokioki-a-Tane [Te Moana-tai-maotioti-a-Tāne in Maori] 'The spotted, many coloured ocean,' and also Moana-tai-popolo [Moana-tai-poporo in Maori] 'the blue, or dark green sea'—he arrived the second time at the Hawaiian Islands, and he and his family and followers were their first human inhabitants. So runs the legend."

At pages 132, 133 of the same volume, Fornander argues that the particular Hawaii mentioned above, was not Hawaii of the Sandwich Islands, but "I am induced to believe that the departure of that voyage was from some part of the Erythrean Sea in Southern Arabia, and that the terminus of the voyage was at Jawa"—which, no doubt is one of the Hawaikis or Hawaiis. He goes on to suggest that the seas described above and others mentioned were the Erythrean [now called Arabian] Sea and the Indian Ocean. But reading his argument it seems to me that the names would equally apply to the shallow seas of Indonesia and the Caroline Archipelago—Tai-horo-o-te-ika—and that the further deep blue ocean between the latter, or perhaps between the Marshall group and Hawaii is fittingly described by the Moana-tai-poporo, 'the blue, or dark green sea.' Perhaps we may see some confirmation of this in the course taken by the migration we are specially dealing with. It is of course possible, nay probable, that Fornander's suggestion that Java was the Hawaii to which Hawaii-loa came, and not the Sandwich Islands on his second visit, and that he settled there with his family and tribe, and not on the Sandwich Islands—though in his first voyage he may have discovered the latter group. If he steered by the Pleiades from any where about the Celebes Islands, such a course would take him to the Hawaii group.

Fornander does not notice in his work what I suggest is a confirmation of the fact that Hawaii-loa did reach the Hawaiian Islands—perhaps he was not aware of it. On the north coast of Kauai (formerly Tauai) island, the north-west island of the Hawaiian Group, is the pretty bay of Hanalei (Whangarei, in Maori, identical with the name of the beautiful harbour north of Auckland), and on its western headland, named Makana, is a rock named Hawaii-loa, so called, I was told in 1897, after the navigator; just as the prominent rock on the south-west end of the Horohoro mountain, Rotorua, New Zealand, is called Hinemoa, after the celebrated lady of that name who is so famed for her swim across Rotorua Lake to her lover Tu-tane-kai. It seems unlikely that this rock at Makana would have been called Hawaii-loa if that celebrated navigator had not had some personal connection with the place.

It is stated above that we have no Maori genealogical descent from Tama-rereti the captain of 'Uruao,' the vessel that 'explored all the (Polynesian) world'—all we can be at all certain of is, that he flourished before the exodus from the Fatherland which, as is shown in note four of this Chapter, was somewhere about ninety-three to ninety-four generations ago. Fornander, however, does give the descent from Hawaii-loa to the present day, and by taking his table on p. 183, and the 'Ulu' genealogy, p. 190—reduced to the year 1900—we get eighty-one generations; or if we take "the thirty-four generations between Hawaii-loa and Papa-nui," p. 183, we shall get one hundred and seven generations back from the year 1900, which would seem to be about the correct number, if the two men Tama-rereti and Hawaii-loa are the same. Fornander's Ulu line, p. 191, is susceptable of check from Maori lines at Kahai (or Tawhaki in Maori), and the position of that noted ancestor thereon is fairly in accord, both with Maori and Rarotonga lines.

There is, however, not sufficient information to settle definitely whether these two celebrated navigators were one and the same person or not.

It may be remarked that Sumatra was at one time also called Java, for in the article on that island in the Encyclopædia Britanica, it is stated that it is called 'the first Java.' It is therefore possible that one of the Hawaikis of the Maoris, or Avaiki of the Rorotongans, may have been Sumatra, for there is little doubt there was a country, or island, to the east of the original Hawaiki (the Fatherland) also called by that name, and no doubt for the same reason as alluded to *ante* by the Scribe, i.e., in remembrance of the Fatherland.

Again, I suggest, we may recognise the essential part of the name Tawhiti (part of the name of the Fatherland, i.e., Ta-whiti-pa-mamao) in that of one of the names of Java, i.e., Siti-Java, which according to the learned John Crawfurd, F.R.S., as stated in his 'Descriptive Dictionary of the Indian Island and Adjacent Countries,' p. 165, is called Siti-Java. Now Siti is the same as Viti, Hiti, Whiti, Fiti, Iti, so common as geographical phrases in many Polynesian dialects. The *ta* in Tawhiti, is a semi-causitive form, *whiti* being the important part of the word, meaning 'to rise up' as the sun, from whence comes the meaning of 'the east'—a most probable name to be given to various lands as the migrations proceeded eastward, and which we find at the present day in the names of the islands, Fiji (Tongan and Samoan forms of the native name Viti) and of Tahiti, which latter is the Maori Tawhiti-patata, or 'nearer Tawhiti,' in contradiction to the other similar names known to Maori traditions, i.e., Tawhiti-pa-mămao (the far distant Tawhiti, probably India), Tawhiti-roa (probably Sumatra), Tawhiti-nui (probably Borneo—see *infra*).

Whilst dealing with the traditional geographical knowledge of the Polynesians as expressed in Maori, Rarotongan, and Hawaiian song and saga, attention may be called to Fornander's work (*loc. cit.*, Vol. II., p. 14) where he mentions Ke Kuina (Te Tuinga in Maori) as an isthmus in three parts, which he could not locate. He says in a note, "I have rendered Kuina by isthmus; it may be a proper name of a place or land, but the prefixed article *ke* seems to indicate otherwise. Kuima is a poetical phrase for an isthmus, its literal meaning being a 'junction,' the place where two things meet, a seam between two cloths, etc. What particular isthmus is here referred to it is difficult to say." Knowing the very ancient period when the expression occurs, we may possibly see an explanation of it, in the following quotation from Sir Frank Sweetenham's "British Malaya," 1907, ... "the first mention of Sumatra is to be found in Martin Waldseemuller's *Carta marina*, dated 1516, where the island is called Samotra. It appears under the same name in the *Harleian mappe monde* of 1536, and in this map a very distinct shoal or bank is marked exactly at the spot where Eredia places the narrow isthmus of sand between Cape Richards (on the Malay peninsula) and Sumatra. . . . . The small isthmus already mentioned was destroyed by island tempests and the Malacca Straits formed." As the Hawaiian voyages would naturally pass down the Malacca Straits, this traditional isthmus which has now disappeared, may be Ke Keuina of Hawaiian traditions, but of course it is uncertain.

ANCIENT INDIAN VESSELS.

Just here a word may be said as to the most ancient form of vessel known to the Indians themselves, for, if the Polynesians came from India, as we have suggested, the probability is that the same kind of craft were used by both peoples. A valuable work has lately been published by Radhakumud Mookeji, M.A., of the Calcutta University, entitled, "Indian Shipping," in which he treats of the trade and voyages made by the ancient Indians from the earliest dates, as derived from old records and from sculptures on old buildings, etc.

From the illustrations given in this work it is clear that the earliest vessels of that people were made of planks sewn together with rope just as the canoes of the Polynesians were. The author says, p. 47, ' these vessels were built so narrow and top-heavy that it was necessary to fit out-riggers for safety. An out-rigger is a serious of planks or logs joined to the boat with long poles or spars as shown in figure one.' This, of course, is exactly what the Polynesians do to this day, and have done for as far back as we can trace their forms of vessels. The illustrations of the ancient vessels are in fact just clumsy representations of the Polynesian canoe; and some of these pictures carved in stone, are said to date as far back as the fourth century before Christ, or about the period that we suppose the Polynesians left India.

UPOKO II.

NA J. M. JURY I TUHITUHI.

Nga Ruanuku o Turanga-nui—Toi-te-huatahi—Nga iwi o Irihia—Te Heke ki Tawhiti-nui.

I te 21 Pepuere, 1840, I korero tetahi kaumatua, ko Te Apaapa-o-te-rangi raua ko Kahutia. Enei tangata he ahua pakeke, ki taku whakaaro atu kua tae nga tau ki te 50 o Te Apaapa, ko Kahutia e rite ana pea ki te 47, 48 ranei. He tangata enei i tino kapi nga kanohi i te moko, me o raua papa ano, e kiia ana taua moko he rape. Na taku wahine, na Te Aitu-o-te-rangi, he tuahine ki a Tu-tapaki-rangi (ko Pēhi tetahi ona ingoa) he tino rangatira no Ngati-Kahu-ngunu ki Wairarapa, raua ko Kawe-kai-rangi, i haere mai raua ki taku kainga i noho ai au ki Rakaukaka. Ka haere mai a Te Apaapa, he tangata ataahua, he tangata roa ; ko Kahutia he tangata ahua iti, ahua poto, e 5' 7" pea te roa ; he tangata rangatira enei.

Na, i te 7 Maehe, 1840, ka korero a Te Apaapa-o-te-rangi, a Kuhutia, a Te Akitu me etahi atu o ratou ; no Turanga ratou ; ka korero a Te Apaapa ki a Kawe-kai-rangi raua ko Tu-tapakihi-rangi mo nga tipuna o mua. Ka mea mai a Pēhi ki au, " E One ! Tuhi-tuhia nga korero o nga rangatira." Ahua mohio ano au ki te reo Maori, ka tuhia e ahau enei korero a aua kaumatua ki te reo Pakeha ki roto i taku pukapuka.

TOI-TE-HUATAHI.*

Ko tahi tipuna no mua, ko Toi, i haere mai ki te kimi i tana mokopuna, i a Tu-rahui, i ngaro ki waho i te moana. He *purei* na nga Maori o Hawaiki, o Maui, o Tonga, o Ahu, o Rangi-atea, o Nukuroa me etahi atu motu i te taha mai ki Rangi-atea. I haere katoa ki te *purei* waka-Maori ki Hawaiki. Ko Hawaiki kei te taha mauru-ma-tonga o Maui. Ko te ingoa tuatahi o Maui ano. No te wa i a Ue-nuku-rangi raua ko Tāne-herepi, ko Tāne-here-maro ka kitea e Roere e hoki ana nga Wairua i te moana, e tangi ana, e waiata ana etahi, e whakatangi koauau ana, e poroporoaki ana ki Maui-iti, ki Maui-nui.

* Tera nga tino korero mo Toi, kei tetahi Upoko i muri nei.

Ka mea a Roere e hoki ana nga wairua o Maui-nui ki Hawaiki i Irihia, i te Hono-i-wairua.

Katahi a Uenuku-rangi ka mea, "Kati! Me hua te ingoa o Maui-nui ko Hawaiki-rangi." Ka korero ano aua rangatira—Apaapa ma—i haere mai ratou i Hawaiki, ki Rangiatea, ki Rarotonga.

NGA IWI O IRIHIA.

Ka korero ratou, ko Irihia he whenua wera rawa te rā. Ko te iwi noho o taua motu ko :—

Ngati-kopeka, ko Ngati-Kaupeka,
Ngati-Kiwakiwa Ngati-Uenga-rehu
ko Ngati-Parauri

Koia tera nga iwi o Irihia.

TE HEKE KI TAWHITI-NUI.

Ko nga waka i heke mai ai ki Tawhiti-nui e whitu. Ko te ingoa o etahi o nga waka ko 'Ahu,' ko 'Tangi-haere-moana,' ko 'Paekohu,' ko 'Te Marama.' E toru atu o aua waka i kore e mohiotia e ratou nga ingoa o era waka. Ko nga tangata i haere mai i runga i aua waka ko Tahito-rangi, ko Tu-te-mahurangi, ko Tu-rongo-rau, ko Māhu-rangi; koia nei nga ariki o taua heke mai ki Tawhiti-nui. Ko te take i heke mai ki Tawhiti-nui aua ariki me o ratou tangata o nga waka e whitu nei, he tahae no aua iwi nei i nga ika o ta ratou kupenga waha-roa. Ka tipu taua take hei take pakanga i Irihia. E ki ana aua kaumatua te nui o te whawhai me te mate o te tangata o taua iwi i korerotia ake ra—o Ngati-kopeka ma. Ka mate nga ariki i taua pakanga e 500 nga ariki. Ka waiho te ingoa o taua pakanga ko Wai-kumia, ko Wai-haro-rangi, ko Wai-o-ngana, ko Wai-parauri; koia nei nga ingoa o taua pakanga. Ko te ingoa nui o taua matenga ko Te Matenga-o-tini-o-Pokaua, o Rua-mano. Koia tenei te tino ariki-kahurangi o aua ariki katoa i mate nei.

I te mea he whawhai tonu te mahi, katahi a Tu-te-māhu-rangi, a Tawhito-rangi, a Tu-rongo-rau, a Māhu-rangi ka mea ki o ratou tangata, "Tatou ka heke atu i Irihia ki te rawhiti-marangai. Kia whaia e tatou te waha o tera e haere mai nei."

Ka heke mai enei ariki; ka tutaki mai ki tetahi whenua nui, ka pa mai te wehi ki a ratou. Ka mea ratou ki a ratou ano, "katahi tatou ka mate i nga iwi o tenei motu nui." Ka tapaia te ingoa o taua motu ko Tawhiti-nui, mo te nui o taua motu. Katahi ratou ka hoe ki roto i tetahi awa, e hangai ana ki te mauru-ma-tonga te takoto o taua awa. Ka aua atu ki uta o taua awa, katahi ka mea mai a Tawhito-rangi ki ona hoa ariki, me tahuri ratou ki te mahi pa hei nohoanga mo ratou me a ratou wahine me a ratou tamariki. Ka mea a Tawhito-rangi me mahi ki te kowhatu he pa. Ka mea a Tu-rongo-rau, me rakau he pa, kia toru ai nga tuwatawata. Ka mea a Tu-te-māhurangi raua ko Māhu-rangi, ko te pa pai mo ratou me piki ki waenganui o te pari ka kari ai ki roto rawa, mo a ratou haere noa atu ki te mahi kai ma ratou, e kore e taea te pa o a ratou wahine me nga tamariki e nga iwi whakaeke.

Ka whakaaetia, ka karia ki waenganui o tetahi pari-tihore, ka hangaia taua pa, ka oti. Ka kiia tena pa ko Te Kohurau, he pu-whenua. Ko te ngutu, ara, ko te whatitoka e whakaheke ana ki waho, koi puta mai te ua.

I penei te ahua o te ara atu ki roto kia kore ai e heke te wai ki roto i taua ana, kia kore ai e uru he tangata tokomaha i te tatau ; a, kaore ano kia kotahi pa penei e taea ana e te taua. Kotahi te pa penei i taea te poka iho i runga ; i rangona ki te haruru o te kari, ka tikina ka tirohia i waho, ka kitea kua nui noa atu te karinga, kua ho-honu hoki. Ka tikina ka whawhaitia, me te tiaki ano i te rua koi puta mai nga tangata o roto ki waho. Ka hinga nga kai-tiaki o te rua o waho katahi ka tahuna ki te ahi a roto i te rua kia haere te au.ki roto—na reira i patu, na te auahi. Wehi tonu atu nga taua whaka-taetae ki te huri pa penei. Ka kiia tenei tu pa, he pa-whakawhenua, he pu-whenua tetahi ingoa.

Ko tenei pa, ko Hui-whenua no Taka-wairangi ratou ko ona iwi. Koia te take i tipu ai nga iwi ruarua o era motu ; he whenua nui tonu, he maha nga mano ki te noho pera ; he mahana hoki.

Ka roa e noho ana i roto, ka tini te tangata, ka hanga pa ki runga i te tuawhenua.

No nga whakatupuranga i a Irapanga me ona uri, ka heke mai a Irapanga me ona tamariki me ona hapu. E ono nga waka, ka u mai ki Ahu. Koia nei te putake mai o nga tangata o Hawaiki, o Maui, me etahi atu motu i reira.

Ko nga putake mai o nga heke mai i Hawaiki, i Maui, i Ahu, i Rangi-atea, i Rarotonga, ki konei, ko Kupe raua ko Ngake ; i haere mai ki te whai mai i 'Te Wheke-a-Muturangi,' etc.

CHAPTER II.

The migration to Tawhiti-nui—Te Irapanga-nui sails across the North Pacific to Oahu—Migration to Tahiti.

TAWHITI-NUI.

TO continue the history of the migration : After the great battle in Tawhiti-roa, described a few pages back, in which our migrants were defeated, it was decided to evacuate that country and proceed to the east to seek for another home, for owing to the numbers of the tall, lanky, black people it was felt that they were in danger of destruction at their hands.

For what follows we have the authority of a document dated 1840, and at the request of Tu-tapakihi-rangi, one of the high chiefs of Wairarapa, was written by J. M. Jury and subsequently given to his son.[13]

We will now follow the story of the migration from Tawhiti-roa (long Tawhiti) to Tawhiti-nui (great Tawhiti) ; I translate from J. M. Jury's papers :—

"There were seven canoes that came away to Tawhiti-nui, which were named as follows :—

   ' Ahu '   ' Tangi-haere-moana '
   ' Paekohu '   ' Te Marama '

" The names of three of the other canoes are not now known. The chiefs who came away in those canoes were :—

   Tahito-rangi   Tu-te-mahurangi
   Tu-rongo-rau   Māhu-rangi

and these were the principal men in the migration to Tawhiti-nui. The reason these *ariki* and their people migrated to the above place in the seven canoes was on account of some fish that were stolen from

---

13. J. M. Jury was a naval officer, born in England in 1808, but left the navy on the advice of his doctor, and was for two years in a hospital. In 1837, on medical advice, he emigrated to Sydney, then to New Zealand in 1838, and settled at Poverty Bay, where he wrote out what follows, and in 1842 he removed with his wife, a relative of the well-known chief Tu-tapakihi-rangi, to Wairarapa. Bishop Williams tells me he remembers the three old chiefs mentioned above as living at Poverty Bay in the forties of last century.

their net by the people mentioned [i.e., the tall, lanky, black people mentioned previously]. From this cause grew up a war in Irihia.[14] The old men above mentioned said that there was a great deal of fighting and a large number of men were killed belonging to those afore mentioned people, that is, of Ngati-kopeka and others. There were 500 *arikis* killed in those wars, and the names given to the battles were Wai-kumia, Wai-haro-rangi, Wai-o-ngana, Wai-parauri —those are the names of those battles. The general name given to the campaign was 'Te-matenga-o-tini-o-Pokaua, o Rua-mano, which latter was the name of the great high chief [or king, one might say] over all the minor *ariki*.

"In consequence of the constant fighting, Tu-te-mahurangi, Tawhito-rangi, Tu-rongo-rau and Mahu-rangi, said to their followers 'Let us depart from Irihia to the north-east, and follow the direction of he who has come' [? back from there].

"So these chiefs all came away and after a time reached another great land, when a great fear fell upon them; they said amongst themselves, 'Now indeed shall we all be killed by the people of this great island.' So they called the name of that island Tawhiti-nui [Great Tawhiti] on account of the size of it. They then entered a certain river, the mouth of which was situated on the south-west side [of that land]. They went up it inland a very long way, when [at a certain place] Tawhito-rangi said to his companion *arikis*, they ought to set to and build a *pa* as a dwelling-place for themselves, their women and children. Tawhito-rangi considered they should build a stone fort, whilst Tu-rongo-rau thought a wooden [i.e., palisaded] one best, with three lines of defence. Tu-te-mahurangi and Māhu-rangi said that the best *pa* for them would be to ascend to the midst of a cliff and there excavate a deep place, so that when they went forth to seek food for themselves, the *pa* of the women and children could not be taken by any people who might come to assault it.

"This idea was agreed to, and they set to work to excavate a place on the face of a steep cliff; they worked at it and finished it, and then they named it Te Kohurau,[15] it was a *pu-whenua*, or artificial cave. The entrance or doorway was like this [a sketch is given showing the entrance to slope upwards, the cave being apparently in the solid rock]:—The entrance was thus arranged so

---

14. The mention of Irihia is either a confusion with Irihia the Fatherland and the first migration from there, or, as the Scribe tells me, it is a name for Tawhiti-roa, or part of it, no doubt named after the old home.

15. This name was afterwards given to a canoe in Tahiti, as we shall see.

that water should not enter the cave, and so that only a few men could enter the doorway at a time. That kind of *pa* cannot be taken by an assaulting party—there never has been one like it taken by a war-party.[16] There was one *pa* like it, that was taken by digging down from above; on the noise being heard, they went outside to see what it was, and found a big hole had been dug very deep. The [people digging] then fought the others that guarded the entrance. The guards at the entrance fell, and then a fire was lit so the smoke should enter the cave—hence the place fell, through the smoke.

"War-parties are much afraid to attack places like this. This kind of *pa* is called a '*pa-whakawhenua*' or '*pu-whenua.*'

"This *pa* [i.e., the one taken above] was named Hui-whenua and belonged to Taka-wairangi and his tribe, and it was in consequence of this so few were the people in those islands,[17] for it was a large land, and many thousands of people dwelt in that manner: it was very hot there also.

"After dwelling in this manner for a long time, and men had become numerous, they built *pas* on the mainland [i.e., in the open].

"In the times of Irapanga and his descendants, he migrated with his children and sub-tribes. They came away in six canoes and [finally] landed on Ahu (Oahu). Hence is the origin of the people of Hawaiki (Hawaii) of Maui and the other islands in those parts.

"In the times of Toi-te-huatahi [*circa* 1150] (afterwards came to New Zealand) at the time of the search for his grandsons Tu-rahui and Whatonga who had been blown away over the sea. [This was when the people were living at Tahiti. See the full account in Chapter IV. hereof] there was held a great canoe race when people came from Hawaii, Maui, Tonga, Oahu, Rangiatea [Ra'iatea], and Nukuroa and other Islands around Rangiatea, to Hawaiki [Tahiti].

"Hawaiki [Hawaii] lies to the south-west [really south-east] from Maui; and in the times of Uenuku-rangi, Tāne-herepi, and Tāne-here-maro, Roere discovered that the spirits returned from there across the ocean, crying and singing, some playing flutes, and all the while bidding farewell to [the islands] Maui-iti and Maui-nui. Roere thought that these spirits, from Maui-nui, were on their way to

---

16. The Scribe tells me, in such caves rope-ladders with wooden steps were made to give access. When all were gathered in the cave the ladder was hauled up, and the passage above could be defended by spears from above. It would seem from this that at one time such refuges were not uncommon.

17. An obscure statement.

[the ancient] Hawaiki in Irihia at Te Hono-i-wairua. Then Ue-nuku-rangi said, 'Enough! We will in future change the name of Maui-nui and call [that island] Hawaiki-rangi' [which we thus learn was the old name of Hawaii Island of the Hawaiian Group].

"Those old men [Te Apaapa-o-te-rangi, Kahutia and Te Akitu] said that their ancestors migrated from Hawaiki [Hawaii] to Rangi-atea [Ra'iatea] and to Rarotonga. They also said that Irihia was an exceedingly hot country, and that the people of that land were Ngati-kopeka, Ngati-kaupeka, Ngati-kiwakiwa, Ngati-uengarehu, and Ngati-parauri." [All of which names are descriptive of the lanky, slender, black people of Irihia—see *ante*.]

The above account of the residence of this particular migration on the large island named Tawhiti-nui, will be supplemented by information supplied to me by the Scribe in answer to my questions, his information having been derived in after years from the old Ruanuku, Te Matorohanga and others of Wairarapa.

It is not known how long the migration dwelt in Tawhiti-roa (Sumatra) before the series of battles took place which caused the people to move on. But it is obvious that it was of considerable duration to have allowed of the increase in numbers engaged in these battles, even if the numbers engaged are exaggerated. Nor do we hear anything more of the leaders of the first migration from the Fatherland, and the names of all the canoes are new, the old ones having rotted away.

When the migration left Tawhiti-roa (Sumatra) they steered, says the scribe, to the north-east for two reasons; first, because the winds blew continuously in that direction—no doubt the south-west monsoons which blew in those parts from the south-west, or from the north-east according to the time of year [18]; and secondly because they wished to leave behind them the great heat experienced in Tawhiti-roa—the equator runs through Sumatra, or, as we suppose, Tawhiti-roa. This

---

18. It appears from Crawford's work already quoted, p. 288, that the Malays use the identical terms (in a reserved sense) as the Polynesians in reference to the directions of the monsoons or trade winds. He says, "There is a peculiar idiom of the Malay language connected with the monsoons, which requires a short explanation. The Malays call all countries west of their own 'countries below the wind,' the Malay words being *Atas-angin* and *Bawa-angin*. The expression is really equivalent to 'windward' and 'leeward,' the west representing the first and east the last." The Polynesians term the trade winds from the south-east and all countries to the east, *runga*, above, and to the west and north west, *raro*, or below, in which we have the same ideas, only altered to suit the direction from which the trades blow. I do not for this reason connect the two peoples, however. The Malay word *angin* is probably the Maori word *angi*, wind.

latter reason does not seem to have much force for they would have to voyage a long way to the north-east before any sensible decrease in temperature would be felt. But perhaps this statement really refers to the next stage in their migration, to which it would more reasonably apply. Now, on the assumption that Tawhiti-roa is Sumatra, and if the migration left the coasts of that island somewhere about the north end of Banca Island, and steered north-east before the south-westerly monsoon, they would strike the south-west coast of Borneo not far from the mouth of the great river Kapoeas, which is marked on the maps as navigable for 400 miles. This river is that, I take it, mentioned in the foregoing tradition as having its mouth 'to the south-west,' and up which the expedition passed a very long way—*ka aua noa atu ki roto*—when they came to the cliffs in which they excavated their *pu-whenua*, or cave; probably making use of one already existing, for all this country appears to be of limestone and sandstone formation, nearly always characterised by caves.

If the above argument is legitimate, then Tawhiti-nui (great Tawhiti) is the large island of Borneo, and the people that our migrants were so much in fear of would probably be some of the aboriginal inhabitants of that country. The late Dr. Keane, one of our honorary members, says of these people in his "Mau, Past and Present," p. 240, after describing the fringe of Malayan people round the coast of Borneo—who only arrived there somewhere about the thirteenth century. "But within this variegated fringe of culture and semi-barbarism, the great mass of the aborigines is still emphatically in the wild state. Whether grouped as *Dyaks* (Dayaks), the most general name, Dusuns in British North Borneo, *Kayans* further south, or other conventional designations unknown to the tribes themselves, all stand very near the lowest rung of the social ladder, practising various forms of self mutilation, distending the ear-lobes often down to the shoulder, plucking out the eyebrows, filing or perforating the teeth, exposing the dead on trees or platforms, or smoking them dry, or else burying and then disinterring the bones to be preserved near the haunts of the living."

The reader will recognise in the above brief account some Polynesian customs, and may be, after our migrants had settled for some time on this great river, and fighting had ceased as it must have done occasionally, intercourse with the aborigines would take place, and probably inter-marriage, and thus perhaps the two peoples may still possess some customs in common. This, however, is incapable of proof at present.

We submit that we have in the Rarotongan records a conformation of this name, Tawhiti-nui, under a slightly abbreviated form, Iti-nui. When translating the Rarotongan records for "Hawaiki," I was greatly puzzled by the order in which this name appeared in the 'log' describing the various lands that particular migration had called at or dwelt in, as expressed in the ancient recitation given at page 112 of "Hawaiki "(third edition). It will there be observed that after leaving Atia-te-varinga (which was identified as Java), the migrations next made the land called Iti-nui, which I then thought must be intended for Fiji, but could not reconcile the position given to the name with the fact of two other lands intervening between it and Savai'i of the Samoa group. But it now appears tolerably certain that Iti-nui must be intended for Tawhiti-nui. It will be remembered that the Rarotongans have lost the 'wh' sound in their dialect, and, therefore, Iti-nui is the same as Maori Whiti-nui; and as 'ta' is but a prefix, we have the two names identically the same; and, moreover, the 'log' will now read as it should do.

IRAPANGA SAILS ACROSS THE NORTH PACIFIC.

The traditions from which we have been quoting state that "in the times of Irapanga and his descendants, he migrated with his children and sub-tribes. They came away from Tawhiti-nui in six canoes and [finally] landed on Ahu [Oahu]—hence is the origin of the people of Hawaiki [Hawaii], of Maui and other islands in those parts."

Here the narrative relating to that migration—the third stage in their course to New Zealand—disappointingly ends, and we are told nothing of the details of what is one of the longest voyages on record made by the Polynesians, for the distance from Borneo to the Hawaiian group is between 6,000 and 7,000 miles, depending on the route followed. The distance is so great that the final end of the voyage might be doubted, and some other group of islands perhaps intended. But there are no other islands in the Pacific bearing the names of Ahu [Oahu], Maui, and Hawaiki [Hawaii], and, moreover, in another tradition we shall come across later on, we find that there were two other islands to the north-west of Maui, called by the Maoris Maui-taka and Maui-pae, which represent the islands now called Molokai and Lanai. So that it seems impossible to doubt the fact that the Hawaiian group was reached. Again, besides the frequent mention of these islands in other parts of the same body of traditions, we have the explicit statement made, that the course from these islands to that particular Hawaiki from whence came these people to New Zealand—which there is no doubt whatever is Tahiti—was due south. As a matter of fact it is south 10° east. This seems to prove the traditions to be right. It will be observed that the Maoris give the name Ahu to Oahu Island, and that this was the name used by the Hawaiians at one time will be clear from a reference to Dr. N. B. Emerson's "Unwritten Literature of Hawaii" (Smithsonian Institution, Bureau of American Ethnology, Bulletin 38, 1909, page 189-190), where that learned Hawaiian scholar says: "This (referring to *o Ahu*) is an instance of the separation of the article *o* from the substantive *Ahu*, to which it becomes joined to from the proper name of the island now called Oahu."

I am told by the Scribe that the traditional course from Tawhiti-nui to Ahu was north-east, and the word used for the north-east is equally used by other tribes for east-north-east. The course from Borneo to the Hawaiian Islands is about east-north-east, depending on the exact point of departure.

The great length of this voyage expressed in miles, causes doubt to arise as to its possibility. But when we consider that the course described must have taken the voyagers right through the eastern part of Indonesia, dotted with islands, such as the Celebes, Gildo, etc., and then through the Caroline, Ralick, Marshall, and the Radick Archipelagoes, with land-falls every few days, it does not seem so stupendous an undertaking. The real deep sea part of the voyage without islands that could be used as resting places is from the Radick Chain to Oahu, a space of some 2,100 nautical miles, a distance which is less than from Tahiti to New Zealand, which we know these people have sailed over repeatedly, as they have the Fiji to Tahiti, also a longer distance than the above. So in reality this apparently long voyage comes out as nothing extraordinary in comparison to other Polynesian voyages.

A suggestion I would make is, that this deep sea portion of the voyage, without islands, is the 'Moana-kai-popolo' (the deep green or blue sea) of Hawaii-loa's voyage referred to by Fornander; and it may have been in consequence of Hawaii-loa's voyage and the reports he brought back that our migration took this particular route instead of following or accompanying the 'Tongahiti' migration from Indonesia down to Fiji and Samoa.

If the migration were acquainted with the ocean currents in this part they would have received great assistance in following the equatorial current which flows strongly from west to east for ten degrees or so north of the line.

The Admirality chart of the Caroline Islands has the following remarks on the winds of those parts. "The prevailing wind among the islands from November to June is the north-east, but from July to October westerly winds with unsettled weather may be expected between the parallels of 4° to 8° north." No doubt our Polynesians, able navigators as they were, would avail themselves of these westerly winds. Nor do I think they would hesitate to face the north-east winds, for their canoes were good sailers on a wind, and this was the course the people often adopted in the South Pacific when obliged to face the trade winds, as is well illustrated by the voyage of Uenga, shown on the chart, Vol. XX., opp. p. 116 "Journal of the Polynesian Society," where that navigator appears to have battled against the south-east trades by making very long boards of many day's duration.

On the question of sailing eastward through the Carolines to the Marshalls, the following quotation from a letter written to me by Captain H. Wilson, at present Harbour Master of Levuka, Fiji Islands, is interesting. He says: "Dr. Lang believes, as I do, that the Polynesians came up in the equatorial counter current as far as the Marshall group, and then down to Samoa, Tonga, etc. I have myself, in a schooner, beat up 23 times from Fiji to Samoa, and have also beat up from Pakin in the Caroline Islands to Jaluit in the Marshall group . . . . . . and in the Caroline Islands eighty or ninety miles a day was the average, and that against the north-east trade winds. In the season, when the westerly winds prevail, one could make 150 miles, or in a calm forty to fifty miles a day, and that is the line of least resistance from the Malay Archipelago to Polynesia."

From what we know of the sailing powers of the old Polynesian *pahi*, it is probable they would beat to windward, if not quite as well as a modern schooner, at least nearly as well. The well-known accuracy of observation distinguishing the Polynesians would cause them to become acquainted with the proximity of some of the islands in those parts perhaps much sooner than Europeans, and they would naturally make as many land calls as possible for rest and refreshment; and, besides, we must not forget the command these people had over a contrary wind by the use of the paddle at which they still are admitted to be adepts. Writers who do not know the people are apt to overlook this very important point.

We have also, in connection with this voyage of Irapanga, his children and people, to consider what inducements they had to continue so long in an easterly direction to the Hawaii group, on the supposition that they were not following directions left by Hawaii-loa or Tamarareti, or some other noted voyager—perhaps Māui, who it would seem from the Rarotongan account of him was a great navigator who, had not only visited the Hawaiian islands, but most of those in the South Pacific as well. It is said in the account of the first migration from Irihia (the Fatherland) that Māui was a descendant of those who

TE KAUWAE-RARO. 35

formed the first migration, and if so would probably be born and lived in Indonesia, and the probability is that the numerous accounts we have of his having 'fished up' so many lands, may all be referred back to the sojourn of the people in Indonesia; the localization of the stories in the various islands of the Pacific being merely what so very frequently occurs with ancient legends.

But whoever may have been the voyager who first led the way across the Northern Pacific, it would not be the migration we are dealing with, for these people were bound on a voyage to find new homes, and must of necessity have passed, probably called at, quite a number of islands suitable for their purpose. And yet they go on a very lengthy voyage, much longer than is apparently necessary, to find homes for themselves on the other side of the Pacific. This, it is submitted, proves that the migration was following in the footsteps of some former navigator. Theirs was not a mere exploring expedition, but a migration of men, women and children.

Unfortunately the name of the ancestor, Irapanga, who led this expedition across the ocean, is not shown on the many genealogies among the Scribe's papers, and we are thus left in doubt as to his period according to Maori accounts. But possibly the Rarotongan tables may here assist us at getting some approximation to the period of Irapanga.

There is such an ancestor shown on the table at the end of "Hawaiki," at fifty-eight generations back from the year 1900; and on Mr. Savage's great table (not yet published) the same man is found at fifty generations ago. This is a considerable difference, equal to two hundred years, and too much to admit of the mean being taken to fix the date. Again in the 'Journal of the Polynesian Society,' Vol. XXI., p. 40, we see Irapanga given as flourishing sixty-four generations ago. But as I feel this particular line is four generations too long between the year 1900 and the Rarotongan chief Tangiia, we may take sixty generations as correct. Now it seems probable that we have a check on these figures from Fornander's tables (Vol. I., p. 183). There we find a man named Ku-kalani-ehu, who flourished fifty-seven generation back from the year 1900, and as this name is in all probability identical with Tu-tarangi, the son of Irapanga (although his father's name is given differently, a thing that often occurs). We thus have four lines of sixty, fifty-eight, fifty-eight and fifty, as the period of Irapanga, and by taking the mean of the three first, we get, say, fifty-nine generations from the period of Irapanga. I shall assume for what follows that fifty-eight generations is correct for Tu-tarangi—

Irapanga's son, according to the Rarotongan History—and take fifty-nine generations for the period of Irapanga, for by doing so, should better information turn up later on, the adjustment can be more easily made, for all the dates in "Hawaiki" are based on this same line. Irapanga's son's period is moreover checked by the line on the right of the table in "Hawaiki." To get an approximate date of this migration from Tawhiti-nui (Borneo) to Ahu (Oahu) we convert these fifty-eight generations into years by allowing four generations to a century, and we thus find the date to be A.D. 450.

Readers of Fornander's "Polynesian Race" will remember that he determines the date of the first settlement on the Hawaiian Islands as about the year A.D. 390,[*] which differs only sixty years from the date arrived at above, and pending better information we may tentatively accept the beginning of the fifth century as the date of that settlement, and of the voyage of Irapanga across the North Pacific.

I quote here an extract from "Hawaiki," p. 150 (3rd edition) in order to make (what the later information would appear to be) a correction:—

ARRIVAL AT AND SOJOURN IN FIJI.

"From the period of Vai-takere (*circa* A.D. 50), when, as appears undoubted the people were living in Indonesia, down to that of Tu-tarangi, whose epoch has been shown to be about A.D. 450, there is again complete silence as to the doings of the people, and nothing whatever is related of the sixteen (Rarotongan) ancestors who separate the two people mentioned. In Tu-tarangi's time the people were living in Fiji, for that place and *Avaiki* are named as his country, which from the names of other places now for the first time mentioned, such as Amama and Avarua, *means Avaki-raro*, which name—to the Rarotongan—covers the Fiji, Samoan, and Tonga groups."

The correction that is suggested is this: Now we know from Maori records that Irapanga (the father of Tu-tarangi mentioned in the above quotation) sailed from Tawhiti-nui across the northern Pacific and settled in the Hawaiian Islands, it would seem that the 'Avaiki,' of that part of the Rarotongan history, is Hawaii, rather than 'Avaiki-raro.' And it follows that Irapanga's son, Tu-tarangi, came from Hawaii to Fiji and there settled.

Just here a few observations in reply to my friend Dr. W. D. Alexander, of Honolulu, who, on the occasion of the reading of a paper

[*] See p. 294 "Hawaiki," where Fornander's generations are converted from thirty to twenty-five years.

by me before the Hawaiian Historical Society, in 1911, in which I gave a brief account of Irapanga's settlement on Oahu, criticised my paper very kindly, but differs from me as to the identity of Tawhiti-roa (Sumatra) and Tawhiti-nui (Borneo), and suggests that they represent the Fiji Group. But in this the Doctor overlooks the facts as to the course steered from Irihia to Tawhiti-roa, and again from the latter to Tawhiti-nui, and also the fact that rice was (almost certainly) the provisions on those voyages, which is impossible if the narrative related to Fiji Islands. Again, the wind does not blow from Fiji towards the north-east, towards Hawaii (or only spasmodically), nor does the heat decrease, but increases as the equator is approached, and it would have to be crossed in sailing from Fiji to Hawaii.

But the most important point is, that the Maoris have a special name for the Fiji Group, Whiti, and therefore would not use the name Tawhiti for that group. Sometimes it is called Tuturu-o-Whiti, Kukuru-o-Hiti, in the Hawaiian form of name, and is often mentioned in their traditions.

The one thing in which my friend has detected a weakness in the paper above referred to is the period of Hui-te-rangiora, the great voyager, and this is certainly very difficult of explanation except on one hypothesis. According to the Rarotongan account of that navigator, given in "Hawaiki," p. 43, 167, flourished about A.D. 650, when the people were living in Fiji; but according to the account *ante*, he was one of those who came away from the original Fatherland, Irihia, with the first migration, several hundred years prior to the year 650. There is not much doubt, I submit, that the doings of Hui-te-rangiora and his brother as related below, derived from the same source as the Maori narrative preceding, refer to the Rarotongan navigator, Ui-te-rangiora; and, therefore, the only explanation of the discrepancy in dates that occurs to one is, that there were two men of that name, one who really joined in the original migration from Irihia, and the other the Rarotongan navigator of A.D. 650, and that the deeds of the latter have been accredited to the former in the manner we are so well acquainted with. Hui-te-rangiora is by no means an uncommon name in Maori history.

I will now continue the translation of the Scribe's narrative, which has been interrupted, to include his father's papers in reference to Tawhiti-nui and the migration to Oahu:—

"Now when Hui-te-rangiora came to this Hawaiki (Tahiti) he called it Hawaiki in memory of the true original Hawaiki-nui of Irihia. That, Hawaiki, was the most sacred spot in all the world; because it was there that feasts were given to the gods, to Io-matua-te-kore (Io-the-parentless, the supreme god), and to the Whatu-kuras and Marei-kuras* of the Toi-o-nga-rangi (the uppermost heaven). That was the most sacred heaven of all; and at the mountain named Te Hono-i-wairua (the-assemblage-of-spirits) the most sacred *karakias* were recited.

"When they dwelt at this latter Hawaiki (Tahiti) from whence our ancestors came here, they brought with them the names of the principal lands viâ which they had migrated until they came thither, and there gave those names to places in memory of the former ones.

"Tu-te-rangiatea was the second son of Atia-nui-ariki and his wife Ania-ariki, and his second name was Tu-te-rangi-ariki. This man grew up to be a very high chief, and was most accomplished in canoe-building, house-building, and in navigation. He himself came to the Hawaiki above referred to (Tahiti); and at that place he built a large canoe named 'Ao-kapua'; besides a sacred home for the *tohungas*, or priests, and for the gods at Hawaiki, the name of which is said to have been 'Rangi-atea.' From that house was derived the name of an island (Rai-atea) situated in the space on this side of Hawaiki (Tahiti); and it is said it was to this Rangi-atea that Tu-rahui and Whatonga were driven by the gale, when they landed on that island, some time before the departure of the great migration for New Zealand, in the times of Tamate-ariki-nui and his people.†

The above extract ends the Scribe's paper written for me, and one can feel no reasonable doubt that the Hui-te-rangiora therein mentioned was identical with Ui-te-rangiora of the Rarotongan account, whose voyages have been referred to in "Hawaiki." According to the Maori narrative his canoe was named 'Tuahiwi-o-Atea,' and by that of the Rarotongans, it was 'Te-iwi-o-Atea—practically the same name.

A good deal has been said about the navigator Ui-te-rangiora in "Hawaiki," and since that book was published, we find among Dr. W. Wyatt Gill's papers now being published by the Polynesian Society, a further reference to his voyages, during one of which he sailed from the Fiji Group, where the people were then living, to New Guinea, which the Rarotongans have satisfied themselves is the Enna-manu and Enna-kura of their traditions, by arguments which are too long to quote here. But it is satisfactory to the author of "Hawaiki" to find therein a confirmation of his supposition (p. 113 of that work) that Enna-kura is identical with New Guinea.

---

* See "Memoirs, Polynesian Society," Vol. III., p. 14.

† We shall find the interesting history of these events in later chapters.

In the above reference of the Rarotongan navigator, he is called I-te-rangiora, not Ui-te-rangiora, but there can be no doubt that the two names are mere variations. It adds also further evidence of the ability of these Polynesian navigators to traverse great stretches of ocean whenever the necessity arose; and in this particular instance the necessity consisted in the demand for the very highly prized red feathers for personal ornament, which were obtained in New Guinea—probably one suggests—from the bird of Paradise. Nor does the narrative leave much doubt as to the frequency of similar voyages back from Fiji—if not from Rarotonga—to New Guinea for the same purpose. These red feathers, were to them, what jewels are to us.

MIGRATION FROM THE HAWAIIAN ISLANDS TO TAHITI.

We now come to what is practically a blank in the history of these East Coast tribes, extending from the times of Irapanga and his immediate descendants, till the period of Toi-te-huatahi—or twenty-eight generations. We are thus left in doubt by the Maori records, as to when these people moved to Tahiti, for it was at the latter island we first came across Toi-te-huatahi. We have in the records we are dealing with, the ancestors of Toi as far back as twenty-nine generations previous to him, but the line does not come through Irapanga, nor can any of the ancestors of the Hawaiians on Fornander's tables be recognised on this line.

It is quite certain, however, that communication was kept up between Hawaii and Tahiti until the times of Toi-te-huatahi (which is about the year 1150), for we have the statement made by the priests that gave Mr. J. M. Jury the account of Tawhiti-nui, as described above, that in Toi's time canoes came from Hawaii to Tahiti to take part in a great canoe race; and this is confirmed with considerable detail by Te Matorohanga (our Sage), as we shall see when we come to the story of Whatonga's adventures.

Both Fornander[*] and Dr. Emerson[†] have shown how frequent were the voyages between Tahiti and Hawaii, but as far as can be gathered from the writings of both these authors, their voyages seem to have been confined to the twelfth and thirteenth centuries; and the Rarotongan records seem to confirm this. There appears to have been in fact a period extending from about A.D. 650 to A.D. 1100, during which no communication took place between the Southern Isles and

[*] The Polynesian Race, Vol. II., pp. 46-58.
[†] Fifth Report Hawaiian Historical Society, "The Long Voyages of the Ancient Hawaiians."

Hawaii, but from the latter date onward to about A.D. 1330, voyages appear to have been frequent. The latest voyage from Hawaii to Tahiti mentioned in the Rarotongan records is that of Naea, who was a contemporary of Onokura's (*circa* 1100), and he was obliged to leave either Fiji or Samoa (Avaiki-raro), on account of a desolating war. He proceeded to the east, and thence on to Vaii (Vaihi, the Tahitian name for the Hawaiian Group), and from the circumstance of this voyage, the Rarotongan records give the name 'Avaiki-nui-o-Naea' to the northern group (Great Hawaii-of-Naea). During the years subsequent to 1328 we have no record of any voyages; but the fact mentioned in a later chapter of this work, to the effect that Tamatea-ariki-nui, of Tahiti, was an *ariki* of that island and of Hawaii, seems to indicate that communication was still kept up. After that it ceased, and the probable reason is that a large number of the boldest navigators of the race, in about 1350, removed to New Zealand.

Although no particulars are given in our Maori records of the frequent voyages referred to in the Hawaii traditions, the former have retained the course to be steered to attain Tahiti from Hawaii. It is given as due south; as a matter of fact it is S. 10° east. This kind of information was kept in memory of the priests of the Whare-wānanga, and when expeditions were about to start application was made to them for sailing directions, a fact we shall find recorded in a later chapter, on the sailing of 'Takitimu' for New Zealand.

Dr. Emerson in the work quoted gives the names of several islands recorded in Hawaiian traditions as lying between Hawaii and Tahiti at which the canoes used to call for refreshment. Probably Fanning and Christmas Islands were some of them, as they are not far off the direct route, and would prove of great use to the voyagers as resting places. The fact that remains of what appear to be buildings, and other things having been recently found at the former island would go to prove the visits of these Polynesian voyagers.

But, however, we are left in the dark at present as to the date of the migration of our East Coast Maoris from Hawaii to Tahiti; we must be content until further light is thrown on the subject, to assume that it occurred sometime in the tenth or eleventh century.

UPOKO III.

Na Te Matorohanga enei korero.

Ko Kupe—Te hīnga ika i Rarotonga—Te Wheke-a-muturangi—Ka rere mai a Kupe raua ko Ngake ki Aotea-roa nei—Ka amio haere a Kupe i Te Waipounamu—Te hokinga o Kupe ki Aotea-roa—Te hokinga o Kupe ki Hawaiki.

NA, ka mea atu a te Matorohanga ki nga tangata "Me heke mai taku korero ki a koutou i naia nei, ki te wa i a Kupe. Ko tenei tangata ko Kupe, he tangata rangatira tenei no Hawaiki; tona papa no Rarotonga; no Rangi-atea te matua-tāne o tona whaea. Na, ka marama mai koutou, e toru rawa nga motu i uru ai tona mana ki roto i nga iwi o aua motu.

I tetahi wa, ka tipu ta raua kakari ko Muturangi. Tenei tangata no Rarotonga; te take o ta raua whawhai, mo te mokai a Muturangi. Taua mokaikai he wheke. I haere atu a Kupe me ona tangata ki te hī ika, ka eke ki runga i te tauranga ika, ka rere nga aho a ona tangata ki te wai; ka roa, kaore e rongo ana ki te ika e kai ana mai ki nga matau; ka hutia ake nga aho; kua pau noa atu nga mounu o nga matau—pera katoa nga waka e tau ana i runga i te tauranga ika. Ka mounu ano nga tangata o runga i nga waka ra i a ratau matau; ka rere ano nga aho ki te wai. Ka roa e tau ana nga aho i te wai, ka takina ake ano; kua pau noa atu nga mounu. Ka pena tonu, a pau noa nga mounu; ka hoki nga waka katoa nei ki uta. Ka korerotia te mate o nga kai hī ika nei, kua oti ake nei te tuhi.

Ka noho i tetahi ra mai, ka hoki ano nga iwi nei ki te hi ika, ka pera ano te ahua o a ratau aho; kaore e rangona te takiri-tanga a te ika i nga mounu; a, pau noa nga mounu o a ratau aho, hoki kau ake nga waka nei kore rawa i mau he ika kia kotahi. Ka tae atu ki te kainga, ka korerotia ano to ratau mate pera. Ka kimi nga tangata he aha ra i pera ai?; katahi ka kawea ki nga tohunga tuāhu kia kimihia te take i pera ai te ahua o a ratau aho, me nga mounu. Ka ki atu nga tohunga tuahu, "Ka haere koutou a muri ake nei ki te hī, mauria mai nga aho me nga matau ki a matou i te ata e haere ai; kia mahia ka haere ai. I te ata i whaka-arotia ai kia haere ki te hī, ka kawea nga aho, nga matau ki nga tohunga tuāhu kia mahia. Ka oti te mahi, ka haere nga waka ki nga taunga ika i te moana, ka hī; katahi ka kitea ki nga kawe-kawe o te wheke e pupuri ana i nga aho; tinitini te wheke; a ka kitea taua wheke a Muturangi e tau ana i runga o te kare o te wai manu ai. He tini nga wheke, engari kaore he ika i kai mai ki nga matau, a ko nga mounu kua pau noa ake i nga wheke te kai. Katahi ka mohiotia, ara, na Muturangi taua mahi ; ka mataku nga tangata hī ika i konei i te wheke a Muturangi. Ka hokihoki nga waka ki te tua-whenua ; ka tae atu katahi ka korerotia atu e nga tangata te ahua o nga wheke i kiia ake nei. Ka haere a Kupe ki a Muturangi ; i reira ano i Te Kahukaka e noho ana—koia tera tona kainga. Ka tae atu a Kupe ka ki atu, "E ta! kei a koe tonu ia to matau mate ; kaore nei koe i whakaatu mai ki a matau." Ka mea mai a Muturangi, " Kaore i au te take i haere atu ai nga taurekareka na ki kona!" Ka ki atu a Kupe, " Purutia iho to wheke, kaua hei tukua ake ki te moana. E haere ana nga waka apopo ki te moana ki te hī." Ka hoki a Kupe ki te Pakaroa ki tona kainga, ka mea ki nga tangata o tona kainga, "kia haere apopo ki te hī ika ma tatou, ka mate tatou i te hiakai ika."

Ka haere nga tangata hī ika o te Pakaroa ; tae atu, ka hī ; pera tonu te ahua, ko taua wheke ano i reira. Ka hoki ano nga tangata ki te tua-whenua, ka korerotia atu, ko taua ahua ano, i reira te wheke a Muturangi e tau ana.

Ka haere a Kupe ki nga tohunga o te tuāhu korero ai i taua mate o ratou ; ka ui atu ki nga tohunga, " me pewhea te mahi nei ? " Ka mea mai nga tohunga o te tuāhu, " Kaore e taea e matou te whakakore te măna o tena wheke ; engari me tonotono ki a ia ; măna ano e whakakore te măna haere o tona wheke ki taua mahi tahae ai i nga mounu." Ka mea a Kupe, " Ko te patua e au a Muturangi ! " Ka mea nga tohunga, " Ahakoa patu koe i a Muturangi, ka mau tonu te măna o te wheke o. Engari patua te wheke i te tuatahi ; kia mate te wheke i te tuatahi." Ka haere a Kupe ki te kainga o Muturangi, ka korero atu ki a Muturangi ki te kino o tona mokai ki nga mounu a ona tangata hī ika. "I haere mai ahau ki a koe, kia patua e koe to mokai ! " Ka mea mai a Muturangi, " E kore au e whakaae kia mate noa taku mokai ; nona tona kainga i te moana. No te tangata te he ki te haere atu to ratou na kainga patu ai i a ratou." Ka ki atu a Kupe, " A ! ka kore koe e tiaki i to mokai ka patua e au ! " Ka mea mai a Muturangi, " E kore e mate i a koe ! " Ka mea atu a Kupe, " E pai ana ; ki te mate koe i a au, ka mate i a au."

Ka haere a Kupe ka tae ki Te Pakaroa ; ka tae, ka mea atu ki tona iwi, " Mahia taku waka kia pai." Ka mahia a ' Matahorua,' ka oti te pairi e rua, nga haumi-tuporo, kotahi i te kei, kotahi i te ihu ; ka tikina nga punga e rua i a 'Ue-tupuke,' i tona tipuna e tiaki ana mai ; he punga kowhao te maungataura. Ko aua punga, he tatara-a-punga no Maungaroa tera kowhatu. Kei Rarotonga taua maunga.

Ko tetahi, he kowhatu puwai-kura; (I konei ka mea atu a te Ura-o-te-rangi, " He aha tera kowhatu?" Ka mea mai a Te Matorohanga, " He kowhatu ahua whero nei te ahua ; penei te ahua me te kiripaka o te matā-waiapu nei). No Rangi-atea taua kowhatu. Ko tetahi kowhatu pera i riro mai i runga ia ' Kura-hau-po' i a Tama-ahua; i waiho hei whatu mo te poupou o tetahi whare i whakaarahia ki Taranaki, no reira taua kowhatu—he kowhatu puwai-kura.

Katahi ka utaina nga punga nei ; ka haere a Kupe ki te patu i a wheke. Te taenga ki te taunga ika—ko Whakapuaka te ingoa o te taunga nei—ka tukua nga aho matau ; kua oti te mounu ; e heke atu ana nga aho, kaore i tukua kia ata tau atu ki raro, ka hutia ake ano. Na, e whakamaumau ana te mahi a te wheke. Na, ka patupatua e Kupe ratou ko ona tangata (e ono tekau ona tangata i runga i tona waka ia ' Matahorua') pō noa e patu ana; kore rawa i mataaki te nuinga o te wheke. Ko te wheke a Muturangi ka takoto tonu mai i waho atu i a ratau. Ki te whakaaro ake te nui o taua wheke e toru whanganga o te tinana; ko nga kawekawe e rima whanganga te roroa mehemea ka toro ana ona kawekawe. Ko nga whatu i rite ki te paua-raupara te nunui o ona whatu. He roa e mahi ana ki te patu i nga wheke ririki nei, katahi ka ki atu a te Pekahou-rangi—tetahi o nga tino tohunga o te tuāhu—" Kati te patu i ena wheke!; ki te mate i a koe te wheke a Muturangi, ka ngaro noa atu ena wheke. Na te wheke a Muturangi i taki mai ena; a ko Muturangi kei te tuata mai i tona wheke kia parahuatia nga maunu o a koutou aho." Ka mahue te patu i nga wheke ririki nei ka tahuri ki te whaiwhai i te wheke a Muturangi e nga waka maha maha noa atu ; kaore hoki e tata ana nga waka ki runga i taua wheke ; ka oma mai taua wheke ki te moana-waipu, ara, ki te moana hohonu. Ka pō, ka hoki a Kupe, ka whai tonu mai a Ngake me tona waka, a 'Tawiri-rangi,' i a wheke. Ka oma mai ki te moana e whai ana, katahi a Kupe ka mea ki ona kai hoe, "Me ata mahi he kai mo to tatau waka, kia nui ; kia haere tonu ai tatau i te moana, a kia mate ra ano i a tatau." Ka whakaae nga hoa.

Ka tangi a Hine-i-te-aparangi me ona tamahine ki a Kupe kia noho ; kia waiho atu ma ona tangata e whaiwhai, koi rokohanga ia e ta tupuhi ki te moana ka mate ia. Ka riri a Kupe ; katahi ka ki atu, " Kati ! kua waitohutia au e koutou era au e mate. Hoake ki runga i te waka koutou ko o tamariki kia kotahi ai to tatau matenga, koi mate ko au anake, ka takapa noa ake koutou i uta nei," Ka whakaae katoa nga tamariki tokorima kia haere mai ratou. Ko te take tenei i haere mai ai a Hine-i-te-aparangi me ona tamariki i runga ia ' Matahorua.'

Ka mānu mai a 'Matahorua' i konei. Hokoono ma rua topu te utanga tangata o runga i a 'Matahorua.' Ka tae mai ki "Tuahiwi-nui-o-Hinemoana" ka mau mai te waka o Ngake i a Kupe. Ka ui atu a Kupe, "Kei te kitea ano, E Ngake?" Ka mea atu a Ngake," e mura haere atu ra i runga i te kare moana." Ka titiro atu hoki a Kupe, e! koia ano. Ka whai atu kia tata atu, kaore, ka neke atu ano te tere o te haere a wheke. Ka whakamau tonu mai te haere a wheke ki tenei motu. Ka mea a Kupe " E Ngake! kei te whakatu te uru o te upoko o wheke ki te uru whenua, pena ake ka eke taua ki te tua-whenua i a wheke te arahi." Kaore i roa ka kitea mai i tawhiti a tua-whenua e whakakapua atu ana i tawhiti nei. Ka whai tonu mai i a wheke ; ka tata mai ki Muri-whenua, i te hiku o te motu nei, ka whakatu te uru o te upoko o wheke ki te tonga, ka tika mai ma te rawhiti. Ka karanga atu a Kupe ki a Ngahue, " Haere, e whai i ta taua ika. Kia whakau ake au ki uta nei whakata ai. Ka whai atu ai e koe, e tau e koe te wheke, na, ata waiho kia tau ana kia tae atu au."

Ka haere mai a Ngake ara, a Ngahue, tetahi ingoa ona, ka whai mai i a wheke ; ka peka a Kupe ki Hokianga noho ai. No tona haerenga ki te kimi kai haere māna ka tu ona waewae ki runga i te ukuwhenua, ka poharu ona rekereke (ki tetahi whakahua, ona raparapa ki tetahi whakahua) me tona kuri e whai atu ana i muri i a ia—a Tauaru ; koia tera te ingoa o tona kuri. Na, kowhatu tonu atu taua uku ra ; mau tonu atu nga tapuwae o Kupe, o Tauaru, tae mai ki tenei ra.

Ka roa e noho ana, ka haere mai a Kupe ki te whai mai i tona hoa. Tae rawa mai ki Rangi-whakaoma, e noho atu ana te hoa i reira whanga atu ai, a Ngake. Ka ki mai te hoa, " Kei konei kei roto i te ana nei te wheke a Muturangi e whakawhanau ana i ona tamariki." Katahi ka tikina e Kupe ka tukitukia te ana i noho ai ; ka oma mai a wheke i te po whaka-te-tonga nei ; ka whaia mai ano e raua ko Ngake, tae rawa mai ki Te Kawakawa. Tenei ingoa, na Kupe ; he tipare kawakawa no tetahi o ona tamahine, waiho tonu iho hei ingoa mona ko Te Kawakawa. Kei reira te puna kahawai a Kupe, kei te noho tonu ona ika i roto, noho ai i taua puna. Kei te kite koutou i tenei.

Na, ka pakaru te ra o ' Matahorua,' ka tahuri a Ngake, a Kupe, me o ratou hoa ki te mahi i tetahi ra mo te ihu o ' Matahorua.' Ka ki atu a Kupe, " E Ngake! ko ta wai te mea pai o a tatau ra ; ko taku, ko tau ranei ?" Ka mea a Hine-waihua, te wahine a Ngake, " E! ko ta to papa e pai, e oti wawe hoki, he ringa makohakoha hoki." Katahi ka mahia, a, whanake ki te ata whakapau tangata ka oti te ra a Kupe ratou ko nga matua me nga taina. Kite rawa ake kua whata ki runga i te pari whata ai. Ka mea a Ngake, "E! kua mate au i taku hoa." Na, i reira ano tetahi wai-kaukau no ona tamariki wahine. Akuanei e mate-toto ana a Makaro ; whero tonu iho taua wai, tae mai ki tenei ra. Kei te mohio hoki koutou ki tenei tohu o Kupe. Kei reira ano te haupapa kowhatu; ka eke a Kupe ki runga ka karakia ai tona karakia, he ika ma ona tamahine; ka takina te hapuku ki uta. Ko te taunga o tenei ika kei te kopua; na Kupe i taki mai ki uta taua ika i tae mai ai ki reira. Ka matakitaki ki te nui o te hapuku; ka mutu ka matakitaki atu hoki ia ki tera motu e takoto mai ana; me Tapuwae-nuku e tu mai ana, mā tonu tera, te huka-papa a runga. Katahi ka ki atu a Hine-uira, tetahi ona tamahine, "He aha tau e matakitaki na?" "E hara! e matakitaki ake ana ki te ika e tere mai nei ki uta nei; ara ake nei aku mata ko te whenua e takoto mai ra." Ka ki atu a Hine-uira, "Waiho hei ingoa mou, ko Matakitaki, te kowhatu nei." O reira mai tenei ingoa tae mai ki tenei ra; e marama ana tenei i a koutou.

Na katahi ka haere ki te whai ano i ta ratou ika tae rawa atu ki te wahāpu o Te Whanganui-a-Tara ra; ki te taha mauru ka u o ratau waka e rua ki reira; ka haere ki te kaukau a Kupe, ko eke atu ki runga i te kowhatu tupapa ai, ka mamae tona ure, ka waiho hei ingoa mo tena kowhatu 'Ko-te-aroaro-o-Kupe,' ara, ko te ure o Kupe. Ka tae ki Hataitai ki O-whariu, ka whakawhataia nga ra o 'Matahorua' kia maroke' waiho tonu iho hei ingoa ki tera wahi. Ko nga motu e rua i Te Whanganui-a-Tara ra, e kite ana koutou, ko Matiu, ko Makaro, he mea tapa na ona tamahine ko o raua ingoa, ko Matiu ko Makaro, hei whakamaharatanga ki to raua na taenga mai ki tenei motu. Ka pai ki te whakaaro a Kupe te peratanga a ona tamahine e tapatapa haere ra i o ratou ingoa ki aua wahi o tenei motu nei.

Ka tae ratou ki Te Rimurapa, ka waiho tera wahi hei mahinga paua māna, hei whakamaroke, hei kai mo waho i te moana; whakamaroke ika, tao ika, ka whakawhata kia maroke hei kai haere i te moana. Ka tahuri ratau ki te koko rimu hei takotoranga mo nga paua me nga ika maroke kia makuku ai, koi kino i te rehu waitai. Ka waiho hei ingoa mo tena wahi ko Te Rimurapa.

Katahi ka kite atu i te kino o taua kainga, he kainga hau; katahi ka haere ki roto i Porirua; ka tau i reira a 'Matahorua,' ka pirangi ia ki tetahi kowhatu no te taha marangai o te ngutu awa tauako whatu, he kowhatu huka-a-tai; ka pirangi ona kotiro, ka mea, "He pai rawa te kowhatu nei, me mau hei punga mo to tatau waka." Ka whakaae a Kupe, ka mahue tetahi o nga punga o te waka, a 'Maungaroa' ki Porirua nei, ka tapaia e ia te ingoa o taua kowhatu ko te 'Huka-a-tai' te *riwhi* o 'Maungaroa.' Ka ki atu a Ngake ki a Kupe kia haere raua ki te kimi i to raua hoariri; katahi ka hoe, a ka tae ki Mana, ka kawea a raua tamariki, me a raua wahine. Ka tae ki taua motu ka noho i reira. Ka mea a Mohuia. "Waiho tenei hei ingoa mo tatau, ko to tatou măna tuatahi ki runga i tenei motu." Ka mea atu a Kupe, "Ae! e pai ana." Ko Mānā te ingoa o taua motu.

Ka mahue o raua wahine, o raua tamariki wahine, i reira noho ai, ka maro te haere ki rawahi ki te Wai-pounamu e kiia nei i naia nei. Ka tata te tae ki tera motu, ka kitea atu e haere mai ana te wheke a Muturangi; ka wehe nga waka, to Ngake me to Kupe kia tika ai te wheke a Muturangi ma waenganui i o raua waka. Ka haere mai te ika ra, tika tonu ma waenganui o nga waka e rua nei; ka puta te upoko o nga kawekawe i nga waka nei e to mai ana ano nga kawekawe o te hiku i waho noa atu o nga waka e rua nei. Te whakaaro ake, era pea e tae ki te 40 whatianga o te ika nei te roa mai i nga kawekawe o mua o te upoko tae ki nga kawekawe o te hiku; ko te whanui o te tinana era pea e tae ki te 3 ki te 4 whanganga te whanui. Ka tu a Tohirangi i waenganui o te waka o Kupe me te rakau huata, ka tu, ka tu hoki to Ngake huata, ka rua nga rakau ki roto i te ika nei, ka rongo mamae e te ika nei. Katahi ka haere nga kawekawe ki te whawhati i te rakau a Ngahue (ara, ko tetahi tera o ona ingoa, o Ngake) ka whati te huata a Ngake, ka whati hoki te rakau a Tohirangi i konei; ka mau nga kawekawe ki nga niao o te waka o Ngake, i te ihu tae noa ki te kei, ka tahuri te waka o Ngake, i te mataku o nga tangata o runga i a ' Tawirirangi '—koia ra te waka o Ngake. Ka rarahu nga kawekawe o te tipua nei ki te waka o Kupe; ka mau a Kupe ki tona toki, ki a ' Rakatu-whenua,' ka topetopea nga kawekawe i konei. Kaore i rongo. Ka karanga a Kupe ki a Poheuea, "Makaia te ruru-taha na ki te upoko o te ika nei." Ka makaia e Poheuea te rururu-taha ki te upoko o wheke; ka mahara pea te tipua nei, he tangata; ka mahue te pupuri i te waka, ka hui nga kawekawe ki te rururu-taha ra. Katahi ano ka paoa te toki a Kupe, a ' Ranga-tu-whenua ' (tetahi whakahua tenei o taua toki; nona anake era ingoa e rua a ' Raka-tu-whenua ') ka paoa tonutia i te upoko, ka pakaru te upoko me nga karu e rua; ka mate te ika nei, te wheke a Muturangi i konei. Koia nei te take o tenei ingoa o Ara-paoa i mau ai ki tera motu, mo te paonga i te upoko o wheke me nga karu.

Na koia hoki i tapu ai te toka moana e kiia ra ko Nga-whatu; ko te wahi tera i takoto ai te wheke a Muturangi i haria ki runga i taua kowhatu takoto ai nga whatu. Ka ara te karakia huna i a te wheke koi hara mai a Muturangi ki te kimi i tona ika. Ka mutu te karakia ka kumea te au miro ki reira kia kore ai te waka e eke ki taua kowhatu, ka waiho te ingoa ko Nga-whatu. Tenei ingoa a Nga-whatu, ko nga whatu o wheke; koia nga whatu i tapaia ai ki aua kowhatu, ka waiho hei tohu tapu me ka whakawhiti i te whanga o Raukawa te waka ki- tera taha ki Arapaoa; ka hoe mai ranei te waka i Arapaoa ki tenei motu, ka kiia e nga tohunga, kaua hei titiro ki Nga-whatu, ara, ki aua kowhatu; me kopare nga mata koi kite, ka puta te tupuhi ka tahuri te waka nga waka ranei. Ka waiho tonu iho hei ture mo ena kowhatu.

TE AMIO-HAERE A KUPE I TE WAI-POUNAMU.

Na koia nei te take nana a Kupe i taki mai ki te moana, i tae mai ai ki tenei motu, raua ko Ngake me o ratau hoa. Ka marama mai koutou ki te nui o te măna o tenei tangata o Kupe koia i ki atu ai e nga tamaahine kia waiho te motu i noho ai ratau hei ingoa mo ta ratau papa, ko te mana o Kupe, ka kiia ko Manā te motu i waho ake o Porirua. Na ko Porirua he ingoa no te mahuetanga o te punga o 'Matahorua,' no te rironga o te punga hou, ko ' Huka-moa.' Na koia a Porirua.

Na, ka ahu a Kupe ki te whakataki haere i tera motu kia kite ia i te ahua, kia kite me kore he tangata o runga o tera motu, o tenei motu hoki. Kati ake tenei; ka tae ia ki Arahura, ka tapaia tena wahi ko Arahura e Kupe, mo tona haere ki te kimi haere i te tangata me kore e kitea e ia; koia a Arahura. Ko te tangata tuatahi tonu ia nana i kite tenei taonga a te pounamu. Ko te pounamu tuatahi i kitea e ia, he inanga; i kitea atu ki te inanga ika nei, e tau ana mai i roto i te awa; katahi ka tahuri ki te haohao, ka whatoro te ringa o Hine-te-uira-i-waho ki te wai, ka riro ake te kowhatu hei punga mo te kupenga haohao, kia totohu ai ki roto i te wai. Ka kitea, e! he kowhatu rere ke tenei kowhatu; ka kiia tena kowhatu he inanga, ka waiho te ingoa kua kiia ake ra e au ko Arahura. Kati tenei whakamarama aku mo te pounamu. Te take i whakataki ake ai au i tenei wahi o te korero nei, koi parau te tangata ki te kī, he pounamu ano to ona motu ake; kaore! Ko tenei mea ko te pounamu koia te whatu kaiponu o tenei motu; i kiia ai ko te whatu-kaiponu, he taonga hopo na te tangata te pounamu; mo nga wahine Kahurangi anake, ma nga uri-ariki anake e mau, kaore te rawakore e tau hei mau i taua taonga; koia a te whatu-kaiponu. Heoi tenei wahi.

Na, ka haere te waka o Kupe, ka ahu ma te tonga, ka tae ki te hiku o tera motu, ara, ki te mutunga mai, ka karanga atu a Kupe ki a Hinewaihua (te wahine a Ngake), "E Hua, waiho to mokai i konei hei noho i tenei pito o te motu nei; ina hoki kaore he tangata tahi." Ka mahue te kekeno, me te korora i reira hei tiaki mai i tera pito o te motu o Arapaoa kua kia nei ko te Wai-pounamu i naia nei. Koia ke nei tona ingoa tika o mua. E mohio ana koutou, ka haere atu te ope o tera motu ki konei ki Heretaunga ranei, ka karanga tonu mai nga tangata o reira, "Haere mai, E nga tangata o Arapaoa!" a ka ahu mai i Heretaunga te ope, ka karanga atu tatou tae noa kia Ngai-Tahu, "Haere mai e te rawhiti." Ka marama mai koutou ki enei karanga.

Na, kati; he nui nga ingoa hei whakahuahua haere ake maku i tapatapaia haeretia e Kupe ki nga wahi katoa o tera motu, o tenei motu hoki. Kati hei aha ra? Heoi ano taku kupu ki a koutou, kaore i kitea he tangata e Kupe raua ko Ngake, o nga motu e rua nei; kore kia kotahi.

Te Hokinga o Kupe ki Aotea-roa. Ka hoki ki Hokianga, i tika ma te tai hauauru te hokinga o Kupe, ka ki a Hine-te-uira, tamahine a Kupe, "E koro e Kupe! me tamahu rawa e tatou to tatou motu." Ka whakaaetia e Ngake e Kupe te kupu a tona tamahine, a Hine-te-uira-i-waho. Ka takoto te hakari a ona tamahine i Kerikeri, i Whangaroa. I te mutunga o te hakari nei, ka haere a Kupe ratou ko ona tangata katoa me ona tamahine, me Ngahue me ona tangata ki te uruuru i nga tapu, i mua atu o to ratou haerenga, ara, hokinga ki Rarotonga, ki Rangiatea, ki Hawaiki. Ko te kowhatu uruuru tapu kei te kauru o Hokianga, ko Tamahaere te ingoa, ko Toko haere tetahi o nga ingoa o taua kowhatu, a waiho tonu hei kowhatu tapu taua kowhatu.

Na, ka korero ake au i nga kuri a Kupe, ratou ko ona tamariki e rua. I a ratau i u ra ki Hokianga i te tuatahi ra, no te haerenga o Kupe me ona tamariki, ka mahue nga kuri; he ngaro, i haere ki ro ngahere ki te hopu manu haere hei kai ma raua. Hoki rawa mai, kua kore nga ariki. Katahi ka haere ki te taha o te moana whakaau mai; ka rangona mai e Kupe, katahi ka matapoutia mai i waho i te moana—whakakowhatu tonu iho.

Na, tetahi korero e penei ana: Ko aua kuri ka whakaaro a Kupe me waiho e ia hei tiaki i te motu nei; katahi ka tarai e ia nga kowhatu kia rite ki te ahua o ona kuri e rua; he uha tetahi, he toa tetahi; ka oti, katahi ano ka tu te hakari i kiia ake ra ra; no muri i te hakari, ko te kowhatu uruuru-tapu ra, I muri o tena ko tona hokinga.

Na, ko tetahi wahi hei whakamarama ake maku. I a ia i tae mai ai ki waho o Whanganui, ka kite mai ia ki te pai o te whanga o Whanganui; ka mea a Kupe kia peka ratou kia kite i tenei whanga. Ka tae mai ki te ngutuawa o te awa ki te taha mauru, ka noho i reira. Ka haere mai ki Patea, ka tiria tona karaka i reira he oturu te ingoa o taua karaka. Ko te ingoa o tona nohoanga i te ngutuawa o Whanganui ra, i tapaia ko Kaihau-o-Kupe; he hau tonu te mahi; na reira ka tapaia ko Kaihau-o-Kupe. I hoe a Kupe ki roto o Whanganui ki te kimi tangata-whenua haere, tae noa ki Kau-arapawa. No te kaunga o tona wheteke ki tetahi taha o te awa ka mate ki roto i te wai, he waipuke hoki. Ka mate a Pawa ki reira, waiho tonu iho hei ingoa mo taua wahi ko Kau-ara pawa. Ko te reo i rongo ai ia i reira he weka e ho ana mai i roto i te awa, ko kokako, ko Tiwaiwaka, ka mutu. No tona mohiotanga he manu, hoki mai ana a Kupe. Heoi tenei. I a ia i Patea ra, ka hongi ia ki te oneone paraumu, e kakara ana te oneone. Kati i konei enei kupu. Na ka tuturu te kupu nei, kaore he tangata o tenei motu katoa, tae noa ki Ara-paoa; kore rawa atu. Ka mutu nga tangata i mahue i a Kupe ki tenei motu, ko ona kuri e rua, ko Tauaru te toa, ko Hurunui te uha ; kaore etahi o ratou i noho i tenei motu ; i hoki katoa ki Rarotonga.

TE HOKINGA O KUPE KI HAWAIKI.

Na, te taenga o Kupe o Ngake ma ki Rarotonga, tae atu hoki ki Rangiatea, tae atu ki Hawaiki, ko te korero tenei a Kupe, "Kotahi te whenua e tauria ana e te kohurangi, he whenua makuku, e kakara ana te oneone; kei 'Tiritiri o te moana' e tau ana. I te rongonga o nga iwi o aua motu i te korero a Kupe. ka takatu te whakaaro ki te haere mai ki enei motu. Ko nga take i hiahia nui ai ki te haere mai, he nui no te pakanga i waenganui i a ratou, i nga iwi o aua motu katoa.

I te taenga atu o Kupe ki Rangiatea, ka ui mai a Nga-toto ki a Kupe, "E Kupe! he aha te ahua o te whenua i kite na koe? He raupapa ranei, he tuarangaranga ranei ; he one tai, he one matua ranei te one." Ka mea a Kupe, "He tuatua a waenganui, ko nga hiwi i tata ki te moana i ahua māru, ka tuwhera ai nga raorao i te taha mauru. Te motu whakatonga, ko nga hiwi i tata mai ki te taha rawhiti he ora te whenua, he pai ki te titiro atu. Na, ko te one o Aotea-roa he pai, he one para-umu, he one kai; ko etahi wahi he one papa-tihore, he pihipihi te tupu o te otaota." Ka patai ano etahi tangata, "E Kupe! he aha te kai o te wai o waho, o uta. Ka mea a Kupe, "He ika a waho, a uta, he paua, he kuku, he pipi, kei nga tapa o te moana." Ka mea mai nga tangata, "Kei whea te uru o te waka, E Kupe ? " Ka mea a Kupe "Waiho i te taha katau o te ra o te marama o Kopu rere ai. .Engari hei te Orongo-nui haere ai ; ko te kaupeka o te tau, ko Tatau-uru-ora." Katahi ka ui atu a Turi, kowhea te tino wahi pai o te whenua?" Ka mea atu ia, "Waiho i te ia o Paraweranui, he wahi mau i kona." Na, patai mai ano nga tangata," I kite tangata ano ranei koe?" Ka mea a Kupe, "Kaore au i kite ; ko nga mea i kite ai au ko Kokako, e ko mai ana i runga i nga tau-kahiwi, ko Tiwaiwaka e titakataka ana i mua i taku aroaro."

(Ka mea mai a Matiaha-mokai, "E ki ana etahi ko nga tamahine a Kupe i noho ki tenei motu, me etahi o nga tangata o runga i nga waka o Kupe raua ko Ngake.") Ka mea a Te Matorohanga, "Kaore he tangata i noho iho; i hoki tonu a Kupe raua ko Ngake me a raua wahine, me a raua tamariki me o raua hoa katoa. Na ka mutu taku whakatakitaki ake i te tira o Kupe." Ka mea mai a te Pahoro-Te-Toi, "E koro! I pewhea i uru ai tatou ki roto i te whakapapa o Kupe me ona tamariki?") Ka mea mai a Te Matorohanga, "Kaore he tikanga mo nga whakapapa, no te mea e rua rawa nga whakatipuranga e toru o etahi, e wha o etahi, katahi ano ka haere mai te heke nui tonu ki Aotea-roa nei. Kati kua moemoe noa atu ona uri i te tane i tena wa; nga mea tāne kua moe wahine i taua wa i mua atu hoki o te haerenga mai o Kupe ki Aotea-roa nei." (Ka mea mai a Nga-whara, "E koro! ki taku mahara ko Turi kua tae mai ki konei i mua atu i a Kupe raua ko Ngake.") Ka mea mai a Te Matorohanga, "Kaore ano a Turi i tae mai; i a Kupe i hoki atu ai i konei, i Rangiatea tonu ia e noho ana; i oma mai i Hawaiki; he puremutanga nana i a Korahi, te wahine a Taurangi-tahi, to mua ake tenei i a te Moana-waiwai he wahine tuarua na Tomo-whare.

Ko te Moana-waiwai i a Tomo-whare, kia puta:—

Ropa
|
Te Ao-matangi
|
Koari
|
Pakira
|
Kakahu-rukuruku (Ancestor of Ngati-Mutunga)
|
Weka
|
Rahiri
|
Te Uru-pare
|
Kahukura = Hina-moe

Kati, ma nga tangata o Taranaki e whakaputa atu ki a ratou ano; ma Ngati-Toa, ma Ngati-Mania-poto. Na me korero ake ahau i te wehenga ki a Korahi, i moe ra ia Taurangi-tahi.

    1 Taurangi-tahi   2 Tomowhare
  Ko Taurangi-tahi = Korahi
                 |
  1 Tama-taki = Puakato   2 Te Awhenga i a
  Ko Tama-taki = Puakato i a
       |
    Hoe-waka = Ipuipu-te-rangi i a
      |
    Wharepatari i a
      |
    Karimoi

Ko Te Awhenga = Te Ao-marama i a
　｜
　Tatai-arorangi
　　｜
　　Te Huapae
　　　｜
　　　Te Rangi-hopukia
　　　　｜
　　　　Hine-huri-tai

Kati i konei, ma Ngati-Porou e takiri atu ki a ratou ano, ki a te Potae-aute, ki a Tama-nui-te-ra, ki a Te Hou-ka-mau.

Na, koia tenei te wahine i puremutia nei e Turi; he wahine kahurangi i moe ra i a Te Ao-marama. Na ka whaia kia patua, ka oma mai; ko te tino take i oma rawa mai ai ki konei rawa ki tenei motu, he kohurutanga i a Awe-potiki. Kati, koia nei nga take.

　　Ko Tatai-arorangi = Katokato-rangi
　　Ko Katokato-rangi = Hau-nui-aparangi
tama a Kupe raua ko Hine-te-aparangi. Na, kati taku whakamarama ki a koutou i tenei wehenga o te korero nei.

Na, ka roa a Kupe, a Ngake ki Rangiatea, ka haere ki Hawaiki. Na Rua-wharo i tiki ake kia rongo ai nga tangata i te whenua hou kua kitea nei e ia i 'Tiritiri o te moana.' No te hokinga mai i Hawaiki ki Rarotonga, ka kite i a Turi, kua moe i a Rongorongo—tamahine a Toto. Katahi ka ui atu a Turi ki a Kupe, "E Kupe! kowhea te wahi pai o te motu na ki tau titiro iho?" Ka mea a Kupe. "Ko te taha mauru. Kei kona taku karaka huarua e tipu ana i te ngutu o taua awa, e whakatu ana kite uru o Tahu-makaka-nui. Ka kite koe i tetahi maunga e tu ana i te taha moana, e tauria ana e te huka-rangi; me ahu mai to haere mai kia Tahu-para-wera-nui, ka kite koe."

Na, katahi ano a Turi ka ki atu ki te wahine, "E Hine! mehe mea he waka tou, penei kua haere taua ki te whenua watea i a taua." Ka mea a Rongorongo, "Mawai e noho te whenua ururua!" (Ara, mokemoke, te tikanga o taua korero.) Ka tohe tonu a Turi ki te korero i taua korero; katahi ka korero atu a Rongorongo ki a Toto, ki tona papa, ka mea mai a Toto, "E pai ana! Ina te waka." Ka riro mai te waka, a 'Aotea' i a Rongorongo, ka hoatu ki a Turi. Te kupu a Toto ki a Turi, "E haere koe, e tae e koe ki 'Tiritiri-o-te-whenua' i te moana, e kite koe he rua kai tena whenua, tikina mai matou ko o taokete." Ko te kupu tena a Toto. Na, ka whakaetia e Turi, na kaore a Turi e haere wawe mai; kia whanau rawa ona tamariki i reira tonu atu, a Turanga-i-mua, a Tāneroa, a Tonga-potiki. E hapu ana a Rongorongo. Katahi ano a Turi ka ki atu ki a Kupe, "E Kupe! hoake taua ka hoki ki to kainga e ki nei koe." Ka mea a Kupe, "E kore Kupe e hoki rua." Na, ka marama koutou, kaore i tutaki i a Kupe ki te moana, ki whea ranei. He korero tahora tena korero, he kēēa ka hoki mai a Kupe i Hawaiki i ki ake ra au. Tae mai ka whanau te kopu o Rongo-rongo; ka ki atu a Kupe, "waiho to kopu, ko Turanga-i-mua oku ki Aotea-roa." Na katahi ano ka rangona kua tapaia te ingoa o tenei motu ko Aotea-roa. Ka mea mai a Nga-toto, "E Turi! koia na he ingoa mo te waka o a tatau tamahine." Ka mea atu a kupe, "E pai ana." Ka tapaia ki te waka o Rongorongo ko 'Aotea,' ka mahue tona ingoa ake, kati ake enei, ka marama i a koutou.

CHAPTER III.

THE DISCOVERY OF NEW ZEALAND BY KUPE AS RELATED BY TE MATOROHANGA.

Kupe and Muturangi at Rarotonga—Kupe and Ngake start for New Zealand—
They explore the South Island—He returns to the North Island—The return
to Rarotonga.

[WE have now approached the time in the history of these East Coast Maoris when we can avail ourselves of very considerable detail as to their doings. The next important event that occurred was the discovery of New Zealand by the navigator Kupe. But before we allow the Sage to tell the story of this important event, a few words must be said about the date of the discovery.

We need not repeat here what has been said in Chapter III., Vol. I., of these Memoirs, where the very peculiar discrepancies in regard to the date that Kupe lived are treated exhaustively. The main thing evolved out of that discussion was the strong probability that there had existed two men of that name. Much information has come to light since then, derived from the documents that we are following, and this additional matter only serves to confirm the conclusion previously arrived at, viz., that there were two Kupes.

I do not propose to inflict on our readers a further series of long Genealogical Tables, for it is only to those who are engaged in such studies that they have any interest—all important as they are for historical purposes, for without them we could never arrive at any dates whatever in Polynesian History, and without dates history is useless. Suffice it to say, that with all the number of tables before me, I find they group themselves into two divisions, thus:—

One series has a mean of thirty-nine generations, or say the year 925.

Another of twenty-four generations, or say, the year 1300.

We will for the moment turn our attention to the approximate date of 925, and endeavour to learn something of the localities and doings of the people at that period. From the book "Hawaiki"* it will be learnt that this was the period when the second great extension of their voyages commenced, the head quarters of the Tonga-hiti branch (which includes Maoris, Rarotongans, and Tahitians, etc.) was in Fiji, but Tahiti had at that time already received the first instalment of its population. During the two centuries subsequent to 950, the voyages were very frequent to all parts of the Pacific—from Hawaii to New Zealand, from Indonesia to Easter Island. This may be seen at a glance by referring to "Hawaiki," p. 171 (third edition), where a long list of islands discovered or visited at this time is shown, as derived from the Rarotonga records. Among these islands is 'Avaiki-tautau,' which the Rarotongan learned men hold to be New Zealand.

Whether Kupe was one of this band of navigators, it is impossible to say with certainty; but probability seems to point to his being identical with Te Aratanga-nuku, the famous Rarotonga voyager, who flourished, according to the Rarotonga tables, thirty-seven generations ago, and therefore only two generations after the date we have assigned to the first Kupe.

With regard to the second Kupe, we shall hear a great deal about him as this narrative progresses; and, as I hold, the two men have frequently been confused. Twenty-four generations back from the year 1900, will bring us to the year 1300, or two generations before 'The Fleet' sailed from Tahiti for New Zealand, and thus his various conversations with Turi (of the 'Aotea' canoe, who came at the same time as the Fleet) will be explained. What seems to me, however, as a strong proof of there having been a former Kupe is the fact that Toi-te-huatahi who lived seven generations before the second Kupe, actually made use of Kupe's sailing directions to find his way to New Zealand.

We shall also see that in Toi's time the original Tangata-whenua, who are said to have arrived after the discovery of New Zealand by Kupe, had had time to so increase from the crews of a few canoes that their occupation of the country extended from Taranaki along the West Coast as far as the North Cape, and along the East Coast as far as O-potiki in the Bay of Plenty; and, even allowing for exagerations, they were very numerous indeed. They could not have thus become so numerous if the country had been discovered by the second

---

* The writer must apologise to his readers for the frequent reference to his own writings in "Hawaiki," but it is the only work as yet that has endeavoured to treat the Polynesian traditions in a historical manner so far as relates to the southern branches of the race, by adducing dates from the genealogies. To repeat what has been said in that book here, would only be a waste of printer's ink.

Kupe; and must have been here ages before Toi arrived. It is repeatedly said in the accounts of Kupe's voyages, that he found no living man in these islands, though as the story says, he frequently searched for signs of man.

We may, without extending this argument to the two Kupes, though much more might be said, now allow the Sage to relate his account of Kupe's voyage—always bearing in mind that his narrative (to my mind at least) has confused the doings of the two Kupes. It has occurred to me that the second Kupe, whilst he did come to New Zealand to search for a certain man named Tuputupu-whenua (as some accounts say), did not do more than sail along the West Coast of the North Island, and did not explore the South Island at all. This would agree with some of the narratives. We shall see that the Sage's account takes his hero all round both islands.

I will leave the reader to draw his own conclusions as to the story of the 'Wheke-a-Muturangi'; and merely remind him that it has been pointed out that the probable inducement to Kupe to undertake the long voyage from Tahiti to New Zealand, was the flight of the Kohoperoa, or long tailed Cuckoo, which an observant people like the Maoris on seeing this bird coming year after year from the South West, and well knowing that it was a land bird, would immediately conclude that land of considerable size lay in that direction.]

KUPE AND MUTURANGI AT RAROTONGA.

THE 'Sage' of the *whare-wānanga* said to the assembled people in 1861, "I will commence my narration by starting from the period of Kupe. He was a great chief of Hawaiki [Tahiti], whose father was from Rarotonga, and his mother from Rangiatea [Rai'atea], where her father lived. You will understand thus that there were three islands over the people of which his *măna* extended.

On one occasion there arose a quarrel between Kupe and Muturangi, a man of Rarotonga, about the latter's pet *wheke* (or octopus). Kupe and his people went out to fish at the usual fishing place, where the lines and hooks were let down; but after a long time feeling no bites, the lines were hauled up, and then it was found that all the bait had been taken. It was the same with all the canoes on the fishing ground. They put on fresh bait, but with the same result, and thus they continued until all the bait was used up. The canoes then all returned ashore, and there the fishermen told the tale of their want of success.

After a time, on another day, the canoes again went out to the fishing ground; but the result was the same; no fish came to their lines; so they returned home without a single fish. The fishermen reported their ill-success, and much discussion took place as to the cause of it. It was finally decided to lay the matter before the *tohungas* (or priests) so that they might search out the cause. The priests told the people, if they proposed to go fishing again to first bring the lines and hooks to them to be operated on [i.e., to give them power to catch fish by the exercise of the priestly powers].

When morning came it was decided to go fishing again, so lines and hooks were taken to the priests who said the proper *karikias* over them, and then the canoes put out to sea. It was now seen that numerous octopuses were at the lines eating the bait, and there was also to be seen the great octopus of Muturangi floating on the surface of the sea; it thus became known that the latter man was the cause of the trouble, and fear fell on the fishermen, so they all returned ashore.

On arriving they reported what they had seen; so Kupe went to Muturangi who was dwelling at Kahu-kaka, which was his home. Said Kupe, "O sir! You are the cause of our ill luck, and never told us (about the octopus)." Muturangi replied, "I did not send the wretches there." Kupe then said, "Restrain your octopus; do not let it go to sea, because the canoes will be going out to-morrow again to fish." Then Kupe returned to Pakaroa,[1] to his home, and told all his people to prepare for fishing on the morrow, as food was getting scarce. So next morning the fishermen of Pakaroa went forth; but the same thing occurred again, the octopus had not altered his conduct. The fishermen returned and reported the result, and that the octopus of Muturangi was still there. Kupe again went to the *tohungas* of the *tuāhu* (altar) and described their trouble, and asked them what should be done. To this the *tohungas* replied that they were not powerful enough to overcome the action of the octopus, but application should be made to Muturangi himself to stop the proceedings. Kupe said, "I intend to slay Muturangi." To this the *tohungas* replied, "Even if you slay Muturangi, the octopus will still retain his power; it would be better to first kill the octopus." Kupe then went to the house of Muturangi, and again complained of the evil conduct of the latter's pet; "I come to you to ask you to kill your pet." Muturangi replied, "I will not consent that my pet should be killed. The sea is his home; it is the people who are in the wrong in going there to fish." To this Kupe said, "If you will not take care of your pet, I intend to kill it." "You will not be able to do so," said Muturangi. Kupe said, "It is well; if I kill it I shall kill it."

1. In other narratives Pakaroa is said to be in Hawaiki (Tahiti); perhaps there are two such places.

Kupe then returned to Pakaroa, and said to his people, "Prepare my canoe for sea, and do it well." So 'Mata-horua' was carefully prepared, the wash boards at the bow fastened on, two endpieces (*haumi-tuporo*) were put in place, one at the stern, one at the bow,[2] two anchors were brought from his grandfather, Ue-tupuke, who had charge of them, the place for the cable was a hole in the stone (or anchor) [*punga*, which is also the Island name of carol]. One of these anchors was a *tatara-a-punga* from Maungaroa, which is a mountain in Rarotonga,[3] the other was a *puwai-kura*, which is a reddish stone like *kiripaka* (flint) or *matā-waiapa* (obsidian), which came from Rangiatea Island. A similar stone was brought to New Zealand in "Kura-haupo" canoe by Tama-ahua and used by him as a support for the centre pillar of his house that he erected at Taranaki; it was a *puwai-kura*. [See 'Journal Polynesian Society,' Vol. XVII., p. 73, where this stone is stated to have been used as a support for a house-pillar at Oakura, and is said still to be seen.]

The anchors having been placed on board, Kupe started forth to slay the octopus. On arrival at the fishing ground named Whakapuaka, the lines were let down, but were not allowed to reach the bottom, but hauled up, and then it was seen the baits had been eaten, and the octopuses followed the lines to the surface, where Kupe and the sixty men of the canoe 'Mata-horua' proceeded to slaughter them and continued to do so till night fell, while the great octopus of Muturangi was all the time waiting a little beyond. According to belief the body of this octopus was three fathoms in length, whilst its feelers were five fathoms long when stretched out. Its eyes were like the *paua-raupara* (thin, flat shell fish, like the pearl oyster) in size. After the slaughter had continued for a very long time, Peka-hourangi, one of the principal *tohungas* of the *tuāhu* (altar) said, "Cease killing those octopus; if you could succeed in killing Muturangi's great octopus, the others would all disappear, for it is he that brings them here, and Muturangi is inciting [*tuata*, to incite by means of incantations] them to take off the bait. They therefore ceased slaying the smaller octopus, and turned their attention to Muturangi's octopus. But although there were many canoes there, none of them could approach

---

2. The *haumi-tuporo* means, not the ordinary top-sides, but the old fashioned way of adding to the length of the canoe, by joining on pieces to form the bow and the stern. In those days the junction was made with square-ended pieces, sewn on with sinnet; the dovetailed junction is said to have come into use a generation after the great migration here.

3. Maunganui is a beautifully wooded mountain just behind Tereora school, north-west end of Rarotonga Island. I don't know of a Maungaroa in Rarotonga.

the monster, for he made off to the deep sea. It was now night, so Kupe returned ashore, whilst Ngake in his canoe, "Tawhiri-rangi," followed the octopus out to sea. On arrival ashore Kupe said to his men, "Put plenty of provisions on board our canoe, for we will follow this monster until we kill him," which was agreed to by all the crew.

On learning of Kupe's proposal, Hine-i-te-aparangi, his wife, and her daughters, urged Kupe to remain and leave his men to pursue the octopus, lest he be overtaken by storms at sea and be drowned. Kupe was annoyed at this and said, "Cease your wailing; you have prophesied ill luck to me indeed (*waitohutia*), and it will end perchance in my death. Go all of you and your children on board the canoe so there may be one death for us all, and not me alone whilst you remain lamenting in safety ashore." So all his five children consented to accompany him. That was the reason that Hine-i-te-aparangi and their children came hither in 'Mata-horua.'

KUPE AND NGAKE START FOR NEW ZEALAND.

'Mata-horua' was now launched and started. There were seventy-two people on board. After a time they reached Tuahiwi-nui-o-Hine-moana [4] where Kupe overtook Ngake, of whom he asked, "Have you seen the octopus?" Ngake replied, "There! You can see him reddening (*mura-haere*) on the ripples of the sea." Kupe looked, and it was so. They followed up to approach the monster, but to no avail; the octopus went on only the faster, directing his course to this island of New Zealand. Kupe said to Ngake, "The head of the octopus is directed towards some main-land apparently; by following it we shall be led to some strange country." It was not long after this the mainland was seen in the far distance, like a cloud on the horizon, towards which the octopus made straight. As it drew near to Muri-whenua [the North Cape], at the tail of this island, the octopus turned its head (course) to the south along the East Coast. Kupe now said to Ngahue, [5]

---

4. "The great ridge of Hine-moana (Lady of the Ocean)," which I take to be an expression for the deep wide ocean—perhaps midway of the voyage, where the Trade wind is met by the prevailing westerly winds.

5. We shall see later on that Ngahue was Ngake's second name, and by aid of this, we may be able to furnish a check on the date of their voyages. It will be remembered in the Rarotongan account of the sailing of the 'Fleet' for New Zealand, as shown in "Hawaiki," p. 278, that Ngahue is said to have taken back to Rarotonga a piece of Jadeite, or *pounamu* (see "Notes and Queries" in this number—Editor), with which axes were made for dubbing out canoes, etc. Bearing in mind the period with which we are dealing, it would be nothing extraordinary to find either Kupe or Ngahue at Samoa, for we know that voyages between there and the

"Follow up our fish; I will land here to rest and then follow after you. If the octopus should stop anywhere, let it remain there until I come." So Ngake continued on in pursuit, whilst Kupe went on from the North Cape to Hokianga, where he stayed a while. In the course of his wanderings there in search of food, he came to a place where there was some plastic clay (*uku-whenua*) into which his heels sunk as also the soles of his feet and there left holes, as did the feet of his dog which was following him. The clay was at once turned into rock, and both Kupe's and his dog Tauaru's footsteps are to be seen there to this day.

I will now relate the story of Kupe's dogs. When he and his children landed there the first time and then went on, they left the dogs behind because they had wandered off to the forest to hunt birds, and on their return their masters had left; they went down to the beach and there howled. Kupe heard them, but he *mata-poutia* them [i.e., used a *karakia* to prevent them following] from the sea, and they were at once turned into stone. [Two rocks at the mouth of the Whirinaki river, Hokianga, are still pointed out as Kupe's dogs.] Another account of these dogs is, that Kupe decided to have them there as guardians for the land, and he carved out of stone a male and female dog to represent them.

After a lengthened stay at Hokianga, Kupe came on, following his friend, and overtook him at Rangi-whakaoma [Castle Point], where Ngake was awaiting him, and who informed Kupe that the "octopus of Muturangi" was there within a cave giving birth to its offspring. Kupe proceeded to the cave and broke it open, which caused the octopus to flee in the night towards the south. Kupe and Ngake then gave chase and came to Te Kawakawa [Cape Palliser].

This name was given by Kupe from the circumstance that one of his daughters here made a wreath of *kawakawa* leaves, and the name has

---

Eastern Pacific were quite common at that time—indeed we shall find later on that Kupe himself had visited Samoa and other islands to the west.

If reference be made to John White's "Ancient History of the Maori," Vol. I., p. 72, we shall see one of the versions of the history of Rătă, a very well-known Polynesian ancestor, who lived in Samoa, Fiji, and the adjacent islands, at a mean of thirty-nine generations ago (according to the Sage's teachings), or exactly the period we have found for the first Kupe. The account therein states that Rătă obtained from Ngahue a slab of stone with which to make an axe to be used in canoe building. We would suggest that the stone was part of that taken from New Zealand by Ngahue; i.e., a piece of Jadeite. The same account also mentions that Ngahue made an axe of the same stone for Kupe, which shows us that we are here dealing with the same individuals. This Rătă, however, is probably not the son of Wahie-roa, but Rata-ware. The Sage gives the position of Wahie-roa's son Rătă in table at end of Chapter V.

ever since remained in memory of it. At that place is a *kahawai*-spring where Kupe kept the fish of that name, a fact which is well-known to everybody.

It was near here that the sail of "Mata-horua" canoe was broken, and Kupe, Ngake and their friends proceeded to make another for the bow of the canoe [i.e., for the foremast]. Kupe said to Ngake, "Which is the best kind of sail, yours or mine?" Hine-waihua, the wife of Ngake said (? to her husband), Ah! Thy parent's *papa* [elder relative, but Ngake was the brother of Kupe's wife] is the best; it can be made quicker; he has the dexterous hand for that kind of work." So they set to work and continued on to daylight, all hands helping—Kupe, his elder relatives and younger brethren. When daylight came, the sail was to be seen hanging up on the cliff, which caused Ngake to say, "I am beaten by my friend." [There is some portion of the narrative apparently left out here by the Scribe, for we learn from other sources that it was a trial of skill between Kupe and Ngake as to who should first complete a sail—hence Ngake's words.]

Near that spot is also a bathing place of Kupe's daughters, one of whom, Makaro, had her sickness on her at the time, and in consequence the water remains red to this day. There also is a heap of stone, from the top of which Kupe recited his *karakia* to draw fish across for his daughters, amongst others, the *hapuku*, which ordinarily lives in deep water, but Kupe drew them thither. He was gazing (*matakitaki*) on the multitude of fish, and then raising his eyes saw beyond the sea the mountains of the South Island, the snows on Tapuae-nuku (the lookers on) in the sun. Hine-uira, one of his daughters, asked Kupe what he was gazing at. He replied, "It is nothing; I was looking at the shoals of fish coming in, when I lifted up my eyes and beheld the land lying there." Hine-uira said, "Let the name of these stones be Matakitaki" (gazing), which remains to this day.

After this they started in pursuit of their fish, going on to the mouth of Te Whanganui-a-Tara [Port Nicholson], on the west side of which their canoes landed. Here Kupe went for a bathe, and afterwards stretched himself out on a rock to dry himself in the sun, where he scratched himself, hence that place was ever after called "Te Aroaro o Kupe," i.e., "Te Ure-o-Kupe" [the rock on Barrett's Reef].

From there, after going to Hataitai (Miramar peninsula) they went on to Owhariu [Ohariu, west of Wellington, on Cook's Straits) where the sails of "Mata-horua" were hung up to dry, hence the name of that place. [It is not clear what connection O-whariu (to turn aside) has with the drying of sails.]

TE KAUWAE-RARO.

The two islands in Te Whanganui-a-Tara named Matiu [Some's Island] and Makaro [Ward's Island], were so called by two of Kupe's daughters after themselves to commemorate their visit to this island. Kupe much approved this idea of his daughters. When they arrived at Te Rimu-rapa [Sinclair's Head] they proceeded to catch *pauas* (Haliotis), shell fish, besides other fish, and there dried them as sea-stores for their voyage. Then they procured the large sea-weed, and prepared them as recepticles for these sea-stores, so that they should not be spoiled by damp. Hence was that place named Rimu-rapa [sea-weed flattened ; the bull-kelp is still used for bags for preserving birds, especially mutton birds].[6] Whilst there they found it a very disagreeable place on account of the wind, so proceeded north to Porirua Harbour, where "Mata-horua" was brought to an anchor. Here, on the east side of the harbour, near the mouth, Kupe saw a stone which he at once desired as an anchor for the canoe ; it was a *kowhatu-hukātai* [a white stone, probably volcanic]. His daughters also had the same wish on account of its excellence. Consequently it was taken for that purpose, and the anchor brought from Maungaroa in Rarotonga was left at Porirua.[7] This new anchor was named Hukatai. [Below it is called Hukamoa.]

Ngake now said to Kupe it was time they went after their enemy. So they left and went to Mana Island, where Kupe left his wife and his daughters. They stayed there for a while. Mohuia, one of Kupe's daughters said, "Let this name, Mana, be retained for this island, in remembrance of *to tatau mana tuatahi*, on this island." [The meaning is not quite clear; possibly some exercise of priestly power (*mănā*) took place there, omitted by the Scribe, or it may have been in remembrance of their power and daring in crossing the ocean. At the same time the name of the island is Mānā, not *mănā*.] Kupe gave his consent to this, saying, "Yes! it is well, Mānā shall be its name."

After leaving his family there, they made a straight course for Te Wai-pounamu [South Island as it is called now], and when they drew nigh unto it, they beheld the octopus of Mutu-rangi approaching. The two canoes of Kupe and Ngake separated to allow of the octopus to pass between them, which it did, the head rushing forward drawing its tentacles behind, which spread out even beyond the canoes. It is thought that the length of the arms from head to tail was forty fathoms, whilst

---

6. My informant tells me that kelp was used for carrying fresh-water on their voyages. It was turned inside out by aid of sticks, and formed waterproof bags of considerable size in which the water was carried. At night time these bags were trailed overboard with a stone attached, which thus made the water deliciously cool, an important point in the tropics.

7. This stone anchor is now in the Dominion Museum, Wellington.

the width of the body was four fathoms. Tohirangi stood up in the centre of Kupe's canoe with a long spear and lunged at the monster; he speared it twice, and when it felt the pain, it stretched out its tentacles to break the spear of Ngahue, which was Ngake's other name, who was using his spear from the other canoe. Their two spears crossed, and the tentacles of the octopus seized hold of the gunwale of Ngake's canoe, right away from the bows to the stern, which so frightened the men on board 'Tawhiri-kura,' which was the name of Ngake's canoe, that it was nearly upset. The tentacles then seized hold of Kupe's canoe, who took his axe named 'Raka-tu-whenua' and commenced cutting off the tentacles; but it would not let go. Kupe then shouted to Po-heuea, "Throw the bunch of calabashes at the head of the octopus!" This was done, and the monster, thinking perhaps that it was a man, let go the canoe, and encircled the calabashes with all his tentacles. Then Kupe made a fierce downward blow (*paoa*) with his axe (also called Ranga-tu-whenua) at the head of the monster which was smashed in as well as its eyes. And so died this great fish, the "Wheke-o-Muturangi." Now hence is the name of the South Island, Ara-paoa, from the *paoa* or downward blow on the head of the octopus. And also from the circumstance of this killing, are the rocks Nga-whatu (The Brothers' Rocks, Cook's Straits) *tapu*; for that is the place where the "Wheke-o-Muturangi" laid. Here it was the *karakia* was said to conceal the octopus, lest Muturangi should come in search of his pet. Immediately the *karakia* was ended, swirling currents commenced so that no canoe could land on those rocks. The name Nga-whatu, refers to the eyes (*whatu*) of the octopus, and it has remained a *tapu* place ever since. When canoes cross the Straits to or from Ara-paoa, the priests say, "Do not look on Nga-whatu; cover the eyes with a shade, lest, looking, a gale of wind comes on and the canoes will be capsized." This is the rule even to this day.

Now the above is the cause that drew Kupe, Ngake and their companions across the wide ocean when they discovered this country of Aotea-roa. It will be understood how great was the *mănā* (power, ability, prestige, etc.) of Kupe to accomplish this undertaking. Hence it was that his daughters wished to emphasize this *mănā* by naming the island on which they stayed in honour of their father—the *mănā* of Kupe. Porirua harbour where they left their old anchor and replaced it by a new one named Huka-moa (above, it is called Huka-tai) is derived from that circumstance. [Probably *pori* here is an obsolete word. In Maori, Tahitian, and Rarotongan it means a people, and has other meanings, none of which explain what the text seems to imply. The Scribe says it refers to the exchange of one anchor for the other.]

KUPE EXPLORES THE SOUTH ISLAND.

Now after these events Kupe proceeded to the other (South) Island in order to ascertain its capabilities, and to see whether or not there were people living there, which he also intended to do as regards the North Island. He went down the west coast until he reached Arahura (a few miles north of Hokitika). He gave the river that name because he went to search out whether any people were to be found there. [Ara-hura, the way opened up.] He was the first man to discover the valuable *pounamu* or jadeite. The first specimen he saw was that kind called *inanga*, so named because it was seen in a river together with many *inanga*, or white-bait, which he proceeded to enclose (catch). When Hine-te-uira-i-waho stretched forth her hand into the water to get a stone as a sinker for the net, to sink it in the water, the one she got hold of was quite different to any she had seen before, and so it was called *inanga*. Enough of this explanation as to the *pounamu*; the reason the subject has been brought up is, lest any one should falsely say that this particular island possesses *pounamu*. It does not. The *pounamu* is called the *whatu-kaiponu* of this land, and it is so called as a much desired property for the *kahurangi* [high-class chieftainess, usually the first-born daughter of aristocratic parents] and for the high-born chiefs—no low-born person is entitled to use it—hence *whatu-kaiponu* (or the treasured, coveted, stone).

Kupe's canoes then proceeded further to the south, and finally reached the tail-end of the South Island. When there Kupe said to Hine-waihua, the wife of Ngake, "O Hua! Leave your peto here to dwell in this end of the island, for behold there are no men here." Hence are the seals and the penguins which guard that end of Arapaoa, which is now called Te Wai-pounamu—that was its correct name formerly. It is well known that the proper salutation to the people of the South Island is, "Welcome ye people of Arapaoa"—and Ngai-Tahu of the South Island welcomes us by saying, "Welcome ye people of the sunrise."

Enough has now been said about the names given by Kupe in the South Island. But nowhere did he or Ngake see the face of man in either that island or this—not a single one.

KUPE RETURNS TO THE NORTH ISLAND.

On Kupe's return to the north he went by way of the west coast of the North Island to Hokianga. When he was off Whanganui he saw what a very fine bay there was there,[8] and therefore decided to land to

---

8. This agrees with local tradition, to the effect that in former times the sea came up to the present town of Whanganui and formed a deep bay, which has since been filled up by the river.

inspect it. On entering the bay, they landed on the west side and stayed a while there. The place where they stayed, at the mouth of Whanganui, he named Kaihau-o-Kupe [Kupe's wind-eating], because it was very windy whilst they were there. Kupe paddled up the Whanganui river to see if any people lived there; he went as far as Kau-arapawa, so called by him because his servant tried to swim the river there to obtain some *korau*, or wild cabbage, and was drowned, for the river was in flood. So Pawa was drowned, and his name was applied to that place. [Kau-arapawa is about fifteen miles above the town of Whanganui.] Kupe heard some voices there, a *weka*, a *kokako* and a *tiwaiwaka*, but as soon as he found they were only birds he returned to the mouth of the river, and then went on to Patea, where he planted some *karaka* seed of the species called Oturu.[9] Whilst at Patea he tested the soil by smelling it, and found it to be *para-umu*—a rich black soil—and sweet scented.

Arrived at Hokianga, Hine-te-ura, Kupe's daughter, said to him, "O Sir! let us take possession of this land," to which both Kupe and Ngake consented. Then a *hakari* or feast was made by his daughters at a place between Te Kerikeri and Whangaroa. At the end of the feast, Kupe, Ngahue, and all their people proceeded to *uruuru* the land, or to place it under *tapu* [*uruuru whenua* means usually the placating of the genii loci], prior to their return to Rarotonga, Rangi-atea and Hawaiki. The stone of the *uruuru-tapu* is at the head waters of Hokianga, and is named Tama-haere, sometimes called Toka-haere, which is still very *tapu*. [The feast was held at the place usually called Tarata-rotorua, where certain natural pillars of rock are said to have been the posts that held up the food at the feast.]

Now, it must be clearly understood, there were no people in all this island, or in Arapaoa (South Island)—not a single one. The only individuals left here by Kupe were his two dogs named Tauaru, the male, and Hurunui, the female. None of their party remained here, the whole of them returned to Rarotonga.

---

9. The *karaka-oturu*, is described to me, as like the ordinary *karaka* (*Corynocarpus lævigata*), but with smaller leaves and berries and fewer of them, with a low growth. There are some trees of the same species growing at Nuhaka, Hawkes Bay, the seed of which is said to have been brought here by the 'Kura-haupo' canoe, under Whatonga. If this *karaka* at Patea bore a few fruit on the west side of the tree it denoted a lean year—if on the east or inland side it meant a prolific year for all cultivated foods. The Rev. T. G. Hammond, who knows Patea and its history better than any man, does not recognise this tree. It is also related of Turi, who commanded the 'Aotea' canoe and who settled down at Patea. that he brought the *karaka* tree with him, which he obtained, according to my idea, at Rangi-tahua, on Sunday Island.

THE RETURN TO RAROTONGA, ETC.

After Kupe and Ngake returned to Rarotonga they went on to Rangi-atea [Rai'atea], and from thence to Hawaiki [Tahiti]. They reported as follows: "There is a distant land, cloud capped, with plenty of moisture, and a sweet-scented soil. It is situated at "Tiritiri-o-te moana." [The ordinary meaning of *tiritiri* does not seem to throw any light on this expression. It may possibly be connected with the same root as *tiriwa*, a space, and if so (and in any case) it probably means "the vast space of ocean."] When the people of those islands heard Kupe's words, they became possessed of a desire to come here to these islands. The reasons they had for this desire, were the great number of quarrels arising amongst themselves in all of those islands.

When Kupe reached Rangiatea [Rai'atea], Nga-Toto (or Toto) asked him, saying, "O Kupe! What is the appearance of that land you have discovered. Is it *raupapa*, flat land, or a *tua-rangaranga*, undulating? Is the soil *one-tai*, a sandy soil, or *one-matua*, rich, fat soil?" Kupe replied, "In the centre part are mountain ranges (*tua-tua*); the spurs that come down to the sea are sheltered, and with plains opening out on both the East and West Coast. In the southern island, the ranges that come down to the sea on the West Coast, have *pakihi* [flats, usually grassy] opening out here and there. The East Coast will preserve life [i.e., will grow plenty of food] and is fine to look on. The soil of Aotea-roa is good, it is *one-paraumu* [rich, black soil]; in some places it is *one-papa-tihore*, subject to land slips, and the growth of the plants is healthy and vigorous." Other people asked, "O Kupe! What do the seas and the streams contain?" He replied, "There are fish both in the sea and inland; *paua* [Haliotis] mussels and cockles along the margin of the ocean." Others asked, "What is the course the canoe should steer, O Kupe?" To which he replied, "Let it be to the right of the setting Sun, or the Moon, or Venus. But it must be during Orongo-nui, or the summer, in the *kaupeka* [or month] of Tatau-uru-ora [November] when food is plenty that a start should be made."[10] Turi then asked, "Which is the very best part of the land?" Kupe replied, "Leave the course in the current of Pareweranui [the strong south wind], it is a place of much 'fruit of the land' (*mau*) [i.e., birds, fish, &c." The narrative is obscure here, but we know that Kupe directed Turi to come to Patea river.] Others asked, "Did you see any one on the land?" Kupe said in reply, "I saw no one; what I did

---

10. The sun sets about S.W. by W. in the end of November in New Zealand, and that is almost the exact course from Rarotonga, which was always the starting point for New Zealand.

see was a *kokako*, a *tiwaiwaka* and a *weka*, whistling away in the gullies; *kokako* was *ko*-ing on the ridges, and *tiwaiwaka* was flitting about before my face."

(A question was here asked of the Sage, " Some say that Kupe's daughters and others remained here, as also some from Ngake's canoe." The Sage replied, "Not one remained here. Kupe and Ngake returned with their wives, children and friends." Another question was asked, "O Sir! how is it then that some of us descend from Kupe and his children?" To this the Sage replied, " There is no reliance to be placed on [some] genealogies, because, in different cases they state two, three, or four generations before the migration took place to Aotea-roa.[11] At that time his descendants had all married. His sons had married before he came to Aotea-roa."[12])

[Then follows some genealogies—for which see end of Chapter.]

Now Kupe and Ngake stayed a long time at Rangiatea [Rai'atea] and then went on to Hawaiki [Tahiti]. They went there at the instance of Ruawharo [he was a son of Hau, a nephew of Kupe who came to New Zealand in the Takitimu, says the Scribe] who came to ask them to proceed to the latter place in order that the people living there might hear their account of the new land discovered by them at Tiri-tiri-o-te-moana. On leaving. there they went to Rarotonga [? Rangiatea] where Kupe found Turi, who had married Rongorongo the daughter of Toto [sometimes called Nga-Toto]. Turi had not sailed for New Zealand at the time Kupe returned from his voyage, he was at Rangiatea dwelling there, having fled from Hawaiki because he had committed adultery with Korahi, the wife of Taurangi-tahi. She was the elder sister of Moana-waiwai, the second wife of Tomo-whare. [This statement bears out what I learnt in Tahiti, with this difference, that Turi fled from Hitia'a (Whitianga in Maori) on the east coast of Tahiti on account of jealousy of one of his wives, and went to Rai'atea.] This was the woman who went wrong with Turi. She was a *wahine-kahurangi* [or *ariki*], whose husband was Ao-marama.[13] Turi was

---

11. That is, explains the Scribe, the migration of Toi, who flourished thirty-one generations ago, and of his grandson Whatonga and others.

12. The Sage's answer is so important (and at the same time somewhat obscure) that I give it in the original. " Ka mea mai ia, kaore he tikanga mo nga whakapapa, no te mea : e rua rawa nga whakatipuranga, e toru o etehi, e wha o etehi, katahi ano ka haere mai te heke nui tonu ki Aotea-roa nei. Kati, kua moe-moe noa atu ona uri i te tane i tena wa : nga mea tane kua moe wahine i taua wa i mua atu i te haerenga mai o Kupe ki Aotea-roa nei."

13. In this statement the Sage contradicts himself. First he says her husband was Taurangi-tahi, next he says his name was Ao-marama.

followed up, with the intention of killing him, but he fled. The reason, however, that he fled to this country (New Zealand) was the killing of Awe-potiki.

When Kupe and Turi met, the latter asked, "Where is the best part of the island according to what you saw?" Kupe replied, "The west coast. There is my *karaka-huarua* [this is, says the Scribe, another name for the *karaka-oturu*, see *ante*] growing at the mouth of a river opening to the west, to the *uru o Tahu-makaka-nui* [or the south-west wind, says the Scribe]. You will see a certain mountain standing near the sea, on which rests the snow (*huka-rangi*). Direct your canoe to Tahu-para-wera-nui [to the south] and you will see it." [This mountain is Mount Egmont.]

Turi now said to his wife, "O Lady! If you had a canoe of your own we would go to this unoccupied land and make a home there. Rongorongo replied, "Who would live in a solitary place like that?' But Turi did not cease to dwell on this idea, and it was his constant subject of conversation. At last Rongorongo spoke to her father Toto about it. Toto replied to her, "It is well; here is a canoe." And so the canoe named 'Aotea' was handed over to Rongorongo to give to Turi. Toto's words to Turi were, "When you depart, and after you have arrived at Tiritiri-o-te-whenua on the ocean, and if you find the land a food-store [i.e., a land of plenty] come back and fetch us all together with your brothers-in-law." Those were Toto's words, and Turi consented to them.

But Turi did not start for a long time, not until his children were born, Turanga-i-mua, Taneroa and Tonga-potiki. Rongorongo was pregnant with her first born at that time. Turi said to Kupe, "O Kupe! Let us both go to the land you have told us about." But the latter repled, "Kupe will not return."

It must be clearly understood: Kupe and Turi did not meet at sea, or anywhere else [but Rangiatea]. Such stories are false [i.e., *tahora*, not told in the Whare-wānanga]. When Kupe returned from Hawaiki to Rangiatea as mentioned above, shortly after his arrival, Rongorongo's first child was born, and Kupe said, "Let the name of the child be Turanga-i-mua; to signify my being the first to stand on Aotea-roa."[14] Now for the first time did this name for New Zealand become known as given by Kupe Nga-Toto said, "O Turi! Let that be a name for the canoe of our daughter." Kupe said, "It is well," and so the name 'Aotea' was given to Rongorongo's canoe and the old one replaced by it.

Now this is enough in reference to this subject.

---

14. *Turanga* = standing; *i mua*, at first.

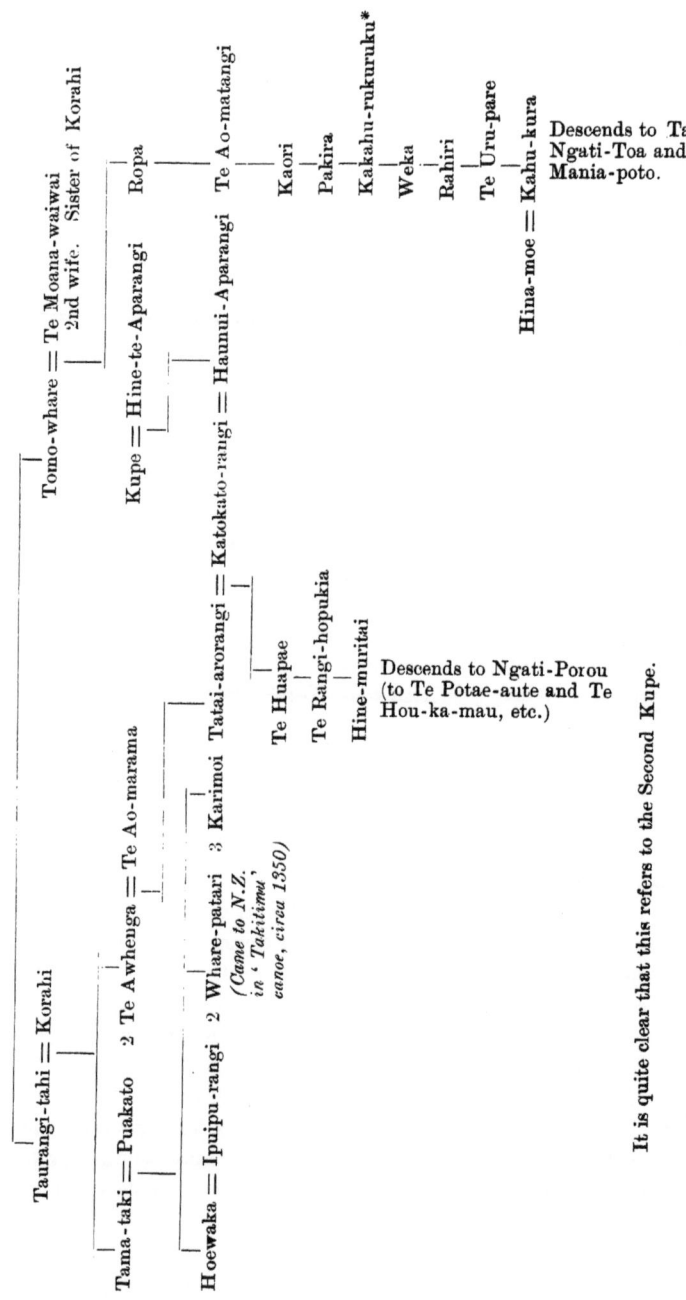

UPOKO IV.

Ko nga Tangata-whenua o Aotea-roa.

(Na Te Matorohanga enei korero.)

NA, i muri i a Kupe i hoki ai ki Rarotonga ra, ka tae mai tetahi iwi ke noa atu. Kaore i mohiotia no whea taua iwi. He iwi kokau te tipu, he nunui nga iwi o te tangata, he takoto nga turi, he paraha te ahua o te kanohi, he kanae nga mata, he tiro pikari, he patiki te ihu, ko te pongare he kau parari; he makawe torotika, he mahora etahi, he kiri puwhero waitutu, he iwi kiri-ahi, he mangere. He wharau te whare o tena iwi, na reira i mohio ai enei iwi o Hawaiki nei ki te hanga wharau, tetahi ingoa—tawharau tetahi ingoa; engari na nga tangata heke mai tenei ingoa i tapā.

Na, ko te korero a aua iwi i ahu mai ratou i te tonga-mauru ki konei ki Aotea-roa nei. Ko taua iwi he Pakiwhara te ingoa; he ingoa taunu na nga iwi heke mai i Hawaiki ki konei. Engari ko te ingoa tuturu o taua iwi ko Maru-iwi, ko Rua-tamore, ko Te Pana-nehu, me etahi atu ingoa o ratou. Ko nga waka i haere mai ai aua iwi, ko Kahutara,' ko 'Taikoria.' Ka mutu nga waka i rangona o taua iwi; no Rua-tamore, no Tai-tawaro tetahi. Engari kaore i mohiotia to Tai-tawaro tona waka e nga tangata o nga whare-wānanga.

Engari i rongo au ki a Tu-rau-kawa—he tohunga ano tera no roto i te whare-maire, ara, i nga whare ako whaiwhaiā o Taranaki—i a matou i te hui a Tu-te-pakihi-rangi i haere mai ai i Nuku-taurua, ki Te Whanga-nui-a-Tara, ki te hohou i te rongo ki a te Atiawa, ki a Ngati-Tama, ki a Ngati-Tawhirikura, ki a Ngati-Manu-korihi, ki a Puketapu katoa, ki a Ngati-Toa hoki. Ka rongo au ki taua kaumatua e ki ana, ko ' Okoki ' te waka o Tai-tawaro. A e ki ana kei ko mai o Pari-ninihi taua o Tai-tawaro. I tapaia ki te ingoa o to ratou pa, ko Okoki. He maha nga pa o taua iwi kei reira, ahu mai ki Waitara, ahu atu ki Mokau. I mate a Maru-iwi ki reira; he tangata rangatira tenei no taua heke mai o aua iwi nei. Ko Otaka, he pa ano tera no Te Tini-o-Tai-tawaro. Ko to Tai-tawaro taina, ko Pohokura, i waiho e o raua iwi hei ingoa pa mo ratou, kei te takiwa o Taranaki katoa enei pa.

Ka mea mai a Tahuahi. "E ta! takiritia mai a Toi-kai-rakau, e kiia nei; no tewhea wa rawa ia i haere mai ai ki Aotea-roa nei?" Ka mea atu a Te Matorohanga," E pai ana. I mahara au kia tutuki taku whakaatuatu ake i nga korero o enei iwi ka whai atu ai ki tena. Kati, me penei ake e au: Ko Maru-iwi i noho ki Tamaki, ko Rua-tamore ki Muri-whenua tae mai ki Tamaki nei; no te nuinga haeretanga o te tangata o aua iwi, katahi ka kiia ko Tini-o-Maru-iwi, ko Tini-o-Rua-tamore, ko Tini-o-Te Pana-nehu, ko Tini-o-Tai-tawaro. Kapi tonu a Murihiku, a Tamaki, a Tauranga; ka mutu i reira. Kapi tonu Mokau tae mai ki Oakura, ka mutu atu a konei. Ko tera motu, kaore ano he tangata i tae ki reira o enei iwi. Ka ui atu ano ahau ki taua kaumatua ki a Tu-rau-kawa, "Ki to rongo, no tewhea motu o te moana aua iwi nei a Tini-o-Maru-iwi, o Rua-tamore, o Te Pana-nehu, o Tai-tawaro, me o ratau hapu, ko Ngati-Mamoe me era atu ingoa hapu o ratou o aua iwi." Ka mea mai taua kaumatua ki au, "Kaore i marama i a ia; engari ko taua iwi nei, e ki ana koia ra te putake mai o te rakau nei o te huata, o te hoeroa, o te patu nei o te kurutai; ka mutu a ratau rakau patu tangata. Ko o ratau whare he tawharau; kaore he kakahu, ko nga kahu he pakē—o nga wahine, o nga tāne. Ko te kai he hua rakau, he ika moana, waitai, wai Maori hoki; ka mutu a ratau kai. I wareware ake i au tetahi onga rakau a nga iwi nei he pere; whaka-whana ai te manuka hei pere. Na, ka marama koutou i naia nei ki enei korero a Tu-raukawa e korero nei au; ehara i te mea ako mai ki au no roto i te Whare-wānanga a o koutou tipuna, a o koutou matua. Kati enei korero ake atu kia koutou.

CHAPTER IV.

THE TANGATA-WHENUA OF NEW ZEALAND.[1]

(Told by Te Matorohanga.)

IT was some time after Kupe's return to Rarotonga, that a different people came here to New Zealand; they were very different people [i.e., from the Eastern Polynesians to which Kupe and the subsequent migrations to New Zealand belonged]. It is not known whence that people came. They were *he iwi kokau*, (a thin, upright, tall people); a large framed people with big bones and tall; with *ateate-rere* (thin calves to their legs); *he takoto nga turi* (their knees were prominent, protuberant). Their faces were flat (*paraha*); the eyes were *kanae* (glancing out of the corners of the eyes like lizards), *he tiro pikari* (side-long glancing). The nose was *patiki* (flat in the bridge), and the ridge of the nose was *pongare* (narrow, with the nostrils bulging out) and *tuporo* (blunt) and *kaupari*. The hair was *torotika* (straight), and some had very *mahora* (lank) hair. Their skins were *puwhero-waitutu* (reddish black, something like *tutu* berries, says the Scribe). They were a *iwi-kiri-ahi* (sticking close to the fire and lazy, sleeping constantly. They lived in *wharaus* (lean-to-sheds), and it was from them the Hawaiki people learned to build such sheds, another name for which is *tawharau*; but the latter migration gave this name. On cold days they wore a *pakē* (kilt) made of *toi*, *kiekie* or flax, and on hot days an apron of leaves in front, or went quite naked.

According to the account of those people as given by themselves they came from the *tonga-mauru* (south-west) to Aotea-roa (New Zealand). It was related by them that their canoes were out fishing when a westerly gale sprang up, blowing away from their island, which drove them away to sea, and they made this land.

[This statement—that the canoes came to New Zealand from the south-west—can only be explained by supposing this to have been their course during the latter part of their voyage when they made the coast (as mentioned later on) at Nga-motu, or the Sugar-loaves

---

1. The Sage gives two descriptions of these Tangata-whenua (or original inhabitants—' men of the land, is the translation) at different parts of his narrative which I have combined in one for ease of reference.

Islands, close to the present town of New Plymouth. If, as so many things seem to indicate, they came from Western Polynesia, their course must have been to the westward of south at first. They may have been forced by contrary winds, etc., to the south, and finally taking a north-east course, have landed on the coast of New Zealand "from the south-west," as they say. They were a Polynesian people, with a strong mixture of the Melanesian in them, probably much like the Niuē Islanders and the Moriori of the Chatham Islands, but probably with more of the Melanesian in them. The language they spoke was evidently Polynesian, as the names of people and of places show. It is unfortunate we have so little information about this people, for the Sage's narrative often leaves much to be desired. What land could they have come from that is larger than New Zealand? How did they manage to survive, if blown off the land while out fishing, and when they would not have been provided with stores for a long voyage?]

They were called Pakiwhara (or went naked), or Kiri-whakapapa (black skins); but these descriptive names were given them by the migration from Hawaiki. But the true name of that people was Maru-iwi, Rua-tamore, Pana-nehu, Tai-tawaro, Ngati-mamoe, Ngati-koau-pari and Ngati-kopu-wai, and others. The canoes in which those people came here were 'Kahutara' and 'Tai-koria.' These are all the canoes that have been heard of. Maru-iwi had one of these canoes, Rua-tamore another; but the name of the canoe of Tai-tawaro was not known to the learned men of the Whare-wānanga (or house of learning).

But I [the Sage who recites this matter] did hear somewhat more from Tu-raukawa,[2] who was a priest of the *Whare-maire*—i.e., of one of those houses in which witchcraft was taught in Taranaki—when we met at an assembly when Tu-te-pakihi-rangi came from Nuku-taurua to Te Whanganui-a-Tara (Port Nicholson) to make peace with Te Ati-Awa, Ngati-Tama, Ngati-Tawhiri-kura, Manu-korihi, Puke-tapu, and also with Ngati-Toa. That old man told me that 'Okoki' was the canoe of Tai-tawaro, and he said the name was given to a *pa* this [south] side of Pari-ninihi [the White Cliffs. Okoki *pa* is just north of the Urenui river, twenty-three miles north of New Plymouth], and it was here that the Tai-Tawaro people first lived, whilst they owned many *pas* in that district even from Waitara to Mokau. Maruiwi himself died in those parts; he was a great chief of those people.

---

2. Tu-raukawa was said to be the most learned man of the Ngati-Ruanui tribe of Taranaki. He was a great poet also. He was killed by Ngati-Raukawa at Otaki in 1834.

Otaka was another *pa* of Te Tini-o-Tai-tawaro [? if this is the *pa* at the Freezing Works, New Plymouth]. Tai-tawaro had a brother named Pohokura, whose name was applied by his people to the *pa* in which they lived [which is an isolated fortified hill on the north bank of the Ure-nui river]

Maruiwi [the people, not the man] lived also at Tamaki [Auckland Isthmus] whilst the Rua-tamore dwelt at Muri-whenua [The North Cape] and as far south as Tamaki [Auckland Isthmus, or perhaps Tamaki in the Seventy-mile bush]. When these people increased greatly in numbers, they came to be called Te Tini-o-Maruiwi, Te Tini-o-Rua-tamore, Te Tini-o-Pana-nehu and Te Tini-o-Tai-tawaro. The whole of the country from the North Cape to Tamaki and even on to Tauranga was covered by them. Again, all the country from Mokau to Oakura [eight miles south of New Plymouth] was occupied by them; but they did not extend beyond.

None of these people ever got so far as the South Island [i.e., until they were afterwards driven there by the Hawaiki migrants]. I asked the same old man [Tu-raukawa] whether he knew from what island all these people came, including their *hapus* of Ngati-Mamoe and others. He replied that he was not at all clear about that; but he knew that the following weapons originated with them: the *huata* [or twenty to thirty feet long spear], the *hoeroa* [or whale-bone halbert], the *kurutai* [a stone weapon attached to a string, which was thrown], and the *pere*, by which *manuka* spears were thrown [also called a *kotaha* and a *whiwhiu*, the end of the spear being stuck in the ground, with a whip-lash wound round it. A short handle to the whip gave such a purchase that a spear thrown thus would fly two hundred to three hundred yards].[3] Their houses were lean-to sheds; they wore little or no clothing, only a *pakē* [or kilt] for both men and women. Their food was the wild fruits of the forest, and both salt and fresh water fish. This was all the information Tu-raukawa could give; it was just in conversation I learnt this; not taught to me in the Whare-wānanga.

The Ngati-Mamoe, Ngati-Koau-pari, Ngati-Kopuwai and Ngati-Pana-nehu were divisions which sprung from Te Tini-o-Rua-tamore, Te Tini-o-Maru-iwi and Te Tini-o-Tai-tawaro.

One account of this people says that their island was called Hora-nui-a-tau, and another, Haupapa-nui-a-tau. They said their original

3. On asking the scribe to describe the *pere*, he replied that it was an arrow used with a bow, but was never so used by the Maoris, except as a plaything by the children. He seemed quite certain of this, though I am doubtful of the fact. See Journal Polynesian Society, Vol. I., p. 56, where the finding of a bow buried deep in a swamp is described by Mr. E. Tregear.

home was very hot whilst New Zealand was very cold to them. Theré was plenty of fish and birds in those islands, and that New Zealand was *koroiti*, which was their word for small. These people did not know their genealogies. They were treacherous and given to murdering their wives, and their travelling companions, and this was one of the reasons why their women preferred the people from Hawaiki, because they were kind to their wives, were possessed of clothing and food, and also because of the superiority of the men in stature and bearing. This is why the Hawaiki people became possessed of so many of their women, who were generally picked out for their good-looks; others were given by their own people, others again were asked for by the migrations from Hawaiki and Rarotonga. It was partly through fear of the local people that this course was pursued, for they were exceedingly numerous (*he wehi i te nui o aua iwi, he tinitini te nui o te tangata o aua iwi nei*). And, moreover, when it subsequently came to the period of war with this people, the women were taken, as well as boys, as servants, and the result of this process was that the migrations from Hawaiki very quickly grew to be numerous in the land.

After the migrants from Hawaiki had become numerous, troubles arose through the *tangata-whenua*, who commenced murdering the migrants, stealing the food from the *whatas* [store houses] and other evils. So it was decided by the migrations, under Hoturoa, Tamatea, Toroa, Tama-te-kapua together with Whatonga ma, and Manaia ma, to exterminate those branches of the *tangata-whenua*, who were not connected with the migrants by marriage.[4]

[The wars commenced with] Te Tini-o-Maru-iwi, whence arises the expression '*te heke o Maru-iwi*,' [the disappearance of Maru-iwi into a chasm about which there is a long story]. They were first smitten at Te Wairoa, at Mohaka [both in Hawkes Bay], then at Taupo, at Rotorua, at Tauranga, at Tamaki [Auckland], at Hauraki, at Hokianga, at Mokau, in fact wherever they lived; all were killed except those who were living amongst and had become part of the migrations, who were then said to be the same people as the latter.

Ngati-ti-Koaupari were exterminated at Mohaka [Hawkes Bay], Ngati-Rua-tamore at Te Wairoa, at Rotorua, Tamaki, Hauraki, Tauranga, Mokau, Urenui, thence they fled to Heretaunga [Hastings], where further massacres took place. [See the end of this people "Journal Polynesian Society," Vol. XV., p. 25.]

4. The names mentioned were the leaders of the migrations that came to New Zealand *circa* 1350, in the 'Tainui,' 'Takitimu,' 'Mata-atua,' 'Te Arawa,' 'Kura-hau-po,' and 'Tokomaru' canoes.

TE KAUWAE-RARO. 75

The Tini-o-Tai-tawaro fled to Arapawa [South Island] and thence to Whare-kauri [or Chatham Islands.] The reason they spread to the Chatham Islands was on account of the expedition of Tama-ahua and Tongahuruhuru, who went to search for the jadeite. This was a very large migration [of the *tangata-whenua*], who went from Taranaki and Te Whanganui-a-Tara [Port Nicholson], and when they arrived [crossed Cooks Straits] they were smitten [by Tama-ahua and his friends], the remainder fleeing to Rangitoto [D'Urvilles Island, north end of the Middle Island] to find a refuge. But it was not to be. They were sought out there and again smitten, and their women taken. Some of them escaped and were afterwards seen on the sea; it is said there were six canoes full, and they were then making their way towards the south.

I return to my explanation about the disruption of the descendants of Maru-iwi, of Rua-Tamore, of Tai-tawaro, of Pana-nehu, and of Toi and his descendants here, in order that I may relate the causes why they separated to various tribes.

The principal men of those tribes, as I have said, were Tamaki, Maru-iwi, Rua-Tamore, Te Pana-nehu and Tai-tawaro, and others whose names they have given to their homes, or tribes. [Then follows the partly genealogical table given below, which starts from Tamaki (the *tangata-whenua* ancestor) and ends with no names I am acquainted with. Some of these names in the time of Tamaki were apparently adopted as tribal names after their descendants became numerous.

As, for instance, Tawa (Tawa-rikiriki) Whatu-mamoe, who probably gave his name to that tribe at Hawkes Bay, and Mamoe shown lower down may have been the ancestor of Ngati-Mamoe of the South Island. After Ruhiruhi the table is a genealogical descent; those before him, contemporaries.]

        Tamaki
        Tawa
        Rarau
        Kakau
        Pangopango
        Moeahi
        Whatu-mamoe
        Tawai
        Ruhiruhi

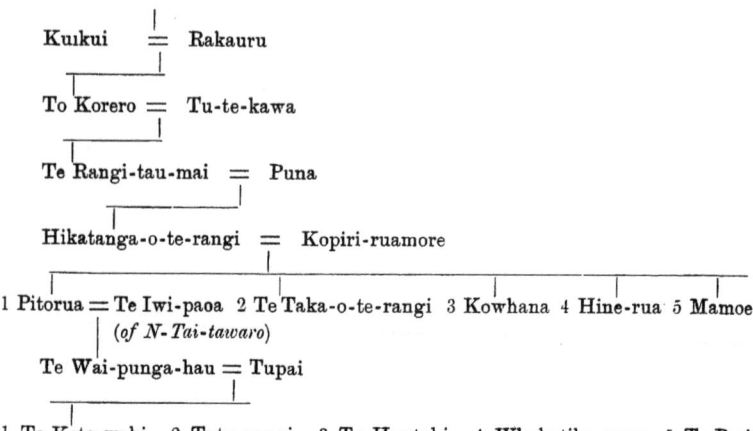

1 Te Kete-wahi   2 Tutu-rangi   3 Tu Huatahi   4 Whakatika-poua   5 Te Pori
6 Weka   8 Te Mihi   9 Te Ara-rakau   10 Te Kāhu

Nga-Puhi, Te Ati-awa, Ngati-Awa, Ngati-Kahungunu, and Ngai-Tahu all enter into his [? Tamaki's, or his descendants'] blood, in consequence of inter-marriage with that [ancient] people the name of whose island from whence they came is lost, and was not known to the men of the *Whare-wānanga* in their descent. According to my idea this knowledge was lost through different thoughts [*whakaaro wehewehe*, i.e., different accounts which would mutually throw discredit on the whole] and through hatred of one another.

To this [ancient] people is due the *tarerarere* use of the spear [i.e., use of darts thrown by hand, which was not a Maori custom].

The rapid increase of the people from Hawaiki and Rarotonga was due to the numerous inter-marriages and the number of persons taken during the wars with this ancient people; and the taking of the women, together with the seizure of the land, was one of the chief causes of those wars. Their fishing places at sea and inland were taken, which also gave rise to constant troubles, ending in the wars of extermination already referred to, when many were driven away to exhausted, barren [*titohea*] lands, and to the mountains, there to live.

[In another document from the same source, we have a list of the tribal divisions in the time of Toi, and his immediate descendants, who were mostly, if not wholly, *tangata-whenua* people:—

Ngati-Pukenga	Ngati-Turu-mauku	Ngati-Tauwhare
Ngati-Wai-o-hua	Ngati-Tawa-rikiriki	Ngati-Oi-nuku
Ngati-Waipapa	Ngati-Waitō	Ngati-Oi-roa
Ngati-Haere-mariri	Ngati-Punga-tere	Ngati-Pukepuke
Ngati-Raupo-ngaoheohe	Ngati-Rauhi	Ngati-paretai

TE KAUWAE-RARO. 77

Ngati-Papaka-whero	Ngati-Turuhunga	Ngati-Mura-ahi
Ngati-Maru-iwi	Ngati-Kopaka	Ngati-Te Maherehere
		and Ngati-Tawhiri

"These were the *hapus* of Toi in this island, who dwelt at Whakatane." I will make a suggestion here, which on further investigation may, or may not, turn out to be true. Many of these tribal names are very peculiar; they are the names of plants, a crab, etc., only one of which is borne by a tribe at the present time. The suggestion is, that these plant names, etc., are totemistic.]

[If we are to believe the foregoing account as related by the Sage, it is obvious that we must somewhat alter our ideas as to the Tangata-whenua (or original people) of New Zealand. Heretofore we have always included in that name Toi-te-huatahi and his descendants, but it is now clear from the Sage's teaching that this is only partly true, and the name in future must be confined to these half-Melanesian, half-Polynesian people, that Toi found on his arrival.

From the statement made in the above account, to the effect that so many women were incorporated in the Hawaiki immigrants from the Tangata-whenua, we may perhaps see the origin of the idea that the Maori of New Zealand has more of Melanesian blood in him than most of the other branches of the Polynesians. It is clear to me that the Moriori of the Chatham Islands differed somewhat in appearance and in other matters from the Maoris, a fact which has also been proved by Anthropometric studies; a thing that was impressed on me by a year's residence in that island.

We shall see later on that the Sage describes the exit of the Moriori people from New Zealand, and, as is said above, that they were a part of the Ngati-Tai-tawaro, Tangata-whenua people. Hence their difference from the Maoris.]

I [the Sage] have said enough about the people who owned this land. But [afterwards] it did not belong to them, it really belonged to us [the Maoris] because we are descended from our ancestor Māui, we who live in Aotea-roa and Arapawa, and which story will not be related here.

UPOKO V.

NA TE MATOROHANGA ENEI KORERO.

Ko Toi-te-huatahi—Te Whakapapa o Toi-te-huatahi—Te haerenga mai o Toi-te-huatahi ki Aotea-roa nei—Ka hoki a Whatonga ki Hawaiki mai Rangia-tea—Te haerenga o Whatonga ki Aotea-roa nei—Ko Turi.

KO TOI-TE-HUATAHI.

NA, me hoki atu taku korero ki te haerenga mai o Toi-te-huatahi. I tetahi wa ka tae mai nga rangatira o tetahi motu ki Hawaiki; no Ahu aua tangata; ko Tuhua tetahi ingoa o tera motu, kei ko noa atu o Hawaiki taua motu. Ka tae mai ki Hawaiki, ka korero i reira, e kore e kaha nga tangata o Hawaiki ki te hoe waka ki a ratau. Ka tipu taua korero hei mea tautohetohe ma ratou. I te kaha o taua tautohe, katahi ka kiia me ara he hoehoe-waka ma ratou ki roto i Pikopiko-i-whiti. Ka whakaaetia e nga rangatira o Hawaiki me etahi motu o waho mai i Hawaiki; ka whakaritea te kaupeka o te tau hei tunga mo taua hoehoe whakateretere whainga a ratou i konei; ka kiia hei a Tatau-uru-ora o te Orongo-nui o te tau· Ka oti enei whakahaere, ka hoki taua iwi o Tuhua ki Tuhua; ka tahuri nga tangata ki te mahi waka kia pai; ka uru atu a Whatonga me Tu-rahui, nga mokopuna a Toi-te-huatahi, ki roto i taua whakateretere tau-whainga. Ka tae ki a Tatau-uru-ora te kaupeka o te tau; ka hui katoa nga iwi ki Titirangi, ki te Pakaroa, ki Whangarā, kia tata ai ki Pikopiko-i-whiti; ka whakaritea ano hei waho rawa i te moana he hokinga mai mo nga waka tau-whainga ki te hoehoe; ka whakaaetia; ka piki katoa nga iwi, me nga kaumatua ki runga i Pukehapopo matakitaki atu ai ki nga waka. No te mānutanga o nga waka ra e tae pea, e kiia ana, ki te hokotoru topu. Ka roa e hoe ana, ka kokiri a ʻTe Waoʼ i a ia, te waka o Whatonga raua ko tona iramutu ki mua o nga waka katoa. Ka puta ki waho i te moana, ka huri mai nga waka ra, ka pa te hau whenua, kaore i tataki mouri te pānga mai, kore rawa i taea te whakauru mai, ka puhia haeretia ki waho i te moana etahi o nga waka nei; ko etahi i u mai ki uta nei, ko etahi i puhia tonutia atu ki waho i te moana. Ka puhia haeretia atu te waka i a Tu-rahui raua ko te papa, ko Whatonga ki te moana-waipu. Po noa, ao noa, ka po hoki; ka puta te kohu-moana, he kohu tukupu kore rawa i kitea te moana. Heoi, ka hoe noa iho, ao noa te ra, ka mahea te kohu tau-puru; ka kitea atu tetahi motu e tau ana mai i te moana; ka hoe atu to ratou waka ka u atu ki uta. Katahi ka tahuri ki te kimikimi kai ma ratou i roto i nga kowhatu; a, ka tahuna to ratou ahi.

Ka kite mai etahi tangata o te iwi o taua motu e kā atu ana te ahi, katahi ka haere mai ki te mataki. Te taenga mai ko ratou e noho ana; ka ki mai, " No whea koutou?" Ka ki atu ratou, " No te moana." Ka ki mai era, " Me hoki koutou ki to koutou motu i haere mai ai koutou; ko te ture* o tenei motu, kaore e pai kia haere mai nga tangata iwi ke ki konei. Ki te kore e rongo ki te hoki, ka patupatu kia mate." Ka ki atu a Whatonga ki a Tu-rahui. " Ka rongo ake tatou i te ture o te motu nei; me haere tatou." Ka mea mai a Tu-rahui ki te papa, " Kaore au e whakaae ki te hoki ano ki te moana, koi riro au ma te uru-roa e tihaehae. Waiho au i uta nei, kia whai takapau ai ano moku." Ka pouri a Whatonga ki te whakaaro o tona iramutu.

Ka mea mai taua iwi, " Me haere tatou ki te ariki o te motu, kia rongo koutou ki te korero a te ariki." Ka whakaaetia, ka haere i runga i o ratou waka tiwai nei aua iwi; ka eke ano a Whatonga ma i runga i to ratou ake waka. Ka hoe atu ki te wahi i noho ai te ariki o taua iwi, ka mea atu a Tu-rahui, ki ona hoa ake, " Kia noho huihui tatou, kaua rawa hei whakaae ki te noho takitahi; ki te tiki mai ranei kia haere takitahitia taton. Tetahi, kia noho tata tonu tatou ki te ariki o te iwi nei, me whakamau katoa tatou ki te ariki hei utu mo tatou, kia mate rawa ake tatou, ka mate hoki ia hei whariki mo tatou." Ka rite tera korero a ratou, ka tae ratau ki te kainga hei moenga mo ratou. I te ata po tonu ka tae mai te kai tiki mai i a ratou. Ka tae ratou ki te marae, e noho ana te tangata, kapi tonu te marae; ka karangatia ratou kia tau ki waenganui. Ka tau ratou, ka tu mai a Rangiatea, te ariki, ki runga, ka mea mai, " No tewhea motu koutou, a he aha te take i haere mai ai koutou ki tenei motu?" Ka tu atu a Tu-rahui ki runga ka mea, " No Hawaiki matou, no te ra e haramai ra; na te hau matou i pupuhi mai ki te moana; a tau ke mai nei ki tenei motu, a, kaore e mohiotia ake te wa kainga i te kohu-rangi, u noa mai nei ki konei whakatā ai i te ngenge, i te matao, i te mate kai." Na, ka mea a Rangiatea ki ona iwi, " Kua rongo koutou, ko te iwi nei, he iwi no to tatau atua, no Tama-nui-te-ra. Katahi ano au ka mohio he iwi ke ano ta to tatau atua, to Tama-nui-te-ra." Ka ora ratou i konei; ka karangatia mai a Whatonga ma kia haere atu ki roto i te whare.

Kati, ka roa, ka whakamoea a Hine-ariki ki a Tu-rahui e Rangiatea; he tamahine tera nana ake; ka moemoea nga tangata o te waka o Tu-rahui ma i te wahine, me Whatonga hoki. Ka whanau a ratou wahine,

* Ture: He kupu Pakeha tenei; E hara i te kupu Maori o tua iho.

ka whanau hoki te tamaiti a Tu-rahui, te mokopuna a Rangiatea. He maha nga korero kei konei; kati, hei aha i te mea kaore e pa mai ki te take patai.

Na, ka tae ki tetahi wa ka mea atu a Rangiatea ki a Whatonga, " Kei te korou ano pea koutou ki te wa whenua ki te iwi, E Tonga ? " Ka mea atu a Whatonga, " Ae ! mehemea e marama ana te ihu waka te taunga atu ki uta; penei kua takatu te korou ki te hoki, E Rangi ! " Kati tenei wahi ; me hoki taku korero ki te wa i puhia mai ra te waka o Whatonga ma ra ki te moana. I taua wa, ka haere nga tangata o Hawaiki ki te kimi haere i nga waka kaore i u mai ki uta; kaore e kitea. Ka haere ki nga tohunga tuāhu patai ai, mehemea kei te ora ranei a Whatonga, a Tu-rahui ; ka mea etahi o nga atua kua mate ki te moana, ka mea etahi o nga atua kei te ora, engari kei tawhiti e tau ana; ka mea etahi o nga atua kei te moana riporipo e hoe ana. Ka ahua raruraru nga korero a nga atua nei ; ka pa mai te pouri ki a Toi-te-huatahi; ka mea ia, " Ka haere au ki te whakatakitaki haere i aku mokopuna."

Koia nei te whakapapa o Toi ki a Whatonga raua ko Tu-rahui.

TE WHAKAPAPA O TOI-TE-HUATAHI.

Ko Rătă
Pomatangatanga
Paimahutanga
Ruatapu
Tahatiti
Rakaiora
Tama-ki-te-hau i a Hinerautipu
1 Tama-ki-te-ra
2 Hau-te-horo
3 Kowhai-kura   Whanau tahi
4 Hine-komahi
Ko Tama-ki-tera i a Hine-te-ahuru
Tama-ki-te-kapua
Puhi
Rere
Tato
Tata
Maire
Maika
Korotoi i a Ira-manawa-piko
Rongokako i a Maurea
Tamatea-ariki i a Turi-huka

No konei a Ngai-Tamatea e noho mai ra i Murihiku, ara, te pito o te motu nei, i a Nga-Puhi. Kei konei a Nga-Puhi e tatai ana; ma ratou ratou e takiri atu.

TE KAUWAE-RARO.

Na te Hau-te-horo
Te Ngana
Houhou-rangi
Te Atamai
Te Au-Kawhaki
Tauranga
Te Korahi
Piupiu i a Te Awatope
Te Haerenga-awatea
Toi-te-huatahi
Koia nei tona ingoa tuā mai o tawahi mai
Ko Matangi-a-Rupe i a Raurangi
Ruarangi i a Rongoueroa
1 Rauru-nui } Whanau tahi
2 Whatonga }

He maha tana whanau; ka marama koutou ki tenei o nga peka o Whatonga.

Ko Te Haerenga-awatea
Ko Toi-te-huatahi i a Huia-rei
Rongouaroa i a Ruarangi
1 Rauru-nui
2 Whatonga
3 Mahu-tonga   } Whanau tahi
4 Awa-nui-a-rangi
5 Wawau

Ka marama ano koutou ki nga ara i mokopuna ai a Whatonga ki a Toi-te-huatahi i konei.

Ko te whakapapa e rongo nei ahau, e kiia ana, na Toi tonu ake ko Rauru ko Awa-nui-a-rangi, ko Oho, ko Wawau, ko Tango-kura, kaore i te penei; engari e pera ana me era kua whakapapatia ake ra e tatou.

TE HAERENGA MAI O TOI-TE-HUATAHI KI AOTEA-ROA NEI.

Na, i konei ka haere mai a Toi ki te kimikimi haere i a Whatonga raua ko te iramutu. Ka tae mai ki Rarotonga, ka ki atu a Toa-rangitahi, "Kaore a Whatonga i tae mai ki konei." Ka mea atu a Toi, Ka haere ia ki te whenua i kite ai a Kupe, kei Tiritiri-o-te-moana e takoto ana, he whenua e tauria ana e te kohu rangi; kia kite me kore ranei i tae ki reira te whanau e ngaro nei. "E haere mai he tangata whakatakitaki haere i au, ka ki atu, ka aua atu au ki reira. Ki te eke, ki te kore eke, ka tau kei te kopua o Hine-moana."

I konei ka haere mai a Toi me ona hoa, e toru tekau topu, me a ratau wahine ano a etahi. Ka u mai a Toi-te-huatahi ki Tamaki (e kiia nei i naia nei ko Akarana). I kitea mai ki te ahi i waho i te moana; katahi ka noho tahi ki nga iwi i kiia ake ra e au, ki a Tini-o-maruiwi, o Ruaroa, o Taita-waro, o Rua-tamore, o te Pana-nehu. E noho ana tera me he rua roro te noho a te tangata, a te wahine, at te tamariki. Ka roa e noho tahi ana, ka taunga ki te whakahaere a taua iwi ; ka kitea he iwi kino, he iwi kohuru noa iho i a ratou ano. Ka moemoe etahi o nga tangata o Toi i nga wahine o aua iwi nei. Ka mea atu a Toi ki a Putahi-o-rongo, "E Tama! haere tatou ki te whakatakitaki haere i te ahua o te whenua." Ka whakatika mai ratou, a, u noa ake te waka ko Aotea motu i Hauraki ra, ka roa e noho ana, ka haere mai, noho rawa ake i Tuhua ; na Toi tena i tapa hei ingoa mo te motu nana i whakatutu ki te hoehoe i ngaro ai ona mokopuna, a Whatonga raua ko Tu-rahui. Ka roa e noho ana i reira, noho rawa atu ko Whakatāne. Ka mahia tona pa, ko Kāpu-te-rangi ki reira, ka noho tuturu ia me tona ope ki reira.

Ka oti nga pa o ratou ko ona iwi, katahi ka uiui atu ki nga wahine a tona ope ra i moemoe ra, o nga iwi o Tamaki ra ; ka ki mai a Raru ki a Toi, ko nga kai o tenei whenua, he manu, he ika moana, he ika wai whenua, he pipi moana, he pipi wai whenua, he hua rakau hoki. Ka roa e noho a ka whakamatautau i nga rakau e tau ana hei kai, koia te mamaku, te aruhe-para, te aruhe-papawai, te aruhe-whatiwhati, te aruhe-paranui, te pikopiko, te tī (whanake nei) te kouka, te mataī, te kahika, te pa-totara, te korau, te koka, te poniu, te tutu, te konini, te poroporo. Ka aranga i konei, 'koia te kairakau a Toi,' ka waiho e nga tangata hei kī, ko Toi-kai-rakau tona ingoa.

Ka haere a Toi ma ki te takiwa i Maketu, ki uta mai kai ai. Ka riri te iwi tangata-whenua mo te takahi i o ratou whenua, me te tango-tangohanga i o ratou whenua, me a ratou kotiro wahine hei wahine ma te ope o Toi, me a ratou tamariki. Ka patupatua etahi o nga tangata o Toi. Katahi ka whakatika atu a Toi, ka patua, ka mate Te Oke, a Pura-uaha, a Po-aio. tokowha ratou i mate, ka puta tokoono. Ka tae atu ki te pa o Toi, ka korerotia atu, "Kua mate matou i te iwi kainga, i a Ngati Pananehu e noho ana i uta ake o Maketu," Ka mea a Toi, "Tikina patua !" Ka mea hoki a Toi, "Ki te waingohia i a koutou te iwi nei, kia mama te patu ; waiho kia ora ana ; mauria mai nga tāne, nga wahine, me nga tamariki. He ingoa ano to te patupatu kia mate; he ingoa ano to te whakarauora. "Ka haere te iwi ra, ka noho iho a Toi me te tamaiti, a Awa-nuinui-a-rangi, me etahi atu, me a ratou tamariki.

Ka haere te taua nei, ka hurihia. E noho noa iho ana hoki ratou ; ka riro herehere mai etahi, tata pea ki te rua rau nga tāne, nga wahine, haunga nga mea tamariki, kaore era i tauia. Ka roa e noho tahi ana, ka mōhio ki te pai o Toi ki a ratou.

TE KAUWAE-RARO. 83

Ka haere a Te Poi me ona wahine ki Tauranga. Ko nga wahine a Te Poi no aua iwi e noho haere ra. Ka tae ki Tauranga a Poi, ka patua e tetahi wehenga o Rua-tamore; katahi ka whakatika te taua a Te Koau-taranga me Ngati-Awa, tata pea taua taua ki te 400 e kii ana. Ka hinga a Ngati-Rua-tamore ki te Mangakino, i te taha marangai o Mokau. Ka riro herehere mai kotahi rau o nga tāne taitamariki, e rima rau nga wahine kotiro, e tata nei te moe tāne. Ka riro mai hoki a Piopio, te tamahine a Pohokura. Ka rongo mai a Pokokura e noho ana i roto i tona pa i Okoki (kei te takiwa o Urenui taua wahi, kei roto i te rohe o Taranaki). kei te ora ano tona kotiro, engari kua riro herehere i a Toi-kai-rakau; ka mea, " E Toi! I haere mai au ki to mokai, ki a Piopio, he tamahine naku; kia tukua mai e koe kia hoki i au." Ka mea a Toi, " E pai ana! e tae e koe ki to kainga, waiho he ingoa mona ko ' Kai-rakau.' " Ka mea a Pohokura, " E pai ana! Kati; kua mea ano koe hei ingoa mona, waiho hei wahine mau. Ka mohio atu hoki au, ka manaaki-tia e koe taku tamaiti." Ka mea a Toi, " E pai ana! Waiho ma taku mokopuna, ma Te Atokore." Ka whakaae atu a Pohokura, ka hoki ia ki te tai hauauru, ki tona iwi.

Na, koia nei te take nana i taki a Ngati-Awa ki Taranaki noho ai; na Pohokura raua ko Toi-kai-rakau. Koia hoki tenei te take i tini haere ai a Ngati-Awa—no te moemoenga i nga kotiro o aua iwi i kiia ake nei. Ko nga tamariki tāne ka hereherea mai hei whakatini i a ratou; katahi ka eke tenei ingoa ki runga; Ngati-Awa, ko Tini-o-Awa. Katahi ka noho i reira, a taea noatia te matenga o Pohokura ; ka ara ano te pakanga i a Ngati-Awa ki Taranaki me o ratou hapu o reira, ka patua Te Tini-o-Maru-iwi, o Rua-tamare ka horo mai ki roto o Mokau, o Whanganui, tae mai ki Turanga, tae mai ki te Wairoa, noho haere ai. Kati i konei enei whakatakitaki haerenga i a Toi me tona heke mai; me hoki ta tatau korero i naia nei ki Rangiatea.

KA HOKI A WHATONGA KI HAWAIKI MAI RANGI-ATEA.

Na, i tetahi wa, ka nui haere te aroha o te whaea ake o Moko-eaea ki tona tamaiti ki a Tu-rahui. Katahi ka haere ki nga tohunga o te tuāhu; ka mea atu, " Tukua te mokai a taku tama ki te kimi haere i tona ariki i a Tu-rahui." Ko taua mokai he manu, he wharauroa, ko ' Te Kawa' te ingoa. Ka mea a Moko-eaea. " Ka tau hoki e ngaro ana." Ka whakaae nga tohunga tuāhu kia tukua a ' Te Kawa' kia haere. Katahi ka herea te tau-ponapona ki te kaki o ' Te Kawa'— patai atu, kei te ora ranei koutou e noho ana. Ka mutu nga kupu o te tau-ponapona. Ka kawea a 'Te Kawa' ki runga i te tuāhu tuku atu ai kia rére. Kati tenei whakamarama aku i konei—me hoki taku korero ki Rangiatea i naia nei.

I tetahi ata ka tangi te tamaiti a Tu-rahui, ka mea atu a ia ki tona wahine, "Homai ki au ta taua tamaiti." Ka riro mai te tamaiti, ka haere a Tu-rahui ki waho whakahaereere ai i te tamaiti; katahi ka titiro atu ki te ra e whanake ana i te huapae o Te Moana-nui-a-kiwa, katahi ka hoto ake te aroha i a Tu-rahui ki te wa kainga ki Hawaiki. Ka tau ki raro tangi ai raua ko tona tamaiti. Ka rongo mai tona wahine i roto i te whare ki a Tu-rahui e tangi ana, ka haere mai, ka karanga mai, " E Tu-rahui ! he aha i tangi ai koe ? " Ka ki atu a Tu-rahui, " He aroha oku ki ta taua tamaiti me taku titiro ake ki te ra e whanake nei i te huapae o te moana ; ka toko ake te aroha i au, koia e tangi nei ahau."

Kua tae mai a ' Te Kawa ' ki runga i te tihi o te whare o Rangi-atea e noho iho ana. Ko o reira whare hoki, he tikitiki te hanga o te whare, he penei me te whakapu nei. Ka rongo iho te manu ra i a Tu-rahui, ka karanga iho a ' Te Kawa.' " Ko Tu-rahui koe ? " Ka mohio tonu ake a Tu-rahui ki te ahua o te reo o tona mokai, E ! ko ' Te Kawa.' Ka karanga ake a Tu-rahui. " Ko ' Te Kawa koe ' ? " ka topa iho te manu i runga i te tikitiki o te whare, ka tau ki runga i te pakihiwi o Tu-rahui. Ka hoatu te tamaiti ki tona wahine, ka hikitia mai e ia te manu ki runga ki ona ringa ; katahi ano ka tangi a Tu-rahui. Ka rongo mai nga tangata e tangi ana, ka mea, he aha ra te tangi a Tu-rahui ; ka oma mai nga tangata o tona waka ake, me te iwi kainga hoki. Ka karanga atu a Whatonga ki nga tangata, " Ko ' Te Kawa tera ' ! he manu mokai na Tu-rahui, no to matou motu tera." Ka huihui mai ki te taha o Tu-rahui, ka tangi nga tangata ano he hinganga parekura. Ka mutu te tangi ka wetekia te aho-ponapona i te kakī o te manu e mau ana ; ka tirohia ; e patai mai ana, ' kei te ora koutou, kei te whea motu koutou.' Ka mutu te patai nei. Ka whaka maua ko enei kupu, ' kei te ora katoa matou, kei Rangiatea ' ; ka tukua a ' Te Kawa ' kia rere. Ka aua atu ki runga, katahi ka topa whaka-rawhiti-marangai. Ka mea a Tu-rahui, " Ko te ara tera mo tatou ? " Ka mea a Whatonga ki a Rangiatea, " E Koro ! tenei he korou ka tu ake i roto i te ngakau ki te hoki i naia nei, i te mea kua tae mai te mokai manu a Tu-rahui." Ka whakaae mai a Rangiatea ; ka whaka-paia nga waka, e ono, hei uta i nga wahine me a ratou tamariki hoki, me o ratou taokete, me nga matua hungawai hoki—na reira i tae ai ki te ono nga waka.

Na, kia whakamarama ahau : E toru nga ahua iwi o taua motu o Rangiatea i taua wa. He kiritea tetahi ahua, he uru korito nga uru o te upoko ; he tipa ahua rahirahi te tinana o etahi ; he takupu etahi, he pai te whakatipu, he poupou te haere, te tu a te tāne, a nga wahine hoki. Ko tetahi tu, he uru pakaka, he taranui te huruhuru o te upoko,

TE KAUWAE-RARO. 85

ara, he ahua maro ; he ahua mawhatu, he mingi etahi ; he ahua puwhero nei te kiri, he ahua kokau te tipu o te tangata, he ateate rere nga waewae ; he pakari te tipu o te tangata, o nga wahine hoki. Ko tetahi tu he kiri waitutu, he ahua parauri te kiri, he uru puihiihi, he piki mawhatu te tu o nga uru ; he kanohi paraha, he ihu patiki, ke te pangare o te ihu he kauparari i ; he wharewhare nga tukemata, he ate monga nga waewae, he toko te tu o te tangata, kaore he kiko kite titiro atu, he iwiiwi anake ; he ririki marie te ahua o te tangata. Kati tenei whakamarama aku, koia nei te take mai o te uru-kehu e putaputa nei i roto i o tatau momo, i o te Maori ake, iwi o tenei motu.

Na, homai e Rangiatea e rima tekau takitahi nga tamaraki tāne, wahine, hei tiaki i ona moko-puna, nga uri o Tu-rahui, kotahi te waka hoki. Kaore i rangona nga ingoa o nga waka mai o Rangiatea mai.

Ka tae ki te ra i oho ake ai ka haere mai te heke o Whatonga ma, ka mea mai a Rangiatea, " E Tonga ! nau mai haere koe. Ta taua mokopuna, waiho hei ingoa moku ko Rangiatea." Ka whakaae atu a Tu-rahui, a Whatonga. I te ata ka mea atu a Rangiatea, " E tipu e koe e rahi, ka whakahoki mai ta taua mokopuna hei tu ake i aku turanga." Ka mea mai a Whatonga, " Ka hua au, E Rangi ! he tikitiki tangata ma te waewae e whai ake ; he tikitiki uru ma te runga e putiki." Ka mea atu a Rangiatea, " E pai ana ! maku e haere atu." Ka putaputa nga waka ki waho ki te tapukutanga o te ngaru takoto mai ai ka poroporoaki mai ki te tānga-whenua. Poroporoaki ake ai hoki te tānga-whenua ki te ope haere moana. Ka karanga atu a Rangiatea, " E Tonga ! nau mai haere e koe. E u te ihu waka ki te tukerae whenua, kia rua e koe nga kura ki au ; kia kotahi te kurahau-awatea ; kia kotahi te kura-hau-po ki au ; kia tohu ake ai au kua u koutou ko ta taua mokopuna ki te tua-whenua." Ka kapo atu te ringa o Whatonga raua ko Tu-rahui ki a Rangiatea.

Ka hoe te iwi nei i o ratou waka ; ka aua atu e hoe ana i te moana, ka eke mai te manu nei, a ' Te Kawa,' he ui mai, mehemea e hoki atu ana ratou. Ka mahi te aho-ponapona whakaatu ! Ka tu whanui te moana e rere atu. Ka hoe ano te iwi nei, a, tae noa atu ki tetahi motu iti nei i waho mai o Hawaiki i te pō. I te ata ka titiro mai te tānga-whenua, e koiri ana te au o te ahi i runga i te motu nei. Ka tonoa mai etahi tangata i runga i te waka tiwai, ui atu mehemea kowai te ope. Ka hoe te waka tiwai, ka tae ki waho mai o te motu, ka ui atu kowai te ope ; ka karanga mai a Whatonga. " Ko Tu-rahui ! ko Whatonga ! " Ka hoki te waka tiwai me te karanga haere te tangata o runga, " Ko Tu-rahui ! ko Whatonga ! " He pena te karanga a toe noa atu ki waho mai o te tauranga. Ka karanga mai te tangata,

"Hoki atu! mea atu ki a Tonga kia au marire te noho, kaua e whawhai mai; kia whaiti mai nga iwi me ata tiki atu ratou." Ka hoki nga tangata ki te kawe i tera korero; ka whakaae mai a Whatonga, a Tu-rahui kia whanga tonu atu ki te karere mai o uta. Ka whaiti mai nga iwi ki roto i te pa, ka tukua te karere whakaatu ki a Whatonga, ki a Tu-rahui ma. Ka mānu mai nga waka, ka mahue atu etahi o te ope hei tiaki i nga kuri i tukua mai e Rangiatea hei ora mo tona mokopuna, hei kahu hoki. Ka u mai ki uta, ka powhiritia ki te pa. Ka tae ki waho ka kiia kia noho te ope i reira. Ka mauria a Whatonga, a Tu-rahui ki runga i te tuāhu mahi ai e nga tohunga. Ka tae ki te tuāhu, ka ki atu a Whatonga ki nga tohunga, "E tama! tukua kia rua nga kura, kia kotahi te kura-hau-awatea, kia kotahi te kura-hau-po; kia mohio mai ai to matou ariki i Rangiatea, kua u mai matou ki Hawaiki, ki te wa kainga nei." Ka whakaae mai nga tohunga ra. Ka mutu te pure i a Whatonga ma, ka hoki mai ki te pa. Katahi ano ka uru ki roto i te pa. Ka timata te tangi; ka mutu, ka whai-korero; ka mutu. I roto i nga whai-korero ka puta mai te kupu kua mate pea a Toi-te-huatahi ki te moana. Ka pataia e Whatonga te wai i haere ai a Toi-te-huatahi; ka korerotia nga korero ano i korero ake ra au ki a koutou, ka mutu.

TE HAERENGA O WHATONGA KI AOTEA-ROA NEI.

Ka pouri a Whatonga, ka aroha ki tona tipuna ki a Toi; katahi ka uiui, kei a wai ra te waka haere taua e mau ana; ka ki atu, kei a Turangi te waka whakataetae haere moana, tupuhi, e toru nga haumituporo, kotahi i te ihu, e rua i te kei, e rua te kau ma ono nga taumanu, e rua nga puna wai, e rua nga punga. Ka mea a Whatonga, "Me kowhiri mai he tangata mo taku waka; hei nga tangata pakari anake ki te hoe." Katahi ka mahia te waka, ki te pairi, ka pania ki te ware pia rakau, ka pania ki te hinu ururoa, tatere. Ka mutu ka pania ki te kokowai whenua. Ka oti nga tangata te kowhiri, e rima te kau ma rua te kai hapai hoe, e wha nga kai-tiaki i te ora o te waka, e rua nga kai-tiaki i te punga o te waka, e wha nga kai-tiaki i nga taura o nga ra o te waka, e rua nga kai-tiaki i nga hoe whakatere o te kei o te waka, tokorua hei tiaki i te ahi-pua o te waka; ka hui katoa e ono te kau ma ono te hunga i whiriwhiria nei. Na, ko te ingoa tuturu ake o te waka nei, ko 'Te Hawai.' Ka oti ka toia ki runga i te turuma pure ai, ka homai tenei ingoa a 'Kura-hau-po.' Koia tenei te karakia o 'Kura-hau-pō':—

   Tō ake nei au i taku waka,
   Te waka na Turangi ē.
   Ko 'Hawai' taku waka.

Tō ake nei au i taku waka,
He waka ihu moana.
Tō ake nei au i taku waka ;
He waka taua na Tama-whai, na Turangi
Tō ake au i taku waka,
Ko ' Kura-hau-pō.'
He waka uruuru moana,
He waka uruuru kapua ;
Nou, e Tirea, i te marama i whanake.
Tō ake nei au i taku waka, horonuku-atea—
Horo moana waipu ;
Kia ea ake ana koē,
Te toi whenua ki au, E ' Kura-hau-pō ' ē,
Kia ea ake ana koe ko te toi whenua a,
Kia ea ake ana koe ko te Toi-hua-tahi,
Ki au ē, he toi tangata,
He toi tipua, he toi mai ki aū,
Whakauru tu ki tawhiti,
Whakauru rangi, ki mama,
Ki te ihu-whenua i a koe e Toi ē !
Tenei au te whanatu nei,
Tenei au te paneke atu nei,
Tenei te turuki atu nei
He toi ka wheau ki tawhiti,
He toi ka wheau mai ki au.
Kumea mai kia piri,
Kumea mai ki taku aro,
He toi matua, e taiki ē
Ki tenei tama ē, ī.

Ka mutu te karakia ka toia a ' Kura-hau-pō ' ki te wai; i te ata po ano ka timata te whakanohonoho i nga tangata ki nga taumanu i kiia ake ra e rua te kau ma ono. Ko nga taumanu e rua o te kei i a Whatonga i a Mahu-tonga—i tona taina—koia hoki te tohunga o te waka, ko Maru, ko Tu-nui-a-te-ika, ko Rua-mano nga atua ; ko enei i waiho i te kei noho ai. Ko te taumanu o te puna o te kei i a Ruatea me tona hoa ; ko te taumanu i tua mai o te puna i a Tama-ahua me ona hoa, e rua rawa nga taumanu ; nga taumanu e rua o tua mai i a Maungaroa, ko te ra o te ihu i a ia me ona hoa ; ko te taumanu i tua mai i a Taramamanga nana ra a Tarapaoa. Ko tetahi tenei o nga puna wai o te waka. Tua mai i tera i a Takaroa me ona hoa ; ko te taumanu o te ihu i a Popoto me ona hoa, e rua ra hoki taumanu i a ia. Kati nei nga mea i mahara ake i au i o ratou ingoa.

Na, ko te tatā o te puna o te kei, ko ' Rukuruku-moana ' ; ko ' Kaukau-moana.' Enei tatā, he ingoa no te rironga ra o Tu-rahui ma ra i te hau-whenua, i a ratou i kawhakina ki waho ki te moana-waipu, i te whakataetae waka whakateretere ra. Ko nga hoe a Whatonga, ko 'Manini-kura' tetahi, ko Tangi-te-Wiwini' tetahi, ko 'Tangi-te-Wawana' tetahi ka toru ai. Ko nga hoe a Popoto, te kai tiaki o nga punga o 'Kura-hau-pō' no Whatonga nana i tapa atu ko 'Ihu-papa-ngarua'; ko nga hoe whakaara tera o te ihu. (Ka mea atu a Hori Tahi, 'E Ta! he aha i kiia ai ko 'Ihu-papangarua nga hoe a Popoto.' Ka mea atu a Te Matorohanga, ' He tapuku hoki te tarai, ara, he hume te whakatu o te hoe.) Ko aua hoe, he mea whakairo na Hue raua ko Poheua aua hoe a Whatonga ra. No te utanga mai a Popoto i ona hoe, ka karanga atu a Whatonga, "E Ta, E Popoto! ki o hoe; me te mea tonu tera ko ihu-papangarua." Na, ka hoe mai ra te waka nei. No te taenga mai ki ' Tuahiwi-nui-o-Hine-moana,' ka whatiwhati nga hoe a Whatonga ; ka karanga atu ia " E Ta, E Popoto ! kokiritia mai ki au etahi o ou hoe." Ka karanga atu a Popoto," E Ta! ko aku hoki enei i ki mai ra koe, ko ihu-papangarua. E hoe ra i o hoe-whakaraparapa, i o hoe-whakairoiro." Ka mutu tona whakahoki i te kupu whakahawea a Whatonga, katahi ano ka kokiritia atu nga hoe a Popoto ki a Whatonga.

Ka tae mai a 'Kura-hau-pō' ki Rarotonga, ka uiui a Whatonga me kore i tae atu a Toi ki reira; ka mea mai a Tato, "I tae mai ano ki konei, kati, kua haere ki ' Tiritiri-o-te-moana,' ki te whenua e tauria ana e te kohurangi, ki te kimikimi i a koutou." Ka ui atu a Whatonga, "He aha te kaupeka i haere ai a Toi? Ka mea mai a Tato, "No te Ihomutu!" Ka hiahia a Whatonga ki te haere, ka mea atu a Ruatea, " E Tonga! e noho ana ru; ko maua ko Turi e haere atu." Ka mea atu a Whatonga, "E pai ana!" Ka noho atu a Ruatea i reira, ka riro mai a Te Awe nana a Potikiroa. hei whakakapi mo Ruatea.

Ka tae ki te kaupeka o Tatau-urutahi, ka mānu mai a 'Kura-hau-pō' i. Hawaiki (? i Rarotonga pea.) Ka rere mai ki Aotea-roa nei. (Ka mea mai a Nga-whara ki a Te Matorohanga, "E Ta! he aha te aronga o te tau o te motu nei, mai i Hawaiki i Raro-tonga ranei, ki te korero." Ka mea a Te Matorohanga, "Ko te korero, he hauauru-ma-tonga, mau hoki e koe e whakaaro ki te kupu a Kupe i ki ra, me takoto te ihu o te waka ki te taha katau o te ra, o te Marama, o Kopu ranei. Kati ka marama tonu koe, e tō ana te ra ki te mauru-ma-tonga a Kopu e taka ana ki te hiku-mauru-ma-tonga te tōnga o ratou toko-toru. Pera hoki te korero a Pohokura ki a Toi ; ko ratou na i ahu mai te tonga-mauru, na te hau tonga ratou na i kawe mai ki te moana, ka u mai nei a Ngati-Maru-iwi, a Ngati-Rua-tamore, a Ngati-Tai-ta-waro, a Ngati-te-Pana-nehu, me era atu ingoa iwi o ratou.)

Ka rere mai a 'Kura-hau-pō,' ka u ana mai ko tetahi motu i waho atu o te rerenga wairua kei waho nei, i Haumu, ara, i Muri-whenua.

Ka mahi hī ika ma ratou i reira. Ka mutu ka rere mai ki Tonga-porutu ; ka tau i kona. Ka uia i kona ki nga tangata-whenua mehemea kaore ratou e rongo ana i tetahi tangata ko Toi te ingoa. Ka mea mai a Tawhiri (no Ngai-Rua-tamore tenei wahine, e moe ana i a Paepae-nuku). "Ko Toi kei te taha rawhiti o te motu nei. Mehemea koe e tika ana ma uta nei, kaore e roa kua tae koe." Ka mea a Whatonga "Kaore! Me haere ano au ma runga i taku waka."

I konei ka mea a Maungaroa, a Hatauira, me etahi ake, he toko-maha ratou, ko Korohewa, a Moko, a Pou, a Te Auaha, me etahi atu he maha, i noho i Tonga-porutu.

Ka haere a Whatonga me nga toenga o tona heke, ka ahu ma Muri-whenua hoe ai. Ka tae ki Otuako, ka noho i reira mahi kai ai ; ka mate i reira a Otuako, tetahi o nga tangata o 'Kura-hau-pō,' waiho tonu iho hei ingoa mo tena wahi ko Otuako. I a 'Kura-hau-pō' i reira ka rangona kua tae mai a Manaia ki Tonga-porutu, i ahu atu ma te motu nei, ma Arapaoa te ahunga atu. Na kaore a Manaia me tona heke i neke atu i te rohe o Taranaki, tae mai ki Whanganui nei. Engari kaore au e kaha ki te kī, ko 'Kura-hau-pō' ranei to mua i u mai ai, ko Manaia ranei. Me penei ake e au ko tahi tonu te wa i tae mai ai a Manaia, a Whatonga ma hoki.

Ka pae ra he kai ma Whatonga ma, ka mānu ano a Kura-hau-pō, ka haere, tae tonu atu ki Maketu ; ka kite i etahi o Te Tini-o-Maruiwi, Te Tini-o-te-Wiwini, Te Tini-o-Rua-tamore, o Te Pana-nehu, Te Tini-o-Tai-Tawaro. Kati, kua kapi a Muri-hiku tae noa mai ki Oakura i te taha hauauru i aua iwi, kua tae mai hoki ki Te Wairoa, tae mai ki Tamaki, ki Hauraki, ki Tauranga, ki Maketu, tae rawa ki Whaka-tāne, ki Whanga-paraoa, te kapinga i aua iwi—apiti atu ra hoki ki nga mea i riro herehere mai i a Toi me ona hoa o Ngati-awa. E penei ana te kapi o te noho i te whenua, ka tae mai ra a Whatonga.

Na, ka kitea mai i te moana e pupu atu ana te auahi o te ahi o uta, ka peka mai a Whatonga ki Maketu nei. I mate tetahi tamaiti rangatira, na Tauaki, ki reira, ka waiho hei ingoa ko Moharuru te ingoa ; na nga iwi heke mai i tapa ko Maketu, ka mahue te ingoa tawhito ; penei hoki me te Whanganui-a-Tara kua mahue rawa, kua riro tonu ko Poneke he ingoa, me era atu ingoa a te Pakeha.

Ka u mai a 'Kura-hau-pō' ki Maketu ka ui mai ki te tangata-whenua, "Kei whea a Toi?" Ka mea ratau, "Na! kei te kurae e kokiri mai ra ki waho i te moana (ko Kōhi) koi tenei taha o taua kurae, he awa ano kei reira. A Whatonga ka tae atu ki reira, ka whaka-aturia mai te pa o Toi i Whakatāne, ko Te Kāpu-o-te-rangi ; ko te tino pa tenei o Toi i mahi ai hei tiaki i a ia me ona hoa me a ratou herehere wahine. Ko etahi o ona pa he pa tiaki i ona hapu ina haere ki te mahi patu kiore-maori, manu, i te ngahere, mahi mataī, whinau, kahika, ponga, tī kouka, korau-maori, ponui, pa-totara, papai, tutu, konini, karaka, tawa. Na ko etahi ona pa i tu ki nga taha takutai hei pa tiaki i ona hapu me ka mahi patu ika moana, ika wai whenua. I taua wa i tae mai ai a Whatonga nei, kua eke enei ingoa ki runga i ona iwi, a Tini-o-Awanui-a-rangi. I tini ai, na nga moe punarua, toru, na nga herehere tai-tamariki tāne, tamahine kotiro, ka moemoea nei e te heke o Toi-te-huatahi.

Ko to Toi ake, tana wahine tuatahi, ko te tuatahi, ko te Huiarei tetahi ona ingoa, ko tetahi ona ingoa ko Kura-i-monoa. Na tenei o ona wahine a Rongo-uaroa, i moe ra i a Ruarangi, nana nei :—

    1. Rauru-nui
    2. Whatonga
    3. Mahu-tonga
    4. Awanui-a-rangi
    } Whanau tahi

He atua nana tenei tamaiti ; na konei a Tini-o-Awanui-a-rangi, te Ati-Awa, Ngati-Awa—no konei katoa. Kati, ka marama i a koutou ki tenei kaupapa korero.

Na, ka roa e noho ana a Whatonga me tona tipuna, ka mea atu a Whatonga, " E Toi ! Kaore he taunga iho moku ki konei ; kei te kapi i o iwi e pae nei." Ka mea a Toi. " Kaore ! me whakanuku atu etahi kia matara atu te noho." Ka mea atu a Whatonga. " E ! kauaka, waiho kia noho ana koi marara, ka whakataetae etahi atu iwi ki te patu tangata, ki te muru kainga mona." Ka rongo etahi o nga iwi nei i taua korero a Toi, ka pouri a Ngati-Awa a Te Ati-Awa, ka heke mai enei ki te Wairoa, tae mai nei ki Heretaunga, ki Patea, ahu atu ai ki Taranaki. Ka tuturu te noho i roto i a Tini-o-Rua-tamore, i a Tini-o-Maruiwi, i a Tini-o-Tai-taiwaro, e noho ana i te takiwa o Pari-ninihi tae mai ki Oakura ki Waingongoro nei.

Na, katahi ka mea a Whatonga ki a Mahu-tonga, ki a Popoto ma, kia haere ki te whakatakitaki whenua mo ratou. Ka whakaae atu te taina kia haere ratou. I mua atu o te haerenga a Mahu-tonga ka tae mai ra a ' Kura-hau-pō ' ki Moharuru e kiia ra ko Maketu ; ka homai nga kotiro ma te ope o Whatonga ; e rua tekau ma rima topu aua wahine kotiro, e Matakana, he tino tangata rangatira tera o Ngati-Te-Pana-nehu, o Ngati-Tai-tawaro ; koia nei ona iwi ake. Ka whakamate aua iwi ki te ope o Whatonga, ki te papai o te tangata ; he mea kowhiri ra hoki, ko nga tokopakari anake mo tera mahi mo te hoe moana, katahi ; mo te pakanga ka rua ; kaore e mauria ana nga koroua, nga hauā, ki nga haere penei, ko nga toa anake—nga mea kua kitea atu he manawa kai tutae anake, kaore he wehi he aha. Ahakoa tupuhi whenua, tupuhi tangata, tupuhi moana, ka takoto tonu atu te uru ki reira, ma te waimarie e whai i muri, katahi ka mohio, e, ko te aomarama. Kati, ka whakaeti te tira wahine i konei e Whatonga; ka moe a Tama-ahua i tana wahine i konei, he wahine no runga i te tahu tau-kohine nei; ka noho atu a Tama-ahua i konei, a, tawika ratau ka hoki ake ai ki te wetewete i a Tama-ahua, i a Maungaroa, i a Hatauira ma, i a Kahukura ma, me ona taina i noho atu ra i Taranaki, ara, i Tonga-porutu, i Urenui, i Waitara, i Nga-Motu, tae mai ki te pu o Taranaki ki Wai-ngongoro, ki Oakura.

Ka mea a Whatonga ki tona ope, " E tama ma, kua ora tatou, ina te tira wahine nei, hei arai atu i te patu a te tangata, a te kai o te whakama a te whenua tauhou hoki i a tatou." Na aua wahine i hangai ai te haere ki roto o Whakatāne, ki Kāpu-te-rangi, te pa o Toi i kiia ake ra e au. Ko tetahi wehenga hoki tera o Ngati-Te-Pana-nehu i riro herehere ra i a Toi i kiia ake ra e au. (I konei ka patai atu a Ngairo-te-Apuroa, " E Tama ! I ahu mai i whea tenei iwi a Tini-o-Maruiwi, a Tini-o-Rua-tamore, a Tini-o-Te-Pana-nehu, a Tini-o-Taitawaro, a Ngati-Mamoe, a Ngati-te-Koaupari, a Ngati-Kopuwai.") Ka mea atu a Te Matorohanga, "Ko Ngati-mamoe, ko Ngati-te-Koaupari, ko Ngati-Kopuwai, ko Ngati-Te-Pana-nehu, he wehenga mai no roto i a Tini-o-Rua-tamore, i a Tini-o-Maruiwi i a Tini-o-Tai-tawaro enei." A, ko te wahi i ahu mai ai ratou ki konei, i ahu mai i te tonga-mauru. E ki ana he waka hī ika i o ratou na moana ano. Ka pa te hau-mauru, ka tere mai nei i te moana, ka pae mai nei ki konei. E kiia ana ano, e rua nga waka, a e ki ana etahi e toru nga waka, i tere mai ai i te hau. Ko taua hau ko te Mauru, ki to ratau motu he hau-whenua. E ki ana me ka uia atu nei ' He pewhea to koutou na whenua,' ka mea he pai to ratau na whenua, he mahana; he makariri tenei whenua; he nui te ika, he nui te manu. Ko te ingoa o to ratou motu ko Horanui-a-tau tetahi whakahua, ko Haupapa-nui-a-tau, he whenua nui ka ki ano, ehara tenei motu he koroiti (mo te iti tera kupu). He iwi kaore e mohio ana ki ona whakapapa; kaore e mahi whare ana. Ko o ratou na whare he tawharau; na taua iwi i ako tenei tu hanga whare ki nga heke o Hawaiki, o Rarotonga, i tae mai ki konei. He iwi mangere, he kiriahi, he moe noa iho. Ko nga kahu i nga rangi makariri he pake toi, kiekie, harakeke; mo nga rangi ra, he rau-rakau mo nga aroaro anake, he haere kirikau noa iho. Na taua ahua o taua iwi, ka kiia e nga heke mai o taua o te Maori; he iwi Kiri-whakapapa, he Pakiwhara; koia nei nga kupu taunu mo te ahua o aua iwi. Ko te tipu o taua iwi, he roroa te tu o te tangata, kokau te tipu, he ateate-rere, he ihu paraha, patiki tetahi whakahua, he paraha te mata, he wharewhare nga tukemata, ko te pongare o te ihu he tuporo, ko nga puta anake o etahi; ko etahi ahua he pai ano, ko nga uru he matika, he uru marō, he tipu pakari te tu, he rarahi nga iwi o te tangata, e kanae ana nga whatu, e tiro pi ana te titiro. He iwi kohuru noa ai i te hoa haere. Koia nei tetahi o nga take i pirangi ai nga kotiro o taua iwi ki te iwi heke mai, he manaaki, he whiwhi kahu hoki, he whiwhi kai, he papai hoki no te tipu o te tangata. Ko nga take tenei i riroriro mai ai nga wahine o aua iwi. Kati, kowhiria ai te tango ko nga mea ataahua anake ko etahi; penei te take i riro mai ai etahi, ko etahi he mea ata homai, ko etahi he mea ata tono atu na nga heke mai o Hawaiki, o Rarotonga, hei wahine ma ratou. He wehi i te nui o aua iwi, he tinitini te nui o te tangata o aua iwi nei; koia i peratia ai. A, ka tae ki nga wa whawhai, ka muru i nga wahine, i nga tamariki tāne, hei pononga; na tenei tu ahua o te whakahaere i tere ai te tipu o te tangata o nga heke mai nei. Na, no te nuinga rawatanga o te iwi heke nei; katahi ka tino kino taua iwi nei ki nga iwi heke mai o Hawaiki mai nei; ka tipu te kohuru, patupatu tonu i nga tangata heke mai, ka tahae i nga whata kai. Katahi ka puta te whakaaro i nga heke mai i a Hotu-roa ma nei, i a Tamatea ma, i a Toroa ma, i a Tama-te-kapua ma, apiti mai ki a Whatonga ma, ki a Manaia ma, me patu aua iwi kaore ra i moemoe i a ratau. Ka patua Te Tini-o-Maruiwi, i aranga ra te kupu 'Te heke o Maruiwi,' i mate ai, i patua ki Te Wairoa, ki Mohaka, ki Taupo, ki Rotorua, ki Tauranga, ki Tamaki, ki Hauraki, ki Hokianga, ki Mokau, ki nga wahi katoa i noho ai aua iwi. Haunga nga mea kua tangata-whenua ki roto i nga heke; kua kiia era no nga heke—kaore era. Na, ka patua a Ngati-Te-Koaupari ki Mohaka, ka pau tena iwi; ka patua a Ngati-Rua-tamore ki Te Wairoa, ki Rotorua, ki Tamaki, ki Hauraki, ki Tauranga, ki Mokau, ki Urenui. Ka heke mai nga morehu ki Heretaunga nei, ka patua ka rupeke ena iwi te patu. Ko Tini-o-Tai-tawaro i heke era ki Arapaoa, haere atu ki Whare-kauri. Te take i marara ai ki Whare-kauri, na te ope o Tama-ahua, o Tongahuruhuru, i haere ai ki te kimi pounamu. He heke nui tena i ahu atu i Taranaki, i Te Whanganui-a-Tara hoki. Te taenga atu, ka patua, ka rere nga morehu ki Rangitoto noho ai. Kaore! ka tikina ano ka patua, ka tangohia mai nga wahine. Katahi ka haere nga mea i kitea, e hoe atu ana i te moana; e kiia ana e ono nga waka o taua heke, i ahu whaka-te-tonga te aronga; ko nga mea tera i puta. Kati ake taku whakamarama mo tenei taha o te iwi nona te motu nei. Otira, ehara i a ratou tenei motu; ko tenei motu no tatou ano, he uri hoki tatou no to tatou tipuna no Maui, e noho nei i Aotea-roa katoa puta noa atu ki Arapaoa. Kati, kaore e whakatakitakina i roto i enei korero a tatou.

Na, me whakamarama ake au i tenei korero: ka korero koutou i te aroaro o te nohoanga tangata, i te marae tangata ke ranei, aua hei patai

TE KAUWAE-RARO. 93

i nga korero tipua, ara, o nga tipuna iho i waho i te marae, i te whare kainga ranei; he tapu hoki nga korero i puta mai i roto i te Wharewānanga, he tapu rawa atu, no reira, hei roto ano i nga whare tapu korero ai nga korero tapu, kia whaimana ai nga korero ; ko nga korero hoki e korerotia ana e nga marae tangata, i roto i nga whare kainga, ko nga korero ngarara, tipua, taniwha, taua ranei, nga matenga ranei, ko nga korero mahi kai ranei, hakari ranei, kai taonga ranei, whakatango tāne, wahine ranei, amio taua ranei. Engari ko nga korero i akona i roto i te Whare-wānanga, i te whare maire ranei, e kore ena korero e korerotia noatia iho i te wahi haerenga kai, kia tupato koi huhua te matauranga, ka ngaro ia koe nga korero. Otira ma te taonga, ma te pukapuka, e pupuri te taonga nei te korero, a te whakapapa, e kore ai e ngaro. A ki te korero i te aroaro tangata, i te marae ranei, i roto i te whare ranei, taheketia te korero katahi, pokapokai te korero ka rua, kia whaiwhai noa i nga taringa kaore e atu tau ki roto i nga taringa, kia korero i roto i te iwi ake, ki ou uri ranei, kia marū te korero kia ata haere te korero, kia mau ai, i te pu mahara. Kati ake enei korero aku ki a koutou mo enei take. Me hoki taku korero ki a Whatonga raua ko Manaia.

Ka noho ra a Whatonga i Kapu-te-rangi, i te pa o te papa, o Toi, me ona tamariki me ona wahine, me ona iwi ake. Ko nga iwi herehere me etahi o ona tangata i tukua ki nga pa o waho, ara, o uta o tai hoki ; hei mahi kai. He tino tangata nui a Toi-te-huatahi (e kiia ra ko Toi-kai-rakau).

Na, ka mānu a ' Kura-hau-pō' i a Mahu-tonga, i a Popoto ma, ka ahu mai whaka-te-tonga nei, ma te tai rawhiti hoe mai ai. Ka mea atu a Toi. "E Popoto! nau mai haere e koe ; e kite i te whanga e takoto whaka-te-mauru-marangai, e rua nga awa, kotahi kei te pito o te one whaka-te-tonga, kotahi kei te pito o te one whaka-te-rawhiti ; he pari horehore kei te taha tonga o te awa i te tonga, he taupae hiwi i te taha rawhiti o te awa rawhiti o te awa rawhiti, e hora ana a waenganui i aua awa te whenua, he pae maunga i te taha tongamauru, i te taha rawhiti hoki; e kite koe e penei te takoto o te whenua, ko te wahi tena i tuai au i matakitaki mai ai i waho i te moana i runga i taku waka. Me whakanoho e koe, koia na he kainga mou, kei te tara te noho a te tangata i kona ka ahu atu whaka-te-tonga. I a koe ano i waho nei, e rere atu ana ki roto i te whanga, me huri to aroaro ki te tonga ka kite atu koe i te tukerae whenua e kokiri ana ki waho, a, koia na taua wahi e ki nei au. Waiho koe hei ingoa moku ko taku Turanga ra i te moana, ko Turanga." Ka whakaae atu a Popoto ki a Toi.

Ka moea mai e Whatonga a Hotu-waipara i reira, no te hapu ake o Toi-te-huatahi tera wahine, a Hotu-waipara. Ka moea ano e ia a Rere-tua, no Te Pana-nehu tera wahine a Whatonga ka moea ano e ia tetahi wahine no Ngati-Awa, a Tarawhai, ka mutu nga wahine a Whatonga i konei.

  Ko Whatonga i a Hotu-Waipara
  Ko Tara

Ka mutu tenei o ana tamariki. I kiia ai ko Tara, he tunga no nga ringa o Hotu-waipara i te tara o te ika; a ka whanau tona kopu, ka tapaia ko Tara he ingoa mo te tamaiti. Koia nei te putake o Ngai-tara e rongo nei koutou- Nona nei te ingoa nei a te Whanganui-a-Tara e takoto nei i te upoko o te motu nei, whiti atu ki tera motu ki Arapaoa, a Ngai-Tara (a Tini-o-Tara tetahi whakahua); he wahine rangatira taua wahine a Hotu-waipara.

  Na ko Whatonga i a Reretua

Tautoki-ihunui-a-Whatonga. Nana a Rangi-tāne; koia tenei te putake mai o Rangi-tāne e rongo nei tatou, e mohio nei. Enei tipuna e rua, a Tara, a Rangi-tāne na raua i patu a Te Koaupari i Mohaka, i Tukituki, i Raukawa; na raua ano i patu a Tini-o-Rua-tamore i te Ruataniwha, e noho ana i te Kopua, i te Wai-kopiro-o-Rua-tamore tera wahi. Ka panaia a Orotu i Heretaunga, te rangatira o Ngati-mamoe, noho rawa atu ra i tera motu. Ka nohoia mai a Mohaka, a Heretaunga, a Wairarapa, a Tamaki ki Tahora-iti nei, tae mai ki Manawatu, tae tu ki Horowhenua, ki Otaki, ki Pae-kakariki, ka mutu mai a Rangitāne i kona. Ka riro ko te Whanga-nui-a-Tara (i Poneke nei) i a Tara, tae atu ki Porirua, ki Mana, ki Kapiti; koia a Kapiti i kiia ai, ' Ko te waewae kapiti o Tara raua ko Rangitāne,' koia Kapiti. Kati, ko Manā, ko te Mănă o Kupe ki Aotea-roa nei.

Na, i mate a Whatonga, a Tara, a Hotu-waipara ki Kapiti, kei roto i te ana whakaheke e takoto ana; he toma taua ana no Ngai-Tara.

  Whatonga i a Hotu-waipara
  Tara i a .
  Wakanui i a ?
  1. Tuhoto-ariki } Whanau tahi
  2. Turia

Ko Tuhoto-ariki tenei, ko te tangata tenei i wehea mo roto i te Whare-wānanga o tatou tipuna i heke mai ra i te Kauwae-runga, ki te Kauwae-raro; he tino tohunga tenei no taua iwi, no Ngai-Tara. Kati taku whakamarama i tenei; kei kapiti ano ia naia nei.

  Na Turia i a Hine-matua
   Te Ao-haere-tahi i a Rakai-moari
   Tu-tere-moana i a Wharekohu

TE KAUWAE-RARO. 95

Na, ko Turia, kei Kapiti tenei i naia nei. Te Ao-haere-tahi; kei Kahuranaki i Heretaunga ra, e tanu ana ki roto i te toma o tera iwi ona, o Rangitāne. Ko Wharekohu i mate tenei i mua ake i a Tu-tere-moana; ka kawea ki Kapiti, ki te toma i a Whatonga ma ra, i a Tara ma ra, ka kawea a Wharekohu ki reira. Katahi ka ki a Tu-tere-moana, " Waiho te toma nei hei ingoa mo taku whaereere." Ka tapaia te toma ko Wharekohu i konei. E rongo ana koutou i tenei; kei reira hoki a Tu-tere-moana, te tama whakaetu tura nga rau, i titi te upoko ki te kura a rangi. He tangata tino ariki tenei o roto o tenei iwi o Ngai-Tara, o Rangi-tāne, o Ngati-Awanui-a-rangi. Kati ake enei korero i konei.

Na ko Whatonga i a Poa-tau-tahanga, he wahine no Ngati-Tai-tawaro, i noho ki Mokau, tai hauauru he mokopuna na Pohokura kua korerotia ake ra e au.

Ko Whatonga i a Poa-tau-tahanga, wahine tuatoru

Ka puta ko Hine-rau, ko Hine-makawe; enei he wahine anake.

Ka moea a Hine-rau e te Ihi-moana
Ko te Ihi-moana i a Hine-rau
    |
  Tawhanga
    |
  Tama-tāne
    |
  Tamatea-uta
    |
  Tamatea-atai
    |
  Tamatea-iwi
    |
  Tamatea-Pou-whare
    |
  Tamatea-Hurumanu i a te Hau-mangamanga

1. Maungaroa ⎫
2. Whatipunga ⎬ Whanau tahi
3. Haere-moana ⎭

Ko Maungaroa i a Torohanga
    |
  Ngarue i a Uru-te-kakara
    |
  Whare-matangi i a Ue-poheuea

Ko te tangata tenei nana nei te pere; ara, te teka, i kimihia ai tona papa a Ngarue; kitea rawatia atu i Waitara. E hapu ana te kopu o Uru-te-kakara, ka mahue ia ki te Awakino [ki Kawhia pea] i te taha marangai o Mokau. Ko te tipuna o Wharematangi i mate ki te takiwa o Maketu, o Tauranga, no Tini-o-Taitawaro, a Raumati, e kii ra e Te Arawa, nana i tahu a 'Te Arawa' waka, i Maketu nei e takoto ana i roto i te whare wharau. Kati, he korero ana kei konei mo te weranga o te waka nei i a Raumati me ata waiho, tawika ra e takitaki mai kei Taranaki tenei peka.

Ko Hine-matakawe tona ingoa tuā, ka moea e Hatauira, i haere mai ra i runga i a 'Kura-hau-pō' i kiia ake ra e au.

Ko Hatauira i a Hine-matakawe
|
Tauranga i a Tama-ahua
|
Raumati i a Te Kura-tapiri

Na, ko te Tama-ahua tenei i haere mai ra i runga ia 'Kura-hau-pō' i noho ra i Maketu, i korerotia ra e au, i homai ra te ope wahine ra ki a Whatonga hei whakatangata-whenua i a ratau, kia kore ai e patu i a ratau, kia kore ai e muru i o ratau whenua. He mohio hoki tetahi; he mokopuna a Whatonga na Toi-te-huatahi, ka manaaki ratou, i te mea he tangata nui tera i waenganui i a ratou. Kati mo tenei.

KO TURI.

Na, ka tae tenei ki te wa i heke mai ai a Turi, ka moe i a Rongo-rongo, i te tamahine a Nga-toto o Rangiatea. Na, e rua nga take i heke mai ai a Turi; he puremutanga nana i te wahine maro-nui, rangatira hoki ia, he tamahine na Ue-tupuke, ko Hine-awe te ingoa o taua wahine, he uri mai no Nga-Toro-i-rangi :—

Ko Nga-toro-i-rangi i a Hine-wairangi
|
1. Hautu-te-rangi }
   | Whanau tahi
2. Ue-tupuke   }

Ko Ue-tupuke i a Uruhau
|
Hine-awe

He tungane a Pikihoro no Te Ukuuku i noho ra i a Hautu-te-rangi, tuakana o Ue-tupuke. Ka rangona kua taea taua wahine ka whaia e te Pikihoro kia patua ; ka oma mai a Turi ki Rangiatea. E ngari i te wa ano e puremu ra ia, i a Hine-awe ka patua e ia a. . . . . . . Ka rangona nei hoki tona puremu me tona kohuru, ka whaia kia patua, ka oma mai ia i Hawaiki ki Rangiatea, ka moe ra i a Rongorongo, ka heke mai nei ki tenei motu ; na, u rawa atu i tera pito o Taranaki, ka noho haere mai ra i reira a tae mai ana ki Patea, katahi ka tuturu tona noho i reira, ka mahia e ia tona whare, a Matangi-reia. Kati tenei whakamahara aku ki a koutou mo Turi. No muri i a Whatonga raua ko Manaia i heke mai ai ia,

CHAPTER V.

THE MIGRATION OF TOI-TE-HUATAHI TO NEW ZEALAND.

Whatonga visits Ra'i-atea Island—Toi-te-huatahi starts for New Zealand—Trouble commences with the local people—Te-Tini-o-Awa—Whatonga returns to Hawaiki from Ra'i-atea—Whatonga sails for New Zealand in the ' Kura-hau-pō' canoe—The coming of Turi from Ra'i-atea to New Zealand—Pedigree of Toi and Whatonga, etc.

WHATONGA'S VISIT TO RANGI-ATEA.

I WILL now return to the narrative of the coming hither of Toi-te-huatahi. At one time there came to Hawaiki some chiefs from another island; from Ahu were those people; Tuhua was another name of that island [? was also the name of another island, in other traditions] and it lies far beyond Hawaiki.[1] After their arrival at Hawaiki [Tahiti] there was much talk; amongst other things they said that the men of Hawaiki [Hawaii] could not compete with them in canoe work. This subject became a considerable one and was much disputed by the local people. Owing to the strength of the dispute, it was decided to set up a canoe race within the waters of Pikopiko-i-whiti.[2] All the chiefs of Hawaiki consented to this as did several others from islands outside Hawaiki. It was finally agreed that the

---

1. There can be now no doubt as to what island this was, as has been shown in Chapter II. hereof, dealing with the migration of the Te Irapanga to Ahu, which, according to Dr. N. B. Emerson, as referred to in his '' Unwritten Literature of the Hawaiians,'' p. 190, is the proper name of Oahu Island of the Hawaiian Group. Tuhua has been identified as Me'etia Island, not very far from Tahiti, thanks to Miss Teuira Henry. See Journal Polynesian Society, Vol. XX., p. 224. According to the Maori tradition there was a lava flow from the centre of this island at the time the Maoris were living in Tahiti.

2. The Scribe tells me that the traditional account of Pikopiko-o-whiti is, that it was a place on the coast, where the sea was always smooth, the site of the canoe race, and laid between two points of land, and that there was a reef of rocks outside Hawaiki surrounding it. It was not a river as has been supposed. A 'place where the sea is always calm, surrounded by rocks,' can only describe the space within a coral reef, such as is found at Tahiti, and, moreover, Miss Teuira Henry has explained (Journal Polynesian Society, Vol. XI., p. 137) that this was an old name for part of the Eastern peninsula of Tahiti. The Scribe tells me the name is derived from *whiti* to enclose, as a belt, hence it means 'the enclosed ins-and-outs,' referring to the coast line.

trial of skill was to take place on the day, 'Orongo-nui' [27th day of the moon], in the month Tatau-ura-ora [November]. It was said, "Let it be at the time when we have plenty of food."

After this the people of Tuhua returned to their own island; whilst the local people proceeded to build canoes of excellent quality. Whatonga, grandson of Toi-te-huatahi, and his nephew Tu-rahui, entered heartily into this scheme. When the time arrived, all the tribes assembled at Titirangi, Te Paka-roa and at Whangara, so they might be near Pikopiko-o-whiti. It was arranged that the competing canoes should turn back home a long way out at sea, and after all had consented to this, all the people, including the old men, ascended Puke-hapopo [3] to behold the race. When the canoes were all afloat, there were, it is said, probably thirty twice-told [i.e., sixty]. After long paddling 'Te Wao,' the canoe of Whatonga and his nephew was urged ahead, and got beyond all the others far out in the ocean. As the canoes were about to return to the shore there arose a fierce wind from the direction of the land, '*kaore i tatahi mouri te paanga mai,*' its strength was not to be faced. They could not make the land, so some of the canoes were blown away to sea, whilst others managed to make a landing.

The canoe of Whatonga and his nephew Tu-rahui was driven away to the deep ocean. Night came on, the day followed, and on the next night a thick dense fog came down on to the surface of the sea, so that it could not be seen. Now indeed were they all confused, and paddled on not knowing in what direction they were going. At daylight the fog lifted, and they saw before them an island on the surface of the sea. They paddled towards it and finally made the land, where they immediately began searching for food amongst the rocks [? shellfish], and lit a fire. Now, when some of the people of that island saw the fire they came to ascertain the cause, and there found the voyagers sitting round it. The local people asked, "Where do you people come from?" The others replied, "From the ocean!" Then the local people said, "You must return to your own island from which you came. The law of this land does not allow of strangers from other places. If you do not obey, you will be killed." Whatonga said to Tu-rahui, "We have heard the law of this land, let us go!" But Tu-rahui replied to his uncle [*papa*], "I will not consent to return to

---

3. This is said by the Scribe to be a hill overlooking Pikopiko-i-whiti. Puke-hapopo plays a conspicuous part in the other legends. I believe there is a place of the same name in Rarotonga also.

sea, lest I be eaten or torn to pieces by the great sharks [*ururoa*]. Leave me ashore, that I may have a *takapau* [4] for myself."

Whatonga was grieved at the answer of his nephew. The local people now said, "Let us all go to the *ariki* [or head-chief] of the island, so that you may hear what he has to say." This was consented to, and the local people then embarked in their *waka-tiwai*, or small canoes, whilst Whatonga and his party went in their own canoe. As they went along Tu-rahui said to his own particular friends, " When we arrive, remain all close together. Do not be persuaded to separate; so that if the *ariki* sends for us to the place he wants us, we may not be killed one by one. Another thing is, let us all stick close to the *ariki* of the people, so that in case of trouble we may seize and kill him as payment for our own deaths, and he may become *whariki* [a mat, i.e., payment] for us." All this was agreed to, and soon after they arrived at the village where they were to sleep.

At daylight came the messenger to guide them to the *ariki*. On arrival at the *marae*, or meeting place, they found it crowded by numerous people. The strangers were told to remain in the midst of the others, and on their doing so the *ariki*, Rangi-atea by name, stood up and questioned them. " From which island do you come ? and what canoe has brought you to this place ? " Then Tu-rahui arose and said : "The canoe from Hawaiki, from whence the sun comes [from the direction of the sun-rise]. We were blown out to sea by the wind, and landed here on this island. We did not know the direction of our home on account of the fog and could not therefore return, and so landed here to rest after our fatigue, the cold, and hunger." Rangi-atea turning to his people said : " You have now heard that these people belong to our god Tama-nui-te-ra. I now for the first time hear that our god has another people besides ourselves."[5] Now, indeed, were Whatonga and his people safe. They were then invited into the house. But enough! After some time, Hine-ariki, the daughter of Rangi-atea, was given to Tu-rahui as a wife, and then Whatonga and all the rest of their crew were also furnished with wives. There were children born unto them, and Tu-rahui had a son, grandson to Rangi-atea. There is a great deal more of this history, but what has been told is sufficient for this part.

4. *Takapau*, a mat. It means that he might, by killing some of his enemies, have some revenge for his death.

5. The Scribe has evidently left out part of the story which gave rise to the *ariki's* words. He tells me that Tama-nui-te-ra (a name for the Sun) was a god of both peoples.

After a lengthened time had elapsed, Rangi-atea said to Whatonga " So you do not desire to return to your own land and people, O Tonga ?" The latter replied, " Yes! If it were clear which way the bows of the canoe should be directed to reach that land. Then would the desire be strong, O Rangi ! "

TOI-TE-HUATAHI STARTS FOR NEW ZEALAND.

Now we will leave this narrative here, and return to the time at which Whatonga's canoe was blown off the land. At that period the people of Hawaiki made search for the canoes that did not make the shore, but none were found. Then they went to the *tohunga-tuāhu* [priests] to ask them whether Whatonga and the lost people were alive or not. Some of the gods [at the invocation of the priests] said, they had been lost at sea; others declared they were still alive, but at a great distance, whilst others again asserted that they were in the *moana riporipo* [maelstroms of ocean] still paddling along. The replies of the gods were very confusing, and in consequence a great anxiety came over Toi-te-huatahi. He said: "I shall go in search of my grandchildren."

For the genealogical connection of Toi with Whatonga, etc, see Table I.

Now, at this time Toi decided to go in search of Whatonga and his nephew. He came on to Rarotonga, where he met Toa-rangi-tahi, and asked about his grandson. " He has not been here," said Toa. Toi then decided that he would go on to the land discovered by Kupe[6] at 'Tiritiri-o-te-moana'—where there is a country on which the clouds and mists rest—in order that he might ascertain whether the lost people had reached that country. "If anyone comes in search of me, tell them I have gone to that land. If I reach there, it will be well; if not, I shall be found in the ' Kopu-o-Hine-moana ' [the belly of Lady-ocean]," said Toi to the local people.

Toi then started with his companions, who were thirty twice-told in number, some of whom had their wives with them. Toi made this land [of New Zealand] at Tamaki, which is now called Auckland, and landed there because he had seen smoke when outside at sea. Here they remained some time with the people that have been mentioned as Te Tini-o-Maruiwi, Ruaroa, Tai-tawaro, Rua-tamore, and Pana-nehu. These people were living like a *ruaroro* [like ants in a hole, referring

---

6. This at once proves the existence of Kupe before Toi's time; the latter lived thirty-one generations ago, and (as has been suggested) Kupe thirty-nine generations ago. So the story already given as to Turi's conversation with Kupe can only apply to a second Kupe—for Turi lived some eight or ten generations after Toi.

to their numbers, says the Scribe], men, women and children. They lived with these people a long time until they became fully acquainted with their ways, and found them evil; they were a murderous people amongst themselves. Some of Toi's people married with their women.[7]

After a time Toi said to Putahi-o-Rongo, "O son! Let us proceed to explore this land and see what it is like." So they arose and proceeded in their canoe as far as Aotea [Great Barrier Island], where they stayed some time; and then they went on to Tuhua [Mayor Island in the Bay of Plenty]. It was Toi who gave the island this name, in remembrance of his engaging (*whakatutu*, or origination) in the canoe race in which his grandchildren were lost, i.e., Whatonga and Tu-rahui. [Probably it was because the people who challenged Toi's people to race came from an island named Tuhua.] They stayed at Tuhua a long time, and then went on to Whakatane, where Toi's *pa* was built [name not given, but later we learn it was Kāpū-te-rangi, an old *pa* still in existence on top of the range behind the modern township of Whakatane]. Here it was they settled down permanently.

After they had built that and other *pas*, the women of Tamaki, who had intermarried with his people, were asked what were the foods of this country. One of them named Raru replied to Toi, that birds, fish, both salt and fresh-water, cockles and fruits of the forest, were the food of this land. Then they proceeded to try which of these fruits were good to eat, that is the *mamaku* tree fern, the species of fern-root named the *aruhe-para, aruhe-papawai* [with flattish roots], *aruhe-whatiwhati* [brittle root, with only two strings in it], *aruhe-paranui* [with whitish, smooth, thin skin], *pikopiko*, young shoots of fern; the Ti, or *whanake*, cabbage tree, the *kouka*, *raupo* roots, the *mataī* and *kahikatea* berries, the *patotara* berries, the *korau*, wild cabbage, the *koka* [species of fern, young shoots eaten], the *poniu*, the *tutu*, the *konini* and the *poroporo;* the *parā' hua-kareao, tawa, karaka*, for at that time there were neither *kumara* nor *taro* in either this or the South Island.

7. The Scribe, besides the matter he obtained as written in the documents we are following, in the course of long conversations at various times in after years with the Sage, obtained a large amount of information not embodied in the documents, some of which has been incorporated herein in the shape of notes. Amongst this extraneous matter is the important statement that Toi, after leaving Rarotonga, did not make straight for New Zealand, but searched several islands which had been visited by Kupe, in the hopes of finding his grandson Whatonga, one of which places was Pangopango at Samoa. There can be no reasonable doubt that this was Pangopango, the present Naval Station of America in Tutuila Island, Samoa. From there he steered for New Zealand; but missed his mark and reached the Chatham Islands, and thence returned on his tracks, making New Zealand at Tamaki, as stated above. The Scribe had not the remotest idea where these places were.

TROUBLE COMMENCES WITH THE LOCAL PEOPLE.

Some time elapsed and then some of Toi's people went to the inland part of the Maketu district. Here the local people were very angry with the strangers because they did *takahi* [or mark out boundaries, take possession, literally to tread on] their lands and take possession of them, together with some of their young women as wives for themselves and their young men. Some of Toi's people were killed over this affair. So Toi's people arose and fell on them, but lost, killing Te Oke, Pura-waha and Po-aio—four of them were killed, whilst six escaped and made their way back to Toi's *pa*, when they reported what had occurred, saying, "We have been killed by the people of the land, by Ngati-Pana-nehu, who dwell inland of Maketu." Toi replied to them, "Go and kill them. But if you are successful, let your killing be in moderation ; leave some alive, bring hither the young men, women and children. Fame is acquired through killing unto death, likewise also in saving alive."

So the people of Toi went on their errand, whilst he remained behind with his grandson, Awa-nui-a-rangi, and the many other children of those who had gone. The *taua* proceeded to its destination and there fell upon the local people, who were still at the same place. They succeeded in capturing about two hundred men and women, besides children who were not counted. After these captured people had remained with Toi for a lengthened period they came to appreciate his kindness towards them.

When these people had been living together for some time, Toi and his wives went from Whakatane to Tauranga; his wives were from those people who lived about in different places in that neighbourhood. When Toi reached Tauranga he was killed by a party of Rua-tamore. On this becoming known, up rose Te Koau-taranga and all Ngati-Awa, nearly four hundred of them, and a battle was fought in which Ngati-Rua-tamore was beaten at Te Mangakino on the east side of Mokau,[8] and some one hundred young men and about five hundred young women of a marriageable age were brought away prisoners. Among these prisoners was Piopio, a daughter of Pohokura's. When the latter heard of this, at the *pa*, Okoki,[9] in the Urenui district, Taranaki, where he was living, and that his daughter was still alive, though a prisoner to Toi, he started off to Whakatane to interview Toi, and on his arrival he

---

8. It is difficult to say if this is the Mokau about fifty-five miles north of New Plymouth, but it probably is from the mention of Pohokura's name.

9. Okoki is situated two miles north of Urenui, or twenty-two miles north of New Plymouth. It is one of the finest old fortified *pas* in New Zealand. According to this narrative it was occupied as long ago as the times of Toi, who flourished thirty-one generations ago.

said, "O Toi! I come here about your slave, Piopio, who is my daughter, to ask you to give her up, and let her return with me." Toi replied, "It is well. When you get back home let her name be Kairakau [Toi's own name]." To this Pohokura replied, "Since you have given her a name let her remain as a wife for you, for I know that you will take care of my child." Toi then said, "I consent so far, that she shall be a wife for my grandson Te Ata-kore." Pohokura having given his consent to this arrangement, he returned to his home in the west, and to his own people.

TE TINI-O-AWA.

Now the above is the cause which led Ngati-Awa [descendants of Toi's grandson, Te Awa-nui-a-rangi] to Taranaki originally—through Pohokura and Toi [and their arrangement for the marriage of Te Ata-kore and Piopio]. And it is also the cause why Ngati-Awa[10] increased so, because of their intermarriages with the local people who have been referred to above, and also to the fact that the boys of that people were taken to increase their numbers. It was from that time that the name of Te Tini-o-Awa [the many-of-Awa] was applied to Ngati-Awa. [In consequence of the above named marriage] many of Ngati-Awa dwelt with Pohokura on the west coast until the time of his death, when great troubles arose between Ngati-Awa and the local Taranaki people involving all the *hapus* of that part, and during which Te Tini-o-Maru-iwi and Tini-o-Rua-tamore were sorely smitten, and finally fled to Mokau, then to Whanganui [? Upper] and on to Turanga [Poverty Bay] and to the Wairoa in Hawkes Bay, dwelling in each place for a time. [The subsequent history of Te Tini-o-Maru-iwi is a very interesting one. A slight sketch of it will be found in "Journal Polynesian Society," Vol. XIII., p. 8, and more fully in Mr. Elsdon Best's 'History of the Ure-wera Country' (not yet published), whilst the end of Te Tini-o-Rua-tamore is indicated in "Journal Polynesian Society," Vol. XV., p. 25—they finally became absorbed in the Rangi-tane tribe after their great defeat at Waikopiro-o-Rua-tamore, near Takapau, on the Napier-Wellington railway line, about 1525.]

But enough for the present about Toi and his migration hither; let us return now to Rangi-atea [Rai'atea].

WHATONGA RETURNS TO HAWAIKI FROM RANGI-ATEA.

[After Whatonga, Tu-rahui and their people had been absent a long time], on a certain occasion, the love increased very much on the

10. Ngati-Awa were, of course, from Hawaiki.

part of Moko-eaea, the mother of Tu-rahui [who was still living at Hawaiki] towards her lost son. [The Scribe says Tu-rahui was the son of Whatonga's sister, Tapu-te-ariki.] She decided to visit the *tohunga-tuāhu*, or priests, and consult them. She said to them, "Send the pet bird of my son to search out his master, Tu-rahui." Now that pet was a bird, a *wharauroa* [the smaller, bar-breasted cuckoo] named 'Te Kawa.' She said, "It alights sometimes and then again is lost to view" [evidently meaning it misses its master, and flies about in search of him]. To this the *tohungas* consented, and they fastened a *tau-ponapona* [a knotted cord [11]] to the neck of the bird, which was a message asking, "Is it well with you all? Where are you all living?" Those were all the words of the message on the *tau-pona-pona*, and then 'Te Kawa' was taken to the *tuāhu* [no doubt to have *karakias* recited over it] and from thence allowed to depart. Let the narrative stop here for the present and return to Rangi-atea [Rai'atea island].

On a certain morning the child of Tu-rahui was crying, so the latter said to his wife, "Give the child to me." When this was done Tu-rahui went outside the house and walked about with the child. His eyes turned towards the rising sun on the horizon (*huapae*) of the 'Great-sea-of-Kiwa.' As he looked, emotion arose in his breast at the thoughts of his home at Hawaiki. He sat down and cried with the child. When his wife within the house heard him she came forth and asked, "What is it you are crying about?" Tu-rahui replied, "On

11. This no doubt is the *quipu*, or knotted-cord, used for sending messages common to many races including the Polynesians. But this is the first instance of its record in Maori tradition that I am acquainted with. The Scribe described to me the method of using it as follows: A fine cord was taken, and knotted at intervals, such intervals being (*a*) the length from the end of the forefinger to the first joint, (*b*) from the finger tip to the second joint, (*c*) from the same to the knuckle joint, (*d*) from the same to the wrist joint. Each of these conveyed a separate message—(*a*) meant "How are you all getting on?"—and so on. My informant could not remember the other meaning. He was taught this in the Whare-wānanga by the Sage some fifty years ago. The messages were carried by birds which had been trained to proceed from island to island (like carrier-pigeons). The Ellice Islanders practise this method of conveying messages to this day, and use sea-birds for the purpose, but the natural migration of the birds are there taken advantage of. See Journal Polynesian Society, Vol. I., p. 127, for a number of references to the use of the *quipu* by various races. The attention of Polynesian scholars is drawn to the fact that it was the *wharau-roa* bird (*Chrysococcyxucidus*), that is stated to have been used on this occasion, and the wide area the annual migration of this little cuckoo opens up to possible communication between several branches of the Polynesian race in ancient times. In the writer's opinion the two cuckoos have played a very important rôle in Polynesian History, in aiding in the discovery of new countries—New Zealand amongst them.

account of our child, and because on seeing the sun rise on the sea horizon, love for my old home overcame me."

At that moment the bird 'Te Kawa' arrived and alighted on the gable of Rangi-atea's house; the houses of that island were very high and shaped like a heap (*whakapu* [12]). When the bird heard the voice of Tu-rahui he called down, "Are you Tu-rahui?" Now Tu-rahui knew at once the voice of his pet bird, so replied, "Are you Te Kawa?" At this the bird flew down and alighted on Tu-rahui's shoulder. He gave the child to its mother, and caressed the bird in his hands, and began to *tangi* [greet over it]. When the people of his own canoe, and the local people heard the wailing, they wondered what Tu-rahui was crying about and ran down to see what was the matter. Whatonga called out to the people, "There is 'Te Kawa,' a pet bird belonging to Tu-rahui; it has come from our own island!" When their own people heard this they all gathered round Tu-rahui and commenced to *tangi*, as if it had been after a battle. After the *tangi* was over, the *aho-ponapona* was untied from the bird's neck and examined, and the message read and understood. A message was now sent in reply as follows: "We are all safe, and at Rangi-atea," and the bird was despatched. It flew upward and then went off towards the east (*whakarawhiti marangai*). [Tahiti, or Hawaiki, is E.S.E. from Rai'atea.] When Tu-rahui saw this he said, "That is the direction to take."

Whatonga now spoke to the head-chief, Rangi-atea, and said, "O Sir! now indeed has the desire sprung up in us to return, because the pet-bird of Tu-rahui has arrived." Rangi-atea consented to this proposal, and steps were at once taken to prepare six canoes for sea, to carry the men, women and children, besides some of the brothers-in-law and fathers-in-law [of the local people]; it was through this cause that six canoes were necessary.

Now I will explain: There were three different kinds of people in Rangi-atea (*e toru ahua nei o nga iwi o taua motu nei, i Rangi-atea*) at that time. One was light (*kiritea*) colored with *uru-korito* (light colored,

12. The Scribe, described the houses of Rangi-atea island at that time, as differing entirely from those of the Maori, as having no ridge-poles, but the high roofs met in a point at the top, 'like a shook of corn,' as he described it. This form may be a modified one of the Samoan houses, but the description reads also like those of the Melanesian. Miss Gordon Cunning in "At Home in Fiji," p. 252, says, 'The Kai-Tholo (i.e., mountain people) built totally different houses from those on the coast; they are like bee-hives with a roof so high pitched as to suggest a tiny hive on top of the first.

sometimes slightly reddish, but not like that of Europeans, says the Scribe) hair, and of a slender build ; others were *takupu* (short, stout), but well built, and both men and women walked and stood upright (*poupou*). Another kind (*tu*) had *pakaka* hair (dull reddish, but still not the red of the European hair), and thick (*taranui*), straight, and stiff. Some of the people had hair in little curls (*mawhatu*), some hair was crisp (*mingi*), and the people were reddish in their skins, and were lean, thin (*kokau*), in growth ; their legs were short in the calves, not muscular (*ate-rere*). Both men and women were athletic, strong (*pakari*) in growth. Another kind of people had dark skins (*kiri-wai-tutu*), and were very dark in color (*parauri*), with hair standing out from the head (*pu-ihiihi*); the hair was (*piki-mawhatu*) very dark, and they had flat faces and noses (*ihu-patiki*), and the nostrils of the nose were fattened out below (*kau-parari*), with over-hanging, prominent (*wharewhare*) eyebrows ; their legs were thin, with small calves (*ate-mango*). They were upright, and lean in stature, with no flesh in appearance, only bone. They were quite small in stature (*ririki marire*.) But enough of this description. It is from this people that is derived the *Uru-kehu*, or light haired strain that is occasionally found in the Maori people of this island of New Zealand.

[The description of these people (to a certain extent) raises the question as to whether it was Rai'atea Island of the Society Group—distant one hundred and twenty miles W.N.W. from Tahiti—that Whatonga and his companions landed on. No other Rangi-atea island is known ; and the short time that Whatonga was at sea after being blown by the easterly wind from Hawaiki, which from other things is certainly Tahiti, seems to indicate that island. And yet : How is it that the *ariki* of that island did not appear to know of the existence of some of his own Polynesian people at so short a distance to the east? In the story of Kupe, of prior date to Whatonga's voyage, we are told of his visiting Hawaiki from Rangi-atea, and of his return to the same island, and the intimate connection between the two is implied. How then should the knowledge of Hawaiki have become lost ? The suggestion is, that Rangi-atea's people were a later migration from Western Polynesia (Samoa and Fiji) since the times of Kupe, and that they included some of the lighter colored people, who, from other traditions, are known to have been in Waerota and Mata-te-ra, islands lying somewhere to the north and west of Fiji, before this time. And also it is stated that these Polynesians brought with them, probably as slaves to man their canoes, a number of the dark people with bushed out hair, small in stature, who no doubt were Melanesians. These latter people are probably the same as the 'little people' included in the five tribes under the Rarotongan chief Tangiia-nui, who lived at Tahiti and Rai'atea before he colonized Rarotonga *circa* 1250 A.D.; and it was from the circumstance of his adopted son Tai-te-ariki becoming chief over these five tribes that Tangiia-nui gave him the name Te Ariki-upoko-tini (the chief over many heads).

The above explanation is not, however, quite satisfactory. It must be born in mind that there was a noted Polynesian voyager of the same name (Whatonga—in Rarotonga, Atonga) who flourished eighteen generations prior to Toi's grandson in the times of Rătă, and some of the former Whatonga's doings may have in process of time been confused with those of Toi's grandson. The high round houses mentioned seem rather to support this view, for they are Samoan (see also Note 12), and also I think (in a modified form) Melanesian. However, we have not enough information to decide the question.]

Rangi-atea appointed fifty once-told young men and young women to wait upon his grandchildren, the children of Tu-rahui, and one special canoe was told off for them. But the names of the canoes that went from Rangi-atea have not been recorded.

When the day arrived for Whatonga and his people to depart, Rangi-atea said to him, "O Tonga! Depart in peace. Let my grandson [eldest?] be called Rangi-atea after me"—to which both Whatonga and Tu-rahui consented. Again Rangi-atea said, "If he [the child] grows up, send back our grandchild to [eventually] take my place here"— Whatonga replied, "I thought, O Rangi! *he tikitiki tangata ma te waewae e whai ake, he tikitiki uru ma te runga e putiki.* [This is evidently a proverb, and like so many of them the meaning is cryptic. But it apparently is—"A human ornamental figure (*tikitiki*) should be followed after on foot; a *tikitiki* for the head the comb will tie it up," as the top-knot worn in old times.[13] There is a play on the two meanings of *tikitiki*, the first being an ornamental carved figure on the gable of a house.] Rangi-atea replied, "It is well, I will go for him in due time." When the fleet of canoes got outside to the rollers, they rested there whilst their crews bid farewell to the *tānga-whenua*, or people of the place, and these latter reciprocated towards the ocean-travelling party, Rangi-atea calling out, "'Tonga depart in peace! When the bows of your canoe shall touch the eyebrow (*sic*) of the land, send two *kuras* to

---

13. The Scribe tells me this refers to the fact that the daughter of Rangi-atea, who married Tu-rahui, had hair which stuck out, up (like a Fijian), and the latter part of the expression refers to the fact that the comb worn by chiefs, and when the hair was bound up in ancient Maori fashion, would rectify that.

108   THE LORE OF THE WHARE-WANANGA.

me, one of them to be a *kura-awatea*, one a *kura-hau-po*, so that I may know that you and our grandson have safely reached the shore." [It is difficult to translate *kura* here, which means in this case a halo round the sun and the moon, for it seems to be an old Maori belief that the sunset and sunrise glow of the heavens was capable of being originated or affected in some manner by their learned men. See " Journal Polynesian Society," Vol. XVII., p. 54.] To this request Whatonga held up his hand and shut down the fingers on the palm [a sign of assent].

So the people paddled away in their canoes, and after some distance had been covered, the bird ' Te Kawa ' descended on to one of the canoes. He came with a message to enquire if they intended to return to their own country. Behold now the work of the *tau-ponapona*, or knotted string! Then the people paddled on until one night they reached a small island on the coast of Hawaiki. In the morning the local people saw smoke curling up from the little island, and then some men were sent in a small canoe to enquire who the strangers were, when Whatonga replied, " It is Whatonga and Tu-rahui." On hearing this the little canoe returned ashore, the men shouting out as they went along that Whatonga and Tu-rahui had returned. The messengers were then told to return and ask Whatonga and his people to remain on the little island[14] until the people from all the villages were assembled, and then he would be notified.

As soon as everybody had assembled at the *pa*, the notice was sent, and then all the canoes of the voyagers—except one which was left at the island with some men to take care of the dogs that Rangi-atea had sent as food, and their skins for clothing, for his grandchild—put off and landed on the main island, where a great welcome was accorded them. Then the strangers were requested to remain outside the *pa*, whilst Whatonga and Tu-rahui were taken up to the *tuāhu* [altar, sacred spot where all religious ceremonies were performed] so that the *tohungas*, or priests, might perform the proper ceremonies over them [to avert all evil influence after their long absence]. After this was over Whatonga said to the *tohungas*, " Let two *kuras* be sent ; one, the *kura-hau-awatea* [solar halo], the other the *kura-hau-po* [lunar halo], in order that our *ariki*, or ruling chief, at Rangi-atea may be assured that we have safely reached Hawaiki, our home." The *tohungas* consented to this [and presumably made the sign whatever it was].

---

14. It is suggested that this little island—called by the Maoris Motu-iti—is that just opposite the town of Papeete, Tahiti. It has, however, a different name now.

The *pure* [or purifying ceremony] was then completed over Whatonga and the others, and then all entered the *pa*, and the *tangi* [or lament for those who had died since the friends parted] was held. Then commenced speech making and the communication of the events that had occurred since the others had been absent.

WHATONGA SAILS FOR NEW ZEALAND IN THE 'KURA-HAU-PO.'

During the course of the speeches, allusion was made to the probability of Toi-te-huatahi [Whatonga's grandfather] having been lost at sea. On hearing further particulars, Whatonga asked as to the period when Toi left, and then the story of his departure to search for his grandsons was communicated as already given above. On learning this Whatonga was much grieved, and felt great sorrow for his grandfather. Then he enquired of the people as to who owned a canoe suitable for a sea voyage. He was told that Turangi possessed one that was suitable, and which had been used in striving against boisterous seas; it had three *haumi-tuporo* [or lengthening pieces to the hull], one at the bows, two at the stern, with twenty-six thwarts, two *puna-wai*, or wells [bailing places], and two anchors. Whatonga then asked, "Who will join in making a crew for my canoe? They must be experienced men and strong to paddle." The canoe was then prepared by adding *pairi* [wash-boards] to the bows, and coating it over with tree-gum (*pia-rakau*)[15] and by painting with oil of the *ururoa* shark, and after that by painting it with red-ochre. Fifty-two men were chosen as a crew, four others to see to the safety of it [pilots, or navigators], and two to look after the two anchors; four men to look after the ropes of the sails, two men in charge of the steering paddles at the stern, two men to look after the *ahi-pua* [the fire-place]. Altogether sixty-six men were chosen.

Now, the old name of this canoe was 'Te Hawai,' and when she was completed for her voyage she was drawn down to the *turuma* [the latrine where canoes were taken, as being a place where no food was used, and thus acquire the *tapu* of the place, which insured that no food would afterwards be placed on board by any evil disposed person to desecrate the *tapu* of the canoe, says the Scribe], where the *pure* [or cleansing from *tapu*, etc.] ceremonies were performed over her, and the new name of 'Kura-hau-pō' given her. The following is the *karakia* or prayer said over 'Kura-hau-pō':—

---

15. It is said that Tarata and Houhou gum was used for this purpose, but as neither of these trees grow in the islands, some other gum must have been used.

110 THE LORE OF THE WHARE-WANANGA.

> Now do I drag down my canoe—
> The canoe of Turangi,
> Its name is (was) 'Hawai,' my canoe,
>   I launch forth my canoe,
> A canoe to breast the Ocean waves.
>   I drag down my canoe ;
> To be a war-canoe of Tama-whai
> This canoe of Turangi's,
>   I launch my canoe,
> (Now) named 'Kura-hau-pō,'
> A canoe to brave the Ocean waves ;
> A canoe to dare thy clouds of Heaven,
> O Tirea (second day) of the waxing moon.
>   I launch my good canoe,
> That will swallow the lands and ocean deeps,
> That in the end thou mayest arrive,
> With me at the sought-for land,
> O 'Kura-hau-pō' e !
> That thou mayest safely emerge
> At the original, sought-for, land,
> That thou mayest reach,
> Where Toi-te-huatahi will be found by me.
> May a man-like, and an occult vitality,
> Be given to me,
> To reach the distant land.
> And be buoyant as the Heavens,
> To the point of land where thou art, O Toi !
>
> Here am I just starting,
> Here am I just slipping along,
> By aid of potent charms,
> With vital powers as have been given to me,
> Haul on (thou land) with attractive force,
> Pull hard, that we may approach ;
> Pull straight in my very front.
> 'Tis a strenuous, vital power,
> That actuates this son, e i !

After this *karakia* had been recited, 'Kura-hau-pō' was dragged down to the water at daylight, and the crew commenced to take up their appointed places at the various twenty-six thwarts mentioned above. The two thwarts of the stern were occupied by Whatonga and his younger brother Mahu-tonga, who was the priest of the canoe and had in his charge the gods Maru, Tu-nui-a-te-ika and Rua-mano, all of which were accommodated in the stern [i.e., the emblems of those gods in the form of images]. The thwart at the after-well (*puna-wai*) was occupied by Ruatea and his wife; that beyond the well was assigned to Tama-ahua [16] and his wives, with two other thwarts; the

---

16. This is the same man referred to in Journal Polynesian Society, Vol. XVII., p. 53, says the Scribe.

next two thwarts were given to Ha-tauira [17] and his companions, and that beyond to Te Maunga-roa,[18] as well as one in the bow; next came Tara-manga, father of Tara-paoa, and here was the other well. Next to that came Tokaroa and his friends; and that in the extreme bow was occupied by Popoto and his friends who had two thwarts. Enough, these are all the names I remember.

Now, the bailers of the after-well were named 'Ruku-moana' [Dive-into-the-ocean] and 'Kaukau-moana [Swim-in-the-ocean], so named in remembrance of the part Tu-rahui and the others having been driven out to the deep sea in the land-wind during the canoe-race formerly mentioned. The three paddles of Whatonga were named 'Manini-kura,' 'Tangi-te-wiwini' and 'Tangi-te-wawana.' The paddle of Popoto who had charge of the bow-anchor was called by Whatonga 'Ihu-papanga-rua,' which was the uplifting paddle (hoe-whakaara) in the bows, and was so called because it was made *tapuku* or *hume* in shaping it [i.e., was unfinished with a thick handle like an oar, says the Scribe]. These paddles of Whatonga's had been carved by Hue and Poheua. When Popoto brought his paddles on board, Whatonga said, "O Sir! O Popoto! Your paddles are just an *ihu-papanga-rua* [unfinished]."

So the canoe came away on its voyage. When it reached the 'Tuahiwi-nui-a-Hine-moana' [mid-ocean], Whatonga's paddles were broken, so he called out to Popoto, "Send me one of your paddles, O Popoto!" To this the latter replied, "O Sir! These are the paddles you called *ihu-papanga-rua*. Paddle away with your own flat-bladed and ornamented paddles." But when Popoto saw that Whatonga was offended at this, he sent him one of his paddles.

The 'Kura-hau-pō' soon after reached Rarotonga, where Whatonga made enquiries as to whether his grandfather, Toi, had been there. Tatao [or perhaps Tatoo] replied that Toi had been there, but had gone on to 'Tiritiri-o-te-moana,' the land on which the clouds and mists rest, to search for him [Whatonga] and his companions. Whatonga then asked in what month (*kaupeka*) it was that Toi left. The reply was he left in Iho-mutu [February]. Whatonga now expressed his desire to go on and continue the search for his grandfather. At this Ruatea said, "O Whatonga! I intend to stay here, but Turi and I will follow later

---

17. For Hatauira see Journal Polynesian Society, Vol. XVI., table opposite p. 219.

18. For Maungaroa see Journal Polynesian Society, Vol. XVI., table opposite p. 218.

on," to which Whatonga consented, and so Ruatea[19] remained there, whilst Te Awe, father of Potiki-roa, went in his place.

When the month of Tatau-urutahi [October] arrived the 'Kura-hau-pō' came away from Hawaiki [sic, query, Rarotonga] and sailed on to Aotea-roa. At this part the narrative was intercepted by a question from one of the listeners [Nga-Whara] who asked, " O Sir! What was the direction of this island from Hawaiki, or from Rarotonga according to the history?" To this the sage replied, " According to the history, it was *hauauru-ma-tonga* [south-west]. Remember the directions given by Kupe, that the bows of the canoe should be directed to the right hand of the sun, the moon, or of Venus, which all set in the south-west, though Venus sets rather to the *hiku-mauru-ma-tonga* [the tail of the south-west, i.e., S.W. by S.]. These directions were of the same nature [but different] as those given by Pohokura to Toi, to the effect that their migration came from the *tonga-mauru* [the south-west] for it was the south wind that carried them to the sea when Ngati-Maruiwi, Ngati-Rua-tamore, Ngati-Tai-tawaro, and Ngati-Te-Pana-nehu and others of these people came to New Zealand.

[The Scribe's father (in the documents already quoted) has a slightly different account, thus : " When they reached the West Coast they heard from Kai-auru, of the Ngati-Rua-tamore tribe, that he had heard of a man on the East Coast who had arrived there, whose name was Toi-kai-rakau, who was a great chief. But Whatonga did not recognise this name for Toi; so he asked, "Did you not hear of one Toi-te-huatahi?" To this Kai-auru replied, he had never heard that name, but Toi-kai-rakau was the name he was known by, and he was a very great chief."]

So 'Kura-hau-pō' came on her way and made the land at a certain island beyond or outside the *rerenga-wairua* [Cape Reinga, North Cape] outside Haumu, that is, Muri-whenua [North Cape], where they stopped to catch fish. After that they proceeded [down the West Coast] to Tonga-porutu [forty miles north of New Plymouth] where they came to an anchor. Here they enquired of the *tangata-whenua* [local people]

---

19. In the Rarotonga records a man named Ruatea is mentioned whose other name was Uenga, whose long voyage from Savaii to Eastern Polynesia has been illustrated on the chart published in Journal Polynesian Society, Vol. XX., opposite 116; and described, same volume, p. 140. Uenga flourished thirty-three generations ago, according to table at the end of " Hawaiki," and so could hardly be the same as Ruatea herein mentioned. But Uenga is also said, with doubtful authority, to be another name for Tangiia-nui of Rarotonga, who flourished twenty-six generations ago, or three generations after Whatonga. The Scribe does not think these people can be identical. One Ruatea is said to have been the ancestor of Ngati-apa, of Whangaehu, but he could scarcely have been this man.

who were living there, whether they had heard of a man named Toi. A woman named Tawhiri, who was of the Ngai-Rua-tomore tribe and was the wife of Paepae-nuku, of the Pana-nehu tribe, replied, "Toi lives on the east side of this island ; if you were to travel overland you would not be long in reaching there." Whatonga said to this, "No! I will go there in my canoe."

On learning of this decision, Maunga-roa, Hatauira, Korohewa, Moko, Pou, Te Auaha and many others, decided to remain at Tonga-porutu. So Whatonga and the remainder of his crew turned back, and passing round the North Cape went on to Otuako, where they stayed some time to plant food, and as one of the crew named Otuako died here, they called the place after him.[20]

Whilst 'Kura-hau-pō' was at that place the news came that Manaia had arrived at Tonga-porutu, having reached there by way of Arapawa Island [South Island of New Zealand. See the account of Manaia's voyage, *infra*]. Now, the migration of Manaia and his people did not ever extend their occupation of the country beyond the bounds of Taranaki and Whanganui. But I [the Sage] am not able to say with certainty whether 'Kura-hau-pō,' or the migration of Manaia reached this country first ; we must leave it at this : That they came at the same period.

After a sufficiency of food had been obtained, Whatonga again started on his voyage, and went on as far as Maketu [in the Bay of Plenty] where he got into communication with the tribes Te Tini-o-Maruiwi, Te Tini-o-te-Wiwini, Te Tini-o-Ruatamore, Te Tini-o-Pana-nehu and Te Tini-o-Tai-tawaro. At this time the whole country from Muri-whenua [North Cape] right down to Oakura [eight miles south of New Plymouth] along the West Coast was occupied by these people. The [northern] Wairoa, Tamaki [Auckland Isthmus], Tauranga, Maketu, Whakatane, up to Whanga-paraoa [just inside the eastern extremity of the Bay of Plenty] were all occupied by these people, to which may be added the people of those tribes who had been enslaved by Toi and Ngati-Awa [then living at Whakatane]. It

20. Mr. R. H. Matthews of Kaitaia, in the north of New Zealand, has been good enough to make enquiries amongst the Rarawa tribe, as to the locality of this place. He says, " I was most fortunate in meeting a very intelligent old man from Parengarenga (near the North Cape) named Murupaenga Rewiri. He claims lineal descent from Pō, the head-chief of Kura-hau-pō. His version, which agrees with what you told me except as to the name Otuako, is to the effect that after rounding the North Cape, 'Kura-hau-pō' landed at Huka creek, about eight miles from Tom Bowling's Bay (west of the North Cape), and about twelve miles from Murimotu. Whilst there one of the crew named Otuiau died, and the place was named after him, and is still known by that name."

was in this manner that all those parts were occupied on the arrival of Whatonga.

When Whatonga arrived off Maketu, they saw smoke arising ashore and so they landed there. Now [formerly] a certain high-born child of the chief named Tauaki had died at that place, and hence was the place called Moharuru after the child. But the present name of Maketu was given by the more recent migrations, when the old name was abandoned, in the same manner that the old name Te Whanganui-a-Tara, has been changed to Port Nicholson, as also others that have been superseded by Pakeha names.

When 'Kura-hau-pō' arrived at Moharuru, now called Maketu, a number of girls were given to the party of Whatonga, there were twenty-five twice-told (50); they were given by Matakana who was the supreme chief of Ngati-Te-Pana-nehu and Ngati-Te-Tai-tawaro at that time.[21] These people very much admired Whatonga's people, as they were all fine men, carefully selected from the *toko-pakari*, or mature, stalwart fellows, chosen for their strength and skill as paddlers in the first place, and as warriors in the second. No old men, or infirm people were chosen for such purposes, but the brave alone—those in whom had been discovered a *manawa-kai-tutae* [or equal to any deed], without fear, either of a storm on land, a storm due to man, or a gale at sea. They would front such things head down, leaving the result to good luck and their courage, and then only rejoice in the 'light of life.' Hence it was that the women forced themselves on the strangers. Tama-ahua [one of the strangers] here took one of the young women of rank to wife, and settled with these people. But it was after some time that they [? Tama-ahua and his wife and relations] went to Taranaki to *wetewete* [? unloosen, relieve] Tama-ahu, Maunga-roa, Hatauira, Kahu-kura, his younger brothers, and others, who had remained at Tonga-porutu, at Ure-nui, at Wai-tara, at Nga-Motu, even at the heart of Taranaki, at Oakura and Wai-ngongora.

After the 'Kura-hau-pō' had landed at Maketu, the crew asked the *tangata-whenua* where Toi was to be found. The people replied, "Behold! near that point projecting out to sea [Kōhi Point]; on this side is a river [Whakatane], there Toi lives." Whatonga then went on and reached that place, where the *pa* of Toi at Whakatane, named Kapu-o-te-rangi, [now called Kāpū-te-rangi, situated on the range behind the present village of Whakatane; it is not a large *pa*, but is still in good preservation] was pointed out to him. This was Toi's own *pa* when he

---

21. It is suggested that possibly the large island called Matakana, that forms Tauranga and Katikati harbours, is named after this man.

lived, and was built by him as a protection for himself and people and their female slaves. Other of his *pas* were built as shelter for his *hapus* [or sub-tribes] when they went forth to kill the *kiore-maori* [native-rat] or birds in the forest, to procure *matai whinau* and *kahika* berries, to procure *Tī. kouka, korau-maori, poniu, patotara, papai. tutu, konini, karaka, tawa* roots and fruits. Other *pas* were near the seaside, and used when they went to catch fish.

[Mr. J. M. Jury's account (of 1840) in the documents already quoted, is, in this portion of the Sage's narrative a little more full, and therefore we introduce it here.

" After leaving Tonga-porutu, Whatonga passed along by way of the North Cape and down the East Coast to Tuhua (or Mayor) Island, from the heights of which they saw smoke arising on the main-land. They directed the bows of the canoe towards it. They had been informed of the appearance of the land by the people of the West Coast, and therefore knew that they were near where Toi was to be found. They then arrived at another island (probably Whale Island) which was off the mouth of a river in that part. After being here some time they saw a canoe not far off with four men in it, who were fishing. The fishermen came towards the island on which Whatonga and his party were staying. After fishing there some time, they hauled up the anchor and prepared to paddle off. Whatonga called to them, " Do you know of the man named Toi-te-huatahi?" They replied "Yes" "A! Where is he?" "There, ashore, on the main-land." "A! Go ashore, and tell him that I, Whatonga, am here. I came to search for him. Let him come to-morrow." The canoe then returned to the main-land, where they delivered their message to Toi.

When the old man heard this he was affected, and wept. He said to his people, "Man a canoe and take me that I may see my grandson." As they approached the island, Toi called out, " Who are you?" Now Whatonga knew at once whose voice it was, that it was Toi; so he replied, " I am thy grandson, Whatonga. Art thou Toi?" The old man replied, " Yes, my beloved; it is I who have searched the various lands, the seas looking for thee and thy nephew."

Toi then landed when a great *tangi* was held; after which he said to Whatonga, "To-morrow we will go ashore." In the morning therefore the canoe of Whatonga was paddled to the main-land at Whakatāne."

We may say just here, that the name Tonga-porutu is derived from the circumstance of Whatonga meeting a gale of wind in coming down the coast just before he made Tonga-po-rutu; from *tonga*, the south wind, *po* the night, and *rutu*, to dive into, as the bows of the canoe into the seas.]

At the time of Whatonga's arrival, the name Te Tini-o-Awa-nui-a-rangi was already applied to Toi's people, and the reason they were so numerous was because Toi-te-huatahi's own people had taken two and three wives each from the local people, besides the young lads incorporated from the same source into Toi's tribe. Toi's own wife was named Te Huiarei, but she had another name also, Kura-i-monoa, and she was the mother of Rongo-ue-roa, who married Rua-rangi, and had (1) Rauru-nui, (2) Whatonga, (3) Mahutonga, (4) Te Awa-nui-a-rangi, whose father was a god, and from him comes the name borne by his descendants, Te Tini-o-Awanui embracing [the tribes called] Te Ati-Awa and Ngati-Awa, who all sprung from him. [Then two tribes are those of North Taranaki, and Whakatāne, of the Bay of Plenty.]

After Whatonga had dwelt for a lengthened period with his grandfather he said, "O Toi! There are no men [and no place] here for me [to found a tribe with]. The whole district is occupied by your people in numbers." Toi replied, "Not so! Some of these shall be removed further off to make room for you and yours." Whatonga replied, "O no! don't do that. Leave them alone, lest when they hear about it, some [of my people] should strive to secure homes for themselves and fighting should result." When some of the people heard of this proposition of Toi's, they were much aggrieved, so much so that Te Ati-awa and [some of] Ngati-Awa migrated to the Wairoa [Hawkes Bay] and on to Heretaunga [Hastings], to Patea [on the West Coast], and on beyond to Taranaki, where they settled down permanently with the Tini-o-Ruatamore, the Tini-o-Maru-iwi, and Te Tini-o-Tai-tawaro, occupying the whole district from Pari-ninihi [the white cliffs thirty-five miles north of New Plymouth] to Oakura [eight miles south of same], and even to Wai-ngongoro [near Hawera].

[After the above conversation, and probably before the tribes left.] Then Whatonga said to his younger brother Mahu-tonga [the priest of Kura-hau-po] and to Popoto [who was in charge of the bow anchor on board 'Kura-hau-pō'] and the others "Let us proceed to find some land for ourselves to settle on." His younger brother agreed to this. Whatonga also said to his party, "Sons! we shall be quite safe, for with us will be the company of women, who will be able [through their relationship to the *tangata-whenua*] to ward off any evil on the part of man, and the evil consequences due to occupying a strange land." It was due to these women that it was possible for the new-comers to enter Whakatane, and reach the *pa*—Kāpū-te-rangi—of Toi [i.e., to avoid the evil influence supposed to be exerted by a new country on new-comers, and hence do we see in so many of the accounts of voyages to New Zealand, that the first thing done was to celebrate some religious ceremony to avert such evils. *Awhi* is the Taranaki term for this ceremony]. These women were from Ngati-Te-Pana-nehu, the same people from whom Toi had taken so many prisoners. [Then follows another description of the *tangata-whenua* which has been embodied with the first one under that heading.]

Whatonga lived in Kāpū-te-rangi, the *pa* of his grandfather Toi, and of his children and wives and his own people [from Hawaiki]. The slaves and some of his people were sent to other *pas* outside, both seaward and inland, to procure food, etc. Toi-te-huataki, whom some call Toi-kai-rakau, was a very great man in those days.

So 'Kura-hau-pō' was again launched on the further prosecution of her voyage under Mahu-tonga, Popoto and others. She came towards the south by the East Coast. Before starting, Toi said to Popoto, "O Popoto! go in peace. If you come to a bay which lies east and with two rivers falling into it, one at the end of the beach on the south, one at the east end, with bare cliffs to the south of the southern river, and with a ridge of hills on the east of the eastern river, with flats spread out between the rivers, and a mountain range to the south-west—if you find a place like this, that will be where I stood up in my canoe looking out to seaward. Settle down there, and let it be a home for you. The people live very much scattered there, and to the southward. And when you are outside approaching the bay, turn to the south and you will see a long point projecting out to sea; thus will you recognise the place I refer to. Leave the name of the place in memory of my standing (*turanga*) there, Turanga" [Poverty Bay]. To all of this Popoto agreed.

Whatonga married Hotu-waipara at this time; she was from Toi's own *hapu*. He also married Reretua of the Pana-nehu, and also a woman of Ngati-Awa named Tara-wahi, and these were all the wives he had.

By Hotu-waipara he had Tara, an only son, who was so named because just before he was born his mother pricked her finger with the *tara*, or spine, of a fish. It is from Tara that the tribe Ngai Tara sprung, and it was his name that was given to Te Whanganui-a-Tara [Port Nicholson] at the 'head of the fish.' Ngai-Tara—sometimes called Tini-a-Tara—afterwards crossed the Straits to Arapawa [South Island]. Hotu-waipara was a woman of rank.

By Reretua he had Tautoki-ihunui-a-Whatonga, who was the father of Rangi-tane, from whence the name of that tribe is derived. It was these two ancestors, Tara and Rangi-tane, who killed the Ngati-Koau-pari at Mohaka, at Tukituki [both in Hawkes Bay] and at Rau-kawa [near Te Aute]. It was they also who killed the Tini-o-Rua-tamore of the Rua-taniwha plains, where they were living at Te Kopua, called 'Te Waikopiro-o-Rua-tamore'[22] [near Takapau railway station]. It was also at this time that they drove out Orotu [after whom Napier harbour—Te Whanganui-o-Orutu—is named] from Heretaunga [Hastings district], who was the head chief of Ngati-Mamoe, and fled to the South Island. They [Rangi-tane] then occupied Mohake, Heretaunga, Wai-rarapa, Tamaki [near Dannevirke], Tahora-iti [near the above], right down to Manawa-tu and on to Horowhenua, Otaki and Pae-kakariki [on the West Coast], where the Rangi-tane conquests and occupation cease. Te Whanga-nui-a-Tara, including Parirua, fell to Tara's share, including the islands of Mānā and Kapiti, and hence is the latter island called 'Te-waewae-kapiti-o-Tara-raua-ko-Rangi-tane' [in other words, 'Where the boundaries of Tara and Rangi-tane joined.'] Mānā island is 'Te-mana-o-Kupe-ki-Aotea-roa.' [The ability of Kupe to (cross the ocean) to Aotea-roa.]

Now, Whatonga, Tara, and Hotu-waipara all died at Kapiti, and are buried in a cave there—it is the burial cave of Ngai-Tara.

Whatonga was great grandfather of Tuhoto-ariki [Table II.], a man who was specially designated and appointed to the *whare-wānanga* [house of learning] of our ancestors, a house that in it was taught all knowledge derived from *Te-kauae-runga* to the *kauae-raro* [the upper to the lower-jaw; the first means all relating to the gods of heaven, the other relates to the earth]. He was an accomplished *tohunga* [priest] of Ngai-Tara—he also is buried at Kapiti [see a fine song by Tuhoto-ariki, ably translated by G. H. Davies and J. H. Pope, "Journal Polynesian Society," Vol. XVI., p. 44.]

Tuhoto-ariki's brother was Turia, who married Hine-matua, and their son was Te Ao-haere-tahi, who married Rakai-maori, and had Tu-tere-moana, who married Whare-kohu. Turia is also buried at Kapiti, whilst Te Ao-haere-tahi is buried at Kahuranaki at Heretaunga in the cave belonging to Rangi-tane. Whare-kohu died before Tu-tere-moana, and was carried to Kapiti and buried in the same cave as Whatonga, Tara and others. When she was taken there, Tu-tere-moana said, that the cave should be called after her, i.e., Whare-kohu. There also is buried Tu-tere-moana, about whom is the saying, '*Te tama whakaete turanga rau, i titi te upoko ki te kura-a-rangi* [who had become great by possessing all knowledge, ability and rank—free

22. See Journal Polynesian Society, Vol. XV., p. 25.

translation]. He was the *tino-ariki*, or supreme chief of Ngai-Tara, Rangi-tane and Ngati-Awa-nui-a-rangi.

Whatonga had another wife named Poa-tau-tahanga, who was of the Ngati-Tai-tawaro *tangata-whenua* tribe living at Mokau on the West Coast, a granddaughter of Pohokura, who has already been referred to. [For their descendants see Table II.]

The name of the tribes of Whatonga in Hawaiki were Ngati-Rongomai and Ngati-Wairehu, who sprung from Kahu-taranga and his younger brothers. It was [? Wai-rehu] a name of their mother the wife of Tama-aute [? and from], Te Komaru-nui who married Whakarongo. The name Ngati-Rongomai is derived from Māui-tiki-tiki-a-Taranga, on account of the great fame (*rongo*) he acquired through his extraordinary deeds. [See Table I (31) for these ancestors.]

Maungaroa [who came with Whatonga in ' Kura-hau-pō '] married Toro-hanga; their son was Ngarue, who married Uru-te-kakara, and their son was Whare-matangi, who married Po-henea. Whare-matangi was the man who owned the *pere* [dart] or *teka*, which enabled him to find his father Ngarue at Waitara. When Uru-te-kakara was with child at Awakino to the east af Mokau, she was left by her husband.

The grandfather [? ancestor] of Whare-matangi was killed in the Maketu district of Tauranga, he was from the Tini-o-Tai-tawaro, and his name was Raumati, the man who Te Arawa say burnt the 'Arawa' canoe at Maketu. But this story will not be related here. His descendants are at Taranaki. [See the history of Whare-matangi, and also of Raumati, "Journal Polynesian Society," Vol. XVI.]

Hine-mata-kawe, so named [? in Hawaiki] married Hatauira, who came over in 'Kura-hau-pō.' Their daughter was Tauranga, who married Tama-ahua,[23] who had Raumati, who married Te Kura-tapiri. This Tama-ahua came over in 'Kura-hau-pō,' but remained at Maketu, and married one of the company of girls presented to Whatonga to make them [the strangers] *tangata--whenua*, and so that they should not turn on the latter and kill them, and rob them of their land—for that reason, and also because they knew that Whatonga was a grandson of Toi-te-huatahi, and hence they received the strangers well, Toi being a great man amongst them [by that time].

[In the foregoing account it is stated that 'Kura-hau-pō' was the name of the canoe in which Whatonga migrated to New Zealand, and no doubt the statement is correct. But we have also to consider the Taranaki account of this vessel as related in the first volume of our Memoirs, page 100 (i.e., "The Taranaki Coast"), and that account

---

23. See his history in a later Chapter

cannot be ignored. The explanation is probably that this canoe returned to Tahiti, and then came back to New Zealand at the time of 'The Fleet' in about 1350, for the Rarotonga records support the Taranaki account in saying that 'Kura-hau-pō' called in at that island with the other canoes on the way here. Or, on the other hand, there may have been two vessels of that name. It is clear the canoe's voyage as related by Taranaki will not fit in with that of Whatonga's. The name of Whatonga's canoe was given to it in remembrance of Rangi-atea's speech related above, i.e., Kura-hau-pō means a Solar Halo. The Taranaki tribes claim 'Kura-hau-pō' specially as their canoe, and from the fact of the vessel being wrecked (and repaired) on the way here, call themselves ' *Te waka pakaru* ' (the broken canoe).

THE COMING OF TURI FROM RANGI-ATEA TO NEW ZEALAND.

We have now arrived at the period when Turi migrated hither from Rangi-atea. He married Rongorongo, the daughter of Nga-Toto, a chief of Rangi-atea [Rai'atea Island]. Now, there were two causes why Turi migrated; one was his adultery with a high-class married woman named Hine-awe, daughter of Ue-tupuke, and a descendant of Nga-Toro-i-rangi, thus :—

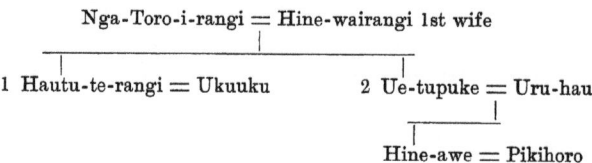

Pikihoro was the brother of Ukuuku, the wife of Hautu-te-rangi elder brother of Ue-tupuke. When this misdeed of Turi's came to be heard of, Pikihoro went after Turi to kill him. About the time of his misdeed, he also killed . . . . [name not given], and when these two crimes were known Turi was chased and fled from Hawaiki to Rangi-atea [Rai'atea Island], where he married Rongorongo, and afterwards migrated to this island, and landed at the far side of Taranaki, and gradually moved south to Patea where he remained permanently, building his home 'Matangi-reia.' That is all about Turi, who came here after Whatonga and Manaia. [The above account agrees fairly well with that I got of Turi when at Tahiti in 1897.]

The following two pedigrees are given just as they are in the original, put into tabular form; but students are warned not to trust implicitly to them, for they contain, what is to me, some confusion which it would be tedious to readers to have explained.

TABLE I

```
47 Rata * ═ Kuni-o-wai [who, by Rarotongan traditions, lived in Upolu Island, Samoa]
   │
   Po-matangatanga ═ Rangahua
   │
   Pai-mahutonga ═ Uenuku-rangi
   │
   Rua-tapu ═ Harabara-te-rangi
   │
   Tahatiti ═ Te Ahina-riki
   │
   Rakaiora ═ Hui-rowhitie
   │
   Tama-ki-te-hau ═ Hime-rautipu
   │
40 (1) Tama-ki-te-ra ═ Hine-te-ahuru   (2) Hau-te-horo ═ Kaiwai   (3) Kowhai-kura   (4) Hine-Konuhi
   │                                    │
   Tama-ki-te-kapua ═ Tipu-ki-runga-ki-te-rangi   Te Ngana
   │                                              │
   Puhi ═ Hine-tioro-mea                          Honhou-rangi
   │                                              │
   Rere ═ Hine-rautoto                            Te Atamai
   │                                              │
   Tato ═ Rutanga                                 Te Aokawhaki
   │                                              │
   Tata ═ Hine-tatau-rangi                        Tauranga
   │                                              │
   Maire ═ Hine-tuaroro                           Te Korahi
   │                                              │
   Maika ═ Te Bi-moana                            Tinpu ═ Te Awatope
   │                                              │
   Korotai ═ Ira-manawa-piho                      Te Haerenga-awatea (or Toi-matua) ═ Te Munu-waero-rua
   │                                              │
   Rongokako ═ Maurea                 31 Toi-te-huatahi ‡ ═ Huiarei   Matangi-a-Rupe ═ Raurangi
   │                                              │
30 Tamatea-ariki† ═ Turi-huka-mui               Rongo-ueroa ═ Ruanangi
                                                  │
                                     (1) Rauru-nui ∥   (2) Whatonga   (3) Mahutonga   (4) Awa-nui-a-rangi   (5) Wawa
```

```
59 Muriranga-whenua ═ Mahuika
   │
   Taranga ═ Ira-whaki
   │
57 Maui ═ Hine-rau-maukuoku
   │
   Tiki ═ Te Ararau
   │
55 Tato ═ Tawha-i-te-rangi
   │
   Tewe-rangi ═ Whanau-pari
   │
   Takahapu ═ Taupari-o-Tu
   │
   Tau-whare-kiokio ═ Te Rangi-mata-keho
   │
   Whaitiri ═ Kai-tangata
   │
50 Hema ═ Arawhiti-te-rangi
   │
** Tawhaki ═ Maikuku-makaka
   │
   Wahieroa ═ Hime-tua-hoanga
   │
   Rata (the same as 47 on the left)
```

* Rata was a grandson of Tawhaki, and by Table opposite page 40, "Journal Polynesian Society," Vol. VII, the latter lived 50 generations back from the year 1900, or, in other words, Rata flourished 48 generations ago as against 47 in this Table, and 46 in the Rarotonga tables. This Rata is, however, apparently not the contemporary of Kupe.

† The Sage's narrative says of this Tamatea, "Hence are Ngai-Tamatea, who dwelt at the North Cape, and Nga-Puhi descended from him, as also Ngati-Raukawa, Waikato and Whanganui—all the people in this and the South Island. Tamatea was a great chief even in Hawaiki, where some of his descendants through Turi-huka still are; she was his senior wife, and Nga-Puhi represent her here."

‡ "This is Toi's name as he was *tuatia* (or named) beyond seas." Subsequently called Toi-kai-rakau.

∥ The Sage said that Rauru did not come to New Zealand.

** In another line recited by the same Sage he inserts after Tawhaki, Whatua-roa ═ Te Au-pawa, whom he makes the parents of Wahie-roa. This is contradicted by Hawaiian, Rarotongan and other New Zealand lines.

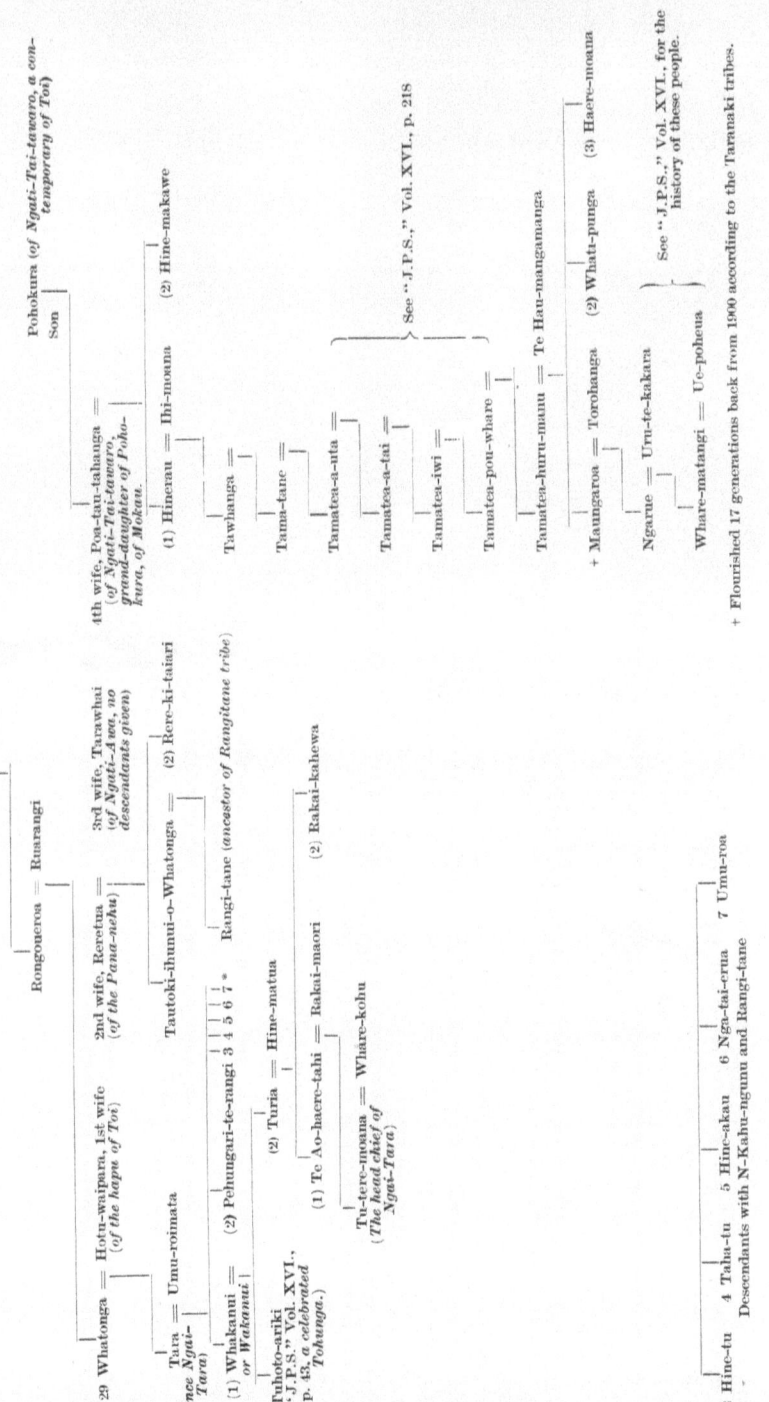

[TABLE II]

[TE KAUWAE-RARO]

UPOKO VI.

Na Te Matorohanga enei korero.

Te Korero mo Manaia i Hawaiki—Ka manu mai a Manaia ki Aotea-roa—Te Korero mo Tama-ahua—Ka haere a Tama-ahua ma ki te kimi pounamu.

TE KORERO MO MANAIA.

KO Tomo-whare, he mea tiki e Manaia hei tohunga tarai haumi, hoe mo tona waka, maipi, tokotoko. Ka noho a Tomo-whare i Whaingaroa, te kainga o Manaia; Ko Nuku-ahurangi te whare. Ka roa e noho ana a Tomo-whare me ona iwi hoa tohunga tarai rakau, me te titiro a Warea, te wahine a Manaia ki te pai o Tomo-whare.

Ka haere a Manaia me etahi o ona tangata ki te ngahere ki te patu manu ma Tomo-whare me ona hoa. Ka tae ki te wahi i mahi ai ratou, ka noho, ka ao toru; ka rere mai nga manu e rua ki runga ake i a Manaia. Katahi ka mahi nga manu nei, ki te mahi takaro ki a raua; ka taka iho ki te aroaro o Manaia nga manu ra. Ka rere atu nga ringa o Manaia, ka mau nga manu nei; ka mea a Manaia, "Rehia i te mata ngaro o Manaia." Ka mate ona manu e rua nei, ka tukua ko te manu toa, i tukua ki tona atua ki a Maru hei whakahere; ko te uha o aua manu ka tunua, ka kainga e Manaia. Ka poroporoaki iho ia ki ona tangata, "Whakawhaititia a koutou manu; ka whanake i te ata apopo, kia moata te whanake.

Ka haere a Manaia ki te kainga; ka tata atu ka whakasō atu ia i tahaki nei; ka mohio ia kua moe nga tangata o Tomo-whare. Ka haere mai ia ki te pakitara o to raua whare ko tona wahine, ka whakarongo ki te pipihatanga o te ihu o Warea. Kaore i rongo; ka tomo ki roto i to raua whare, a Manaia; kaore a Warea i tae mai. Katahi a Manaia ka haere, ka tae ki te whare o te ope, ka tomo ki roto. He pouri ra hoki, ka tu i te taha ki te matapihi, ka mohio iho a Manaia ki te pipiha o te ihu ko Warea tenei. Ka tau te tangata ra ki nga waewae, ka mau ki tona pukepoto, ka pania ki nga ateate o nga waewae o Warea. Katahi ka pania ki te remu o te aute o Tomo-whare. Ka mutu, ka puta a Manaia, ka haere ki tona whare ka moe. Ka marama, ka haere a Manaia ki te whakataki i ona tangata, ka tutaki, ka taua te tau o tera mea o te manu, koia nei taua tau a Manaia.

> Tau ake nei au i taku tau,
> He tau nau, e Tāne-te-waiora ki au,
> He tau nau, e Puna-weko ki au—
> Ki tenci pia, ki tenei tama ;
> Nau e Puna-weko,
> Haramai ra tai, haramai na uta whenua,
> E kai koe i te o wao a Tāne,
> E upa to kakī, e upa to puku
> He mata kamokamo to mata,
> He mata ka rokia to mata,
> He mata ka turuki mai to mata,
> Ki au e—E Puna-weko—E—

Ka mutu te tau a Manaia ka tu ki te marae o te whare. Ka rongo ake te iwi ra i te tau o te manu, ka puta mai ki waho, ka puta mai hoki a Warea. Ka mea mai ki a Manaia, "Nau mai e Tāne ki uta, nau mai e Puna-weko! ki taitu, ki tai takoto, ki tai aro, ki te whare e—i." Ka tino tu te wahine ra ki te aroaro o Manaia' ka mea mai, "Katahi tonu nei au ka tono atu ki tetahi mai i te kauwhanga o Nukuahi-rangi, ka pa rawa nei o tau." Ka mea atu a Manaia, "I whea koe e moe ana?" Ka mea mai a Warea, "I to taua whare." Ka mea atu a Manaia ki tona wahine, "E Kui! he maruapo taku kua taea koe e te tangata. He patai tenei naku, nau ranei i haere atu; nana ranei i haere mai ki a koe?" Ka mea atu a Warea, "Auē ki au e, kaore koe i mahara, kua eke tenei ki runga i taumata o te orongonui ka whakaeke mai a mati-tinuku, a matiti rangi, ka whakaruhi te wao, ka ruhi a Puna-weko, ka whakaruhi hoki te tangata i a Kamo?"

Ka mea a Manaia, "E Kui, e mohio ana au he Waru-tuhoehoe tenei; ka wana nga mea katoa, i uta i tai, ka rehia a tai, a uta hoki."

I konei, ka mohio a Manaia kua nui te pirangi o Warea ki a Tomo-whare hei tāne māna, ina ka kaha tona huna i tona hara.

I konei, ka puta mai a Tomo-whare me ona tangata ki te roro o te whare noho mai ai ; ka mea mai a Warea, "Kaore koe e whakamā mo tau amio tangata ki konei, a, koia nei he mahi mau he whakapae; he kohuru tau mahi i au, i to ope hoki." Ka karanga atu a Manaia, "Kati! ka tohetohe koe ki te huna i to puremu. Tena, e tu ki runga ; kia titiro atu au ki a koe." Kua tu mai te wahine ra ; ka mea atu a Manaia, "Tena! titiro mai ki au." Ka titiro atu a Warea ; ka mea atu a Manaia, "E aha tena e mau mai i o waewae?" Ka titiro katoa nga tangata, e mau ana te pukepoto i nga waewae. Katahi ka mohio a Warea, e, kua mau ia i a Manaia.

Ka patai atu a Manaia ki te ope, E ta ma, kowai o koutou i whaia e te wahine nei?" Ka tu mai a Tomo-whare ki runga ka mea mai, "E Manaia! Ata whakaaro marire ; ka pa he ara paruparu, he ara one ranei, e kitea nga tapuwae o te whanako." Ka mea atu a Manaia, "Kati; ka hua au, i patai atu ai au, he tohu aroha ano to te mate, ka pena mai na koe. Tena e titiro iho ki te remu o to kahu." Ka titiro iho a Tomowhare—e! kua mau ia i te pukepoto o Manaia. Ka mea mai a Tomo-whare, "Ha! naku koa i haere atu ki tona whare, nana ra i haere mai. Na wai i ki kia whati tara-tāne i tara-wahine." Ka mea atu a Manaia, "Kati! kua huna nei koe. Ina to rakau; mau ranei ta taua wahine—maku ranei?"

Ka mau a Manaia ki te tokotoko, ka mau hoki a Tomo-whare ki te tokotoko; noho atu; noho mai; ka tu ano, he huata ta tetahi ta tetahi; kore rawa i pa tetahi me tetahi. Noho atu, noho mai; pau katoa nga rakau; ka tango raua ki te rakau poto, katahi ano ka pipiri raua ki a raua. Kaore i roa, ka mate a Tomo-whare i konei i a Manaia.

KA MANU MAI A MANAIA KI AOTEA-ROA.

I konei ka heke mai a Manaia ki Aotea-roa nei; he wehi, koi patua ia e nga iwi o Tomo-whare. Ka tae te rongo ki a Nuku—tamaroro, tuakana o Tomo-whare, ka ara te ngaki-mate; ka mate a Ngati-purauwha, a Ngati-Wai-rehu, nga iwi o Manaia—i mahue iho i a ia ki muri i a ia. Ko etahi i mate, ko etahi i mau herehere. A ko Te Ahiruru tetahi o nga herehere; ka ai atu a Nuku-tamaroro, "Kei whea taku hoa-riri a Manaia?" Ka mea atu a Te Ahiruru, "Kua heke ki te whenua i tauria e te kohu rangi i Tiritiri-o-te-moana," Ka mea a Nuku-tamaroro, "A ko te kopua toto e waiho i muri nei, a ka kawhaki ia i a ia ki nuku mamao kia ora ai ia. Ko koutou e waiho ana hei whariki mo te aroaro o Warea." Ka mea a Nuku-tamaroro ki ona iwi kia toia nga waka ki the wai; "Kia kowhiria mai hoki nga peke hapai hoe; hei hoake moku ki te whai i taku matua, i a Manaia." Ka oti te kowhiri i nga toa hapai hoe moana, ka tonoa nga tohunga o te tuāhu o te Ahurewa kia haere tahi ratou; ka tonoa a Aweawe-nuku, a Kowhao-roa, a Hau-paroa—nga tohunga o te Ahurewa—kia haere tahi mai a ia.

Ka whaia mai a Manaia, tae rawa mai ki Rarotonga. Katahi ano ka mānu atu ki te moana, ka po rua ka mānu mai ano nga waka e toru o Nuku-tamaroro, a, 'Tangi-apakura,' a 'Te Hou-ama,' a 'Waimate.' Enei waka e rua nga waka unua, kotahi te waka marohi, ko te 'Hou-ama.' Ka tae mai ki Arapaoa, i te muri ki te tonga, ka mea a Nuku-tamaroro ki a Pihangà, "Tukua te ihu o nga waka ma te taha rawhiti." Ka mea a Hau-paroa, tetahi o nga tohunga, " Waiho i te taha mauru te ihu o nga waka e tata ana, koi roa tatou ka u ki uta; e kore e rokohina e tatou." Ka tukua te ihu o nga waka ma te mauru o Arapaoa takoto ai. Ka tae mai ki te Au-miro o te Kawau-a-Toru, ka kitea ake te ahi i te pito mai ki te marangai o taua motu. Ka mea a Nuku-tamaroro, "Mehemea tera ko te motu nei, ko Rangitoto i Ahu ra." Waiho tonu iho hei ingoa ko Rangitoto taua motu. Ka tikina ka torona te ahi, e tu ana te auahi, ka kitea; kua mamate haere te kānga o te ahi, kua aua atu ki tahaki te kā o nga motumotu. Ka mea nga tangata mataki, katahi ano ka pahemo atu.

Ka whaia ano, tae rawa mai ki Manā, e hoe atu ano i waho ake o Pukerua i ko mai o Pae-kakariki. Ka whaia e te 'Hou-ama,' waka marohi nei; kaore i roa kua mau a 'Tokomaru' te waka o Manaia. Ka whakararurarutia e te 'Hou-ama' kia tae mai ai nga waka-unua e rua. Te taenga mai, ka u te pakanga i konei, a po noa ao noa te ra, po noa, ao noa te ra; ka rupeke te nuinga o nga tangata o runga i a 'Tokomaru,' Ko nga tangata o runga i nga waka o Nuku-tamaroro ka tae pea ki te 200 te matenga; ko hokorima o runga i a 'Tokomaru' ka mate. Ka karanga atu a Manaia, "E Nuku! he moumou tangata tenei na taua. Tukua ki uta taua, ma taua anake te rakau; kia wawe ai te rite o taua hiahia." Ka mea a Nuku-tamaroro, "Hoatu ra." Ka huri te ihu o 'Tokomaru' ki uta; ka u atu, ka toia a 'Tokomaru' ki uta takoto ai. Ka mea atu a Nuku-tamaroro, "E Manaia! ka aua atu au e whai mai ana i a koe i te wā moana nei, kaore ano i uru he toko mo te hopara nui a Toi. Waiho kia ao te ra ka tu ai taua." Ka mea a Manaia "E pai ana."

I te po ka haere a Te Ao-whaingaroa, te tohunga o 'Toko-maru,' ki te whakaara i te marangai, i te hau i a Tahu-parawera-nui kia ara. Ka rewa nga whetu ki runga, ka puta taua hau; haere tonu mai te hau me te huka waitara, ka aohia te kirikiri o te moana ki te tua whenua,—kino rawa atu. Koia nei te putake i kino ai nga pararae o Waimea, o Waikanae, o Te Horo, i te kirikiri, i te pukepuke onepu. Ka waiho hei kī, 'ko te one ahuahu a Manaia' taua one—a Te Uruti atu, i te ngutu-awa o Otaki awa, tae noa atu ki te Anaputa i Pae-kakariki ra. Kati ka pakaru nga waka o Nuku-tamaroro, ka mate-mate te nuinga o nga tangata o Nuku-tamaroro i te marangai i te wai hoki.

Ka ao te ra, ka haere atu a Manaia ki a Nuku-tamaroro. E rua ona tu i te kuha o to ratou whawhai i te moana ra. Ka mea atu a Manaia, "E Nuku! ko to taua taunaha ra tenei; whakatika!" Ka mea mai a Nuku-tamaroro, "E Ta! kaore ano i ngata to puku toa i te whakarauika e takoto mai ra te moana, e pae nei i uta?" Ka mea a Manaia, "Naku koa i whai mai, nau ra i whai mai. Mahara au kati ko te ika i uta. Kaore! whai ana mai koe ko te ika tere moana ano kia mate." Ka mutu, ka mau te rongo a Manaia ki a Nuku-tamaroro.

Ka haere mai a Manaia i runga i tona waka, i a 'Tokomaru,' u rawa mai ko Te Aratapu-o-Manaia (koia te roanga o taua ingoa), kei ko atu, i Kaipara, taha marangai. Ka roa ka hoe ki Whaingaroa. I rongo ia kei reira a Whatonga. No te taenga ki reira ka kite i a Maungaroa; ka ki atu a Maungaroa, a Hatauira ma, kua huri noa a Whatonga ki te tai rawhiti o te motu nei. Ka ui mai a Manaia, "E kore pea e mau i au." Ka ki atu a Hatauira, "Me haere e koe ka tupono mai ki a koe tetahi motu e hora ana i te moana, ko tetahi i te taha marangai nei, ka titiro atu e koe ki te au o te puia e koiri mai ana i tetahi motu i te taha tonga, ka whakamau te ihu o to waka ki te taha mauru o taua motu. Na, ka titiro atu koe ki te rae whenua e hokai mai ana ki waho, ko te awa e tuwhera ana i te taha mauru, koia tena, kei kona a Whatonga raua ko Toi e noho ana, kei roto i to raua pa e noho ana, i a Te Kapu-rangi, Engari kei te taha rawhiti te pa, ko te takotoranga pai tena mo ' Tokomaru.'"

Ka hoki ano a Manaia, ka hoe, tae tonu atu ki Whakatāne awa. Ka tae ki reira ka rongo, katahi tonu ka mānu atu a ' Kura-hau-po;' ka haere ki te whai; mau rawa atu i Mataahu, a ' Kura-hau-po.' Ka mānu mai a ' Kura-hau-po' ki te moana, ka mānu hoki a ' Tokomaru'; u noa mai a 'Tokomaru' ko Tokomaru ano, he ingoa no Tokomaru, te waka o Manaia. Ka noho a Manaia ki reira ka roa; ka hoki mai ano ki Whaingaroa nei.

Ka mutu taku whakamarama ki a koutou i tenei. Ko 'Kura-hau-po' ka hoe tonu mai ki Turanga-o-Toi; ka tuturu te ingoa o Turanga, ko Turanga-o-Toi, kua whakamaramatia ake ra e au ki a koutou.

Na, me hoki taku korero ki a Nuku-tamaroro me nga morehu o tona ope. I a Manaia i wehe mai ra ki te tai marangai-rawhiti hoki; ka tahuri a Nuku-tamaroro ki te mahi i ona waka; ka marohitia anake nga waka nei, kua kore e unuatia; kia mama ai te hoki ki tona whenua. Kati, ka oti te mahi i nga waka nei, ka mānu nga waka o Nuku-tamaroro, ka hoki ki Hawaiki, ki te whenua i rauhitia mai ai te tangata, i te hekenga mai i Irihia ki Tawhiti-nui nei, i tutuki mai ai ki Hawaiki. Kati taku whakamarama i konei.

Na, ki taku mahara ka mutu ano nga tangata i tino korerotia i roto i te Whare-wananga a o koutou tipuna nana nga waewae tuatahi ki runga i nga motu nei.

TE KORERO MO TAMA-AHUA.

Na me hoki atu taku korero ki a koutou ki a Tama-ahua me tona wahine, Tauranga. Ka moe a Tama-ahua i a Tauranga, no Ngati-Maruiwi, no Ngati-Rua-tamore taua wahine; he wahine rangatira. Ko tetahi tenei o nga wahine i tukua mai ra e Matakana ki a

Whatonga i a ia i tae atu ki Maketu. Ko te wahine o Tama-ahua mai Hawaiki mai, o tona tamanga ake, ko Hine-ahu. Ko taua wahine no tetahi motu, ko Ahu, i korerotia ake ra e au. Ko te iwi tera nana ra i tutu kia tu he waka hoehoe whakataetae ma ratou, i riro ai a Whatonga a Tu-rahui i te hau-whenua rawhiti. Ko Hine-tangi-akau no Rarotonga tenei wahine. I haere katoa mai i runga i a ' Kura-hau-pō ;' i tae mai enei wahine ki Aotea-roa nei. No Tama-ahua i Maketu ra, ka tukua mai ra nga wahine ma ratou e Matakana, hei tohu pai, whakakotahi i te tangata whenua ki te ope o Whatonga ra, i runga i te mohiotanga he mokopuna na Toi-te-huatahi a ia. Ka moea e Tama-ahua a Tauranga hei wahine mana ; ko tetahi tera o nga tino wahine o roto o te ope ra. Ka mea mai a Matakana ki a Whatonga " Ko Tauranga, ko Nihoriki, ko Pohoi, mau ake enei wahine, he wahine puhi enei, he wahine rahiri no roto i o matau iwi, i a Ngati-Maruiwi. Ko Ngati-Rua-tamore, ko Ngati-Tai-tawaro, ko Ngati-Pananehu, pau katoa ki roto i enei wahine ; me moe e koe." Ka mea a Whatonga, " Waiho ! he whatu katoa te hanga e kite nei koe. No nga moana hohonu o Tawhiti-nui." Kati tenei ; i noho a Tama-ahua ki te kainga o tona wahine, ki Ahukawa, kei uta ake o Maketu. Ka roa e noho ana i Awakino ka haere ratou ko ona wahine tokotoru, ko Hine-ahua, ko Hine-tangi-akau, ko Tauranga, me a ratou tamariki, ka tae ki Whakarewa.

He pa tera no Te Ati-awa ; ara, no nga uri o Awa. Ka noho i reira. He toa a Tama-ahua ki te mau rakau, taiaha, patu-poto ranei ; a he tangata rawe ki te haka ia he reo reka ki te waiata, he tohunga hoki ki nga mahi o te tuāhu o te Ahurewa. Ka pirangi te tamahine a Rautoka, tungane o Tuoioi. Nga tamariki tenei a Kahu-kura-rurukaha raua ko tana wahine, ko Hine-te-ao-patari. No runga i a 'Tokomaru' enei, a Kahukura-rurukaha me tana wahine, a Hine-te-ao-patari na Takerangi. I moe a Manaia i a Warea ka puta :—

1. Hau-paroa
2. Te Ao-patari
3. Take-whenua
4. Hine-wai

Whanau tahi

Na, ka marama mai koutou, he uri tenei no Manaia, kei te tai haua-uru o te motu nei. Ko Hau-paroa kua oti ake i a au te whakahaere ake i mua ake nei. Ko Tuke-whenua i noho i a Tangi-awa, mokopuna a Toi. Kei a Ngati-Kahungunu tenei e heke ana. Ko Hine-wai i noho i a :—

Tonga i a Hine-wai
|
Te-Aho,
|
Hau-moana
|
Tu-taruke i a Tama-o-rangi
|
1. Rangi-tuatahi } whanau tahi
2. Tama-noho whare }

Na ka marama koutou ki tenei peka o Tama-ahua a tenei wahine ana; ka puta ano ki nga iwi o Taranaki. Kati ake enei.

I muri iho o tenei ka roa e noho ana, ka haere a Tama-ahua ki te kainga i a Hatauira, i a Maungaroa, i Wai-whakaiho; ka roa e noho ana i reira ka moea e Tama-ahua a Aotea hei wahine mana. Ka mutu nga wahine a tenei tangata, tokorima. I puta katoa nga uri kei tera motu, kei Arapawa etahi :—

    Ko Tama-ahua i a Hine-ahu W 1
    |
    1. Tama-nuku)
    2.   } Whanau tahi
    3.   )

    2. Tama-hine) No Ngati-awa
    3. Tama-noho)

    Ko Tama-nuku   i a Te Wai-puhoro
    |
    Te Kopatu   i a Hotunuku
    |
    Hou-raki   i a Kimi
    |
    Hou tea   i a Te Moremore
    |
    Uenuku-raugi   i a Taumata
    |
    Pou-tea-noho-taumata i a Te Rangi-tukaha
    |
    Tahu-potiki (tenei)

Kati. Ka makere tenei peka ki a Ngai-Tahu i Arapaoa ra.

    Ko Tama-hine   i a Tahatiti
    |
    Rakaiora
    |
    Tama-te-ra
    |
    Pou-tara-kihi
    |
    Tama-hurumanu
    |
    Rongotope

Kati i konei; ka makere tenei peka ki a Ngati-Porou e noho mai ra i te rawhiti, ma ratou e kumekume atu ki a ratou; ki a Ngati-Ira hoki, ki a Ngati-Kahungunu hoki. Na ka marama koutou ki enei take kua kiia ake nei.

KA HAERE A TAMA-AHUA MA KI TE KIMI POUNAMU.

I tetahi wa mai ka noho a Tama-ahua ma, a Maungaroa ma, a Hatauira ma, kua korerotia ake ra e au. Ka tae ki tetahi wakataka te whakaaro i nga tangata o taua takiwa kia haere ki te kimi pounamu, kotuku, hei piki mo ratou. Katahi ka haere nga waka e toru, ko 'Potaka,' ko 'Otauira,' ko 'Whatupurangi,' koia tenei nga waka i haere ki te kimi pounamu, ki te patu kotuku hei piki. Ka eke a Tama-ahua i runga i a 'Otauira' waka me tona wahine, a Hine-ahu, a Aotea tetahi ona wahine. Ka tika a 'Whatu-purangi,' a 'Potaka,' enei waka i haere ma te taha rawhiti o Arapaoa. Ko Otauira ka tika ma te taha hauauru o Arapaoa; ka tohungia e Kahukura (atua nei) te wahi hei unga atu mo to ratou waka; tika tonu ki Arahura o Kupe, i korerotia ra e au.

Ka tae ki reira ka toia to ratou waka ki roto i te huru takoto ai kia pai ai, koi maroke i te ra, koi kitea hoki e te tangata haere. Ka haere te ope o Tama-ahua ki te kimi pounamu; ka tae ki roto o Arahura, ka hae;a Tama-ahua ki tona wahine, ki a Hine-ahu; ka whakapaea e ia, kei te pirangi a Tuhua ki a Hine-ahu. Ka ki atu a Hine-ahu "Kaore ta taua tangata i te pena mai ki au." Kaore a Tama-ahua i rongo; patua ana a Tuhua, ka mate. Ka pouri nga tangata o tona ope. Heoi, whakamanawanui tonu, ka kitea nga kowhatu pounamu i konei e Hine-ahu; no te tangihanga o Hine-ahu, koia te 'Tangiwai.' No te nui o tona rangatiratanga koia 'Te Kahurangi;' mo tona tiparetanga ki te kawakawa koia 'Te Kawakawa;' Ka mutu nga pounamu i kitea e Tama-ahua raua ko tona wahine. Ka tahuri ki te hika ahi a Tama-ahua; he rere anake te kora o te ahi, ka wera Arahura, koia i pau ai a 'Kahotea' i te ahi, ka kopatapata haere te ahua o tena pounamu i te ngarehu ahi.

Ka hoki mai a Tama-ahua me ona wahine ki Wai-whakaiho, i te take o te pu o Taranaki. Na, kaore au i rongo i nga ingoa patupounamu, o nga tiki ranei, o nga kowhatu pounamu o taua haere a Tama-ahua ma. Engari te mau-kaki i rongo au ko te 'Ara-moana,' he ingoa no Hine-ahu.

Na, ka roa e noho ana a Tama-ahua i Taranaki nei; kati, ara atu ano te roanga atu o tenei korero; me kati; waiho i konei.

CHAPTER VI.

THE COMING OF MANAIA TO NEW ZEALAND.

Manaia's doings at Hawaiki—Manaia sails for New Zealand—Nuku-tama-roro returns to Hawaiki—The history of Tama-ahua—Tama-ahua goes in search of the Jadeite—Genealogical descent from Toi and Tama-ahua.

(Dictated by Te Matorohanga.)

[IT will be noted in the following 'History of the coming of Manaia to New Zealand' that he appears to have arrived during the period when Whatonga, after his meeting with Toi, was still at Whakatāne, in the Bay of Plenty, and had not as yet gone on south to Turanga. Manaia was therefore—according to this account—a contemporary of Whatonga's and of Toi-te-huatahi's. The genealogical table of his connections seems also to bear this out. Hitherto it has always been supposed, and always so stated in the few accounts we have of his voyage, that he came here in the 'Tokomaru' canoe at the same time as 'The Fleet' (so called) or about the year 1350. The Rarotonga accounts agree in this also. But if the following story is right we must anti-date his voyage to somewhere about from 1225 to 1250. There is one thing that bears this thing out, viz.: that the Moriori people of the Chatham Islands were acquainted with the story of Manaia's doings in Hawaiki, and it has always been a puzzle to account for this, on the supposition that Manaia came at the same time as the Fleet, seeing that there never has been any doubt that that people left New Zealand before the arrival of the Fleet.

The probability is that we have never made sufficient allowance for voyages made back from New Zealand to Eastern Polynesia during the years that New Zealand was being settled by the Maoris. It seems to me that 'Tokomaru' must have gone back to Tahiti, as several other canoes apparently did, and then returned with the Fleet; or, there must have been a second canoe of the same name.]

MANAIA'S DOINGS AT HAWAIKI (TAHITI).

THE wife of Manaia was named Warea, and she committed adultery with Tomo-whare. On one occasion Manaia sent for Tomo-whare to act as a *tohunga* [skilled artificer, as well as priest] in making *haumi* [end pieces], for a canoe, paddles, *maipi* [halberts], *tokotoko* [spears,&c.]. Tomo-whare came and stayed at Manaia's home at Whaingaroa, in his house named 'Nuku-ahu-rangi.' After Tomo-whare and his fellow artificers had been there some time, Warea, Manaia's wife, all the time was thinking what a fine man Tomo-whare was. Manaia and many of his people went to the forest to catch birds for his workmen. They were three nights there, and on one occasion two birds came and alighted above where Manaia was sitting and began playing with one another, during which they fell to the ground just in front of Manaia, who stretched out his hands and caught them. He thought [or said] '*Rehia i te mata ngaro o Manaia*' [amusement in the absence of Manaia's eyes is going on'] and evidently Manaia took it as an ill omen. The birds were then killed ; the male was taken to his god Maru, as an offering, the female was roasted and eaten by Manaia, who then bid farewell to his men, saying, " Collect all your birds, and return home in the morning; and be early."

Manaia then returned to his home, being overtaken by night as he got near. He knew that Tomo-whare and his men must all be asleep, so he went to his own house and listened for the breathing of his wife Warea. He could hear nothing; he entered the house; Warea was not there. He then went to the house of the workmen, and entered; it was very dark; he went to the side where the window was [the place of honour, where chiefs sleep] where he recognised the peculiar breathing of Warea; he felt for her legs, and taking a piece of *pukepoto* [1][blue clay, used for painting the face) painted the *ateate* [calves] of her legs, and the border of the *aute* garment [*tapa*, bark cloth, used in the islands for garments and formerly used by the Maoris for fillets, &c., but the plant from which it was made has, through neglect of cultivation, disappeared in New Zealand] of Tomo-whare. Manaia then returned to his own house and slept. At daylight he went to meet his men, with their large quantity of birds, and then he recited his lay (*tau*) as follows :—

MANAIA'S TAU.

I now recite my lay,
A lay of thine, O Tāne-te-waiora ! to me,
A lay of thine, O Puna-weko ![2] to me.
To this disciple, to this son,
This worshiper of thine, O Puna-weko !
Bring forth the products of the sea,
Also of the inland parts—

1. It would be interesting to know whether this *pukepoto* is found in any of the islands. It is a brilliant blue clay, in reality a fossil of some kind transformed into phosphate of iron, and was much valued by the Maoris formerly. It is found in the *pake* (marl) formation of northern Taranaki, which is not a volcanic formation, of which Hawaiki (or Tahiti) is formed, though the same clay is said to occur at Rotorua, which is all volcanic.

2 Puna-wheko, the god-progenitor of birds.

That thou mayest eat the gathered foods of Tāne,
And thus thy throat and belly may belch,
And cause thy eyes to blink,
Inducing an overpowering sleep,
As if they had been charmed,
Give to me, O Puna-weko!

After Manaia had finished his *tau*, he arrived at the *marae* [court yard] of the house where the artificers were, and when the people heard the bird-*tau*, they all came forth together with Warea, who said or sung, to Manaia—

Welcome, O Tāne! from inland,
Welcome, O Puna-weko!
To the stake shore, to the coming feast,
To my presence, to our home—*e.i.*

She then stood before Manaia, and said, "I had only just entered the house to fetch one of my garments in the passage-way of ' Nuku-ahu-rangi ' [name of the house] when I heard your *tau*." Manaia replied, " Where were you sleeping?" Said Warea, " In our own house." Then Manaia said to his wife, " Old woman! I had a *marua-po* [dream, omen, premonition] that you had been overcome by some man. I now ask you, did you go to him, or did he come to you?" Warea replied, " *Aue ki au! Kahore koe e mahara kua eke tenei ki runga o taumata o te orongonui, ka whakaeke mai a Matiti-nuku, a Matiti-rangi, ka whakaruhi te wao, ka ruhi a Puna-weko, ka whakaruhi hoki te tangata i a kamo* " [I give this in the original for it is somewhat obscure]. " Alas, O me! Do you not remember that this period is the brow [i.e. time of plenty] of Orongo-nui [the summer], when Matiti-nuku [the Earth] and Matiti-rangi [the heavens] come [give forth their plenty] and the forest trees cast forth their leaves, when Puna-weko gives of her abundance, and man is weak through blinking." Manaia said in reply, " Old lady! I know that these shavings [on your garments] are from the shaping of the paddles. All things have an origin, like shoots of plants, both inland and in the sea; the sea has its amusements as has the land."

Manaia now felt quite sure that Warea had a great desire towards Tomo-whare, because she so strenuously denied her sin. At this moment Tomo-whare and his men came forth into the veranda of the house, when Warea said, " Are you not ashamed, at having gathered this party here, and then to make such a base accusation? This is murdering me and your guests also!" Manaia said, " Enough! you persist in concealing your adultery. Now stand up! that I may examine you. Look at me." So Warea looked at him, and then Manaia asked, " What are those marks on your legs?" Everybody looked, and there saw the marks of the *puke-poto* [blue clay] on the woman's legs. Then indeed did Warea know that she had been detected. Manaia asked the people, "O sirs! which of you has been pursued by this woman?"

Tomo-whare now stood forth and said, "O Manaia! consider this: If it were a muddy road, or a sandy road, the footsteps of a thief would be seen" [i.e. some sign of his approach to Warea would be visible]. To this Manaia replied, "Enough! I thought when I asked my question that affliction had its token of love, but you reply like that. Behold! look at the border of your garment!" Tomo-whare looked, and there was the mark of Manaia's *puke-poto!* Tomo-whare then said, "Ha! it was I who went to her house first, and then she came to me, who says that *kia whati tara-tone i tara whaine*"? [that man's desire shall be refused by a woman]. Manaia then said, "It is enough! you are concealing the thing! Here is a weapon! Let us fight it out to decide who shall have the woman."

They both then seized their spears (*toko-toko*), each striving to wound the other. Then they took to the *hua ha*, long spears, but neither could touch the other. Again they tried other weapons; all kinds, without result, and lastly they armed themselves with short weapons (*rakau-poto*), and closed in deadly combat. It was not long before Tomo-whare was killed by Manaia.

MANAIA SAILS FOR NEW ZEALAND.

Now, it was not long after this that Manaia came away to Aotearoa [New Zealand] for fear that he should be utterly defeated and his people exterminated by the tribe of Tomo-whare. When the news of the latter's death reached Nuku-tama, the elder brother of Tomo-whare, he raised a party to avenge his death, and Ngati-Pura-uwha and Ngati-wairehu, Manaia's tribes, were defeated. These tribes he left behind him when he came away. Some were killed, some were taken prisoners, among the latter being Te Ahi-ruru. When he was brought before Nuku-tama-roro, the latter asked, "Where is mine enemy, Manaia?" Te Ahi-ruru replied, "He has departed for the land on which the mists and clouds rest, to Titiri-o-te-moana." Said Nuku, "A! gone and left this pool of blood behind him? Taken himself off to a distant land to save himself? Ye are left as a mat to cover the nakedness of Warea!" [*hie whariki mo te aroaro o Warea*].

Nuku then ordered his people to prepare and drag their canoes down to the sea, and to select able arms and shoulders to wield the paddles—"to carry me over the waters to my elder relative Manaia!"

When the able bodied men had been selected—men skilled in sea-pursuits—the *tohungas* of the *tuāhu* [altar] and of the *ahu-rewa* [another kind of altar] were also told to accompany the expedition. The *tohungas* of the *ahurewa* were Aweawe-nuku, Kowao-roa, and Hauda-roa, all of whom were ordered on board. Then the fleet sailed for Rarotonga in pursuit of Manaia, and from there they floated away over the great ocean after staying there two nights. Nuku-tama-roro had three canoes, named 'Tangi-apa-kura,' 'Hou-ama,' and 'Waimate,' of which two were double canoes (*waka-unua*) and one *waka-marohi* a [war canoe, without women on board], outrigger [*ama* is an outrigger] the 'Hou-ama.'

The canoes made the land at Arapawa in the south [the South Island, now used for the north end of that island]. Here Nuku said to Pihanga, "Let the bows of the canoes be directed to the east side" [of the land]. Hau-paroa, one of the *tohungas*, said "Rather let them be directed by the west side which is near, lest we be delayed and on landing shall not overtake them" [i.e. Manaia's party]. So the canoes were steered to the westward of Arapawa, and when they reached the 'Au-miro-o-te-kawau-a-toru' [the swishing current of Toru's cormorant, i.e., Teau-miti or French Pass, see "Journal of the Polynesian Society," Vol. II., page 150, for origin of name] they saw smoke arising from the eastern side of that island [D'Urville Island]. Nuku said, "That island has the exact appearance of Rangitoto at Ahu,"[3] and so that island thus received its name. They then sent to see what caused the smoke, and found a dying fire, from which the men concluded that those who lit it had only just departed.

They now followed after to Māna island across Cook's Straits[4], and as they were passing Puke-rua, this side of Pae-Kakariki [Puke-rua is an old Mua-upoko *pa* a couple of miles south of Pae-Kakariki Railway Station], the 'Hou-ama,' *ma rohi* canoe gave chase, and they shortly overtook the 'Tokomaru' canoe [of Manaia], manœuvered round the other to detain it until the double canoes came up, and when they did so the battle commenced. They fought all day, all night, the next day, and the night after until daylight, when most of the men on board 'Toko-maru' were disposed of. On board the canoes of Nuku-tama-roro probably 200 men were killed to about 50 on the 'Toko-maru.' At

3. If, as seems certain, that Ahu is O-Ahu of the Hawaiian islands, it shows that Auku-tama-roro had visited that group from Tahiti, which can easily be believed from the accounts of the voyages between these groups given in Fornander, and in "Hawaiki." A former reference to Ahu says, that it was a long way beyond Hawaiki (or Tahiti).

4. Probably the Scribe has omitted something here. How did they know the lighters of the fire had crossed the Straits?

this point Manaia shouted out, "O Nuku! we are wasting men. Let us go ashore and fight it out by single combat and so quickly reach the end of our desires." Nuku replied, "Go on then!" and at once the bows of 'Toko-maru' were directed to the shore, and on arrival she was hauled up.

During the night Te Ao-whaingaroa, the *tohunga* of the 'Toko-maru,' proceeded [by his incantations] to raise a great gale of wind, the the wind of Tahu-para-wera-nui.[5] As soon as the stars came out, the wind arose, and with it the hail (*huka-waitara*), the gravel of the sea was driven on shore. It was an extremely heavy gale, and it is due to it that the flats of Waimea, Waikanae, and Te Horo are still covered with gravel and sand hills, and hence originates the saying, 'The heaped-up hills of Manaia'—they extended from Te Uruti at the mouth of Otaki river right away to Te Ona-puta at Pae-kakariki. But enough! The canoes of Nuku-tama-roro were smashed up and most of his men died through the effects of this gale and the water.

When morning broke Manaia went in search of Nuku-tama-roro, who had been wounded twice in the thigh in the sea fight. On finding him, Manaia said, "O Nuku! this is [the day of] our agreement, arise!" Nuku replied, "O Sir! are you not satisfied with the heap of slain that lie there on the sea, and on the shore?" Said Manaia, "I commenced it [by killing Tomo-whare], then you followed that up [and defeated us at Hawaiki), I thought that would end it—by the 'fish' killed ashore. But no; you persisted in following up across the ocean to kill the 'fish' at sea." This was the end; and peace was made between Manaia and Nuku-Tama-roro.

From those parts Manaia came on in his canoe, the 'Toko-maru,' and went ashore again at Te Aratapu-o-Manaia, which is the name in full; it is at Kaipara, on the east side [Probably the present port of Aratapu on the Wairoa river, Kaipara]. After staying there some time he went back to Whaingaroa [Raglan], because he heard that Whatonga was there, and on his arrival he met Maunga-roa and Hatauira [who came over with Whatonga in the 'Kura-hau-po'] who told him that Whatonga had passed on round the North Cape to the East Coast. Manaia then asked, "Shall I be able to find him?" to which Hatauira replied, "You should go on until you come to a flat island stretching out into the sea [Motiti] with another laying to the east on which you will see the steam arising from a *puia* [hot spring on Mou-tohora]; steer

---

5. This is a name for the South wind

your canoe to the west of that island, and you will see a long point [Kōhi] with a river opening out on the west of it [Whakatāne]— Whatonga is there living with his grandfather Toi, in his *pa* Kāpū-te-rangi, on the east side of the river, where there is a good place to haul up 'Toko-maru.'

Manaia therefore started again and eventually reached Whaka-tāne, where he learnt that the 'Kura-haūpo' canoe had only just left for the south, so he immediately set off again, and overtook that canoe at Mata-ahu [the point between Waipiro and Toko-maru, east coast]. The two canoes then went on together to Toko-maru Bay, which is named after Toko-a-Manaia.[6]

After a long time there Manaia returned in his canoe to Whaingaroa [Raglan] whilst 'Kura-haupo' went on to Turanga [Poverty Bay].

NUKU-TAMA-RORO RETURNS TO HAWAIKI.

The narrative will now return to Nuku-tama-roro and those still left alive after the storm. After Manaia had departed for the northern and eastern coasts, Nuku' and his people set to work to repair their canoes, which were now *marohitia* alone [i.e. made into outrigger canoes, two of them being double originally], and not double ones, so that they might be lighter for the return to his own country. After all the repairs had been completed the canoes returned to Hawaiki, to the land where all men originated [i.e. grew up], after they came from Irihia to Tawhiri-nui [? Tawhite-nui] and came across [discovered] Hawaiki.

Now, according to my knowledge, these are the whole of the people whom we were taught about in the Whare-wānanga of our ancestors whose footstep first trod on this island.

THE HISTORY OF TAMA-AHUA.

[Tama-ahua came from Hawaiki with Whatonga in the 'Kura-hau-po' canoe, for which see Chap. V.]

Now, my narrative will return to Tama-ahua and his wife Taurango who was a woman of the Ngati-Maru-iui and Ngati-Rua-tamore, (aboriginal tribes). She was a chieftainess, and one of those that were given by Matakana to Whatonga when he first arrived at Maketu. Tama-ahua's wife of his young days, who came with him from Hawaiki was Hine-ahu, and she came from another island named Ahu [i.e. Oahu of the Hawaiian Group], which has already been mentioned in connection with the people who engaged in the canoe race

6. The local Chief of Toko-maru Bay informed me in 1900 that the bay is named after Manaia's canoe, which called in there.

when Whatonga and Tu-rahui were blown to sea, by the land-wind from the east. Hine-tangi-akau was from Rarotonga, and also came in 'Kura-hau-po,' both these women came to Aotea-roa. When Tama-ahua was at Maketu, women were given to the newcomers by Matakana as a token of good will, to make one people of the *tangata-whenua* with the party of Whatonga, because the latter was known to be a grandson of Toi-te-huatahi. So Tama-ahua married Tauranga, and she was one of the principal women of those given. Matakana said to Whatonga, " Tauranga, Nikorike and Pohoi are all virgins; take them for thyself; they are *wahine-rangatira*, from our tribes, Nagati-Maru-iui, Ngati-Rua-tamore, Ngati-Tai-tawaro and Ngati-Panenehu, all the aristocratic blood of those tribes is in these women—you must marry them." But Whatonga replied, " Leave it! All the people you see are *whatu* [chiefs], from the deep sea of Tawhiti-nui "[7] [i.e. let some of the others marry them, for we are all chiefs].

Tama-ahua remained at the house of his wife Tauranga, at Ahu-Kawa inland of Maketu. Then he dwelt at Awakino [near Mokau, 55 miles north of New Plymouth, west coast North Island], and from there he went with his three wives—Hine-ahu, Hine-tangi-akau and Tauranga, and their children—to Whakarewa, which was a *pa* of Te Ati-Awa—the descendants of Awa [this *pa* is still in good preservation, about three miles south of the White Cliffs]. Here he dwelt some time. Tama-ahu was a very brave man, and accomplished in the use of *taiaha* (halbut), short weapons, &c., an excellent *haka* dancer, with a sweet voice in singing, besides being a *tohunga*, or priest, learned in the ritual of the *tuāhu* and *ahu-rewa*. Here the daughter of Rau-toka [brother of Tuoioi] fell in love with him. They were the children of Kahu-kura-rurukaha and his wife Hine-te-ao-patari, who came over in 'Toko-maru,' and she was a daughter of Take-rangi.

Manaia married Warea and had :

1, Haupa-roa ; 2, Te Ao-pataio ; 3, Take-whenua ; 4, Hinewai.

You will thus see that these descendants of Manaia are on the west coast. I have already told about Haupa-roa. Take-whenua married Tangi-awa, grandson [or granddaughter] of Toi, and their descendants are amongst Ngati-Kahu-ngunu. Hinewai married Tonga and had

---

7. i.e., Tahiti-nui, the present name of that island, whilst the Taiarapu peninsula is called Tahiti-iti. But possibly this refers to the other Tawhiti-nui, or, as I have suggested, Borneo, see Chapter II.

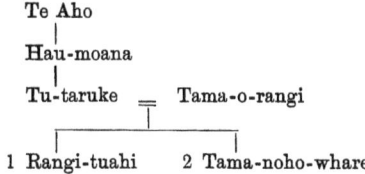

You now understand about this branch from Tama-ahua and this wife of his, whose descendants are amongst the Taranaki people.

After dwelling at Whakarewa *pa* some time Tama-ahua went on to the home of Hatauira and Maungaroa at Wai-whakaiho [two miles north of New Plymouth, but probably means the old settlement on the spurs of Mount Egmont, just above Waiwhakaiho river], where he lived a long time and there he married Aotea, making his fifth wife, and many of their descendants are in the other [south] island, some at Ara-pawa.

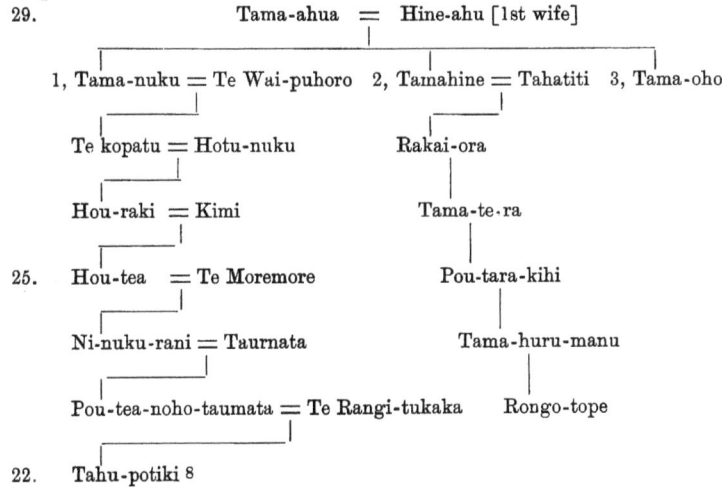

This branch descends to Ngai-Tahu of the South Island, and Rongo-tope's descendants are amongst Ngati-Porou at the East Cape, and amongst Ngati-Ira and Ngati-Kahu-ngunu.

TAMA-AHUA GOES IN SEARCH OF THE JADEITE.

After Tama-ahua had lived with Hatauira and others for some time, the people of those parts decided to make an expedition in search

---

8. The mean of some twenty lines descending from Tahu-potiki makes him to have lived twenty-two generations ago. This will agree with Tama-ahua's position as a contemporary of Whatonga, whose position is also twenty-nine generations ago.

of the jadeite and white heron plumes.[9] There were three canoes went for that purpose, 'Otauira,' 'Potaka,' and 'Whatu-purangi,' Tama-ahua going by the first named with his wives Hine-ahu and Aotea. The two canoes 'Potaka' and 'Whatu-purangi' went by the east coast of Arapawa [South Island], whilst 'Otauira' went by the west. These latter people had been directed by the god Kahu-kura where they should land, so they went direct to 'Arahura of Kupe' as described already [see Chap. III.]. When they got there they hauled up their canoe into the scrub so that it should not be damaged by the sun or be seen by the passing people.[10] Then Tama-ahua's party proceeded up the Arahura river to search for the jadeite. At this time Tama-ahua was jealous of his wife Hine-ahu, saying that Tuhua was making love to her, but she denied it altogether. But Tama-ahua would not listen to her denial, and set upon Tuhua and killed him. His party was much grieved at this, but nevertheless went on with stout hearts, and then Hine-ahu discovered some jadeite. Because of her lamentations [over the death of Tuhua] *tangi-wai* [crywater] jadeite was so called, and in consequence of her rank the *Kahu-rangi* [high-born chieftainess] jadeite was so named. Then when she made a circlet of *kawakawa* leaves—another species of jadeite got its name. These were all the varieties of jadeite found by Tama-ahua and his wife. When Tama-ahua proceeded to light a fire by rubbing the sticks, the sparks flew out and set fire to Arahura, and hence was 'Kahotea' [name of a certain *mere* and also of a variety of jadeite] burnt, for that kind of jadeite is spotted like drops [*kopatapata*] on account of the fire.

After this Tama-ahua and his wives returned to Wai-whakaiho near the base of Mount Egmont. I have never heard the names of the *meres*, *tikis*, or other objects made from the jadeite procured by Tama-ahua, except a *mau-kaki* [neck pendant] which was named 'Ara-moana,' after Hine-ahu, as this was one of her names.

Now, Tama-ahua lived for a long time at Taranaki. But enough, the rest of his history must be left for another time; and let us leave it here.

---

9. It is well known that breeding places of the *kotuku* or white heron is on the west coast of the South Island.

10. It occurs to us to ask, who could the passing people be? This story shows at what an early date in the history of the settlement of New Zealand, by the Maoris, they knew of and searched for the jadeite—for his voyage could not well have been later than the fourteenth century.

[The Sage then relates further particulars about the peace made between Te Whare-pouri, of Ati-Awa, and Ngati-Kahungunu, incorporated now in " History and Traditions of the Taranaki Coast," and alluded to Aho in his account of the *tangata-whenua, ante*, which note on those people are grouped with the others.]

UPOKO VII.

NGA MORIORI O WHARE-KAURI.

(Na Te Matorohanga etahi o enei korero, he tangata
ke nana etahi.)

Ka haere a Kāhu ki Whare-kauri——Nga Moriori i ka haere a Kāhu-koka ki
Whare-kauri—Te Uru-o-Manono—Tetahi heke ki Whare-kauri.

KA HAERE A KAHU KI WHARE-KAURI.

I TE wa heke i mai ai a Toi-te-huatahi ki te kimi haere i ona mokopuna, i a Whatonga, i a Tu-rahui, ka tae mai ki Pangopango, ki Hamoa, ki Rarotonga, koia tenei tona poroaki haere, "E haere ana ki te kimi haere i aku mokopuna. E puta mai he tangata i muri i a au ka ki atu kua ahu te uru o te ihu o taku waka ki te uru o Aotea, ki te whenua i 'Tiritiri-o-te-moana,' ki te whenua e tauria ana e te kohurangi, ki te kimi i aku mokopuna. A, ki te u te ihu-waka ki uta, mana e noho, mana e hoki a muri. E kore e u, kua whakawhenua ki te kopu-hopara o Hine-moana." Ka mutu tona poroaki ka haere ki nga motu i haere ai ia.

Na, ka rere mai nei a Toi ka u ra ki Tamaki (i Akarana ra) kati, kua oti ake tera.

Engari i tetahi wa mai ka korero a Horangi (he tangata rangatira no Ngati-Te-Koaupari) kotahi te whenua i kitea e ratou e whakakapua ana mai i waho i te moana, he motu iti nei. Na, ka nui haere taua korero a Horangi nei ki roto i nga iwi nei; ka tae te rongo ki a Kāhu, i Whakatāne e noho ana i roto i era iwi ona.

Ka hiahia a Kāhu ki te haere ki Taranaki. Ka haere, ka tae, ka noho ka roa, ka hoki ano ki Whakatāne. I tetahi o nga hokinga ka haere katoa tona heke, e rua-te-kau-ma-whitu ratou. Ka tae atu ki Pou-a-kani ka noho i reira i te taha marangai o Taupo. He kore kai o reira ka heke mai i Taupo ka tae mai ki Patea—o Muri-motu nei. A, ka tika mai ma Otairi i Rangitikei nei, ka tae mai ki Te Houhou. Ka titiro ki te kore tangata o taua takiwa me te pai, ka mea ia ki te wawahi rakau hei mahi pa, hei mahi whare. Ka pae nga rakau, ka moe a Tama-uri, tamaiti a Kāhu, e mānu ana nga rakau i mahia ra i te wai, puta tonu atu ki Te Moana-nui-a-Kiwa, pae rawa atu he motu i te moana, a, i reira katoa ratou. Ka oho ake ia ka korero i tana moe ra, ka mea a Kāhu, "Me haere tatou!" Ka mahue to ratou kainga me a ratou rakau i mahia ra, noho rawa atu i te ngutu-awa o Rangitikei.

A ka tahuri ratou ki te whakapai i to ratou waka, ki te whakamau i nga rauawa; ka oti, ka mahia nga hoe, me nga toko. Ka haere a Hine-te-waiwai (tamahine a Kāhu—tuahine a Tama-uri) ki te one haereere ai ratou ko nga wahine o to ratou ope. Pono atu e pae ana te rakau, he kauri. Na te tupuhi i mau mai. Ka hoki mai a Hine-te-waiwai ka korerotia taua rakau ki te papa. Katahi ka tikina ka wawahia hei karaho mo te waka, hei toko-tu, hei whiti mo te waka, hei kaho hoki, a, ka oti te mahi.

I a ratou e noho ana i reira ka tae mai nga tangata tokorua no Whanganui; ko Te Aka-aro-roa, ko Ha-waru. Koia tenei to raua whakapapa:—

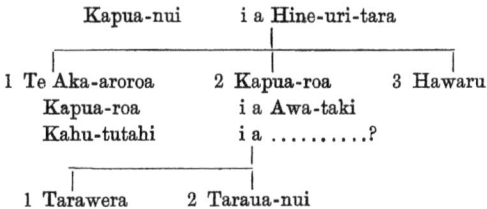

Na kei Whanganui tonu e heke ana, ma ratou e whakaputaputa atu ki a ratou.

I tetahi wa mai ka kakari a Kapua-roa me te tuakana, a Aka-aro-roa; mo te pua-manu, kereru, te take. Na Kapua-roa te rakau tahere, ko Ahu-rangi te ingoa kaha. Ka pikitia, ka riro iho nga manu, Haere atu ai a Kapua-roa, e pikau mai ana. Ka mea atu a Aka-aro-roa, "E Kapu! tenei nga manu o to rakau, naku i wetewete mai." Ka riri a Kapua-roa; ka rere atu, ka patua te tuakana ki te kakau o tona toki, ka pa ki te upoko. Ka ki atu te tuakana, "Kati E Ta! E noho ko to rakau hei tuakana mou; ka whana atu tenei ka haere, koi kite mai hoki koe i au." Koia tenei te take i heke mai ai a Aka-aro-roa me te taina, me Hawaru (te tuahine [sic]). Ka tae mai ra, e noho ana a Kāhu me tona heke i te ngutu-awa o Rangi-tikei; e mahi ana i tona waka. Engari kaore e mohio ana ki te mahi i nga haumi, ki te whakamau i nga rauawa, i nga toko-tu, i nga whiti, i te karaho o te waka. Koia ra te roa o Kāhu me ona hoa, he kore kaore i mohio ki te whakahaere waka rere-moana. He koanga ngakau - ka tae mai a Aka-aro-roa me te tuahine hei hoa mo ratou. Ka hoatu ma Aka-aro-roa e mahi te waka me ona mea katoa. Ka tahuri a Hawaru ki te rarangi whariki koaka nei hei hipoki mo runga i nga whiti o te waka o Kahu.

I te wa i heke mai i Pou-a-kani, ka mauria mai e Kahu nga kăkă aruhe; kotahi te aruhe-paranui, kotahi te aruhe-pawhati, kotahi he aruhe-mapara. Koia tenei nga ingoa o aua aruhe; ka whaowhia ki roto i te ipu-hue nei, he pukahu-matai, kahika, he whariki, he uhi ranei. Pera ano nga purapura kumara, taro ranei. A ko aua kai i mauria atu e Hine-waiwai i tenei motu.

Ka mea atu a Aka-aro-roa, ki a Kāhu, " Ka ahu to tatou tira ki whea?" Ka mea mai a Kahu, " Me haere tatou ki te motu e ki nei a Toi i kite atu ia, he motu e whakakapua ana mai i tawhiti. E hara i te motu rahi rawa." Ka mea atu a Aka-aro-roa, " He tika! I rongo ano ahau i taua motu kite a Toi."

Na, katahi ka tae ki te kaupeka o Tapere-wai, ka mānu te waka o Kāhu ki te 'Moana-nui-a-Kiwa.' Ka u ana te waka ki Rangitoto; ka roa e noho ana i kona, ka tae ki a Akaaka-nui te kaupeka o te tau, i te Omutu o te marama, ka manu atu i Rangitoto te waka o Kāhu me ona hoa, a, ka u atu ki taua motu i haere ra ratou; ka u ki tetahi whanga i reira; ka noho ka mahia he whare mo ratou. Ko nga tokotu nga rakau o te whare ra; ka oti te whare nei ka tapaia e Hine-te-iwaiwa ko Whare-kauri, no te mea he kauri aua rakau o te whare ra, waiho tonu iho hei ingoa mo te motu nei, ko Whare-kauri. Ka tapaia ko Kaingaroa taua whanga i u atu ai ratou hei whakamaharatanga mo nga parae i Kaingaroa i te takiwa o Taupo ra.

Na, ka tiria nga aruhe a Kahu i mau atu ai, ka kiia ko Tongariro te wahi i tiria ai, hei whakamaharatanga ki te maunga o te wahi i heke mai ai ratou i Pou-a-kani.

Ka roa e noho ana ka haere a Kāhu raua ko Aka-aro-roa ki te whakataki haere i te whenua, he pai ranei, he kino ranei, he tangata ranei to runga, kaore ranei, ko ratou anake ranei. No raua e haere ana, ka kite i te ahi e koiri ake ana te au; ka tirohia, a, ka kitea he tangata ano to runga i taua motu o mua i a ratou. Ko te Moriori te iwi tuatahi; e ki ana he tangata papai. Ka moe a Aka-aro-roa i te wahine o reira, o te Moriori, Te Para tetahi, ko Waimate tetahi o ona wahine:—

```
Aka-aro-roa        i a Te Para
  |
Kauri
  |
Waitaha
  |
Te Rangi-tuatake   i a Tipurua
  |
Te Hau-te-horo     i a Waimate
```

Ko tenei o ona uri i hoki ki Whanganui nei.

Na, ko nga kaumatua nana enei korero ki au, ko Hau-a-uru, ko Takarangi, i a matou i tae atu ai ki Aramoho i te kainga o Tamati Puna, he kawe taonga mai na Ngai-Tahu mo Tamati Puna; tekau nga kakahu, kotahi te *hoiho*—ko Tu-purupuru—me nga moni £100. Na Iraia Te Ama ratou ko ona matua aua taonga. Ka korero nei aua kaumatua nei ki a au i taua take korero i korero ake nei au ; i te tau 1854-5 ranei i tae atu matou ki reira.

Ko Hau-te-horo i kiia ake nei, kaore i hoki, oti iho ki Whanganui nei ona uri katoa. Ko etahi o nga uri a Aka-aro-roa me ona wahine i oti atu ki Whare-kauri tae mai ki taua wa i korero nei a Hau-a-uru raua ko Takarangi ki au :—

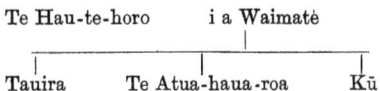

Na, ko te ipu o nga aruhe a Hine-waiwai ra, ko 'Te Awhenga' te ingoa. Ko te patua kiri-totara o nga kumara, o nga taro, ko 'Rangi-ura' ; koia te kiri o te totara ina kokotea te tapeha ka kiia he rangiura. Tona whakatauki, ' Ko te rangiura a Hine-te-waiwai.' Ka mate nga taro, nga kumara, a Kāhu, ka whakatauki a Kāhu, "Aiha! Tena rawa te one kai i au kei Ara-paoa. He noho noa nei au ki runga i te toka moana nei." Mo te kino o te whenua, ara, he whenua hau-wai. Ka tono a Kāhu ki tona heke kia hoki mai ratou ki Ara-paoa nei. Kaore i whakaae nga mea kua moe wahine i o te Moriori. Katahi ka heke mai a Kāhu me Hine-te-waiwai ki Ara-paoa nei i runga ano i tona waka i haere atu ai ia, o Aotea nei ; ko 'Tāne wai' taua heke ; kaore i mohiotia i u mai ranei, kaore ranei—kore rawa i rangona i muri mai o taua wa.

Na Tu-raukawa, na Nga-Waka-taurua na Kiri-kumara i korero ki ahau i te tau o te maungarongo a Tu-te-pakihi-rangi ki a Te Whare-pouri, ki a Ngatata, ki a Te Honiana, ki a Kiri-kumara, ki a Te Kaeaea-taringa-kuri, ki a Miti-kakau ma. I mea mai ratou ko te waka o te Mouriuri (koia ra te ingoa o tera iwi i mua ai. Na nga iwi heke atu ki reira i ki he Moriori; kaore, he Mouriuri ke to ratou karanga). Na ko taua iwi he iwi rahi ano i mua mai o te taenga atu o nga heke ki Wharekauri. No te taenga atu o nga iwi ke, ka moe-moea a ratou kotiro, ka tangohia nga wahine, ka patupatua nga tane ; koia i kore haere ai taua iwi i naia nei.

Na, me whakapapa ake ano e au :—

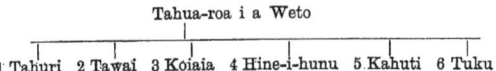

144 THE LORE OF THE WHARE-WANANGA.

Kapo-hau i a Waitaha

1 Ohuru	2 Te Ao-marama	3 Hauhau	4 Hutoki	5 Kopeka	6 Moturoa	7 Kuikui	8 Te Ata

Ko enei Mouriuri he tino tangata i te wa i a Kāhu i a Aka-aro-roa i tae atu ai ki Whare-kauri. Engari he maha atu nga whakapapa o aua iwi. Kati, kaore i pai te whakahaerenga mai o aua whakapapa nei. Ka mutu nga mea i pai te tataitanga mai ki au, a Hau-a-uru, a Takarangi.

Na, e mohiotia ana enei waka, i manu mai i Rarotonga, a 'Aotea-roa,' a 'Te Mapou-riki,' a 'Rangi-ahua,' a 'Te Ririno.' Na ko 'Te Ririno' nei i u atu ki Wharekauri i mua noa atu i a Kāhu. I u atu a 'Te Ririno' ki Rangi-kapua i Wharekauri. Koia tera tetahi o nga tangata o taua waka, ko Tahua-roa, ko Te Kapohau me o raua hoa ano, me o ratou wahine, me o ratou tamariki hoki. Ko enei tangata, a Tahua-roa, a Te Kapohau he uri na Matangi i moe i a Hine-huri. Koia tera o raua matua.

Na! Ka mutu rawa nei nga wahi e marama ana i a au o enei take.

KO TE MOURIURI (MORIORI).

(He tangata ke pea nana enei korero i raro.)

Tenei hapu, ko Ngati-Kopeka, he wehenga no N-Waitaha, i mānu mai-whenua, o Pu-waitaha, o Kahu-koka—koia tenei nga rangatira o taua waka—o 'Te Karaerae.' Ko Kahu-koka te tangata o enei i mahara ki te mau mai i te konae purapura kumara, he koka nga takai o tona konae kumara, koia ka tapaia e nga hoa, ko Kahu-koka. Ko te wahi i u atu ai to ratou waka, i u mai ki Taiharakeke i Mataahu. No te haerenga ki te hī ika i Rai-kapua ka riri te iwi kainga, ara te hunga i ki tuatahi no ratou a Mataahu tae atu ki Waikawa. Ka heke mai ratou i reira. Ko tenei waka i maunu mai i Hawaiki i te wa i manu mai ai a 'Takitimu,' a 'Horo-uta,' ko 'Te Karaerae' tetahi. Ko te kainga o tenei wehenga o N-Waitaha, ko Te Whanga-papa (in Hawaiki). Na ka heke nei te heke ki Whare-kauri. I kiia ai ko Whare-kauri, koia tera to ratou pa i Hawaiki, ara, i Whangapapa. Ka tapaia e ratou te toka ika i tipu ai te riri a Te Wahine-iti ki a ratou hei kainga no ratou ki Whare-kauri a Rai-kapua (ki tetahi whakahua, ko Kapua-rangi). Kei waho ake o Waikawa i Waipiro te hangaitanga o taua tauranga ika.

I noho a Rongo-mai-whenua i a Hine-rua, he tamahine tenei na Hape-taua-ki-whiti. I a ratou i Whare-kauri, te mahi, he konohi aroha tonu mai ki tona papa. Ka tata te mate, ka ki ake ki tana tamaiti tane—ki a Kape-whiti—"I muri nei, E koe! E tipu koe hei tangata; ka haere ka hoki ki te toro i to papa i Tiritiri-o-te-moana." I muri o te matenga o Hinerua, ka tumanako tonu a Kape-whiti kia haere ia ki te whakarite i te ohaki a tona whaea. Ka haere mai ia me Puwaitaha, ka u mai ki Tukerae-whenua, ara ki Takaka i tera motu. Ka haere mai i te ope haere mai o Tokomaru ki tenei motu. Ka tae mai a Kapewhiti ki ona tipuna, ki ona iwi ake, katahi ka rangona nuitia tera atu ano tetahi motu ke atu i enei motu e rua. Ka kiia e Kapewhiti ki tona hoa, "Nau mai haere e hoki ki te toro i to taua nuinga, E tae, E koe! Waiho he ingoa mo ratou, ko 'Te Kiriwhakapapa.' Te take o tenei ingoa, i te taenga mai o to raua ope ki Te Awahou i uta mai o Te Whiti-o-Tu, ka mahue atu te nuinga o to ratou ope, ka haere mai ratou ake o Wharekauri, tae mai ki runga o Kuripapango ka puta te hukapapa, ka mate ratou i te huka i konei, he mea kari ki te rua i te whenua ka ora ratou, koia i ki atu ai ia ki a Pu-waitaha, "E tae e koe ki te kainga, ko Ngati-Kiriwhakapapa he ingoa mo koutou."

Ko Ruaehu, ko Rua-whakatina, Hine-rua, whanau tahi. Ka moe a Hinerua i a Rongo-mai-whenua, ko Kape-whiti tenei, ko Te Hina-maunu i moe i a ia, he taina a Te Hina-maunu no Tamatea-upoko, He uri enei na Tamatea-ngana. I tapaia ano e Pu-waitaha ma tetahi wahi, hei ingoa mo to ratou hapu mai o rawahi Waitaha. Ko Maunga-nui he ingoa ano tera no tetahi maunga i Hawaiki, na ratou i tapa.

KA HAERE A KAHU-KOKA KI WHAREKAURI.

I muri mai ka haere a Kāhu-koka ki te whakataki haere i te motu o Whare-kauri, a kore rawa i kitea he wahi pai e rite ana ki tana i whakaaro ai hei tupunga mo ona kumara, he one wai, koia te kino ki tana whakaaro. Ka haere a Kahu-koka, ka hoki ki te wahi i noho tuatahi ai ia, ka taka mai te konohinohi aroha ki te whenua tipu ki Hawaiki. Ko tona waka i haere ko 'Tāne-kaha,' tenei waka no Hau-tupatu, no N-Waitaha i Moeraki kei tera motu, Te Wai-pounamu.

Waerea, waerea nga tai moana
Waerea nga tai o Kiwa
Waerea, waerea nga tai na Hine-moana,
Waerea, waerea nga tai na Tangaroa,
Waerea, waerea nga tai na, Tāne-matua,
Waerea, waerea uga tai nau, E Tawhiri-matea,
Takoto te ihi moana, takoto te ihi-matawai
Takoto te ihi pu-kohn-rangi, takoto te ihi-wai-rangi,
Ki auripo, ki au-tahora, ki au-marino
Takoto atu te au-Tonga, te au-Para-wera-nui
Te au-mauru, te au-whakarua, te au-marangai,

Te au-moana ki te pu, ki Hawaiki,
Ki te pu, ki te Toi-whenua.
Tenei au ka whakatakoto i te ihu o taku waka
Ki te rua o Tama-nui-te-ra, kia mau kīta,
Kīta ki uta ki te Toi-whenua e—
Whakahoro, whakahoro, E Tawhiri-matea
Ki te pu-ki te mauru, ko Pou-tu,
Ko Pou-takoto atu ki te Toi-whenua ki Hawaiki-e-i
Kapi, kapi o mata tonga
Waiho taua i te Iho-nui o tai e Maui—
O tai o Kupe, o tai o Te Rongo-patahi
Koi keukeu, koi rangaranga-e-i.
Mimiti tai maranga o Aotea
Mimiti tai o te moana a Kiwa
Mimiti tai a Hine-moana
Takaahoaho Tangaroa i tai-whenua
I tai-timu, i tai wawa, i a tai-wıwi e-i.
Ka rere ' Tāne-kaha ' te waka-rei o Kahu-koka
Ki te whanga ki Hawaiki-nui, e oi ki uta-ei.

Ka mutu te karakia nei ka manu te waka o Kahu-koka ki te moana, i te mea kaore ano te ra i whakaihi nga hihi i te pae-rangi, i te pae-moana.

TE URU-O-MANONO TETAHI HEKE KI WHAREKAURI.

Ko Uru-o-Manono, he pa tenei kei Hawaiki no Manaia me ona iwi, Ngati-te-otakai, Ngati-Pananehu, Ngati-Rakaia. Enei iwi he iwi kino, he iwi kohuru tangata; he nui nga putake pakanga i tipu ake i a Manaia me ona iwi, koia te take i puta mai ai ki waho o Hawaiki. Te hoa whawhai o Manaia ko Uenuku me ona iwi kua oti ake etahi wahi te korero e au ki a koe.

Ko Tu-moana te rangatira o tetahi hapu, ko Whena tetahi; Na, ko te wahine a Tu-moana, ko Papa, he tamahine na Tu-wahi-awa, tungane o te wahine a Ue-nuku, nana nei a Kahutia-te-rangi. Koia nei tetahi o nga take i tipu ai te pakanga me te tahaetanga i nga whakai a nga tamariki a Ue-nuku, me te kohurutanga i nga tamariki a Ue-nuku, kua oti era e au ki a koe. Na Horopa, te taina o Tu-wahi-awa te taua ka mate a Tu-moana i te Whata-a-iwi i Hawaiki. Ko tetahi ona ingoa ko Tuarahuruhuru o Tu-wahi-awa, tona taina o muri rawa ko Papa-kiore, koia tenei ratou. I riro herehere te tuahine o Tu-moana, a Te Kiri-kakahu, Ka mānu mai nga waka o te heke nei i te moana, ka poroporoaki nga tangata o runga i a ' Rangi-houa,' i a ' Rangi-mata-wai '—enei ngo waka o nga heke nei. Ka tangi atu ki uta, ki a Te Kiri-kakahu, tuahine o Tu-moana, he matamua nona. Ko ' Pou-ariki tetahi o nga waka nei i haere tahi mai ai i Hawaiki ki te whenua o Tiritiri-o-te-moana nei, ara, koia tenei ko Aotea-roa.

TE KAUWAE-RARO. 147

Ko 'Pou-ariki' he waka rauawa, he pera me Takitimu. Ko te takere he rakau puku. Na, ka tangi mai a Te Kiri-kakahu i uta koia tenei tona tangi :—

> Mania takoto noa Kainga-roa
> Ka ngaro ra, e te nui tangata i ahau,
> Tuke tu noa ra Amoamo-te-rangi
> Ka wera ra e, Uru-o-Manono,
> Te puna o te iwi ka wehe i a au
> Ki Tahora-nui-atea, e hora ra i waho o Hawaiki,
> Takoto mai e Manaia, e Whena,
> Te putake o te kino i mahue ai au e-i.

Na, ko Te Honeke te tohunga o 'Rangi-houa,' ko Rongomai-whitiki te atua. Kihai tenei waka i u ki uta, ka tahuri i te whakahekenga atu ki uta i Wharekauri. He tokomaha, ko Taupo, ko Tarere-moana, ko enei i u ki uta me etahi atu hoki, he nui i mate ki te wai; ko te waka i pakaru ki runga i te auheke o te moana i Wharekauri. Ko Rakai-roau i mate ki te wai. No te Waru i manu mai ai i Hawaiki, no te matahi o Orongo-nui, i te whakahikuhikunga o te Waru, e ngau ana ki roto ki te Iwa ka u mai ki Wharekauri, na reira hoki i tahuri ai te waka nei, Ka whakahoro hoki a Tawhiri-matea ina puhi i tena wa, i a 'Tonga-nui,' i a 'Tonga-tuahuru,' i a 'Tonga-ngawi,' i a 'Tonga-parawera-nui,' i a 'Tahu-makaka-nui,' i a 'Tahu-huaroa,' i a 'Whakarua.' Ko nga hau tenei o enei wa o te tau.

Ko Kini-rangi te rangatira o taua waka nei, a, ka tangi atu a Arikikakahu ki tona iwi, koia tenei tona tangi :—

> Kautere, kautere, e papa-hewa ki waho i te moan
> Kautere, kautere atu rangi ki waho o te moana-huka-a-toi
> Kautere, kautere atu ra Marua-roa, Marua-kauanga
> Kautere, atu ki Raro-kohu,
> Ki te whenua i tipu ai te karaka
> Rere atu o Turangi-Hawaiki
> He aka to ito i kautere ai koe
> Ko Tu-moana pea, e ngau nei i roto i a au,
> Kautere atu ra e Matangi-ao,
> Ki Tiritiri-o-te-moana, ki te whenua
> I takoto ai Pukohu-rangi
> Kautere atu ra Ngangana
> Kautere atu Aorangi-tahuhu
> Mokonui, Matangi-aurei, Maroro,
> Kautere atu ra ki Whiti-kau
> Waiho au i konei popoki noa iho ai,
> Ki Hawaiti-nui [sic] ki Hawaiki whenua mahue,
> Mahue tenei wahine-ariki Rangi Te Kapu-o-Rangi-e-i.

Ka tu te tohunga o te heke nei, katahi ka whakahua i tana karakia i te putanga ki waho o nga pae-ngaru a Hine-moana i tautitia i rau o Rangi e te whanau puhi-ariki, a Papa-tua-nuku, koia i whaka nohoia ai te whanau riki a Hine-tua-kirikiri raua ko Hine-tua-hoanga hei whakatatutu i te Moana-nui-a-Kiwa, e tauhere nei i te ao, te pō kia kore ai ona rohe e neke ki te horo i a Tua-whenua. Koia tenei tona karakia :—

>Kowai taku atua, ko Maru-hiku-ata,
>Kowai taku atua, ko Pawa-au-tahi
>Kowai taku atua, ko Kahu-kura-mana-hau
>Kowai taku atua, ko Tawhiri-rangi.
>Tenei au te tupe atu nei,
>Ki te Tupe-nuku, ki te Tupe-rangi, ki te Tupe-moana,
>Au-rikiriki ana ki tawhiti
>Au-aro ana kia pau ana take
>Wahia i te moana tu-tara huru
>Tu-tara wanawana, ki Tawhiti-nui, ki Tawhiti-roa
>Ki te nuku o te moana te ihu o taku waka,
>He waka tangata aurei-nui, roa ki te whenua,
>Koangiangi te hau muri i te waka nei,
>Kowai taku ika, ko te Ika-pakake
>Kowai taku ika, ko te Ika-para-tua-wai
>Kowai taku ika, ko te Ika-a-Tangaroa i te moana,
>Awhitia, awhitia i te waka-aurei, e mourei,
>Whanake i raro te Ika-pipiha-nui, te Ika-pipiha-roa,
>Tutea ki Tawhiti, Uhi! Taiki! e
>Ei Mourei, e-i-oi, Mourei-e-i.

CHAPTER VII.

Kāhu goes to the Chatham Islands—Te Uru-o-Manono—The canoes of the migration from Hawaiki—Kāhu-koka returns to Hawaiki.

[THE following account of the Chatham Islands migrations is very interesting when compared with that preserved by the late Alex. Shand, as derived from the Moriori people of those islands. The two accounts do not agree in many things, yet in others they serve to corroborate one another.

It will be remembered that in the end of Chapter V. hereof, the Sage described the defeat of the *Tangata-whenua* people at D'Urville Island, and their departure for the Chathams. From the account that follows it will be seen that in the fourth generation after the visit of Kāhu, one Hau-te-horo returned to New Zealand, and, no doubt, it was by him the news reached New Zealand of the arrival of those defeated people at the Chathams. Although the Sage does not mention the fact, it would seem to be the case that the people found by Kāhu and Te Aka-aro-roa at the islands were these same defeated *Tangata-whenua*.

I have not attempted in this place to reconcile the account herein given with that of the Morioris as gathered by Mr. Shand, and published in the "Memoirs of the Polynesian Society," Vol. II. But there is no very great difficulty in doing so by anyone who will study the question with a knowledge of Maori and Moriori history.

In "Hawaiki" the date of the Moriori exodus from New Zealand is given as about 1175, and this seems to agree fairly with the date of Kāhu's visit some time after the first migration there, for we are led to infer that he made his voyage within no long period of the settlement of Toi in New Zealand. It was probably early in the thirteenth century that Kāhu visited the Chathams.

The other migration mentioned in this chapter agrees in many particulars with the Moriori accounts; and we must, I think, now allow that it took place somewhere about the time of the last migration to New Zealand, or about 1350.]

KAHU GOES TO THE CHATHAM ISLANDS.

[Te Matorohanga says:]

AT the time Toi-te-huatahi started on the search for his grandchildren (Whatonga, and Tu-rahui); after visiting several islands, he reached Pangopango, Hamoa, from Rarotonga. [There can be no doubt as to where this Pangopango is, the name Samoa decides that it was not Pa'opa'o in Aimeo Island not far from Tahiti. Pangopango in Tutuila Island, of the Samoan Group, is one of the finest harbours in the Pacific, and is the American Naval Station of the Mid-Pacific. When the Scribe was questioned as to his knowledge of the above places, he had not the slightest idea where they were, and could only say they had been handed down in the Whare-wānanga for ages, and that the Sage himself, when asked, could only say, they were islands that Kupe had visited and brought back an account of. The Scribe further added that Toi had visited several other islands before making Samoa, a point that is worth remembering when we find Toi making a mistake in the course to New Zealand, for he was sailing on Kupe's directions of the course from Rarotonga to New Zealand, and hence he got wrong in estimating those from Samoa, and so found himself at the Chathams, as we shall see.] The following is Toi's farewell to the people of Rarotonga : "I am departing to search for my grandchildren. If anyone arrives here after me (in search of me), tell them my canoe is directed towards Aotea (New Zealand), to the 'Tiritiri-o-te-moana,' to the land on which the clouds and fog rest, there to look for my grandchildren. And if the bows of the canoe should touch there, perhaps I shall stay there, perhaps I shall return. If I do not reach there, I shall have descended to the bottom of the great belly of Lady-Ocean." After this speech he departed to the several islands that he visited.

Now Toi came on his way and [finally] made the land at Tamaki (or Auckland) as has already been explained.

But some time after this, Horangi (who was a chief of the Tangata-whenua Ngati-Te-Kaupari tribe) spread the report that they had discovered a land (on their voyage) that appeared like a cloud on the ocean, a small island; and this news was spread far abroad among the people, until it reached Kāhu, who was living among his people at Whakatane. [Kāhu would appear from this to have been one of the *Tangata-whenua* people; at any rate he did not come with Toi, or he would have known of the discovery. Unfortunately we have not got the position of Kāhu on the geneological tables, so cannot fix his date.]

Kāhu at this time had a desire to visit Taranaki; so he proceeded thither, and stayed there some time, after which he returned to

TE KAUWAE-RARO.

Whakatane. On one of his returns a migration consisting of twenty-seven persons accompanied him. When they reached Te Pou-o-Kani, on the east side of Lake Taupo, they stayed there. Finding there was no food there, they removed from Taupo to Patea, or Muri-motu [east of Ruapehu], and from thence went on to Otairi[1] on the Rangi-tikei river, to a place named Te Houhou. When they beheld what a fine country it was and no one in occupation, Kāhu decided to commence splitting out posts to build a *pa* with, and to make houses. After much wood had been cut, Tama-uri, Kāhu's son, had a dream, in which he saw their wood carried away by the waters and floated out to 'The Great Sea of Kiwa,' and thence it was borne along to an island in the ocean, and there they all were also. He started up and told his dream. On hearing this [and evidently thinking there was a direction to them in the dream], Kāhu said, "Let us all go." So they left their work and the wood they had been engaged on and departed, only stopping when they came to the mouth of the Rangi-tikei river.

Here they proceeded to prepare their canoe (or to repair it, as if there had been a canoe belonging to them already there) and to affix the top-sides. After this they made some paddles and poles (for masts), whilst Hine-te-waiwai—daughter of Kāhu, sister of Tama-uri—went down to the beach to walk about together with other women of their party. They found lying on the sands a log of kauri, which had been carried there by the storms [the kauri does not grow within two degrees of lat. of that part]. Hine-te-waiwai returned and reported her find to her father. They then went to the place and split up the tree to be used as *karaho* (deck beams), and as *toko-tu* (masts), *whiti*[2] (sprits), *kaho* (floor beams), for the canoe, and then the work (so far) was finished.

Whilst they were staying there two people arrived from Whanganui, named Te Aka-aro-roa and Hawaru. This is their pedigree:—

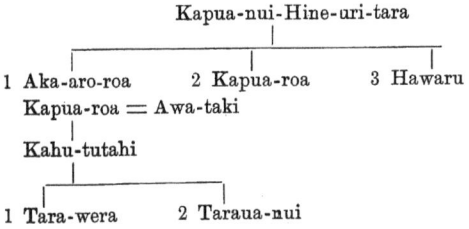

```
           Kapua-nui-Hine-uri-tara
          |            |           |
    1 Aka-aro-roa  2 Kapua-roa  3 Hawaru
    Kapua-roa = Awa-taki
              |
          Kahu-tutahi
          |         |
      1 Tara-wera  2 Taraua-nui
```

1. Otairi is near the town of Mangaweka.
2. *Whiti* are light beams of wood, one end of which is fastened in the bottom of the canoe, the other projects some eighteen inches over the gunwale, and stretched between them along the gunwale is a closely woven mat, which serves to prevent the wash breaking inboard.

152   THE LORE OF THE WHARE-WANANGA.

From them the descent is to the people of Whanganui, who will be able to continue the table.

Some time before this date, a quarrel occurred between Kapua-roa and Te Aka-aro-roa about a bird preserve. The tree on which the snares were spread, named Ahurangi, belonged to Kapua-roa. When Te Aka-aro-roa passed that way he saw a pigeon caught, so he climbed up and took it. Kapua-roa came along and met the other. Te Aka-aro-roa said, "O Kapu! Here is a bird from your tree; I took it down." At this Kapua-roa was very angry; he flew at his elder brother and struck him with the handle of his axe on the head. The elder brother said, "Enough, O Sir! Remain here with your tree as an elder brother for yourself. I am off, so that you may never see me again."

This was the reason that Te Aka-aro-roa and his younger brother (sister [*sic*]) left those parts. When they arrived at the mouth of the Rangi-tikei river, they found Kāhu and his party there at work on their canoe. But Kāhu did not know how to splice on the *haumi*, or end pieces, or fasten on the side-boards, etc. It was due to this cause he had been detained there; they did not know how to prepare a sea-going canoe. It was a source of pleasure to Kāhu and his people when Te Aka-aro-roa and his sister arrived to assist them. The direction of the work was now handed over to Te Aka-aro-roa, whilst Hawaru set to work to weave some *whariki-koaka* (or mats) with which to cover the *whiti* (or projecting pieces over the gunwale) to prevent the seas coming on board in rough weather.

At the time Kāhu left Te Pou-o-Kani, he brought with him from there some seed (? roots) of the common braken [a staple article of food of the Maoris in former days]. The names of these were *aruhe-paranui*, *aruhe-pawhati*, and *aruhe-mapara*. They were packed in a calabash made of *matai* bark laid on *kahika* bark, in the same manner as the *kumara* and *taro* are preserved; some of the former they also took with them. Those foods were taken away from this island by Hine-waiwai.

Aka-aro-roa now asked Kāhu, "In what direction is our expedition going?" Kāhu replied, "We will go to the island which Toi said he discovered; the island that appeared to him like a cloud in the distance. It is not a large island." Aka-aro-roa said, "That is right; I have heard of that island which Toi discovered."

In the month of Tapere-wai (September), Kāhu's canoe was afloat on Te Moana-nui-a-Kiwa (the great ocean of Kiwa, the latter being one of their ancient gods, joint rulers of the ocean with Tangaroa, and both of them the offspring of Rangi and Papa), and crossed over the

TE KAUWAE-RARO.

Straits to D'Urville Island, where they stayed until the last day of December, when they finally left New Zealand for the Chathams. They landed at a certain bay on the north coast of that island, where they proceeded to build houses, using the deck-beams of kauri in their construction, and hence Hine-te-waiwai named the island Whare-kauri. The bay was named Kaingaroa in remembrance of the New Zealand plain of that name near their temporary home at Taupo. The seed-fern was then planted at a place they named Tongariro, after the mountain in the North Island of New Zealand [*cf.* the Moriori account, A.S., Chapter V.]

As in the record of all these voyages made by the Polynesians, there is the usual absence of detail of the voyage itself. We are not told how the crew fared in crossing the five hundred miles of boisterous seas that separate the Chatham Islands from New Zealand. It is only by inference and the deductions to be made from the nature of the *karakias* used in the case of the "Rangi-houa" and "Rangi-mata" canoes (see *infra*), as preserved in the Moriori accounts, we are led to infer that on the voyage of those two canoes they suffered great hardships from want of water. Details of the fitting out of the vessels are plentiful, but few notes on the voyages themselves are ever given. This is the case in all accounts of their voyages.]

After they had been there some time, Kāhu and Aka-aro-roa started to explore the island to find out what it was like and whether there were any inhabitants. Presently they saw smoke rising up in the distance, which they proceeded to investigate, and they thus discovered that they were not the first people on the land. These were the people called Moriori, and it is said they were a fine people. So Aka-aro-roa took two wives of that people named Te Para and Wai-mate, from whom the descent is as follows:—

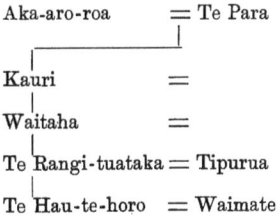

This last one of his descendants returned to Whanganui. [It is not said how he returned, but evidently four generations after the time of Kāhu.]

Now, the old men who told me about this, were Hauauru and Taka-rangi, when we went to Ara-moho (near the modern town of

Whanganui) to the home of Tamati Puna, to take some presents from Ngai-Tahu to him—consisting of Maori garments, a horse named Tu-purupuru, and £100 in money. These presents were from Iraia Te Ama and his elders. Those old men told me what I have here repeated (about Kāhu), it was in 1854 or 1855 that we paid our visit.

Hau-te-horo mentioned above did not return (to the Chathams), he remained at Whanganui, he and all his descendants. Some of the descendants of Aka-aro-roa and his wives remained at Whare-kauri (Chathams), even down to the time that Hauauru and Taka-rangi told me this story.

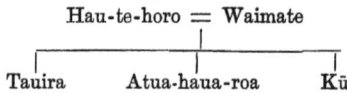

Now, the name of the calabash in which Hine-waiwai took the fern-seed was 'Te Awhenga,' and the totara-bark receptacle in which the *kumara* was preserved was named 'Rangiura,' hence is the saying regarding it, 'Ko te rangi-ura³ a Hine-te-waiwai.' When Kāhu found that neither his *taros* nor his *kumaras* would grow, he exclaimed, 'A! There is the food-producing soil at Ara-paoa! (South Island, New Zealand). I am wasting my time on this ocean rock'—in reference to the inferiority of the soil, which is boggy. So Kāhu said to his retainers that they had better return to Ara-paoa; but those who had married in the island refused to join him. Kāhu and his daughter Hine-te-waiwai and some of their people, however, started back in the same canoe they went thither from Aotea, which was named 'Tanewai,' but it is not known whether he ever reached these shores, for nothing has ever been heard of him since. [That is one statement with regard to Kāhu; we shall come across another later.]

It was Tu-rau-kawa,⁴ Nga-waka-taurua, Kiri-kumara (also) who told me the following about these people, at the peace making between Tu-Te Pakihi-rangi (of Wai-rarapa) and Te Whare-pouri, Ngatata, Te Honana, Kirikumara, Te Kaeaea-taringa-kuri, Miti-kakau and others (at the Hutt, in 1841.⁵)

---

3. Rangiura is the name given to a receptacle made of Totara bark.

4. The first of these people was probably the well-known chief and very learned man of Ngati-Ruanui. At the same time it has been said he was killed at the battle of Paka-kutu in 1834, see "Taranaki Coast," p. 517. The second was probably the well-known chief of Patea, and the last was the equally well-known chief of Waitara, our ally in the war of the "sixties."

5. All but the first-named were well-known chiefs of Te Ati-Awa, of Taranaki, then in occupation of Port Nicholson as conquerors.

They said the canoe of the Mouriuri (which was their original name; it was the people who migrated to the Chathams (in 1835-6) who gave them the name of Moriori, but it should be Mouriuri according to themselves). [The Sage has left this sentence unfinished.] They were a numerous people before the migration [of 1835-6] to Whare-kauri. On the arrival of these strange tribes, they took the women and girls as wives and killed the men; hence are that people so fast disappearing at the present time. [See Mr. A. Shand's full account of the conquest of the Chatham Islands, "Journal Polynesian Society," Vol. I., p. 154.]

I will now give some names :—

Tahua-roa married Weto, and they had the following children :—Tahuri, Tawai, Koiaia, Hine-i-hunu, Kahuti, and Tuku.

Kapo-hau married Wai-taha, and they had the following children :—Ohuru, Te Ao-marama, Hauhau, Hutoki, Kopeka, Motu-roa, Kiukiu, and Te Ata.

These Mouriuri at the time of Kāhu's visit were the principal people of Whare-kauri. There are lots of pedigrees of that people; but enough, they are not properly arranged; the above are all that were properly recited by Hauauru and Taka-rangi.

Now, it is known that the following canoes came (to Chatham Islands) from Rarotonga—*i.e.*, 'Aotea-roa,' 'Te Mapou-riki,' 'Rangi-ahua,' and 'Te Ririno'; this latter canoe arrived there long before Kāhu's visit. It first made the land at Rangi-kapua at Whare-kauri (Chatham Islands), and one of the principal men on board was Tahua-roa, another was Kapohau [see pedigree above], together with their friends, wives, and children. Both of those whose names are mentioned were descendants of Matangi, who married Hine-huri. [This statement does not, however, assist us much, for we do not know anything of Matangi and the others.]

TE URU-O-MANONO. CANOES OF THE MIGRATION FROM HAWAIKI.

In the references which follow, 'A.S.' refers to the late Alexander Shand's "The Moriori People," published as the second volume of "The Memoirs of the Polynesian Society." I am not at all clear if this further account was dedicated by Te Matorohanga, probably not, for the Scribe gathered much information from the old Ruanukus of the East Coast, and possibly what follows is from some of them.

We must now follow this other account of the settlement on the Chathams derived from the same MSS., but which are not entirely in accord with what has been written above, whilst at the same time they throw considerable light on some obscure points in some of the chapters written by Mr. Shand, and tell us where " Rangi-houa " canoe came from—a point which is not at all clear in the Moriori account of this vessel to be found in A.S., Chapter V. We will follow the Maori narrative as closely as possible, premising that the order of the paragraphs is changed somewhat to accord with what appears to be historical sequence.]

Te Uru-manōno was the name of a *pa* at Hawaiki which belonged to Manaia [see the Moriori account of this man, A.S., Chap. III.] and his tribes, Ngati-ota-kai, Ngati-Pana-nehu, Ngati-Rakaia. These tribes were a bad people, given to murder and other evil ways; and consequently offering many reasons for quarrels with the other tribes in Hawaiki (Tahiti), and these dissensions were the eventual cause of their leaving Hawaiki. Manaia's chief enemy was Uenuku[6] and his tribes. Now Tu-moana [see A.S., Chapter IV.] and Whena were chiefs of some of these *hapus*, and the sister of Tu-moana, named Papa, daughter of Tu-wahi-awa, was the sister of Uenuku's wife—that particular Uenuku whose son was Kahutia-te-rangi. A cause of much trouble was the theft of the *whakai* of Uenuku's children, and their subsequent murder by Whena. [See " Journal Polynesian Society," Vol. XVI., p. 194.] It was then that Horopa, Tu-wahi-awa's brother, went with a war party and killed Tu-moana at a place named Te Whata-a-iwi in Hawaiki. Another name of Tu-moana was Tuara-huruhuru o Tu-wahi-awa [this is probably the Tehu-huruhuru of the Moriori account], and his youngest brother was named Papa-kiore [? Hapa-kiore of the Moriori, A.S., Chapter IV.] Tu-moana's sister, Te Kiri-kakahu, was taken prisoner [? by Uenuku's people] during these troubles.

[These wars and troubles led to the migration of Tu-moana's people.] When the canoes of the migration were afloat on the ocean, the crews of 'Rangi-houa' and 'Rangi-mata-wai' [see A.S., Chapter V.] bade farewell to those left behind, especially to Te Kiri-kakahu, Tu-moana's sister, who was his elder. Another of the canoes that came with the others from Hawaiki to the land Tiritiri-o-te-moana (New Zealand) was named 'Pou-ariki,' and she was a large top-sided canoe

---

6. This Uenuku is the great chief and priest who lived in Tahiti, Rarotonga, and Raiatea, a generation or so previous to the fleet leaving those parts for New Zealand in 1350.

[built like 'Takitimu.'⁷] It was at their departure that Te Kiri-kakahu sung the following song in lamenting the departure of her tribes:—

> Before my eyes the plain of Kaingaroa lies,
> Whilst now are lost the great ones of the tribe,
> Plainly discerned is the hill at Amoamo-te-rangi,
> Where by fire the Uru-o-manōno was destroyed,
> The mainspring of the people are now separated from me,
> To the world's wide open space
> That spreads away from Hawaiki's shore.
> Lie there then, O Manaia! O Whena!
> Through whose evil deeds, I am now left behind.

Te Honeke was the priest of 'Rangi-houa,' and his god was Rongo-mai-whitiki. This canoe did not succeed in landing; she capsized in the surf at Whare-kauri (Chatham Island). Many of the people were saved, amongst them Taupo and Tarere-moana, whilst very many were drowned, and the canoe was broken up by the waves at Chatham Island. Rakei-roau was one of the drowned.

It was in the eighth month [August, according to the calendar of these people] and on the day Orongo-nui (27th of the month), near the end of the month that they left Hawaiki, and it was near the end of the ninth month (September) when they reached the Chathams, and hence it was this canoe was wrecked. For Tawhiri-matea [god of gales] poured out his angry winds common to that period of the year, named Tonga-nui, Tonga-huru, Tonga-ngawi, Tonga-parawera-nui, Tahu-makaka-nui, Tahu-hua-roa and Whakarua. These are the winds of that time of the year. Kini-rangi was the chief of that canoe, and his sister lamented his death and that of her tribe as follows (The following is an attempt to render the lady's song):—

> Floating unsteadily are the bare planks on the sea,
> Floating, floating, away to the sky, on the foaming ocean,
> Floating, floating, are Marua-roa, Marua-kauanga,
> Floating away to Raro-kohu (the land of mists),
> To the land where grows the karaka tree,
> Sailed away (did the people) of Turangi-Hawaiki,
> What object of revenge didst thou go for?
> Perhaps it was Tu-moana, whose evil deeds bite my vitals,
> Float away then, O Matangi-ao;
> To Tiritiri-o-te-moana (N.Z.), to the land,
> On which rests Pukohu-rangi (the heavy clouds)
> Float away Ngangana, Aorangi-tahuhu,

---

7. Of which canoe, her building, equipment, crew, and voyage, the MSS. gives very minute details, far more so than is the case with any other known, which will be found in Chapter IX. hereof.

> Moko-nui, Matangi-aurei, and Maroro,
> Opposing powers, of the gales and storms,
> Float away then to Whiti-kau,
> Leaving me here with grief bowed down,
> At Great Hawaiki, Hawaiki abandoned,
> Thus is left this *ariki* woman,
> Rangi Te Kapu-o-rangi.

Then stood forth the Tohunga of the migration and recited his lay as the great waves of 'Lady Ocean' arose, as was the custom in ancient days when the 'family of mighty winds' of Papa-tua-nuku (The Earth) put forth their strength. It was for this reason that the family of Hine-tua-kirikiri and Hine-tua-hoanga were appointed to subdue 'The Great Ocean of Kiwa.'; they bind both day and night, so that the bounds of the Earth should not be moved.[8] This is his *karakia*:—

> Who is my god that I call on? 'Tis Maru-hikuata,
> Who is my god that I invoke? 'Tis Pawa-au-tahi,
> Who is my god that I beseech? 'Tis Kahukura-mana-hau,
> Who then is my god? 'Tis Tawhiri-rangi.

> Here am I working my spells—
> Spells to move the Earth, to move the Heavens, and the Ocean,
> (That dangers) may be dispersed to a distance;
> That their angry disposition may be ended.

> Break down the waves of the wide spread Ocean,
> Cause to end the reason of their anger,
> Drive them away to Tawhiti-nui, to Tawhiti-roa,[9]
> So my canoe may pass over the breadth of Ocean,
> For 'tis a canoe of high chiefs of the land,
> Cause the winds to blow astern of the canoe.

> Who is my guardian fish? 'Tis the Ika-pakake,[10]
> Who is my guardian fish? 'Tis the Ika-para-tuwai,[10]
> Who is my guardian fish? 'Tis the Ika of Tangaroa[11] of ocean.
> Help! help! the high-class canoe,
> Rest ye beneath, the Ika-pipiha-nui, the Ika-pipiha-roa,[10]
> Carry her along to the distant shore,
> *Uhi Taiki e, Ei mouri e i oi, mouri e i.*

8. This *karakia* would appear to have been recited, not as the context has it, after the wreck of the canoe, but during the storm at sea before the wreck.

9. These are the two islands which I have suggested are Sumatra and Borneo.

10. These 'fish' are the whale and *taniwha* family, that the incantations of the priests were supposed to have power to summon to their aid in carrying the vessel over the waves in safety.

11. Tangaroa is god of Ocean and all fish.

We must now go back to another account that cannot easily be fitted in to the Moriori accounts:—

Ngati-Kopeka tribe was a sub-division of the Ngati-Waitaha [that settled in the South Island of New Zealand; the first name, however, appears to have been that of a tribe in very ancient days, long before the people arrived at Tahiti. It is not, says the Scribe, the same as the ancient tribe of Irihia. We shall see the origin of the Waitaha tribe later on.] and came from Hawaiki in the canoe named 'Te Karaerae,'[12] commanded by Te Ao, Rongo-mai-whenua, Pu-waitaha and Kahu-koka. It was the latter who had the forethought to bring with him a basket of *kumara* seed, which were wrapped up in *koka*,[13] hence his companions gave him that name. This canoe landed at Tai-harakeke at Mataahu (south of the East Cape, New Zealand, at the north side of Waipiro Bay in New Zealand.

When these people went to fish off the rock named Rai-kapua, the original people of those parts—those who had first discovered and occupied Mataahu and Waikawa—were very angry about it, which caused the new comers to again migrate.

The people of this canoe left Hawaiki at the same time as 'Takitimu' and 'Horouta'—'Te Karaerae' being one of the three. This division of Ngati-Waitaha had lived at Te Whanga-papa (in Hawaiki). And so these people migrated and went to Whare-kauri (Chatham Islands), a name which they gave to the island in remembrance of their *pa* at Hawaiki, that is, at Te Whanga-papa. They gave the name of Rai-kapua to the fishing rock off Waipiro Bay, New Zealand, about which they had trouble with the Te Wahine-iti people (who still live there); another name for this rock is Kapua-rangi, it is off Waikawa at Waipiro Bay.

Now Rongo-mai-whenua (mentioned above) married Hine-rua, a daughter of Hape-taua-ki-whiti (who apparently belonged to the Wahine-iti tribe). After they had arrived at the Chatham Islands, this lady constantly grieved at her separation from her parent, and when she was near death enjoined on her son, Kape-whiti, to visit his grandfather, saying, "After I am gone, and thou art come to man's

12. There is certainly one other, if not more, canoes known by this same name.
13. It is not clear what kind of *koka* this was—it is a plant name in New Zealand, as also in Rarotonga. It seems to the translator that this Kāhu is not the same as the first visitor to the Chathams, for (says the Scribe) he was a *tangata-whenua* of New Zealand; whereas this man Kāhu-koka came from Hawaiki— probably the identity of names has led in after years to confusion between the two.

estate, thou must return to Tiritiri-o-te-moana (New Zealand) and visit thy grandparent." After his mother's death Kupe-whiti urgently desired to carry out his mother's dying wishes.

So he came away with Pu-waitaha (who came from Hawaiki, see above) and landed at Tukerae-whenua near Takaka in the South Island of New Zealand.[14] Here they found some people from Tokomaru (twenty-five miles north of Gisborne) and with them came to the North Island, and then Kape-whiti visited his grandfather and his tribe, and it was through him that it became known that there was another island besides these two (New Zealand).

After a time Kape-whiti said to his companion, "Now depart; return to see how the bulk of our people are getting on. On your arrival there let them take the name of 'Kiri-whakapapa'!' The origin of this name is this: When their party were travelling (towards Tokomaru) they came to Te Awahou, inland of Te Whiti-o-Tu,[15] the main body were left there and the Whare-kauri people went on by themselves. Arrived at Kuri-papango[16] they camped, and during the night there came on a very heavy snow-storm, which caused much suffering to the travellers, and had it not been for some holes (or caves) they dug in the soil they would have perished. Hence was the message sent by Pu-waitaha to the people that they should call themselves Ngati-Kiri-whakapapa [which means, it is believed, "cracked-skin," due to their having to stick to the fires closely during the snow-storm].

"Rua-ehu, Rua-whakatina, and Hine-rua were one family; the latter married Rongo-mai-whenua, and they were the parents of Kape-whiti, whose wife was Hina-maunu, the sister of Tamatea-upoko, who were descendants of Tamatea-ngana. Pu-waitaha named part of their *hapu* that came from Hawaiki, Waitaha,[17] and Maunga-nui (? the hill at the Chathams) was named after a mountain in Hawaiki (probably that at Rarotonga).

---

14. How they managed to get to this place, and why they did not land on some nearer part of the coast, is not explained. Presumably they used the same canoe in which they went to the Chathams.

15. Name of a battlefield on the Rua-taniwha Plains, ten or twelve miles west of the town of Wai-pawa, Hawkes Bay.

16. At the entrance to the Ruahine Mountains on the Napier-Patea road.

17. i.e., the Waitaha of the South Island, so well-known as one of the original tribes first to settle there, as we shall see in the account of the voyage of the "Takitimu" canoe.

KAHU-KOKA RETURNS TO HAWAIKI.

Some time after these events Kahu-koka went to see the Whare-kauri Island, but he found no place suitable, in his opinion, for the growth of his *kumaras*, the soil being too wet, and so Kahu-koka returned to the place he had first settled in (New Zealand), and the love for his original home in Hawaiki very much increased. The canoe in which he made his voyage was named "Tane-kaha"; it belonged to Hau-tupatu of the Ngati-Waitaha of Moeraki, in the South Island.

[Then follows a long *karakia*, said over the canoe to dedicate it and remove all obstacles in its long voyage to Hawaiki (or Tahiti), which I venture to translate as follows:—]

> Clear, clear away, the seas of Ocean,
> Clear the seas of Kiwa,
> Clear, clear the seas of Hine-moana,
> Clear, clear the seas of Tangaroa,
> Clear, clear the seas of Tane-matua,
> Clear, clear the seas, O Tawhiri-matea.[18]
>
> Subside the ocean ripples, the watery ripples,
> Lie flat the heavenly mists, the rains of heaven,
> In the whirlpools, the wide-spread, the calm currents.
> Spread out the currents of the south, the southerly gales,
> The west, the north-west, the easterly currents,
> The Ocean current straight to Hawaiki,
> To the home, to the Fatherland.
>
> Now do I lay the bows of my canoe
> To the rising of the sun, nor deviate from there.
> Straight to the land, to the Fatherland.
>
> Deign, deign O Tawhiri-matea,[18]
> To cause thy winds to blow from the west, direct,
> Direct to the Fatherland, to Hawaiki,
> Close up, shut up thy southerly winds,
> Thy easterly winds withhold,
> Leave us to follow the course of the sea of Maui,
> The sea of Kupe, the sea of Te Rongo-patahi,[19]
> Nor deviate on the waves.

18. God of the winds.

19. This man was the priest of "Takitimu" canoe, and finding his name here seems to imply that this voyage back to Hawaiki occurred after the arrival of "the fleet" in 1350, and also again that this Kāhu is not identical with the other of the same name who went to the Chathams, and, as Te Matorohanga says, was never heard of after he left the Chathams.

Recede the tides of Aotea,
Recede the tides of The Ocean of Kiwa,
Recede the tides of Hine-moana,
May Tangaroa direct us to the home,
By low tides, by high and spring tides,
And thus will sail the fine canoe of Kāhu-koka,
To the bays of Hawaiki-nui, and so to land.

At the end of the *karakia* the canoe was launched on the Ocean before the rays of the sun had appeared above the horizon.

[It was obvious that the two stories concerning Kahu are irreconcilable, and at present there are no means of indicating which is correct. It is nevertheless satisfactory to get the Maori account of the two canoes, "Rangi-houa," and "Rangi-mata," and to find that they largely conform to the Moriori version. If it is true that these canoes came from Hawaiki after the troubles which led to Manaia's abandonment of his ancient home to settle in New Zealand, it accounts for a hitherto unexplained statement in Moriori history to the effect that they were acquainted with the story of Manaia (see A.S., Chapter III.); and it would further seem that the date of this last migration was synchronous with the final settlement in New Zealand by the crew of "Takitimu," "Te Arawa," "Tainui," and other canoes—i.e., in the middle of the fourteenth century.]

[The return of Hau-te-horo to Whanganui in the fourth generation after Kahu's visit explains how it is that the Maoris knew that the defeated people of Te Tini-o-Tai-tawaro reached the Chathams. As to "Te Ririno" canoe, it has hitherto always been stated that it arrived at Rangi-tahua Island (probably the Kermadec group), whilst Turi in the "Aotea" canoe was temporarily staying there to repair his vessel after his long voyage from Ra'iatea, and before attempting the more stormy part of his course to New Zealand. This occurred about the time of "the fleet," *circa* 1350. The accounts of the voyage of the "Aotea" say that Te Ririno, after leaving Rangi-tahua, sailed away and was never afterwards heard of; though other accounts seem to indicate, rather than definitely stating so, that she was wrecked at Tama-i-ea, the boulder-bank forming Nelson Harbour, South Island of New Zealand. Again, the Rev. T. G. Hammond informs us that the Taranaki people have some knowledge that "Te Ririno" did go to the Chathams.]

UPOKO VIII.

(Na te Matorohanga etahi o enei korero, na Pohuhu etahi.)

Te whakapapa o Iwipupu, me tona uri-atua—Te Whiti o Poutama—Uenuki-titi—Moeahu.

TE WHAKAPAPA TENEI O IWI-PUPU, O TONA URI ATUA.

(NA TE MATOROHANGA ENEI.)

[KIA moiho nga kai korero i tenei Upoko VIII. ko enei mahi a nga tupuna, i mahia e ratou, i a ratou e noho ana i Hawaiki, ara, i te motu e kiia nei te ingoa i naia nei ko Tahiti. (Na Te Etita.)]

KA whakamaramatia i konei, ko Iwi-pupu he wahine tuatoru na Tamatea. I te wa e moe ana ia i a Tamatea, te mahi a Iwi-pupu he moemoea. E moe ana raua ko Tamatea i te pō, ara e hikahika ana, ka rongo a Tamatea, e horu ana te manawa. Ka ui iho a Tamatea ki a Iwi-pupu, "E aha tena e horu na to manawa?" Ka ki ake a Iwi-pupu, "Ko koe tonu e tahakura ana ki a au."

E pera te mahi a Iwi-pupu i nga po katoa. Ka tae ki tetahi wa, ka haere a Tamatea ki tetahi atu kainga, moe tonu atu ki reira. Ka noho tonu a Iwi-pupu i roto i to raua whare i Tonga-nui; e whatu-whatu ana i tona kahu. Ka roa ka titiro atu ia ki te marae o to raua kainga; e whanatu ana a Tamatea, kaore i tika ma te whatitoka o te whare, tomo ke atu ma te matapihi; ka ki atu kia moe raua. Ka mutu ta raua moe, ka hoki ma te matapihi ano, katahi ka haere atu, ka roa e haere ana ka maiangi-haere nga waewae ki runga ki te rangi. I mua ake o tona haerenga ka ki atu ki a Iwi-pupu, "E whanau to tamaiti he wahine, me tapa e koe he ingoa ko Uenuku-titi: E puta e koe he tane, me tapa e koe ko Uenuku-rangi." Ka mea atu a Iwi-pupu, "E whakarere ana koe i a au, ina te ahua o to poroporoaki?" Ka peke ia tera ma te matapihi o Tonga-nui haere atu ana.

No te hokinga mai o Tamatea i tetahi ra ka ui atu a Iwi-pupu, "I hoki mai ano koe inanahi nei?" Ka kiia atu e Tamatea, "Kaore! Katahi au ka hoki mai." Ka ki atu a Iwi-pupu, "Ko to ahua tonu; ko Uenuku-rangi e tahakura nei i a au i nga pō." Ka korerotia atu te poroporoaki a Uenuku-rangi ki a ia. Ka ki atu a Tamatea, "E pai ana! Katahi au ka mohia koina ia to tane, e whatiwhati nei to hope." Ka tikina e Tamatea tono tahā-popo, i te tuarongo e whata ana, ka kawea ki runga i te turuma, ka tukitukia; koia ra hoki te taunga mai o Uenuku-rangi ko taua tahā—i noho ano taua atua ki taua tahā-popo.

Ka roa, ka whanau te kopu a Iwi-pupu; kua whakaahua katoa te tamaiti he wahine, engari kaore ano i whakatangata. Ka kawea e Tamatea ki runga ki te tuāhu-kotikotinga o tona mahunga, ka roa, whanatu ai ki te tiki kia kawea ki roto ki te toma; kua kore. Titiro atu ai, e tu mai ana a Uenuku-rangi i te moana, a Hine-korako, ka mohiotia i kona kua riro i a Uenuku-rangi te tamaiti.

I muri o tenei ka hapu ano a Iwi-pupu, ka whanau te tamaiti, he tane. Ka rite nga ra e kawea ai te tamaiti kia purea ki runga ki te tuāhu; ka mutu ka kawea ki te wai tohi ai. I tera wa e tao ana te umu-tuā o Kahu-ngunu; ka tu a Kahukura, a Hine-korako i te taha o te moana; ka pohehe nga tohunga me nga tangata na ta ratou mahi i tiki mai ai nga atua nei. Ka haramai a Kahukura, a Hine-korako ki runga ki te tuāhu. Ka kitea i reira tetahi kotiro, kaore ratou i mohio. Ka haere taua kohine ka tae ki te matapihi o Tonga-nui; ko Ihu-para-para raua ko Iwi-pupu, i roto e noho ana. Ka karanga mai kia tomo mai ki roto ki te whare. Ka tomo ke atu ma te matapihi, ka noho i runga i te moenga o Tamatea. Ka riri a Ihu-parapara, ka ki atu, " He aha koe i tomo mai ai ma te matapihi, takahi ai i te moenga o Tamatea? Tē tika mai ai ma te whatitoka? Na wai koe?" Ka ki atu taua tamaiti, "Na Iwi-pupu au, na Uenuku-rangi!"

Ka puta a Ihu-parapara ki waho karanga ai ki a Tamatea. Ka tae mai ia ka ki atu a Ihu-parapara, "Tena te tamaiti kei runga i to moenga e takoto ana. E ki mai ana, na Iwi-pupu na Uenuku-rangi ia." Ka patai atu a Tamatea ki taua kotiro, "E Hine! Nawai koe?" Ka mea atu ia ki a Tamatea, "Na Iwi-pupu! na Uenuku-rangi! I kiia iho ra e Uenuku-rangi, ' e whanau to kopu he wahine, me tapa e koe ko Uenuku-titi.' Ko au tenei, ko Uenuku-titi!"

Ka hongi a Tamatea ki a Uenuku-titi. Ka mea a Ihu-parapara, "Haere rawa te tamaiti na ki runga ki o pae noho ai." Ka mea a Uenuku-titi ki a Ihu-parapara, "Na Tamatea ano au i kawe ki runga ki te tuāhu-kotikotinga uru o Tamatea." Ka mauria e Tamatea ki nga tohunga e tu tonu ana mai i runga i te tuāhu.

Ka purea a Uenuku-titi; ka oti katahi ka kiia kia kawea ki te wai tohi ai. Ka ki atu a Tamatea, "Kaore! Kua oti tona ingoa te tohi e ona matua ki Tuahiwi-nui-o-Hine-moana!" Ka tae mai ki roto o

TE KAUWAE-RARO. 165

Tonganui, ka ui atu a Uenuku-titi ki a Tamatea raua ko Ihu-parapara, "Kaore ranei he kai maku? Kei te mate kai au." Ka ki atu a Ihu-parapara, "Kaore he kai!" Ka ki atu a Uenuku-titi; "He aha tera e tapuke mai ra i waho e pupu ake ra te mamaoa?" Ka ki atu a Ihu-parapara, "He umu-kai mo te tuātanga o to tungane, o Kahu-ngunu." Ka ki atu a Tamatea ki nga wahine, "Haere! Hukea te umu ra, māna e kai nga kai mo te tūātanga o tona tungane."
Na! Ko te take i penei ai; mo te taha ki te hakui, ki a Iwi-pupu. Ko Uenuku-titi te matamua o nga tamariki a Iwi-pupu. No muri a Kahu-ngunu. Koia te take i whakaae ai a Tamatea ma Uenuku-titi te umu-tapu.

Na, ka whakaaro a Tamatea ki te matamuatanga o Uenuku-titi, me te atuatanga hoki, ka whakahau ia ki ona hapu kia hangaia he whare motuhake mo Uenuku-titi. Ka hangaia te whare, ka oti; ka whakanohoia nga atua ki roto i taua whare—a Kahukura, a Hinekorako, a Tu-nui-a-te-ika, a Tama-i-waho. Katahi ka tapaia te ingoa o taua whare ko 'Tonga-tatake'; katahi a Uenuku-titi ka kawea ki roto; ka ki a Tamatea, "Kati! ma Uenuku-rangi ko tona tūātanga ki a Uenuku-titi me tona manaakitanga. Naku te tamaiti, naku te wahine i whanau mai ai a Uenuku-titi."

Ko te noho a Uenuku-titi i noho atua tonu ana i etahi wa; he wa ano kei runga i nga maunga e noho ana; he wa ano ka haere ki te moana ngaro atu ai he roa te wa ka hoki mai ano. He pena tonu tana hanga me ana uri katoa kia tae rawa mai ki a Rakapari, katahi ka ahua tangata tuturu, ka moe i te tāne o uta nei. Ka tae ki te wa e whanau ai ka haere ki waho ki te moana whanau atu ai; ka rahi te tamaiti ka mau mai ki uta nei, ki roto ano ki tona whare ki roto ki 'Tonga-taitapu.' Ka moe tāne te tamahine o uta nei, ka tata te whanau ka haere ano ki te moana whanau atu ai—He pena tonu te mahi tae noa ki a Rangi-takumu i moe nei i a Panaua-take, tamahine a Papa-ti-raharaha wahine a Taki-whenua, katahi nei ka whanau ki uta nei, katahi hoki ka noho tuturu ki uta nei. Engari ko te tapu me te atuatanga ka heke tonu i nga uri o taua tatai—Heoi enei putake i heke mai i a Uenuku-rangi, atua, i moea ra e Iwi-pupu.

37	Maui-pae	=	Hau-ruia
	Kui-waka	=	Tatahau
35	Kau-tere-rangi	=	Hikutoto
	Whanau-rangi	=	Ihi
	Kokoihu	=	Takahi-huka
	Matamata	=	Puku
	Turama-a-hiku	=	Whakawhiti
30	Te Roto-hau	=	Rangi-tapu
	Te Ara-taua	=	Mokokino

Te Hapara-o-te-ata	= Kau-amo
Whakawhana	= Pohue
Kura-a-rangi	= Hitaua
25 Te Ao-rerehu-rangi	= Motu-kawa
Takoto-wai-mua	= Ueroa
Tokerau-wahine	= Ira
22 Iwi-pupu	= Tamatea-nui
Kahu-ngunu	= Rongomai-wahine
Rakai-hiku-roa	= Ruarauhanga

1 Hine-te-raraku   2 Rangi-tawhiao   3 Uewhenua   4 Taraia   5 Kahuwairua   6 Tupurupuru

TE WHITI-A-POUTAMA.

(Ka patai a Riwai ki a Te Matorohanga, " Ko tehea te mea tika o enei take e rua : Ko te tango ranei a Ruawharo i nga ika nunui o roto i te kupenga a Uenuku, mo te māra kumara ranei a Uenuku, i Te Poho-nui-a--Tane i Hawaiki? Ko tehea te mea tika o enei take e rua ? ")

Ko Mohi : He kakari noa iho tena na te tuakana ki a Rua-wharo. Ko te tino take ia i whitia ai ki roto ki te kupenga koia tenei: I hopukia a Ruawharo e Whatiua-marae e moe ana raua ko Takarita. Ka korerotia e Whatiua ki a Uenuku, " E koro ! e whanatu au e moe ana a Rua-wharo raua ko Takarita."

Ka tango a Uenuku ki te patu; tae rawa atu kua riro a Ruawharo ; ka patua a Takarita ; e kai ana a Ira i te u ; ka tikarotia te manawa o Takarita i konei, ka whangaia ki te tama a Takarita, ki a Ira—koia i kiia ai ko Ira-kai-putahi. Mei rokohanga a Rua-wharo ki reira kua mate.

Ka oma a Ruawharo raua ko te taina ko Tupai ki Waihao noho ai. Akuanei, i reira te moana haohao ika a Uenuku ratou ko ona tangata. Ka mohio a Uenuku he tangata rere a Ruawharo ki roto ki te kupenga. Ka tonoa e Uenuku ki a Poutama, ki a Harutea, ki a Kohiwai, " E rere a Ruawharo ki roto i te kupenga, whitia te taha-tu o te kupenga ki runga ki te upoko."

Ka tae atu a Ruawharo e takoto ana te kupenga a Uenuku i te moana ; ka kumea te kupenga ki uta, ka kite a Poutama ratou ko ona hoa, katahi ka whitia te kupenga ma runga i te upoko, ka hinga a Ruawharo ki roto i te kupenga, ka werohia e te tara o te whai, o te ika. Ka mea a Ruawharo ki te whakatu-taua hei patu i a Poutama ma. Ka haere ia ki Titirangi, ki a Tamatea, kia tikina kia patua a Poutama ratou ko ona hoa. Ka ki atu a Tamatea, " Me patu hoki te ora o to taua tuakana, kia rua rawa, ko te kete kuha, ko te kete kai ? " Ka ki atu a Ruawharo, " Kati ! Ka haere au ki Te Pakaroa ki a Pawa

raua ko Taikehu." Ka ki atu a Tamatea, "Hei aha te tokakaumapu? Ka pa ko to taua tuakana, ko Te Toki-matangi."
Ka tae a Ruawharo ki Te Pakaroa ki a Pawa, ki a Taikehu, ki a Tu-taka-auahi—ki nga rangatira o Whangara. Kaore a Pawa i whakaae. Ka haere a Ruawharo, a Tupai ki to raua hakui, ki a Aparangi, raua ko te tama, ko Hau-nui, ka korero atu kua mate ia i tona tuakana i a Uenuku. "I whitia au ki roto ki te kupenga waharoa e Pou-tama." Ka ki atu te tuakana, a Hau-nui-aparangi, "E Ta! He pakeke tonu koe, ka ta kupenga mau. Tau mahi tonu tera he takahi i te kupenga a to tatou tuakana; tē whakaaro koe kua takahia a koe te urunga tapu o to tatou tuakana, ka whakataha ki tahaki, kaore e ea i a koe to mate, he Paeroa, he Tama-tuata to tatou tuakana."
Katahi ka tino pouri a Ruawharo, ka ki atu ki a Hau', "Ka hua ra au i auraki mai ai ki a koe ki te Iho-nui. Ka pena mai na koe ka haere au ki to tatou tuakana, ki a Timu-whakairihia kia homai ki a au te tahu-maero, te tahu-kumia, nga-po-kino-o-Whiro." Ka ki atu a Hau' "Hei aha te tatai o te pō? Waiho i te tatai o te ao." Kaore a Ruawharo raua ko Tupai i whakarongo.
Ka tae ki Tuaro-paki, i reira te kainga o Timu-whakairihia. Rokohanga atu e horoi ana te wahine a Timu' i a ia. Ka karanga iho a Ruawharo, "Kapua! Kei te kainga a Timu'?" Ka karanga ake a Kapua, "Kei te kainga tonu to korua tuakana." Ka karanga iho a Rua-wharo, "Piki ake kia hongi atu maua ki a koe." E hongi ana a Kapua ki a Tupai e whatoro ana a Ruawharo ki te kumu. Ka aitia a Kapua e nga tangata nei i konei. Ka ki atu, "Haere koe i mua ki te kainga, ma maua e haere atu."
Ka titiro atu a Timu-whakairihia e titakataka ana (? etahi manu) i te matapihi, ka tau ki tona aroaro ai ai. Ka mea a Timi', "Ka hei ta korua, te tunua ai o korua manawa ki te rara a Kahutia-te-rangi. Kowai rawa ra koe e takahi nei i a au?" Ka tae atu a Kapua, ka mea, "E Koro! ko o taina, ko Rua-wharo raua ko Tupai!" Ka ui atu a Timu', "Kei whea?" "I kite atu au i tera taha o te awa ra e hara mai ana." Ka tau a Kapua ki raro, ka titiro atu a Timu ki te aroaro, e mau mai ana te horu i te puke; ka ui atu a Timu', "Kowai to tāne?" Ka ki atu a Kapua, "I te kaukau au, ka hoki mai nei." Ka ki atu a Timu', "Titiro iho ki to aroaro!" Ka mohio a Timu' kua taea tona wahine e Ruawharo ma.

Ka puta a Timu' me te wahine ki waho o te whare, ka whatoro atu ki roto ki nga kuha o te wahine, ka pania ki te tomokanga o te whare. "E Kapu! takaia mai taku ika ma to ope." Ka haere atu a Ruawharo raua ko Tupai ki te hongi. "E tomo ki roto ki te whare.

He aha rawa ta korua i haramai ai?" Ka karanga mai a Rua-wharo, "Koia tena!" Ka tomo raua ki roto ki te whare, ka tuaharoa, ka kai i te awhewhare o te whare. Ka puta ki waho tiko haere ai, mimi haere ai, ka haere ki te turuma kai ai.

Ka roa ka tae te aroaroa ki a Hau', ka hara mai a Hau-nui-aparangi ki te kainga i a Timu-whakairihia, ka ui atu a Hau' ki a Timu, "Kaore koe i kite i o taua taina?" Ka ki atu a Timu', "Ana pea, kei te tuarongo o te whare na. Kei kona e tiko haere ana, e whawhati haere ana nga hope." Ka ki atu a Hau', "He aha ra te mate o a taua taina?" Ka ki atu a Timu' "He rehea, he harakoa no nga taurekareka na ki a Kapua." Ka ki atu a Hau', "E Ta! romia atu te whakahaehae i a tatou." Ka ki atu a Timu'. "Kati ra. Kua kai o taua taina i te tutae." Ka tohe a Hau' kia patua a Rua-wharo. Ka ki atu a Hau', "Ka rua anake, ko ta to tuakana, ko tau hoki. Patua!" Ka karanga atu a Timu' ki a Hau', "Kia rua rawa ko te kai hamuti, ko te upoko pakaru?" Ka ki atu a Timu', "Haere! Honia nga upoko; ka po wha rawa e ngaua ana e te makinokino." Ka whakaha te waha o Hau' ki runga ki nga tipuaki o ona taina, ka hoki mai te waiora; katahi ka ruakina mai te mahi nei te tutae ki waho. Ka mate nga tangata nei te whakama. Ka riri a Hau' ki ona taina; ka karanga atu a Timu' ki a Rua-wharo, " He aha ra koe i kitea mai ai?" Ko Rua-wharo, "He tiki mai i te ahi-tapu, i te ahi-komau." Ka ki atu a Timu', "He Orongonui tenei. Haere e hoki; hei te Aho-turuturu hei a Pipiri, ka hoki mai ai. Ka whakahikuhiku te Takurua i kona."

Ka hoki a Rua-wharo, a Tupai me to raua tuakana. Ka tae ki te Aho-tututuru o te tau i a Pipiri, ka hoki mai a Rua-wharo raua ko te taina, a Tupai. Ka whai mai a Hape-ki-tuarangi; ka tae ki a Timu', ka ki atu a Timu-whakairihia, "Hoatu tatou ki Mauku-rangi ki roto ki Huri-whenua, kei reira whakaatu ai i te tatai o te kete uruuru-tahito ki a koutou." Ka tae ki reira katahi ka huakina te tatau o te whare e Tuaro-paki raua ko Tuaro-rangi, ka riro mai te Whatu-kura-amoamo-a-Tane, ka kawea ki te turuma o Huri-whenua whakangau ai ki te paepae. Ka ui atu a Timu-whakairihia, "E Rua! Pewhea nga karakia?" Ka karanga a Rua-wharo, "Kei mua, kei muri!" Ka ki atu a Timu', "E kore e mau i a koe nga taonga o Huri-whenua." Ka mea ki a Hape, "E Hape! tera koa tau!" Ka tu a Hape ki runga ka timataria e ia i te ahuahu; kia whakahiku tera, ka timataria i te pa-tataki, ka whakahiku tera ka timataria i te Kauwahe-o-Rongotea, ka whakahiku tera ka timataria i te kupenga-rauiri, ka whakahiku tera ka timataria i te aho-takitaki. Katahi ka tikina te Pae-hua-kai, ka takiritia i konei te Poupou-whakahoro, ka

takapautia ki te Hikutoto ; ka karangatia te Hau-roro-whio. Ka tua a Tauru-rangi a Puangiangi, ka makaia ki mua i a Whaitiri-papa. Ka whakaoti ki roto ki a Puangiangi ka tuku nga turi o Hape ki runga ki te Whatu-kura-a-Tāne. Ka ki atu a Timu', " Hoake taua ki roto i Huri-whenua, ka oti hoki i a koe a waho nei."
Ka tomo ki roto o Huri-whenua, ka tutakina te tatau, ka purea a Hape-ki-tuarangi ki runga ki te Whatu-waiapu o te pou-tokomanawa o Huri-whenua. Ka ki atu a Rua-wharo ki a Tupai, " Haere e hoki koe o taua." Ka ki atu a Tupai, " Kati ano au i te ahi " Ka tutaki te tatau o Huri-whenua, ka timata a Tangaroa-a-timu te whakahoro i nga karakia. Ka karangatia atu e Timu', " E Rua', Hei tai ranei ? hei uta ranei ? " Ka karanga atu a Rua-wharo, " Huia-ruatia ! " Ka karanga atu a Timu', " Kaore e rea te Whatukai-a-kura." Ka patai ia ki a Hape, " E Hape! Ko tewhea o nga whatu ki a koe ? " (Ko Hape) " Waiho au i uta i te Whatu-a-Tāne." Ka mutu.

No te whakaurunga tuatoru, ka uru a Tupai ki roto o Huriwhenua; haere rawa ia ki te poti o te whare noho mai ai. Ka tutakina te tatau o Huri-whenua, ka whakahoroa Te Maiki-roa e Timu'. Ka patai a Timu', " E Rua'! Mawai te takuahi e tu ? " Ka whakatika mai a Tupai i te poti o te whare ki te takuahi tu ai, a ka whakaarahia Te Upoko-o-tapu-te-ariki ki runga, ka whakahoroa ki runga ki a Maikiroa ki a Maikinui, ka takapautia ki a Maiki-kunawhea. Ka pau nga taonga o roto o te kete Uruuru-tapu i a Tupai, ka karanga atu a Timu-whakairihia, " Hara mai koe ki tahaki na, me waiho to ingoa ko Tupai-whakarongo-wānanga." Ka pakaru te whare-maire i konei ; ka hoki tena tauira ki tona wahi, ki tona wahi. (Ka patai a Riwai, " E Moi ! Kowhea te matenga o Rua-wharo i roua ra ki te kupenga ? " Ko Moihi Te Matorohanga ; Ko 'Te Whiti-a-Poutama' te ingoa o tena matenga.) Ka hoki a Rua-wharo raua ko te taina ki Titirangi i Whangara, i te kainga i a Tamatea, ka mahue te kainga o Uenuku i a Rua-wharo raua ko Tupai, ka noho i te aroaro o Tamatea, tae noa ki te hekenga mai o Tamatea ki tenei motu, ka eke mai a Rua-wharo, a Tupai, i runga i a 'Takitimu.'

Kaore i ea te mate o Rua-wharo i te ' Whiti-a-Pou-tama,' me te kupu a Uenuku, mei mau a Rua-wharo i a ia kua taona e ia hei kinaki mo Takarita, me te whangaitanga a Timu' ki te paepae-o-teturuma, tae noa ki te wa i heke mai ai ki tenei motu. Kati ake tenei.

A, i muri nei, i te nohoanga ki Aotea-roa-nei ka rongo a Ruawharo kua tae mai a Paikea ki Whangarā (N.Z.) ka haere ki te toro i a Paikea, ki te kawe i te konae-kumara hei purapura mo Paikea. Ka tae ki Whangarā ka kite atu i te ahi e ka mai ana i Pakarae—he awa tera kei te taha rawhiti o Whangarā. Ka ui a Rua-wharo, "No wai tera ahi?" Ka ki atu a Paikea, "No to iramutu; no Ira-kai-putahi." Ka ki atu a Rua-wharo ki a Paikea kia tikina kia patua a Ira, "Hei utu mo te kupu a tona papa kia whitia au ki roto ki te kupenga; kia waiho au hei kinaki mo Takarita, tamahine a Whena." Ka ki atu a Paikea, "He aha koe tē ngaki ai i to mate i rawāhi? No rawāhi atu ena matenga, mau rawa mai koe ki konei whakaea ai!" Ka ki atu a Rua-wharo, "Kati! Ka pena mai koe ka hoki au ki Nuku-taurua."

UENUKU-TITI.
(Na Nepia Pohuhu enei korero.)

Uenuku-titi, tenei tamaiti he wahine, na te atua o Tamatea (ariki-nui) he mea puremu ki roto ki te wahine a Tamatea i a Ihu-parapara, ko to Ranginui tuahine tera. Na Tamatea ake a Rangi-nui, ko Uenuku-titi, na Uenuku-rangi. I te wa ka whanau mai i te whaea ka maharatia ka mate; ka kawea ki runga i te tuāhu takoto ai. Kia tae atu nga tohunga o te tuāhu hei reira ka karakia ai. Ka mutu ka kawe ai ki te toma. (I Hawaiki atu ano tenei korero.) Ka tae mai te tohunga ahu atu ai ki te tuāhu, kua kore te karukaru toto ra; kaore, kua riro i te papa nana ake te tamaiti, i a Uenuku-rangi, ki te moana waipu noho ai ki tini o te petipeti, o te Haratua, o Hakuturi, o Te Pu-wawau, i waiho i te moana waipu ki a Hine-moana ki reira whakatipu mai ai. Ka tae ki te wa i whanau ai a Ranginui, a Kahu-ngunu—nga tamariki matamua enei a Tamatea, ka meatia kia tuātia nga ingoa, kia purea hoki raua e nga tohunga. Ka whakataona nga umu kai mo te tuātanga o Rangi-nui, o Kahu-ngunu; i runga nga tangata i te tuahu e pure ana i Titi-rangi—i Hawaiki tenei wahi. Ka tae mai tetahi kotiro, kua pakeke noa atu, kua tae mai ki te whare o Tamatea; i roto te wahine a Tamatea e whatu ana. Ka tomo atu, ka ma te matapihi ka tau ki runga i te moenga o Tamatea, ki raro iho i te matapihi te moenga. Ka karanga mai te wahine a Tamatea e whatu ra, "He aha koe tē tomo mai ai ma te whatitoka; i tomo mai ai koe ma te matapihi, te takatakahi i te moenga o Tamatea." Ka mea atu te kotiro nei ki te wahine ra, "E pai ana! He papa ano noku." Ka mea mai te wahine ra, "He papa ano nou? Na wai rawa koe i noho i runga i te moenga o te kahurangi-ariki i titia nei te upoko ki te rei, ki te piki-turangi, i tohia nei ki te wai o Moana-a-kura." Ka mea atu te kotiro nei, "E Kui! Nau tonu ra au i kawe ki te tuāhu o Titi-rangi; he aha koe kia hakuhaku rawa mai ai ki au? E hara ia nei?" Katahi te wahine ra ka mea mai,

"Koia! Ko koe tera?" Ka mea atu te kotiro nei, "A, hoki!" A ka mea atu te whaea, "I whea koe e noho ana?" Ka mea mai te kotiro "I waho au i nga tuaropaki o Hine-moana, i te moana waipu, i aku tipuna, i aku matua e rauhi ana mai. I tonoa mai au kia kite i a korua me aku tungane; me waiho te ingoa o tau, ko te rangi i tae mai au, ko Rangi-nui; me waiho te ingoa o ta to hoa ko Matangi-rau."

Ka tonoa te tangata ki a Tamatea ma i te tuāhu o Titi-rangi, o te pa toko-manawa o Tamatea me ona iwi. Ka mea te kotiro nei ki te kuia ra, "He aha te mea e tapuke mai ra i waho?" Ka mea atu te kuia ra, "He umu kai tena ma ou tungane." Ka mea atu te kotiro nei, "Tikina ake, hukea mai, maku e kai to raua umu tuatanga." Ka mea te kuia nei ki nga wahine o muri, "Haere hukea ake te umu kai ra, kia kai taku kotiro." Ka tikina ka hukea mai.

Ka tae mai a Tamatea, a Te Rongo-patahi, a Rua-wharo, a te Kohurau, a Tu-wawahia, a Tauru-rangi, a Pahau-puru—koia nei nga tohunga tuaropaki o nga ahurewa, o nga tuāhu o nga Pou-tu-rangi o nga Tikitiki, toma taumatua. Ka whakaaetia māna, ma te kotiro e kai te umu tuatanga o nga tungane.

Ka mea nga tohunga, "Me haere tatou ki te tuāhu." Ka whakaae te kotiro, ka haere ratou. I tawhiti ano e haere atu ana, kua tae a Uenuku-rangi ki runga i te tuāhu tiwhana mai ai. Ka purea, ka mutu, ka kawea ki te wai o Moana-a-kura ki reira ratou tokotoru tohi ai ki te pu-maire-kura o Wharekura. Ka oti, katahi ano ka purea; ka oti ka hoki ki te kainga. Ka takoto te tapae tuatahi o te umu-tuatanga ma Uenuku-titi e kai. Mutu rawa ia te kai, ka kawea ia ki raro iho i te matapihi noho ai. Kati: He wa ano ka hoki ki te moana, ka ngaro, a ka roa ka hoki mai. He pena tonu te mahi, a, moe tāne noa te kotiro nei. A, ka hapu; kia tae ki te ra e whanau ai tona kopu, ka haere ki te moana nui whakawhanau atu ai; ka waiho atu kia rarahi ka hoki mai ki uta nei moe tāne ai ratou.

No te taenga rawatanga mai o nga uri ki a Raka-mokai, ka mutu te haere ki te moana, ka tipu tāne hoki. No te taenga mai ki a Rangi-takumu katahi ka ahua pai rawa nga mahara; ara, ka rite mai ki te tangata nei.

Koia tenei nga korero o tenei whanau. Engari ko tenei tangata, ko Tamatea he momo atua tonu mai ia no te Pō mai ano; ara, koia tenei ona whakapapa kahurangi, ariki hoki, atua hoki; koia i nui ai te mana o tenei tipuna, o Tamatea nei.

Ko Whakarongo-i-ata i moe na i Haehae-te-ata. Tokorua enei he putake atua anake. Na, ko Ro-iho i moe i a Puhi, tokorua enei he

172 THE LORE OF THE WHARE-WANANGA.

momo atua ano, e tae mai nei ki a Nga-Toro-i-rangi, ki a Tu-tere-moana hoki, e tino kitea nuitia ana he tangata nui te mana o Tamatea-nui ki tona putanga mai i roto i nga tino tupuna nunui, mana, ariki, rangatira, kahurangi, matamua hoki—mai i a Rangi-nui raua ko Papa-tuanuku, tae mai nei ki a Tamatea me ona uri katoa, me te mau hoki o nga tohu rangatira i ona uri tae mai nei ki naia nei.

Na, he mea pai ano kia korerotia e au tenei tupuna, a Whatonga; he tangata ano tenei i Hawaiki nei, a, tae mai nei ki konei hoki, ki Aotea-roa nei. Koia te whakapapa o Whatonga:—

	Rangi-nui	=	Matua-te-kore
60	Tawhana	=	Hine-ipu-rangi
	Tama-rauta	=	Pukuwai
	Hotu-nui	=	Tioro-rangi
	Hotu-matapu	=	Manaha
	Horonga-i-te-rangi	=	Rau-ngaehe
55	Pukupuku-te-rangi	=	Poito
	Tuke-whenua	=	Te Iwi-takina
	Tauraki	=	Kai-kino
	Mata-raharaha	=	Puku-waitoa
	Hotu-awa	=	Karanga-rua
50	Te Amaru	=	Piki-mai
	Pu-waitaha	=	Taha-kura
	Moko-titi-atoa	=	Pakihi-rangi
	Rangi-tu-whanā	=	Makoare
	Rangi-kapua	=	Hine-waipua
45	Iri-wawa	=	Hine-rongomai
	Kauwhanga	=	Ruhiruhi
	Mihi-ata	=	Te Whare-rangi
	Te Mau-koroua	=	Rahui-tapu
	Tangi-a-uru	=	Te Rangi-haupapa
40	Te Mamaru-o-te-rangi	=	Hine-puhi
	Te Amaru-nui	=	Te Ahina-ariki
	Te Amaru-whakaputa	=	Kihakiha
	Te Amaru-taepa	=	Hine-aromea
	Makoroingo	=	Hine-te-ahuru
35	Whata-nui	=	Maru-hangaroa
	Whata-roa	=	Hine-waikura
	Whata-uru-rangi	=	Waerea-i-te-rangi
	Whata-upeka	=	Ngarue-i-te-rangi
31	Raurangi	=	Pihapiha-iti (or Te Aukawa)
	Ruarangi - - - -	=	Rongo-ua-roa (tamahine a Toi-te-huatahi)

```
       |                    |                    |
  1 Rauru-nui          2 Whatonga           3 Mahu-tonga
```

Ko Moeahu.
(Na Nepia Pohuhu enei korero.)

Ko Moeahu. Na ko tenei tamaiti i rite ki te kuri nei i etahi wahi. Te upoko he upoko tangata, ko nga whatu me te ahua o te mata, me te ihu me nga kauwae me te waha he kuri katoa, ko te tinana he tinana tangata katoa—nga pokohiwi, nga ringa nga kuwha, nga ateate, ko nga rekereke me nga matikuku he rite ki te kuri katoa te ahua. Ko te korero he haru-kuri; ko te mohio ki nga tohutohu me te whakarite i nga tohutohu, he mohiotanga tangata. Erangi he tere ki te whai i te tangata; e kore e puta i a ia; he toa ki te riri—e kore ia e mate i te tangata. E toru ana rakau patu i tona hoa riri—he taiaha, ko tona waha, ko ona waewae. Ka haea te tinana o te tangata ki ona koika ra o ona waewae. Ahakoa tokorua, tokotoru hei patu, e kore rawa e taea.

Katahi ka kainga te tahā a Te Kowha e taua autaia nei. Whanatu ai a Te Kowha, e kai ana. Ka haere atu a Te Kowha ki te tongo mai i tona tahā huahua. Kore rawa i pai kia tata atu ia—ko te patu-paraoa ko te apa-tahi ki te ringa mau mai ai me te kai. Kua riri a Te Kowha; katahi ia ka haere ka tae ki tona tokotoko hei werowero. Ka ki atu nga tuakana—a Pohau, a Potaka, a Potonga, "E! kati noa atu; waiho atu mana; ka pau hoki." Kaore a Te Kowha i pai, kua nui rawa tona riri. Ka ki atu nga tuakana, "E! Ko te mate koe akuanei." Kaore i rongo; ka haere me te tokotoko, ko te kiri kau anake, kaore he kahu. Te kitenga mai ano o Moeahu e whanatu atu ana a Te Kowha me te tokotoko, katahi ano ka omangia mai. Te tere o te omanga mai! Katahi ka werohia: ka hopukia mai te tokotoko, ka mau, ka whatiia tonutia mai, ka whati. Kua mau rawa ki a Te Kowha. Kotahi tonu te patu-paraoa ki nga kauwae, kua hinga ki raro, e kari ana te patu.

Na, ka rere atu nga tuakana tokotoru, he rakau katoa o ratou. Kotahi tonu ra tona patu ki a Te Kowha, mate rawa atu. Na, katahi ka tahuri atu ki era e whanatu ra ki te patu. Ko ta te Potonga, he maipi te rakau, ko ta Pohau he tokotoko tāna, ko ta Potaka he huata tāna. Ko nga tangata nei, he tino toa rawa atu. Katahi ka oma te kuri nei; ka whai nga tangata nei. Kati, he parae pai a Manu-tu-ke i Tauranga ra e ki ana. Ka whaia e nga tangata nei, ka aua atu e oma ana; kua kite mai kua aua mai te mea tere o nga toa nei ki te whai i a ia, katahi ka tahuri mai; ka whawhai raua ko Potonga—ka mate a Potonga i a Moeahu. Ka tae atu a Pohau, ka whawhai ano, ka mate ano a Pohau—tokowha, mate katoa ratou.

Ko te take i haere ai te tangata ra, a Moeahu, ki te kai i te tahā huahua ra, he riri no Moeahu ki te tangohanga a Te Kowha i ta ratou whata ika ko ona tuakana, ko ona tuahine, i te wao e whata ana. Ka mauria mai e Te Kowha ma, ka kainga. He tahae tera. Na, ka kimihia e Moeahu he huarahi e tipu ai he pakanga māna ki aua tangata. Ka kitea e Moeahu koia nei he take, me kai e ia i ta ratou tahā-huahua. Koia i tikina ai, i kainga tonutanga ai i to ratou kainga ake, kia riri ai ki a ia ka patupatua e ia aua tangata.

Na he mahara ake etahi korero mo te kuri nei, mo Moeahu. Kati noa ake nei i enei.

CHAPTER VIII.

(Told by Te Matorohanga.)

DOINGS IN TAHITI SHORTLY BEFORE THE FLEET LEFT FOR
NEW ZEALAND, *Circa*, 1350.

Iwi-pupu and her Celestial lover—Te Whiti-a-Poutama—The Monster Moeahu.

[AMONGST other incidents that have been handed down, is the following story relating to Iwi-pupu the third wife of Tamatea-ariki-nui, the high chief that came to New Zealand in the 'Takitimu' canoe about the middle of the fourteenth century. The people were then living in Tahiti, and apparently on the north shore of that island. Iwi-pupu was the mother of Rangi-nui and Kahu-ngunu, the latter being the eponymous ancestor of the great Ngati-Kahu-ngunu tribe of the east coast of the North Island of New Zealand. She was a direct descendant of one of the famous Māui brothers—Māui-pae, the fourth of the five brothers who bore the name of Māui, and who—as far as we can at present ascertain—dwelt in some of the Indonesian Islands prior to the exit of the Polynesians from there into the broad space of the Pacific Ocean. According to the genealogical tables, Tamatea was 25th in descent from the youngest brother Māui.

The story is interesting as illustrating the strange belief in the intercourse of the gods with the women of this lower world, by whom they had progeny who became ancestors of living people at this day. Nor is this a solitary instance of such sexual connection in Polynesian annals, or, we may add, of other nations. The story also illustrates the firm belief of the old Polynesian in the possibility of such connections, for, had the husband the slightest suspicion of any illegal intercourse with a man on the part of his wife, the usual punishment would have been inflicted on her—instantaneous death by the club, as in the second story below. And yet we find Tamatea at first attempting to kill the offspring of his wife, eventually adopting the child and according it the honours of a *tapaeru*, or eldest born daughter who had functions of a peculiar and semi-sacerdotal character.

The second story in this Chapter—Te Whiti-a-Poutama—also relates two occurrences in Tahiti prior to the 'Takitimu' migration, and mentions the doings of several people who came to New Zealand at that time. The priest and high chief Uenuku is a very well-known ancestor, about whose doings much has been preserved by Mr. John White in his "Ancient History of the Maori," and in Vol. I. of our "Memoirs of the Polynesian Society." The incidents relating to the teaching of sorcery are interesting, but one would like to have questioned the Sage and obtained further particulars about them. They illustrate Maori customs in the fourteenth century, and by the mention of many names of individuals and places assist us in the history of the race and their migrations.]

IWI-PUPU AND HER CELESTIAL LOVER.

The following is part of the teachings of the Sage, Te Matorohanga. He says :—

LET me explain just here: Iwi-pupu was the third wife of Tamatea. During the time she cohabited with him, on one occasion Tamatea heard his wife sighing; he asked her, " What are you sighing about?" Iwi-pupu replied, " You constantly appear to me in a vision " [*tahakura*, which is a dream, implying a potent, usually of an evil nature].

And so it occurred for many nights; until on a certain occasion Tamatea departed for one of his other villages, where he remained for the night. Iwi-pupu stayed in their house named Tonga-nui, where she occupied herself in weaving garments. After a time she looked out on to the *marae* [or plaza] of the village, where she [imagined she] saw Tamatea, who, instead of entering the door of the house, did so by the window, and demanded that she should accord him her favours. After this was accomplished, he returned by way of the window, and proceeding some way [she saw him] ascending to the heavens, [by stepping up as in ascending a ladder—so says the Scribe]. Before he departed he had said to Iwi-pupu, " If a female child is born unto you, let it be called Uenuku-titi; but if a male, call it Uenuku-rangi." Iwi-pupu replied to this, " Evidently you are about to abandon me, judging by the nature of your farewell!" He replied not, but passed on by way of the window of Tonga-nui.

When Tamatea returned home on the next day, Iwi-pupu asked him, " Did you not come back here yesterday?" Tamatea replied, "Not so! I have only just now returned." Iwi-pupu said, " It was thy very self [that I saw]; [but it must be] Uenuku-rangi [the god] that has appeared to me in my visions "—and then she told Tamatea of the farewell of Uenuku-rangi to her. Tamatea said, " It is well! Now I know who thy lover is . . . ." He then took his calabash of scented oil from the back of the house where it was suspended and conveyed it to the *turuma* [or sacred spot] and there smashed it, for that was the resting place of Uenuku-rangi in that calabash.[1]

After some time Iwi-pupu gave birth to a child; it was in appearance a woman [or female] and yet not quite like mankind. [Pohuhu says it was a *karukaru-toto*, really an abortion]. Tamatea carried off the child to the *tuāhu* where his hair was cut [always a *tāpu* place], and after a time he went to take it to the grave; but it had disappeared. Looking up he saw Uenuku-rangi out at sea with Hine-korako, and then he knew that the child had been taken away by the former god.

After this Iwi-pupu again bore a child, a male. When the period arrived, the child was taken to the *tuāhu* [altar, sacred spot] at Titirangi, in Hawaiki, to be purified, and then to the sacred water to be baptized and receive its name. The sacred oven (*umu-tuā*)[2] for Kahungunu was preparing, when it was seen that Uenuku-rangi the god, and Hine-korako the goddess, were standing by the side of the ocean. The priests and the people deceived themselves into thinking that their operations [in connection with the sacred oven] had brought the gods. Then Kahu-kura [= Uenuku-rangi, both names for the rainbow god] and Hine-korako approached the altar, and there was seen with them a young girl who was quite unknown to all the people. The girl went straight to the window of the house Tonga-nui, where Ihu-parapara and Iwi-pupu [two of Tamatea's wives] were seen sitting in the house. They welcomed her, asking her to come inside. She did so, but entered by the window, and went directly and sat down on Tamatea's sleeping place [a very wrong thing for a stranger to do, for it was *tapu*]. Ihu-parapara was angry at this and said, " What do you mean by entering the house through the window and then desecrating Tamatea's sleeping

---

1. Probably this means that on the occasions when the spirit Uenuku-rangi was called on by its particular priest to communicate with him, as to the nature of some omen, or for directions as to the course to be pursued under given circumstances, the spirit occupied for the time being the calabash of scented oil. It is, however, an unusual kind of vehicle for a god to occupy; ordinarily such vehicles were little carved wooden figures.—See " Hawaiki," 3rd edition, p. 128, for illustration of such figures. Uenuku-rangi is one of the original gods, offspring of the Sky-father and Earth-mother—and his visible form is the rainbow—Hine-korako is the lunar rainbow.

2. The *umu-tuā* was sacred. At the ceremony of name-giving to a child, the food cooked in this native oven was eaten by the priest and parents of the child alone, the mother, however, only going through the form of eating, not actually putting the food into her mouth. At the last word of the naming *karakia* (prayer) the priest pronounced the *ingoa-tapu*, or sacred name of the child, which was not ordinarily used, but might be on certain occasions, as on the death of a parent, come into common use.—So says Makarini of the Ure-wera tribe.

place? Why did you not enter by the door? By whom art thou?"[3] The girl replied, "I am by Iwi-pupu and Uenuku-rangi."

[Pohuhu's version of this conversation differs somewhat. He says Iwi-pupu asked, "Is it thou indeed?" The girl replied, "Of course!" The mother then asked, "Where hast thou been all this time?" "I have been outside on the rolling waves of Lady Ocean, on the deep sea with my ancestors who have nourished me. I have now been sent by them to visit you two and my two brothers, the elder of whom should be called Rangi-nui, to mark my arrival (from the Heavens?)—whilst the child of thy fellow wife (Ihu-parapara) shall be called Matangi-rei."

Rangi-nui was the eldest son of Tamatea and Iwi-pupu, Kahu-ngunu being the second. We shall come across both these young chiefs in the course of this narrative.]

On this Ihu-parapara went outside to call Tamatea. When he arrived Ihu-parapara said to him, "There is a child lying on your sleeping place, who says she is the child of Iwi-pupu and Uenuku-rangi." Then Tamatea asked the girl, "O Lady! Who art thou?" and she replied to him, "I am the child of Iwi-pupu and Uenuku-rangi! Uenuku-rangi said to Iwi-pupu on leaving her, 'If thou dost have a female child, thou shall call her Uenuku-titi.' I am Uenuku-titi!"

And then Tamatea welcomed her by rubbing noses. Ihu-parapara remarked [indignantly], "The child had the impertinence to go on to your sacred place and sit down!" But Uenuku-titi replied to her, "It was Tamatea himself who carried me to the *tuāhu* where his hair is cut [and is not that my justification?]." Then Tamatea carried off the girl to the priests who all this time had been waiting at the *tuāhu*.

Uenuku-titi was then subjected to the *pure*, or purifying ceremony; and then it was proposed to take her to the water to baptize her at the place named Te Wai-o-Moana-a-kura. But Tamatea said "No! Her name has already been given to her by her parents at 'Tuahiwi-nui-o-Hine-moana'" ['the great ridge of Lady-ocean'—a place supposed to

---

3. It is necessary to explain briefly that 'entering by the window' means a great deal to the Maori. In cases where a son had not previously seen his father, and consequently had not gone through the *pure*, or cleansing of *tapu* ceremony, he would not, on visiting his father, or grandfather, for the first time, enter the *pa* by the gateway, or the house by the door, but would climb the palisade or enter the window, sometimes force his way through the wall of the house if not one of the *whare-puni* or permanent houses, and end in horrifying the inmates by sitting on the father's sacred seat or sleeping place. He could not enter through the door until his father had purified him. The idea seems to have been that, being *tapu* himself, he would communicate that *tapu* to the door or gate, and thus lead to much trouble. There are many Maori stories that hinge on this custom.

exist on the ocean between Tahiti and New Zealand, probably the meeting place of the S.E. Trade winds and westerly winds in about latitude 23°—28°]. When they had returned to the house, Tonga-nui, Uenuku-titi asked Tamatea and Ihu-parapara, " Is there no food for me? I am hungry." Ihu-parapara replied, " There is no food!" Uenuku-titi then said, " What then is that outside from which rises up the steam?" [i.e., native oven] Ihu-parapara replied, "It is the oven for the naming ceremony of thy brother Kahu-ngunu" [and consequently a girl may not partake of it as it is *tapu*]. Tamatea said to the women, " Go! Uncover the oven there; she shall eat of the oven prepared for the naming of her brother."

[Pohuhu says that the following priests were present and consented to this change of the destination of food in the oven :—Te Rongo-patahi, and Ruawharo, priests of the temple of Kohurau, together with Tu-wawahia, Tauru-rangi, and Pahau-puru, who were *tohunga-tuaropaki* (or young priests, acolytes, who had not passed their final course in the Whare-wānanga). The above names will be frequently referred to in what follows.]

Now, the reason of this was, on account of consideration for the mother—for Iwi-pupu—as Uenuku-titi was the first born of her children. Afterwards was born Kahu-ngunu; it was for this reason that Tamatea consented that Uenuku-titi should partake of the sacred food [which, says the Scribe, is called *umu-tapae*, only used for males; but on account of Uenuku-titi's partly celestial origin, she was allowed to partake of it].

Now, in consideration of Uenuku-titi being the first born, and of her partly super-human origin, Tamatea ordered his tribe to build a separate house for her. So the house was built and then were placed in it [the emblems of] the gods Kahu-kura,[4] Hine-korako,[4] Tu-nui-a-te-ika and Tama-i-waho. Then the name Tonga-tatake was given to that house and Uenuku-titi was installed in it. Tamatea said, " Enough! It is sufficient for the god Uenuku-rangi to have named and to have honoured Uenuku-titi. But the child shall be mine, for mine was the mother who bore Uenuku-titi."

The life of Uenuku-titi was sometimes that of a god; at other times she dwelt on the mountains; at others she disappeared on the ocean, but after a long time returned to her home. This was her

---

4. These two gods, or the material vehicles in which the spiritual gods of those names took up their occasional abode (see note one), were afterwards taken on board the 'Takitimu' canoe and brought to New Zealand as we shall learn later. Indeed it is probable the others were also brought for they became some of the local gods in New Zealand down to the introduction of Christianity.

constant habit of life, and that of her descendants down to the time of Rakapari, when they became like the rest of mankind and took husbands from ashore. But when the time came for the birth of their children they went forth on the ocean and were there delivered; when the child had become big it would be brought ashore and they would dwell in the house named Tonga-taitapu ; the males would take wives from ashore, but the latter would go out to sea to give birth to their children. Such was the custom down to the times of Rangi-takumu, whose wife was Panaua-take, daughter of Papa-tiraharaha, the wife of Taki-whenua,[5] and from that time they dwelt permanently ashore and there gave birth to their children. But their *tapu* and their god-like qualities remained inherent in their line always. Suffice this as to these origins, the descendants of the god Uenuku-rangi who cohabited with Iwi-pupu.

TE WHITI-A-POUTAMA.

[The following is also one of the incidents that occurred in Tahiti not very long before the departure of 'the Fleet' for New Zealand in the fourteenth century. It is from Te Matorohanga's teaching, who in answer to questions as to what were the correct incidents connected with the event named above, replied as follows:—]

The real reason why Ruawharo was upset in the fishing net was this: Ruawharo [who was one of the priests of the temple at Kohurau —see the introduction to Chap. I, of 'Memoirs,' Vol. III] was caught by Whatiua-marae in the act of adultry with Takarita, wife of Uenuku. Whatiua reported this to Uenuku, saying, "O Sir! As I came along I found Ruawharo and Takarita sleeping together."

On hearing this Uenuku seized his weapon and proceeded to the spot, but found on arrival that Ruawharo had departed, so he killed his wife Takarita, who at the time was suckling her child Ira. Uenuku cut out the woman's heart and gave it to the child to eat, and hence is the origin of his name—Ira-kai-putahi, Ira-the-heart-eater. If Ruawharo had been found there he also would have been killed.

[Horrible as this feeding of the child with the mother's heart is, it is not more so than is related in the legends of the Norsemen. Guerber, in his "Myths of the Norsemen" says, "To celebrate his triumph, Atli now ordered a great feast, commanding Gudrun to be present to wait upon him. At this banquet he ate and drank heartily, little suspecting that his wife had slain both his sons and had served up their

---

5. Among the innumerable genealogical tables supplied by the Sages, none of these names of ancestors are to be found.

roasted hearts and their blood mixed with wine in cups made of their skulls" (p. 294).]

Ruawharo and his younger brother Tupai fled to Waihao. Now that place was where Uenuku and his people drew the net for the fish. Uenuku well knew that Ruawharo was accustomed to rush to the net [to seize the best fish], so he sent to Poutama,[6] to Harutea and Kohiwai, a message, "If Ruawharo dashes at the net, cast the lower part of it over his head."

When Ruawharo got down to the beach there was the net outside; it was then dragged ashore, and when Poutama and his companions saw Ruawharo they passed the net over his head, so that he fell down within the net where he was speared by the sting-ray and other fish. Ruawharo now proposed to raise a war-party to kill Poutama and his companions, and therefore went off to Titirangi, to the high chief Tamatea, to engage his aid in destroying Poutama, who said to him, "Would you kill those who provide food for our elder brother [Uenuku]? Commit two offences, the one on his wife, the other on his food?" Ruawharo replied, "Enough! I shall go to Te Pakaroa, and see Pawa and Taikehu."[7] To this Tamatea replied, "What is the use of applying to the *toka-kaumapu* [a rock awash, a depreciatory term for the two chiefs.] It were better to apply to our elder relative Te Toki-matangi."

Ruawharo then went to Te Pakaroa village to consult Pawa, Taikehu, and Ti-taka-auahi, who were the chiefs of the Whangarā district. Pawa would have nothing to do with the matter. Ruawharo and his brother Tupai then went to their old female relative Apa-rangi[8] and her son Hau-nui, and said to them he had been injured by his elder brother (? cousin) Uenuku. "I was overcast in the long fishing net by Poutama." His senior relative Hau-nui-a-pāranga replied, "Sir! You are an adult, why don't you make a net for yourself? You are constantly meddling with the net of your elder relative [Uenuku]. You do not seem to remember that you have desecrated the sacred pillow of our elder; stand on one side, for you will never be able to avenge your [supposed] wrongs—he is a great and powerful chief, is our elder relative."

Ruawharo was very much cast down by this, and said to Hau-nui, "I thought that by turning aside to you, to the great chief, I should

6. This Poutama is probably the father of Kupe the 2nd, of fame as an explorer.
7. These two men came to New Zealand in the Horouta canoe—see *infra*.
8. The Scribe says this was not the wife of Kupe, though the names are the same.

receive succour. But as you will not do so, I shall go to our elder relative Timu-whakairihia in order that he may teach me the *tahu-maero, tahu-kumia* and *nga-po-kino-o-Whiro*" [all various kinds of spells to enforce witchcraft]. To this Hau-nui replied, " Why use those powers of darkness ? Act above-board according to the rules of light." But Ruawharo and Tupai would not listen.

When they got to Tuaro-paki, the home of Timu-whakairihia, they found Timu's wife washing herself. Ruawharo called down to her, " Kapua ! Is Timu' at his house ? " " The elder relative of you two is at his home ! " Then Ruawharo said to her, " Come up here that we may salute you." On her doing so they both assaulted the woman. Ruawharo then said to her, " You go on before, we will follow later."

Timu' in his house saw two little *miromiro* birds sporting in the corner of his window, and then both fell down in front of him. [He took this as an omen and said,] " Your action is wrong, and your two hearts will be roasted with the ribs of Kāhu-tia-te-rangi. Who can it be that has defiled me ? " As Kapua reached the house she said, " O Sir ! Thy younger relatives, Ruawharo and Tupai [are coming]." Timu' asked, " Where are they ? " " I saw them on the far side of the stream coming along." When Kapua sat down her husband saw some red ochre on her garments, and therefore knew that she had been with Ruawharo. After this they both went forth from the house where Timu', taking some of the red ochre painted it over the door of the house and said, " O Kapua ! Cook some of my fish for the guests." Ruawharo and Tupai now approached to salute [*hongi*, rub-noses] the old wizard, who said, " Enter the house ! What is it? Have you two come for some particular object ? " Ruawharo replied, " That is so ! " The two men then entered and there inhaled a long breath and with it much soot of the house, which caused them to rush forth and be violently sick and affected with diarrhœa. [All this was the doing of the powerful wizard, Timu-whakairihia.]

Now a certain presentiment came to Hau-nui, and so he came to Timu-whakairihia, and asked the latter, " Have you not seen our younger relatives ? " Timu' replied, " O they are probably behind the house, very diarrhœtic." Hau-nui asked, " What ails our younger relatives ? " " The slaves have been amusing themselves with my wife Kapua." Hau-nui replied, " O Sir ! Suffocate these pestilential persons who trouble us." But Timu' said, " Enough ! They have been eating excrement [and that is their punishment]." Hau-nui still urged that Ruawharo should be killed, saying, " There are two reasons ; [the offence] against thy elder brother [Uenuku], and against thee, club them!" But Timu' replied to Hau-nui, "Shall he have two punishments? the eating of excrement, and the broken head? Go, and bite their heads; for they have been quite four nights afflicted thus." So Hau-nui went forth and breathed on the heads of his younger relatives, and then came back to them the spirit of life, and they were able to vomit up the filth. The two men were overcome with shame. Hau-nui was very angry with his younger brothers. Timu' now asked Ruawharo, "What is the reason of your being seen here?" Ruawharo replied, " I came to fetch some sacred fire, and volcanic fire [witchcraft spells, in this instance]. Timu' said, " This is Orongonui [summer]. Return home, and come back in July in winter time; at the end of the winter."

So Ruawharo, Tupai, and their elder relative returned. When July came in the winter time, Ruawharo and Tupai came back. Hape-ki-tuarangi followed them; and when they came to Timu-whakairihia's place, the latter said, " Let us go to Mauku-rangi to the house Huri-whenua, and there will I explain the meaning of the *kete-uruuru-tapu*" [the branch of knowledge relating to sorcery]. When they reached the place the door was opened by Tuaro-paki and Tuaro-rangi, and the stone ' Whatukura-amoamo-a-Tane' was secured and taken to the *turuma* or sacred spot attached to the house Huri-whenua, where the ceremony of 'biting the rail' was performed. Then Timu' asked, " O Rua! How about the *karakias*?" "Before and behind." [i.e. he did not know them]. Timu' replied, "You will never acquire the knowledge of Huri-whenua." Then he said to Hape-ki-tuarangi, " O Hape! Let us hear yours." So Hape stood forth and commenced the '*Ahuahu*' *karakia*, then the '*pa-tataki*,' then the '*kauwahe-o-Rongotea*,' then the '*kupenga-rauiri*,' and then the '*aho-takitaki*.' After this the '*pae-huakai*,' the '*poupou-whakahoro*,' ending with the '*hikutoto*.' Then was called the '*hau-roro-whio*' [the little whirlwind], the '*tauru-rangi*,' and '*puangiangi*' [both meaning thunder], all offered to Whaitiri-papa [Thunder-goddess]. After the '*puangiangi*,' Hape knelt on the ' Whatukura-a-Tane' stone. Then said Timu', " Let us go into Huri-whenua house, for you have accomplished all the outside part.[9]

---

9. All the above names are those of powerful spells connected with sorcery. The Whatukura-a-Tane is one of the stones used in teaching, contact with which gave power and *mana* to the *karakias*, or spells.—See introduction to " Memoirs," Vol. III.

The house Huri-whenua was then entered, the door closed, and Hape-ki-tua-rangi was purified on the *whatu-waiapu*,[10] [or stone] placed at the central pillar of the house. Ruawharo now said to his brother Tupai, "Of us two you had better return." Tupai replied, "Leave me by the side of the fire." The door was closed and then Tangaroa-a-timu commenced the *karakias*. Timu' said, "O Rua! [do you want the ritual for use] at sea, or inland?" [Different gods are invoked for killing at sea and ashore.] Ruawharo replied, "Both of them." But Timu' said, "The *whatu-kai-a-kura* has not yet been finished" [by Hape] and then he asked Hape, "Which of the *whatus* do you select?" The latter said, "Leave me on shore with the Whatu-a-Tane," which ended the matter.

On the third séance Tupai also entered the house, and proceeded into the corner and stayed there. The door of Huri-whenua was closed and the teaching of the spells commenced. Timu' asked, "O Rua! Who will occupy the passage near the fire?" On this Tupai advanced from his corner and stood there. A number of spells were repeated by Timu' ending with the '*Maiki-kunawhea*,' and it was then seen that Tupai had correctly acquired the whole of the 'basket' [or repertoire] of the *uruuru-tapu*,[11] so Timu-whakairihia said to him, "You come away and stand on one side; in future your name shall be Tupai-whakarongo-wānanga [that is, he had fully passed in all the ritual of the teaching—a Maori Senior Wrangler, in fact]. The teaching of the Whare-maire[12] ended here, and each student returned to his own place.

This incident is known in our history as 'Te Whiti-a-Poutama.' Ruawharo and his younger brother Tupai, returned to Titirangi in the Whangarā district, where Tamatea lived, abandoning the village of

---

10. The Whatu-waiapu is used for the same purpose as the Whatu-kura in the Whare-wānanga, and as mentioned in note nine. Apparently from the name it was a block of obsidian. It would differ—says the Scribe—from that used in the Whare-wānanga, because in this house only sorcery was taught, not the three branches of general knowledge described in Chapter I. of "Memoirs," Vol. III. All that the pupils wanted here was a knowledge of sorcery, of which science Timu' was an adept.

11. The *uruuru-tapu* was one branch of general knowledge taught in the Maori College, but that part dealing with sorcery was never dealt with in the Whare-wānanga itself, but either in a separate building (as above) or outside and after dark.

12. It will be noticed the distinction the Sage draws here. The Whare-maire was where sorcery and some other matters were taught that were not allowable in the Whare-wānanga, or college devoted to other branches of knowledge.—See Chapter I. in "Memoirs," Vol. III.

Uenuku, and dwelt in the presence of Tamatea until the time of his migration to this island of New Zealand, when they both embarked with him on board the 'Takitimu' canoe.

The insult to Ruawharo at 'Te Whiti-a-Poutama' was never avenged, nor the words of Uenuku, to the effect that if he (Uenuku) had caught him he would have cooked Ruawharo as a relish for his wife, Takarita; nor the feeding of the two men by Timu-whakairihia with filth at the rail of the latrine, from that time down to the migration to this island. Enough of that.

When [in after days] Ruawharo learnt that Paikea had arrived [from Tahiti] at Whangarā [a few miles north of Gisborne, New Zealand] he went to visit him, and to present him with a basket of seed *kumara*. When at Whangarā they saw smoke arising from Pakarae—a river to the east and near Whangarā—Ruawharo asked, "Whose fire will that be?" Paikea replied, "It is thy nephew, Ira-kai-putahi."[13] Ruawharo then proposed to Paikea that they should go and kill Ira, " as payment for the words of his father inciting the people to cast the net over me, and his other words that I should be eaten as a relish for Takarita, the daughter of Whena." Paikea replied, "Why did you not avenge your ill-treatment on the other side of the ocean? Those occurrences took place across the ocean, and yet you bring [your ill-will] to this place and want now to avenge your wrongs." To this Ruawharo replied, "Enough! If that is your attitude, I shall return to Nuku-taurua." [A place on Te Mahia peninsula where Ruawharo originally settled on arival from Tahiti.]

THE MONSTER, MOEAHU.

[Nepia Pohuhu relates the following story :—].

About Moeahu. This child partly resembled a dog. Its head was that of a man, but its eyes, appearance of the face, the nose, the jaws, and the mouth, were like a dog [or animal, for the word *kuri* (a dog), is also applied to an animal]. Its body was also that of a man; its shoulders, arms, thighs, calves; but the soles of its feet and its nails were just like those of a dog. It is said it spoke like a dog barking; but its knowledge of directions given to it was just that of a man. It was very active in chasing a man; no one could escape from it; it was very brave in fighting, and could not be caught by a man. It used three weapons in fighting, a *taiaha* [or halbert], its mouth, and its feet

---

13. The child of Uenuku and Takarita to whom the father fed his mother's heart—see the beginning of this story. He came to New Zealand in the 'Horouta' canoe and is the eponymous ancestor of Ngati-Ira tribe of the East Coast.

—it would tear a man's body with the claws of its feet. Notwithstanding that two or three men attacked it, it could not be mastered.

On one occasion this monster ate the contents of the calabash of preserved birds belonging to Te Kowha, who caught it in the act. Te Kowha proceeded to take the calabash, but was afraid to approach [the monster] who had a halbert and an *apatahi* (   ) in his hand, together with the food. Te Kowha was angry at this and went to fetch his spear to spear it. His elder brothers—Pohau, Potaka, and Potonga—said to him, " A ! leave it alone ! leave it to him, it is about all eaten." But Te Kowha was not satisfied, his anger was very great. His brothers again said, " O ! you will be killed presently [if you attack the monster]." But he would not listen; he went off with the spear, stripped to the skin, with no clothing on. Directly Moeahu saw him advancing with the spear he rushed forward. The speed of his running! The spear was thrust at [the monster] ; he caught it and broke it [whilst Te Kowha fled]. But he was caught [by the monster]. With one blow from his club Te Kowha fell to the earth.

Now, his three brothers armed themselves and flew to his assistance, but the one blow at Te Kowha had killed him right out. And then the monster turned on the three brothers. Potonga was armed with a halbert, Pohau with a spear, whilst Potaka had a long spear (*huata*). Now all these men were accounted as exceedingly brave, so the dog, [or animal] fled, pursued by the men. Now it is said that Manu-tu-ke at Turanga is a fine plain.[14] The chase had extended for a long distance when [the monster] observed that one of the pursuers was in advance of the others, so he turned on him and a fight ensued with Potonga, who was killed by Moeahu. Then Potaka came up, and he also was killed by Moeahu, and finally when Pohau attacked him he also was killed.

The reason why Moeahu ate the calabash of preserved food was because he was angry at Te Kowha taking the fish from the stage situated in the forest belonging to Moeahu's brothers and sisters, and brought them to the village. That was thieving. So Moeahu sought some course to raise a quarrel with those people. Hence he came, and ate [the calabash of food] in the village itself, so the others should be angry and attack him and thus offer an opportunity for killing them.

Now, I remember some other tales about this dog Moeahu, but let the above suffice.

---

14. There is a place named Manu-tu-ke near Turanga, Gisborne ; but this story of Pohuhu's comes in amongst other incidents that took place in far Hawaiki, and I think did not occur in New Zealand. It is suggested that the meaning is, that the plain over which the chase of the monster took place, was like that at Gisborne.

UPOKO IX.

(Na Te Matorohanga enei korero.)

Ka mānu mai a 'Takitimu' i Hawaiki (ara, i Tahiti) ki Aotea-roa nei.

NA, i te tau 1865, i Kete-pakaru matou e noho ana. Ka mea mai a Te Waitere ki a au, ki a H. T. Whatahoro, "E Ta! whakarongo mai. Te manawa o te tangata he whakarongo ki nga korero a nga kaumatua; nga korero mahi kai, nga korero marae, nga korero whakapapa i nga whakahekehekenga o nga tatai o nga tipuna, nga korero mahi whare, mahi tuwatawata. Whakamatauria e koe enei hei manawa mou. Koia nei te manawa a ou tipuna ka pau ake nei ratou ki te pō."

Ka mea atu ahau, "Mawai koa e korero mai ena mea ki au?" Ka mea mai a Te Waitere, " Ma to tuakana-papa ; ma Mohi Te Matorohanga koe e ako. E ngari, E Koe! Kaua e kotikoti korero; e whakahe ranei. Kia mutu, ka patai atu ai i nga mea e hiahiatia ana kia whakamaramatia mai ki a koe." Ka mea atu ahau—a H. T. Whatahoro, " E pai ana! "

Ka tae ake a Mohi Te Matorohanga ki taku whare, ka mea mai ki au, " Kua korero mai to papa ki au, me tae mai au ki a koe kia korero atu ki a koe i nga korero i korero ai ia ki a koe. Na he kupu atu tenei ki a koe. Kaore au e kaha ki te korero atu ki a koe i nga mea e pa ana ki Te Kauwae-runga, ki Te Kauwae-raro. E ngari nga pakanga ; me te haerenga mai o ' Takitimu ' ki Aotea-roa nei. Ko nga korero whakapapa he korero tapu ena—me whare motuhake mo tera mahi anake. Kaore te kai e uru ki roto, a, pou-tu-maro noa te ra ka mutu ai, ka neke ki tetahi ra ke atu."

" Me korero e au a 'Takitimu' ki a koe." Ka whakaae atu ahau, a H. T. Whatahoro.

TE KORERO MO 'TAKITIMU.'

Na! Ko tenei waka, ko 'Takitimu,' te iwi nana ai tera waka, ko Ngati-Kopeka, ko Ngati-Parauriuri, ko Ngati-Paretao, ko Ngati-Pukohukohu. Ko te ingoa o te rakau, ko Te Pu-whenua. Te take i whakaaro ai tenei iwi kia mahia he waka mo ratou, he pakanga na ratou ko etahi iwi ano o Hawaiki—ko Ngati-Putohe, ko Ngati-Rongorua, ko Ngati-Pahau-ariki. Koia nei nga iwi o te taha ki a Taranga raua ko Pa, ko Haewai; ko nga tino rangatira, ko Te Pu-whakaawe, ko Puhi-whanake, ko Tu-kauahi, ko Mo-kinokino, ko Tu-takahinahina—koia enei nga tino rangatira o to tetahi taha. Ka tupu he pakanga mo tetahi toka-hi-ika; ka hinga nga iwi no te taha ki a Puhi-whanake, ki a Puhi-whakaawe—o Tu-taka-hinahina ma ra. Ka mate a Mokinokino i konei; ka riro hoki o ratou whenua katoa i te taha moana i aua iwi i kiia ake ra.

Ka mea a Puhi-whakaawe, a Puhi-whanake, a Tu-taka-hinahina kia tikina te taipu a to ratou tipuna kia tuāia ki raro, kia taraia hei waka mo rotou kia haere ai ratou ki te whenua i 'Tiritiri-o-te-moana' e tauria ana e te kohu rangi; he whenua pai nga raorao, he tapatupatu te ahua o nga hiwi, e homai nei te rongo korero a Kupe, kia tae ratou ki te wahi atea te whenua, i te noho a te tangata. Ka whakaaetia te whakaaro a nga rangatira ra.

Ka whakahaua kia haere ki te turaki i te rakau ra, i a 'Pu-whenua,' ki raro takoto ai; ki te hanga hoki i te wharau mo nga tangata mahi, i nga whata kai hoki. Ka haere nga iwi nei ka tae ki te tūnga o te rakau; ka karia, ka hinga ki raro, ka oti nga wharau, nga whata. (Naku i ki ake, he wharau,—he porukuruku ke te ahua. Ko te wharau, na Ngati-Rua-tamore, na Ngati-Maru-iwi, na Ngati-Tai-tawaro ke tena ahua o te whare.)

Ka wakaaro nga rangatira, kaore he toki he hangaitanga he tarai haumi, pairi, o roto i a ratou ake—he iwi kuare hoki ratou. Ka mea a Puhi-whakaawe ki a Tu-taka-hinahina, ki a Puhi-whanake, ki a Mokinokino, "Haere koutou ki a Ngati-Wai-mahuehue"—tenei te iwi o Te Rau-tahi-o-mokomoko, koia ra etahi tangata mohio ki te tarai waka haere-moana.

Na, ka haere atu a Tu-taka-hinahina, a Puhi-whakaawe, a, ka ki atu, "E Tama! i haere mai maua ki te tiki tangata hei tarai i to matou rakau hei waka ma matou." Ka mea mai a Te Rautahi-a-mokomoko, "Na wai a Puhi-whanake, a Tu-takahinahina, a Puhi-whakaawe i kiia kia haere mai ki te tutu i nga rahiri-ariki hei tarai waka ma koutou?" Ka meatia kia patua a Puhi-whakaawe ma. Heoi, ka oma mai ratou i te pō; ka hoki ki to ratou kainga, ki Pae-kawa. Ka tae, ka korerotia to raua korerotanga atu me te whainga kia patua raua, oma mai nei raua.

Ka mea a Puhi-whakaawe, "Me haere korua ki Titirangi, ki a Tamatea-ariki-nui kia tukua mai etahi tangata tarai waka, pairi, haumi, hei mahi i to tatou rakau." Ka haere a Tu-takahinahina raua

TE KAUWAE-RARO. 189

ko Puhi-whanake; ka tae ki Titirangi ka korero atu ki a Tamatea-ariki-nui, kia tukua mai etahi tangata hei mahi i to ratou rakau. Ka mea a Tamatea-ariki-nui ki tetahi o ona tangata, "Haere ki Whangara, ki a Rua-wharo ki a Tupai kia haere mai!" Ka tae te karere ki a Rua-wharo ma, ka haere mai raua ka tae mai ki Titirangi. Ka mea atu a Tamatea-ariki-nui, "Na! Haere koutou ko Tu-taka-hinahina ma ki te mataki i te rakau i tuaina hei waka rere-moana. He pai ranei? He kino ranei!" Katahi ka haere a Rua-wharo, a Tupai; ka tae; ka hoki mai ka korero i a raua korero. Katahi ka ki atu ki a Tamatea, "He rakau pai; he pu-whenua; he rakau tu i te taha no te wai." Ka mea atu a Tamatea, "E Tu-takahinahina! E hoki korua ko to taina. Kawea te ora ki te take o te rakau; kei te whakamau te kakau o te toki, kei te oro te mata ki a Hine-tuā-hoanga. Ma ratou e haere atu." Ka oti nga toki te whakarāta, te whakamau ki te kakau; ka whakatika a Rua-wharo, a Taikehu, a Te Rongo-tawhao, a Tupai, a Kohu-para, a Pawa—koia nei nga tino tohunga tarai. Ka riro i a Rua-wharo a 'Hui-te-rangiora' te toki; ka riro i a Tai-kehu a 'Te Rakuraku-o-Tawhaki' te toki; ka riro i a Pawa a 'Kaukau'; ka riro i a Tupai, ko 'Wharau-rangi.' Koia nei nga toki nana i tarai a 'Takitimu' waka.

I mua ake o te tarainga ka tu a te Rongo-patahi, a Rua-wharo, ki te karakia i raua toki, me taua rakau, me nga tangata hei tarai; koia tenei taua karakia:—

[1]
Tenei au, haramai te akaaka nui,
Haramai te akaaka roa,
Haramai te akaaka matua,
Haramai te akaaka na Io-matua-
Taketake-te-waiora.
Ki tenei tama nau, E Io-tikitiki-rangi, e-i.
Haramai to akaaka nui, to akaaka roa.
To akaaka atua, ki enei tama tipua,
He tama tawhito, he tama tipua,
He tama atua nau, E Io-akaaka!
Te takē ki enei tama, e-i.

[2]
Tenei au te hapai ake nei i aku toki,
Ko 'Te Rakuraku-o-Tawhaki,'
Ko 'Hui-te-rangiora,'
Ko 'Te Iwi-o-Rona,' aku toki.
Nawai aku toki? na Tawhaki,
Nawai aku toki? na Rătă,
Na Rătă i te pukenga, Rătă i te wānanga,
Ki enei tama.

He toki aha aku toki ?
He toki topetope i te wao nui a Tāne,
He toki tuatua ki raro,
Te aro tipua, te aro tawhito.
He aro nou E Tāne-te-waiora !
Ki enei tama, he tama nui, he tama roa,
He tama akaaka, he tama tipua,
He tama atua, e-i.

[3]
Hapai ake nei au i aku toki.
He toki aha aku toki ?
He toki nui aku toki,
He toki roa aku toki,
He toki aha aku toki ?
He toki arouui aku toki.
He toki aha aku toki ?
He toki mata nui aku toki,
He toki aha aku toki ?
He toki mata koi aku toki,
He toki aha aku toki ?
He toki tarai i taku waka aku toki,
He toki aha aku toki ?
He toki whakariu aku toki,
He toki aha aku toki ?
He toki ta matua aku toki,
He toki aha aku toki ?
He toki tamaku aku toki.
He toki aha aku toki ?
He toki whakangao aku toki,
He toki aha aku toki ?
He toki haohao nui aku toki,
Ki runga ki te iho nui,
Ki runga ki te iho roa,
Ki te iho matua o taku waka,
Ka puta ki roto ka puta i tawhito-ngawariwari.
E tu takawhaki Whaitiri, i paoa e-i.

[4]
Kowai taku waka ? ko ' Te Pu-whenua ' taku waka.
He waka aha taku waka
He waka tawhito taku waka,
He waka aha taku waka ?
He waka tipua taku waka,
He waka aha taku waka ?
He waka atua taku waka,
He waka aha taku waka ?
He waka rangi taku waka,
He waka aha taku waka ?
He waka rere moana taku waka,

He waka aha taku waka?
He waka tangata taku waka,
He waka aha taku waka?
He waka tapu taku waka,
He waka aha taku waka?
He waka takoto atu ki te uru whenua taku waka,
He waka aha taku waka?
He toa rere moana taku waka,
Ki uta, ki take whenua taku waka, takoto ai, e-i.

(E hoa, ki te titiro e koe e rere ke ana etahi o nga kupu o tenei i ta Tupai, e, koia ano tona hangaitanga o ta Rongo-patahi raua ko Rua-wharo. Ko nga karakia nui enei, tapu hoki. Ko etahi o nga karakia he karakia noa iho, mo te nohoanga tarai, karakia potopoto era, na ia tangata ake i hua ake i roto i tona ngakau.)

Ka oti te tarai o te pu-whenua, ka karia ki te awa, ka tukua ki roto, ka tapuke kia kore ai e ngawha. Ka taraia nga haumi e rua,—kotahi mo te ihu, kotahi mo te kei; nga pairi e ono me nga toko o nga ra e rua; me nga taumanu, me nga toko-whiti, me nga hua-pae o te karaho o te waka, me te tauihu, he mea tuku katoa ki roto i te awakari.

Ka mutu, ka tono atu a Pawa ki tetahi rakau mana, hei waka hoki mona. Ka whakaaetia e Tu-takahinahina. Ka tuaina ki raro; ka mahia; ka oti ka peratia me 'Takitimu,' ka tukua ki roto o te awa tapuke ai, kia ngaua te tarawai o te rakau, kia mate, kia pai ai te tarai. E ono marama etahi, kotahi tau etahi, ka huaranga ai ki runga, katahi ka tarai kia kau-awhiawhi ai te ahua o te rakau. Katahi ka hanga i te whata hei whatanga mo nga rakau, me te waka, me te haumi, me nga tokotu, nga toko-whiti, nga karaho o te papa-takataka-hanga. Katahi ka uhia ki te rau rakau kia ngaua e te hau te rakau, e te ua hoki. Ka oti, ka whakamaua nga taumanu whakahaere, me nga rakau whakaahuru. Ka oti ka utaina nga haumi, nga toko, nga toko-whiti, nga karaho, te tauihu, te rapa o te kei, nga hoe.

Ka mutu, ka tahuri nga iwi nona te waka ki te tō i a te pu-whenua. Ka tahuri a Pawa, a Taikehu, a Rua-wharo, a Tupai, a Mokinokino, a Te Rongo-tawhao, a Kahu-para, ka mahi i to ratou waka; ka oti te pera me tera i kiia ake ra. Ka timata te tō e nga iwi o Tu-takahinahina ma i a te pu-whenua. Ka tae ki tetahi wahi, he takahuri anake i runga i nga rango. Ka matemate nga iwi nei—ko etahi i mate rawa atu, ko etahi i whatiwhati rawa atu nga iwi, ko etahi i maru. Ka mahue te waka nei, a te pu-whenua, i reira takoto ai, ka haere ki te amoamo i o ratou tupapaku ki to ratou kainga, ki Pae-kawa.

Na, ka toia atu ta Pawa, ta Taikehu, ta Rua-wharo ma waka, ka tae atu ki te wahi e takoto ai a te pu-whenua. Ka komotia e Rua-wharo nga rango e rua—kotahi i te kei, kotahi i te ihu, ko 'Pakeke-taiari,' ko 'Te Takē.' Ka haere te iwi ra ki te tō i to ratou waka; ka tae ki te tauranga i Te Pakaroa, ka waiho i raro i te whare-rangi takoto ai kia maroke, kia mānu ai.

Ka roa e noho ana i to ratou kainga, ka tae mai a Tu-takahinahina ki Titirangi, ki te pa o Tamatea; ka mea mai ki a ia, "I haere mai au kia tonoa e koe ki ou tangata kia toia mai te waka ra." Ka mea atu a Tamatea, "E pai ana!" Ka tonoa e ia a Rua-wharo, a Tupai a Te Rongo-patahi me etahi atu, me te iwi nona te waka. Te taenga atu ka whakamaua nga taura ki runga i nga taumanu-whakahaere, ki tetahi niao, ki tetahi niao. Ka mea a Rua-wharo ki a Puhi-whakaawe ma, "E Tama! me tō to koutou waka ki Te Pakaroa, ki te tauranga o Pikopiko-i-whiti, ka hoe ai ki to koutou na kainga." Ka mea mai nga rangatira o taua iwi—o Ngati-Kopeka, o Ngati-Paruriuri, o Ngati-Pukohukohu, o Ngati-Paretao, kaore ratou e pai; he ara ano to ratou hei taunga mo to ratou waka. Kaore i hamumu atu te waha o Rua-wharo; engari ka ki atu, "A! toia to koutou waka!" Ka ki a Tu-takahinahina me tuku nga haumi me nga mea katoa o te waka ra, o te pu-whenua ki raro, me wehewehe te tōanga o enei kia mama ai te tō. Ka mea atu a Kohupara, "E pai ana!" Ka whakamaua nga aka-taura hei tō; ka tō nga iwi nei. Kaore i roa e tō ana kua pō. He pena tonu, a, pahore noa iho nga pakihiwi o nga tangata, me nga ringa-ringa. Katahi ka mea atu a Rua-wharo, "A! me pewhea e tae ai ki to koutou tauranga to koutou waka? Kati! E kore matou e haere ki te tō i to koutou waka. Ka tae ki te pekanga ki Te Pakaroa akuanei, ka noho matou, ko koutou e tō atu ki to koutou na tauranga."

Kua mohio a Tu-takahinahina ma, kua kore e taea to ratou waka ki Pae-kawa—ki to ratou tauranga. Katahi ka mea atu a Te Rongo-patahi ki a Puhi-whakaawe ma, "Ka kite au e kore e taea to koutou waka ki Pae-kawa. Engari ki te tae atu ki te pekanga ki Te Pakaroa, me peka to koutou waka ki te tauranga tata i a koutou ka hoe ai ki Pae-kawa." Katahi ka whakaaetia e Puhi-whakaawe ratou ko ona hoa, "Ae! Me tō ki Te Pakaroa."

Na! Ka marama koutou ki te titiro mai ki te ahua tinihanga i taua iwi, i a ratou e tō ana mai i to ratou waka ake. Ka kuhua e Rua-wharo nga rango nana ake ki roto i nga rango a te iwi nona te waka. Ko te ingoa o aua rango e rua, ko 'Pakeke-taiari' ko 'Te Takē.' Enei rango, he rango tapu, he mea karakia kia taumaha ai te tō a nga tangata, koia i mate ai ratou i te taumaha. Na, tetahi tinihanga a Rua-wharo ma, ko te kianga atu, me peka ki Te Pakaroa ka hoe ai ki to ratou kainga—ki Pae-kawa; he mea kia puritia ai taua waka e Tamatea-ariki-nui ma.

Na, ka whakaaetia ra te tō i a te pu-whenua ki Te Pakaroa; ka kiia e Rua-wharo kia mahia he rango hou mo te waka. Ka mahia; ka mahia nga rango a nga tohunga nei, ka oti; ka tapaia te ingoa ko 'Manu-tawhio-rau' to te ihu, ko 'Te Manu-ka-tiu' to te kei—koia nei nga rango whakahaere o te waka nei. Katahi ka toia mai a te pu-whenua e nga iwi nei. I mua ake o te tōanga mai a Rua-wharo ma, ka utaina nga haumi, nga tokotu, nga karaho, nga toko-whiti, nga hoe, nga rauawa, me te tauihu; ka eke, ka whakahaua kia toia mai te waka nei; ka tae ki te pekanga ki te tauranga i Te Pakaroa, ka peka te ihu o te waka, ka eke a Te Rongo-patahi ki runga i te waka tu ai, ka takitakina tana ngari, koia tenei:—

> Ka auē-i, auē.
> Tenei au kei te uru ki uta, ēī.
> Tenei au kei te uru ki tai, ēī.
> Auē-i, tu-hikitia, tu-hapainga
> Kowai taku nei rango?
> Ko ' Manu-tawhio-rangi '!
> Kowai taku nei rango?
> Ko ' Te Manu-ka-tiu.'
> Ki tai ēī.
> Ēī, takoto ki te uru,
> Ēī, takoto ki tai ēī.
> Takoto atu ki te tai ka wawa,
> Auē-i, takoto atu ki te tai ka wiwi.
> Ēī, nawai te waka? ēī, nawai te waka?
> Ēī, na Tāne te waka.
> Ēī, nawai te waka?
> Ēī, na Tamatea-ariki-nui te waka.
> Ēī, he waka aha te waka?
> He waka atua te waka?
> Ēī, nawai te waka?
> Ēī, na Rua-wharo te waka
> Ēī, nawai te waka?
> Ēī, naku te waka, whai ake!
> Ēī, naku te waka, whai ake!
> Ē, ki te uru te takotoranga o te waka, whai-ake!
> Ēī, ki tai te uru o te waka, whai ake!

Ka rere a te pu-whenua i konei ki Te Pakaroa takoto ai. Ka pa te pouri ki a Puhi-whanake, ki a Puhi-whakaawe, ki a Tu-taka-hina-hina, ki a Mokinokino, ki a Tu-kauahi, "E! Ka mate tatou i to tatou waka i te iwi nei, ina te ahua o to ratou ngari-tō-waka i rongo ake nei tatou."

Ka hui katoa te tangata ki te matakitaki, i te rangonga i te ngari haere mai a Te Rongo-patahi; kua mohio, e, tenei nga waka kua tae anake mai ki konei takoto ai. Ka hui nei ratou ki te matakitaki i te pu-whenua; kua haere nui te rongo o taua waka ki nga iwi katoa o nga motu o Hawaiki.

Ka mea atu a Tamatea ki a Rua-wharo, ki a Te Rongo-patahi, " E Tama! Kati! kua tae mai nei te waka nei ki konei; tahuri; mahia nga haumi, nga tokotu, nga taumanu, te rapa, te tauihu, nga toko-whiti, te karaho, nga pairi, me te whare-rakau, te horu hoki. Kia mutu tena, ka tō ki te wai whakatautau ai kia aronui, kia tarewa te takere ki runga; ka whakamau ai nga korewa-moana ki runga." Ka whakaaetia atu e Te Rongo-patahi, e Rua-wharo ma. Ka mea a Tamatea-ariki-nui ki a Puhi-whakaawe ma, " E Tama! waiho to koutou waka i konei kia whakaotia kia pai. Mahia mai he toko mo roto, kia kaha ai ki te mahi, ka haere mai ki konei hei ahi." Ka whakaae a Puhi-whanake ma katoa me o ratou iwi. Ka mahia mai nga kai, ka haere mai nga tangata hei tahu ahi mo nga tohunga.

Ka oti te waka nei, ka oti hoki a ' Tainui,' a ' Te Arawa,' a ' Matātua,' a ' Te Pu-whenua,' me etahi atu waka. Katahi ka kiia kia ara he whakatautau i nga waka katoa nei i roto i Pikopiko-i-whiti, a, whakaaetia ana. Ka tae ki tetahi ra ka mānu nga waka i roto o Pikopiko-i-whiti; ka piki nga tangata ki runga o Puke-hapopo matakitaki atu ai. Ka roa e hoe ana ka puta a ' Te Pu-whenua ' ki mua i nga waka katoa; ka mea a Rua-wharo, a Pawa, "Tena 'Te Pu-whenua' te horo na i te whenua!" Ka mea atu a Te Rongopatahi, "Koia ra ano he ingoa mo to waka, E Pawa!" Ka mea mai a Ira, "Koia ano ko 'Horo-uta' he ingoa mo to waka." Koia nei te take mai o tenei ingoa, o ' Horo-uta,' mo te tere o te haere a ' Takitimu ' i te moana.

Ka mutu tera mahi, i tetahi wa mai, ka haere mai a ' Tainui,' a 'Te Arawa,' a ' Te Karaerae,' a ' Mamari.' Ka mutu nga waka i manu mai, i a Akaaka-nui te kaupeka o te tau ka hara mai nga waka nei.

Ka aua atu e haere ana nga waka nei; ka tae te whakaaro ki a Puhi-whakaawe me ona hoa kia hui ratou ki te aroaro o Tamatea ki roto i tona pa i Titirangi, ka mea a Puhi-whakaawe, " E whakaaro ake ana i te mea kua oti a Te Pu-whenua, kua whakaaro matou kia haere, kia whai i te heke kua mānu atu na ki te moana tere ai; he korou kia tu ki te haere ki te whenua i 'Tiritiri-o-te-moana, ki te whenua e tauria e te kohu rangi,' e ki ana to tipuna a Kupe." Ka mea a

Tamatea, "E pai ana! No wai te korou noho. Ka hua au, nou te korou tu ki te haere, ka haere katoa tatou." Ka whakaae atu a Tu-takahinahina me ona hoa katoa. Ka mea atu a Puhi-whakaawe, "E pai ana! me haere koutou ki te mataki, ki te taunaha i te wahi ma tatou, ka tukua mai ai i a Tu-takahinahina ki te tiki mai i a matou." Ka oti taua whakaaro koia tera. Ka mea a Tamatea, a Rua-wharo, a Taikehu, a Pawa, a Ira, "Me neke mai koe ki Titirangi nei, ki Te Pakaroa, ki Whangara nei noho ai. E kore e koe e hoki mai, he tupuhi, he pakoa, he kai-kore, he titohea. E noho i te ngahuru ka tatau ki nga wahine ki kga tamariki i tai, ki uta." Ka mutu nga tino kupu mo tenei.

Ka mea a Tamatea ki nga taina, ki a Rua-wharo, ki a Tupai, ki a Te Rongo-patahi, ki a Kohu-para, "E Tama! Whakaarahia a Tawhiri-matea me te whanau, kia kumea te au o Hine-moana ki 'Te Tiritiri-o-te-moana,' ki Aotea-roa; kia ngawari ai te ihu waka ki uta." Katahi ka whakaarahia a Hau-a-roa, a Huri-pari, a Te Ahu-puke; kotahi te ra me te pō e pa ana te hau nei, ka toia a Te Pu-whenua ki runga i te turuma o Titirangi i Hawaiki.

Ko te karakia whakaara i te hau a Te Rongo-patahi tenei:—

>Tenei au, tenei au kei te uruuru-tipua,
>Kei te uruuru-tawhito, nau, E Tāne-te-matua
>I te Pu-matua, i te take, i te Toi-hua-rewa,
>Matua i Ara-tiatia, ki Te Uru-o-Manono.
>Whai ake, whai ake nei au ki te whai, ko Paroro-rangi,
>Unuhia te puru o Huru-rangi,
>Kia puta mai koe tuata, tuapou,
>Tuata tua-taniwaniwa.

>Tahuna tahuna to ahi,
>Ko te ahi kapakapa ko te ahi rere rangi,
>Ko te ahi tikawe ko te ahi torotoro,
>He ara atu mou, E Tawhiri-nuku, E Tawhiri-rangi,
>Tenei to ahi ko te ahi no Titi-matangi nui,
>Na Titi-para-uriuri,
>Tenei to ara ki te ihu whenua, ki Aotea-roa,
>Ko te au-kume, ko te au-rona, ko te au-papa,
>Ko te au-tarere, ko te au-hokai, ko te au-tupou,
>Ki te ihu whenua, ki Aotea-roa,
>He taku, he takao ki tawhiti kia u atu,
>Poutina, poutaka ki te ihu whenua,
>I Tiritiri-o-matangi.
>Nawai taku aro? Nau, E Tawhiri-matea,
>Nau, E Titi-o-matangi-nui, 'Titi-matangi-roa,
>Titi-matakaka,

Hokai nuku, hokai rangi ki taku aro,
Ka tau ana koe he aro whenua,
Ki Tiri-o-te-moana,
Whakaoti nuku ki tenei tama, e-i.

Ka mutu nei te karakia whakaara i te hau, i a ' Huri-moana,' i a
' Huri-pari,' i aia mai te aukume, te aurona ki Aotea-roa nei, kia
ngawari ai te hoe mai o nga waka. Ka mutu ra taua hau nui, ka
whakaarahia ko te karakia mo te haere i te moana. Koia tenei:—

Marewa, marewa taku aro.
He aro ki Tiri-o-te-moana,
He aro ki te ihu o te whenua, ki Aotea-roa,
Tenei taku tapuae, ko te tapuae o Mumuwhango,
Ko te tapuae o Tāne i te wao tu.
He aha taku tapuae?
He tapuae no Tu-horo-nuku, no Tu-horo-rangi,
Ka tau ana ko waho tupaki arotea nui,
Tenei au te tupe atu nei i taku tapuae,
Ko tapuae o nga atua, o Kahukura, o Tama-i-waho,
O Ruamano, o Hine-korako, ki te ihu whenua i Aotea-roa,
I Tiri-o-te-moana.
Kowai taku tapuae? ko tapuae o Tu-mata-kaka,
Ko tapuae o Tu-mata-uenga,
E whakahoro ra i Tawhiti-rangiuru, i Tawhiti-rangiawa,
Tenei au te tupe atu nei i taku tapuae,
Ko te tapuae o Tangaroa-whakamau-tai,
O Tangaroa-te-petipeti,
Ko taku tapuae ko tapuae o Uenuku-rangi,
O Ruamano i waho ra. Kowai taku tapuae?
Ko tapuae o te tini o Te Wehenga-kauika,
Ko tapuae o Tutara-kauika i waho ra.
Homai kia tata, homai kia piri.
Tenei taku tapuae ko tapuae o taku waka.
Kowai taku waka? ko te ' Timu-o-te-rangi,'
He waka tapu taku waka, ko te waka o ' Te Awhio-rangi',
He waka tapu taku waka, ko te waka o ' Te Whiro-nui,'
He waka tapu taku waka, ko te waka o Tama-nui,
Ko te waka o Tamatea-ariki-nui,
Ko te waka o nga tohunga kai-rangi.
He tohunga kai tipuaki, he tohunga kai tama-uriuri,
He tohunga kai paepae turuma ki tai,
Ki tai, ki te uru whenua ki Aotea-roa,
Ka u kau taku waka, ka u kau taku waka,
Kowai te wakawaka nei? ko ' Takitimu,'
He waka tapu taku wakawaka.
He aro atua, he aro tipua,
He aro kauika Tangaroa,
He aro tapu no nga tohunga,

He aro tipua no ' Te Awhio-rangi,' no te ' Whiro-nui.'
Aku toki he toki atua, he toki tipua,
He toki kai rangi, he toki kai papa,
He toki kai hau matakaka, he toki kai tangata,
He toki kai wao, nau, E Uru e-i.
Taku waka tenei, tu hikitia, tu hapainga,
Hapainga ki te take o te whenua,
Hapainga ki te aro o te whenua o Kupe.
Ki te aro o te whenua o Toi, Toi-huatahi,
Ko taku ahi ko tona ahi, he ahi komai taku ahi,
Ko te ahi o Toi-nui, o Toi-roa, o Toi-whakaputa.
O Toi taku whenua ki taku aro,
E Toi-te-huatahi, e-i.

Ka marama i naia nei ki te takoto o te karakia nei, ko te Pu-whenua te ingoa tuatahi o te waka nei, na tenei karakia, i tera ingoa ko te Timu-o-te-rangi, ka tuturu te ingoa i konei ko ' Takitimu.'

I mua atu o te haerenga mai o 'Tainui,' o 'Te Arawa,' me era atu waka katoa, ka uiui ratou ki nga tohunga, mehemea pewhea nga kupu a Kupe i whakatakoto ai ki roto i te Whare-wānanga i Hui-te-rangiora i Hawaiki. Ka whakaaturia e nga tohunga, ' Ko te korero a Kupe, me takoto te ihu o te waka ki Aotea-roa, mai i Ahuahu (koia te roanga atu o taua ingoa, na etahi iwi ko Ahu tonu). Me heke tika mai ki te tonga mai i Maui-taha, i Maui-pae. Enei, he mahanga enei motu e rua; kei waho mai o Ahuahu. Me pou tonu te ihu o te waka ki te tonga. Pera ano a Hawaiki.' Ka mutu ena kupu ana, ka mea atu nga tangata, "E Kupe! Kai te whai whakaahuru ano he tānga-manawa?" Ka mea a Kupe, " He maha nga whaka-ahurutanga ka tae ai ki taku ingoa, ki Aotea-roa." Ka mea nga tangata ki a Kupe, " He aha i tapaia e koe ko Aotea-roa? Tē tapa ai ko Irihia, ko Te Hono-i-wairua ranei, hei ingoa whakamanawa mai ki te wahi i tere mai ai tatou." Ka mea a Kupe, " E waiho i a au te poho e werawera ana; he aha te poho-whenua kua aua atu." (Ka ui atu a Te Waitere i konei ki a Te Matorohanga, "He aha ra te tikanga o tenei ingoa, o Aotea-roa?" Ka mea mai a Te Matorohanga, "Mo te roa ona e whai ana i te wheke a Muturangi i te moana, me te mahara tonu o tona wahine, o Hine-te-aparangi, me ona kotiro, tera ratou e mate ki te moana. No te kitenga a Kupe i Pou-kapua e whakakapua ana mai i tawhiti, ka mea a Kupe, " He pou-kapua e whakatarawai mai ra i tawhiti; he ihu whenua!" Ka mea a Hine-te-aparangi, " He ao! He ao!" No te taenga atu ki tetahi motu iti nei kei te taha marangai-rawhiti o Tuhua, te motu i waho atu o Tauranga, ka tapaia e Kupe ko te whakamanawa a tona whaereere i ki ra ko 'Te ao, te ao,' ka kiia ko Aotea-roa taua wahi roa—mo ta ratou haere i te moana katahi ka kite whenua. Koia a Aotea-roa.) Ka mea ano nga tangata, ariki, rangatira, ki nga tohunga o te Whare-wānanga, o Hui-te-rangiora, "Koi mea ka tupono ki etahi motu ke atu; ina hoki, he maha nga whakatānga-manawa i te ihu o te waka, ki Aotea-roa." Ka mea a Kupe, "E kore e ngaro, he mahanga. Ko tetahi kei te uru o te marangai, ko tetahi kei te uru o te tonga; he tiriwa moana kei waenganui e anga nui mai ana te aroaro ki te marangai nei, kei te rawhiti hoki te tino aronga, ko te mauru kei te tuara e papaki mai ana." Ka mea atu etahi, "E Kupe! Penei pea te rahi me Hawaiki nei? Me Rarotonga, me Rangi-atea me era atu motu?" Ka mea atu a Kupe, "E! ko Hawaiki nei ra to tatou motu rahi ake i enei katoa e ki na koutou. Ko tenei, he motu rahi noa atu raua tokorua i a tatou i kite nei." Ka mea mai ratou, "E Kupe! Hei te pō, me takoto te ihu waka kowhea?" Ka mea atu a Kupe, "Tukua te ra ki te taha katau o te ihu o te waka, me te marama, me Kopu; kia taa matonga-mauru te whakaheke o te ihu waka. Ko taua whenua e takoto tutangatanga ana te pito ki te marangai-mauru i te ngaunga a Hine-moana, engari he pai nga whanga me nga awa e whakaputaputa ana ki 'Te Moana-nui-a-Kiwa.' Ko te motu ki te tonga o aua motu na, e takoto topu ana, he taa matua te ahua; ko tetahi he ika. Koia ra pea te ika a to tatou tipuna, a Maui-tikitiki, e kiia nei e te waha huka o te takurua."

Na, i konei ka marama katoa nga tangata o waho o te Whare-wānanga ki nga korero a Kupe, me nga patapatai a nga tohunga o te whare-wānanga i kiia ake nei.

Kati. Ka hoki atu taku korero ki a Te Pu-whenua. Ka tikina nga atua i roto i Te Kohurau—he ana tenei, a Te Kohurau—ka mauria mai a Kahu-kura, a Tama-i-waho, a Tu-nui-a-te-ika, a Hine-korako, a Rongomai, a Rua-mano; ka mutu nga atua i roto i taua ana. Na Te Rongo-patahi, na Rua-wharo i tiki, i mau mai; katahi ka utaina mai ki runga i a Te Pu-whenua.

Na, i te kawenga ra i a Te Pu-whenua ki runga ki te turuma o Titirangi—i peratia ai kia tapu ai te karakiatanga i taua waka; tetahi o nga take kia eke ai a Kahu-kura, a Rongo-mai, a Tama-i-waho ki runga i te waka; he atua tapu hoki aua atua; ko Rua-mano, ko Tu-nui-a-te-ika, ko Hine-korako, he atua rongo era ki te karanga a nga taura, a nga kaupapa nohoanga o aua atua. Ka oti enei mahi, ka tae mai nga atua nei ki Titirangi, katahi ka whakanohoia nga tangata mo nga taumanu o taua waka. Koia tenei etahi :—

TE KAUWAE-RARO. 199

Ko Te 'Ra-kura' te taumanu o te kei; ko te taumanu tera i a Te Rongo-patahi, i a Rua-wharo, i a Tupai. Ko enei nga tino tohunga. A ka noho hoki nga atua nei ki reira.

Na, te taumanu o tua mai ko 'Te Pae-rangi.'

Te toru o nga taumanu ko 'Te Pae-taku,' i a Tamatea-ariki-nui ratou ko ona hoa, tāne, wahine, tamariki.

Tua mai, ko 'Kahu-tua-nui,' ko 'Rakau-amoamo'; i a Hape-kituarangi, i a Taikehu enei taumanu.

(Ka mea mai a Pohuhu, a Te Waitere, " E Ta! i na runga mai a Taikehu i a Horouta." Ka ki atu a Te Matorohanga, " Kaore! I ma runga ia i a Te Pu-whenua. Kei te takoto marama tenei i roto i te Whare-wānanga; kaore tenei i taupatupatua ana.")

Ko 'Rakau-whatawhata.'

Tua atu i a Tamatea-kota, ko 'Te Pai-tangi-rere' te taumanu.

Tua atu i a Tu-ai-te-rangi me ona hoa, ko 'Maire-kura' te taumanu.

Tua atu i a Kohu-para, i a Mokinokino, me o raua hoa.

Ko 'Te Ata-kura' me 'Manu-tahi' enei taumanu, te rua i a Tutakahinahina, i a Puhi-whakaawe, i a Te Rua-tahi, i a Mokomoko me o ratou hoa.

Ko 'Maire-hau' te taumanu i a Rongo-mahaeata me ona hoa.

Ko 'Te Pu-whenua' te taumanu i a Puhi-whakaawe, i a Tutakahinahina me o raua hoa.

Ko 'Pae-kawa' te taumanu, i a Te Rautahi, Moko-nui-a-rangi me o raua hoa.

Ko 'Rere-moana' te taumanu, i a Hau-tu-te-rangi me ona hoa.

Ko 'Tiritiri-o-te-moana' te taumanu, i a Te Rongo-patahi, i a Ruawharo me a raua hoa.

Ko 'Ruku-moana' te taumanu, i a Rerehu-rangi me ona hoa.

Ko 'Aotea-roa' te taumanu, i a Tu-ai-te-rangi me ona hoa.

Ko 'Horo-nuku-atea' te taumanu, i a Te Rangi-ka-tatau me ona hoa.

Ko 'Horo-nuku-rangi' te taumanu, i a Ira-kai-putahi me ona hoa.

Ko 'Ahuahu' te taumanu, i a . . . . ?

Ko 'Maui-taha' te taumanu, i a . . . . ?

Ko 'Maui-pae' te taumanu, i a . . . . ?

Ka mutu nga taumanu i korerotia ki a matou i roto i nga Whare-wānanga o o koutou tipuna o taua waka, o 'Te Pu-whenua.' E rua te kau-ma-ono aua taumanu. Ka oti nga taumanu te taunaha e nga tangata, me te tapatapa i nga ingoa, katahi ka wehea nga tangata hei tiaki i nga ra e rua me nga puna wai e rua me nga tangata hei tiaki i te punga. Oti katoa ena, ko nga pairi, ara, rauawa, e wha i tetahi taha, e wha i tetahi taha ka waru ai. Ka mahia nga popoki o nga niao he pae-wai era; ka poua nga toko-whiti—he whariki, he aute, nga uhi o nga whiti. Ka poua nga ra e rua—'Te Haeata-o-te-rangi' to te kei, ko to te ihu ko 'Pari-nui-te-ra.' Ka mutu nga toko, e wha nga taura tatai o nga ra. E rua taura ki te ra kotahi. E rua hoe ki te tangata kotahi; ko te ihu, e toru nga hoe—ko te hoe-whakaara, ko te hoe-whakatere, ko te hoe-matua. No te taha o te waka e rua nga hoe-whakatere, e rua hoki nga hoe matua. E rua nga tatā ki te puna kotahi, hui katoa e wha, e rua i ahua paku, e rua tatā rahi, roa hoki. Ko nga tatā nunui e rua he whakairo te maunga ringa, me te pare o te tatā. Na, he mea wehe nga tangata hei tiaki i nga taura o te ra, me nga puna-wai; hei nga tangata maia, kakama, tupato hoki, mo nga rangi hau, mo te rere ranei o te waka i runga i te ngaru. Na, ko nga tangata whakahaere i te hoe whakatere he tino tangata mohio ki tera mahi ki te haere moana, tupuhi. Me te tangata tiaki i te ihu o te waka. Ko nga taura o te ra o te kei e rua, ko 'Ta-ngaengae,' ko 'Ta-kerekere.' Ko te rakau-huapae o to te kei ko 'Toko-ahuru.' Ko nga taura o te ra o te ihu ko 'Te Aka-rinorino' tetahi, kaore i korerotia te ingoa o tetahi. Te ingoa o te huapae o te ra o te ihu, ko 'Pae-takū.' Ko nga punga e rua, kotahi te mea korewa, kotahi te punga whakawhenua—ko te punga tera i te ingoa nei ko 'Horu-moana·' E rua taura ki te punga kotahi. Kaore he ingoa o nga taura o te punga korewa, ara, paku. Ko nga ingoa o nga taura e rua o 'Horu-moana,' ko 'Marohi' tetahi, ko 'Mawake' tetahi. Ka meatia nga korere e rua, kotahi mo tetahi taha kotahi mo tetahi taha o te waka. Ko nga rakau korewa he rakau mama rawa. Ko te take o te korewa hei tiaki i te waka koi tahuri; a ki te tupono ki te tahuri kia aranga tonu ai te waka ki runga kia taea ai te huri ki runga i te takere e nga tangata e kaukau ana ina tahuri. Kaore au i rongo i roto i nga Whare-wānanga nga ingoa o nga korewa nei.

Engari no matou i hoki mai ai i Toka-a-kuku—i te amio a Kaka-tarau raua ko Te Hou-ka-mau ka tae matou ki Whare-kahika; ka rongo au ki a Ngati-Rakai, i a Ngati-Iri-te-kura, ki a Ngati-Rau-matua e ki ana, ko 'Paepae-moana' te ingoa o nga korewa o 'Te Pu-whenua.' Kati, no waho tenei korero, no te marae-atea.

Ka oti enei take katoa kua korerotia ake ra, me korero e au te tōnga i a Te Pu-whenua ra ki runga i te turuma o Titirangi. Te take i peratia ai kia eke ai a Kahu-kura ma ra ki runga i a Te Pu-whenua. Kua korerotia ake ra te tikinga i nga atua ra i roto i te ana, i a Kohurau; kei reira Uenuku e takoto ana; koia i riro ai ma Te Rongo-patahi e tiki—ma te mokopuna a Uenuku e tomo taua ana. He toma hoki no Uenuku me ona tamariki, me ona mokopuna. Ka riro mai ra nga atua i kiia ake ra, me nga toki e rua—a 'Te Awhiorangi' a 'Te Whiro-nui.' He toki tapu enei e rua, he toki atua, ko nga toki enei nana i topetope nga toko mo Rangi-e-tu-iho nei, i roto i Manga-nui-o-tawa, i Hau-a-roa e tu ana. Ka utaina aua mea ki te kei o Te Pu-whenua. Eke katoa nga kahu, nga hoe, katahi a Te Rongo-patahi ka tu ki te karakia i te whakatapunga i a Te Pu-whenua. Kua tuturu koia ra he ingoa mo te waka nei. Koia tenei tona karakia :—

TE KARAKIA O 'TAKITIMU.'

Tau ake nei au i taku tau,
He tauira tipua, he tauira atua,
Whawhai rangi, whawhai nuku
Ki teni tama, ki tenei tauira,
Nau, E Kahu-kura ; nau E Tama-i-waho !
Nau, E Tu-nui-a-te-ika, ē ī,
Tenei ka taumau ki tena tama,—
He tama, he tauira,
He tauira nou e Rua-mano ē ī,
Rongomai, Hine-korako ki tenei tama,
He pia nou, E Tane-te-waiora ē ī,
Tenei au, whakahoro, whakahoro
Ki tenei tama, he pia tipua, he pia atua,
No nga Rangi-tu-haha, ki tenei tama ē ī.
Tenei au kei te uru tu, kei te uru tau,
Kei te uru ki a koutou—
Ki nga tipua, ki nga atua ē ī.
Tenei to pae-tipua, he pae-atua no koutou e ī.
Tenei au he tama haere whenua,
He tama haere moana,
Ki 'Tiritiri-o-te-moana,' ki Aotea-roa, ē ī.
Tenei au kei te aro-whenua
Na nga tipua rangi, na nga tipua whenua
Na nga tipua moana,
Tautika, tauaro mai ki tenei tama ē ī.
He taratara uru, he taratara atea
Ki tenei tama na koutou ē ī.

2

Tau ake nei au i taku nei tau ē ī.
He uru ka takoto atu
Ki te uru-whenua i tawhiti, ē ī.
He uru tipua no Tane-nui-a-rangi, ē ī.
To waka, he waka tipua,
He waka nou, E Kahu-kura !
E Tama-i-waho ! E Tu-nui-a-te-ika !
E Tangaroa-whakau tai ē ī.

Rua-mano! E Rongomai! E Hine-korako ē ī!
To ara he ara-moana ē ī.
Ki ' Tiritiri-o-te-moana,' ki Aotea-roa ē ī.

Tenei au te tau ake nei i taku tau, ē ī.
Kowai to waka, E nga tipua! E tawhito!
E nga atua ē ī!
Ko te timu o te rangi, ko te timu o te moana,
Ko te timu o te whenua ē ī.
To ake nei au i taku waka,
Kowai taku waka? Ko ' Takitimu ē ī!

Tau ake nei au i taku tau ē ī.
Whakaea, whakaea to ihu ki runga ē ī,
Whakaea ki runga o te pae-moana—
O te pae-tuatea moana ē ī.
Kia tau ana koe ki te uru-whenua—
Ki tawhiti, ki Aotea-roa, ē ī.
He waka tipua koe! he waka no tawhiti koe!
He waka no nga atua koe ē ī!

Tau ake nei au i taku tau ē ī,
Ko ' Takitimu ' taku waka :
He waka no nga atua,
Ki te uru-whenua i tawhiti ē ī.
Whakaea, whakaea to takere nui
Ki runga ki a Hine-moana ē ī.
Whakaea, whakaea to aro ki runga,
He maiangi nui, he maiangi roa,
He maiangi tipua, he maiangi no koutou,
E Kahu-kura ē ī,
He taunga, he toroa-a-ruru e ī.

Tau ake nei au i taku nei tau e ī.
Whakaea, whakaea taku waka
Ko ' Takitimu,'
Ki runga i te kare-moana, e i.
Tangaroa-mau-tai e! Kiwa-huri-moana e ī!
Tenei au kei te uru tu, kei te uru tipua,
Kei te uru atua, no nga rangi e ī.
He atua rere rangi, he atua rere whenua,
He atua rere moana e, he tipua moana e ī.

Tau ake nei au i taku nei tau e ī.
Whanake i raro he tipua—
He atua no te one taratara e ī.
No te one haere, no te one pipipi e i.
To ara kei taku ara   he ara tipua,
He ara moana; he pia nou, E Hine-moana!

He ara no nga atua o nga Rangi-tu-haha,
He ara no nga atua o Tua-nuku,
Ki te uru-whenua, ki tawhiti, ki Aotea-roa, e i.

Tangaroa-mau-tai e! Rua-mano e!
Whakataka mai ra i raro e i.
Tu-hikitia, tu-hapinga, tu-whakaeaea,
Ki runga; kia tau to waka.
He waka tipua, he waka tawhito,
He waka no o pia, he waka atua
He waka tapu taku waka; ko 'Takitimu' e i!
Ki te timu o nga rangi e
Kowai koe e whanake nei e.
Ko Tangaroa-pipiha-nui,
Ko Tangaroa-whakamau-tai, mourei-e!
He uhengariki, mourei-e!
He pikingariki, mourei-e!
Whanake koe i raro nei e!
He tipua moana, mourei e!
Whakaea, whakaea, mourei e!
Kowai koe e whanake nei e?
Ko Te Wehenga-kauki, mourei e!
Kowai koe e whanake nei e?
Ko Tu-tara-kauika, mourei e!

Awhitia, tamaua, mourei e!
Waerea to ara, he ara moana e, mourei e!
Tu-hikitia, tu-hapainga,
Ki te aro-whenua, e mourei e!
Tahia, tahia tuatea ki tawhiti,
Horahia to ara e mourei e!
E Rua-mano e! e to whanake nei, mourei e!
Arai-te-uru! e whanake nei, e mourei e!
He takenga, he uenga, tau toro atu
Ki te ihu-whenua, e mourei e i!

Ka mutu te karakia nei, ka tau a 'Takitimu' ki roto ki te wai tau ai. Ka ekeeke nga tangata ki runga, nga wahine, nga tamariki; ka utaina nga kai-mata ki runga, kua pae noa atu te mahi a tena ana, a tena ana. Kaore he kai maoa i eke ki runga, he waka tapu hoki taua waka. Me whakaaro tonu mai hoki koe ki te ahua o nga kupu o nga whiti o nga karakia nei.

Ka mānu atu te waka ki waho i te tauranga, ka karanga mai a Puhi-whakaawe, " E Tu-taka-hinahina e! E tae e koe ki te whenua i tauria e te kohu rangi, kia kotahi e koe he koha mau ki au; titiro mai ki au e whakataha atu nei i runga i te kare-wai-moana nei, hei ingoa ake moku." Ka whakaae atu a Tu-taka-hinahina, a Tamatea-ariki-nui. Ko te ingoa hoki o aua iwi, o Puhi-whakaawe ko Ngati-Kopeka, ko Ngati-Parauri, ko Ngati-Te Paretao, me etahi atu ingoa o ratou. Katahi ka tapaia he ingoa mo nga mea i haere mai ki Aotea-roa nei, ko Ngati-Waitaha—e noho mai ra i Arapaoa, i waiho atu ra i te ana whakairo.

Na, ka puta mai ki waho o Pikopiko-i-whiti, e whakauru ana a Rua-mano, a Arai-te-uru, e apiti ana mai tahi taha, tahi taha e Tutara-kauika e Te Wehenga-kauki. Ka toko a Rua-mano ki mua i te ihu o 'Takitimu' taki ai i nga Kauika. Katahi ano ka whakapiri a Hine-kotea, a Hine-makehu, a Hine-korito, a Hine-huruhuru—enei, he tipua. Ka wahaia te waka i konei e te kauika o Tangaroa, ki te uru-whenua, ki Aotea-roa. Ka tukua ko Arai-te-uru ki roto i te awa o 'Takitimu'—ki 'Haruatai'—ki muri i te kei. Ko Rua-mano ki mua i te kauika o 'Te Wehenga-kauki' o 'Tu-tara-kauika.' Ka pai te takoto o te uru o Paikea i konei. Katahi a Kahu-kura ka tukua ki tawhiti, tu mai ai, kia takoto ai te uru o te ihu o te waka ki te aronga o Kahu-kura. Na, hei te pō ka hoki a Kahu-kura ki te kei o 'Takitimu' ka tukua ko Hine-korako ki mua tu mai ai. He pena tonu te mahi a nga atua nei, a, tae noa mai ki Whanga-paraoa i Aotea-roa nei.

CHAPTER IX.

(Told by Te Matorohanga.)

THE COMING OF 'TAKITIMU' CANOE TO NEW ZEALAND.

[In 1865 there was a gathering of people at Kete-pakaru, Wairarapa, when Te Waitere urged the Scribe to obtain from the Sage all the knowledge he possibly could, and on the former consenting to do so, the Sage came to his house and dictated to him the following account of the 'Takitimu' canoe, her voyage to New Zealand from Tahiti, about A.D. 1350, and the subsequent settlement of her crew at various places on the coast. After explaining that he could not, in that place, deal with the things concerning the Kauwae-runga (knowledge of the gods of the twelve heavens, see "Memoirs," Vol. III.), nor the Kauwae-raro (knowledge of the history and the migrations), as they were sacred and could only be taught in a house specially dedicated to that purpose, the Sage proceeded to dictate to H. T. Whatahoro (the Scribe) as follows] :—

ABOUT 'TAKITIMU' CANOE.

NOW! this canoe, 'Takitimu,' originally belonged to the tribes [in Hawaiki or Tahiti] named Ngati-kopeka, Ngati-parauriuri and Ngati-pukohukohu. The name of the tree from which it was made was 'Te Puwhenua'; and the reason these tribes decided to build a canoe was a quarrel between them and some other tribes of Hawaiki named Ngati-Putohe, Ngati-Rongorua, and Ngati-Pahauariki. The former tribes were the people on the side of Taranga, Pa, and Haewai; the principal chiefs being Te Puhi-whakaawe, Puhi-whanake, Tu-kauaki, Mo-kinokino and Tu-takahinahina. The dispute arose out of the ownership of a fishing-rock, and it resulted in the defeat of Puhi-whanake, Puhi-whakaawe, Tu-Takahinahina and their people. Mo-kinokino was killed here; and all their lands lying along the sea shore [1] were taken by the others [i.e., Tamatea-ariki-nui's people].

1. It is important to note this, for at Tahiti, which is the particular Hawaiki here referred to, the flat and culturable lands always lie along the sea shore, the island being surrounded with an almost continuous belt of level rich land, from which the mountains rise very steeply. The impression is the defeated party were driven to the hills, and hence the desire to migrate. They well knew of Kupe's discovery of New Zealand.

Puhi-whakaawe and his party decided to make use of the *taipu*, [or tree specially reserved for the purpose] of their ancestor, to fell it and convert it into a canoe, in order that they might migrate to 'Tiritiri-o-te-moana,' [New Zealand] a land which had been described as one on which the clouds rested, with fine plains and with gullies and valleys, such as the description brought back by Kupe, there to find a land in which was room for man to dwell. This idea of the chief's was consented to by all.

The order was then given to proceed to the felling of the Pu-rakau; to build sheds for the workmen, and store-houses for the food. So the people went to the place where the tree stood; and then by digging [the roots] the tree was felled. The sheds (*whare-porukurukua*) and store-houses were all built—the former in the shape like a shook of corn—i.e., round topped; the *wharau* or lean-to form of shed was that used by Ngati-Ruatamore, Ngati-Maru-iwi, Ngati-Tai-tawaro and others [of the *tangata-whenua*, or aboriginal people of New Zealand].

The chiefs now concluded that they had no proper axes with which to dub out the *haumi* [or portions spliced on at the end of the canoe] and the *pairi* [wash-boards at stem and stern]; for they were unaccustomed to that kind of work. So Puhi-whakaawe said to Tu-taka-hinahina and others, "Go and see Ngati-Wai-mahuehue"—who were the people of Te Rau-tahi-o-mokomoko, and who were accomplished in building sea-going vessels. So Tu-takahinahina and the others went, and on arrival said, "O Sir! We have come to fetch someone to shape our tree as a canoe for us." Te Rau-tahi replied, "Who authorised Puhi-whanake, Tu-taka-hinahina and Puhi-wkakaawe to come here to obtain among the chiefs, people to hew out their canoe?" It was then proposed to kill Puhi-whakaawe and the others [for their insolence]; but they fled in the night back to their own home, to Paekawa, where they described what had been said of them, and the expressed desire to kill them, and hence they fled.

Puhi-whakaawe then said, "You two go to Titi-rangi, to Tamatea-ariki-nui and ask him to send some men to hew out our canoe and its fittings." In consequence Tu-taka-hinahina and Puhi-whanake went to Titirangi and delivered their message to Tamatea-ariki-nui, who said to one of his men, "Go to Whangarā village, to Rua-wharo, and to Tupai,[2] and tell them to come to me." The messenger went on his errand, and then the two experts came to Titi-rangi. Tamatea-ariki-nui said, "Now! go with Tu-taka-hinahina and the others and examine the tree they have felled for a sea-going canoe. See if it is

---

[2] Whose adventures were described in the last chapter.

suitable or not for the purpose." So Rua-wharo and Tupai proceeded on their mission; and on their return made their report to Tamatea, saying, "It is a very good tree, a *pu-whenua* [a selected tree], standing on the side of a stream." Then said Tamatea, "Tu-taka-hinahina! Return with your younger relative and convey some food to the stump of the tree; the handles of the axes are being fixed, and the edges ground on 'Hine-tua-hoanga.' [3] They will follow you." As soon as the *tokis* [axes] had been *whakarăta* [sharpened] and helved, Rua-wharo, Tai-kehu, Rongo-tawhao, Tupai, Kohu-para, and Pawa—who were the most expert artificers—started for the work. Rua-wharo took with him the axe named 'Hui-te-rangiora,' Tai-kehu took 'Te Rakuraku-o-Tawhaki,' Pawa took 'Kaukau,' and Tupai took 'Wharau-rangi.' These were the names of the famous axes that hewed out 'Takitimu' canoe.

Before the work commenced Rongo-patahi and Rua-wharo said their *karakia* over their axes, the tree, and the workmen. This is it:—

[Again I refer to the difficulty of translating these old compositions, but have endeavoured to give the sense of what the old priests intended.]

> Here am I, begging that the great knowledge
> The enduring effort, may come to me:
> The supreme and complete knowledge,
> Such as possessed by thee, O Io-the-all-parent,——
> Foundation of the waters of life.
> That they may come to thy son, O Io-the-exalted-of-heaven!
> Rest on me thy great and enduring skill—
> Thy god-like knowledge: give to these thy sons,
> That they may possess the ancient and occult powers,
> Like thy god-like sons, O Io-the-omnierudite!
> The origin of all. Give freely to these sons, *e-i*!
>
> 2
> Here I uplift my famous axes,
> Named 'Te Rakuraku-o-Tawhaki!
> 'Hui-te-rangiora' and 'Te Iwi-o-Rona.'
> Whose then are my axes? Tawhaki's!
> Whose then are my axes? Rǎta's!
> Rǎta, of priestly and esoteric knowledge,
> Give to these sons.
> For what purpose are my axes?
> To fell the great forest of Tāne!—
> To lay low the tree, with my axe,
> With occult and ancient rites,
> Rites appropriate to thee, O Tāne-the-life-giving!

3 'Lady's back grindstone,' the goddess who presides over axe work.

Accord to these sons the powers of the great and exalted sons,
Make them expert with occult knowledge,
With knowledge such as the gods—*e-i* !

3

Now I uplift my famous axes,
What kind are my axes?
They are great and powerful axes,
What kind are my axes?
They are axes very appropriate,
What kind then are my axes?
Axes with great edges, sharp axes,
Axes to dub out my canoe, are my axes,
What purpose do my axes serve?
Axes to hollow the hold, to dub the centre,
To smooth the sides, to make the holes,
To finish the ends,
On the great and lengthy core of the tree
The central parts of my canoe,
They enter within the wood, to *tawhito-ngawariwari*,
. . . . . Whaitiri, with heavy blows, *e-i* !

4

What is the name of my canoe? It is 'Te Pu-whenua' !
What kind of a canoe is mine?
A canoe like those of the ancients, is my canoe !
What is my canoe like?
Like a canoe of the dark ages is my canoe !
What is my canoe like?
Like those used by the gods !
What is my canoe like?
A canoe to traverse the heavens, is my canoe !
What is my canoe like?
An ocean-going canoe is my canoe !
What is my canoe like?
A canoe to carry men, is my canoe!
What is my canoe like?
A very sacred vessel is my canoe !
What is my canoe like?
A canoe to direct its course to the (new) land, is my canoe !
What will my canoe be like?
Brave to breast the ocean waves, is my canoe !
To reach the land, to the main-land, direct her course, *e-i* !

Friend ; if you notice that this differs somewhat in the wording from that of Tupai's invocation, it is nevertheless correct according to that of Rongo-patahi and Rua-wharo. These are great and sacred invocations. Some *karakias* are of little value, as often used during the shaping out ; they are short, and are improvised by the workers out of their own hearts. [This observation of the Scribe is to explain some differences in the above, from the invocation in the case of the 'Uruao' canoe, which was the (traditionally) first vessel ever built, for which see Chapter I. hereof.]

When the *pu-whenua* [or trunk] had been shaped, a ditch was dug and the canoe laid therein and buried, so that it should season and not split. Then were dubbed out the two *haumi*[4]—one for the bow, one for stern—then the six *pairi*, or wash-boards, the two masts (*toko*), the seats, the sprits (*toko-whiti*), the *hua-pae*, or beams to hold the deck, the deck (*karaho*), and the *tau-ihu*, or bow-piece, all of which were placed in the ditch to season.

After this was done Pawa begged for a tree in order to make a canoe for himself, which was assented to by Tu-taka-hinahina. It was felled, worked up, and then treated the same as 'Takitimu,'—it was placed in the ditch and buried, so that the sap might be got rid of and thus the canoe become easy to finish. Some canoes are thus treated for six months, some for a year, after which it is taken up and shaped out to its approximate final form [which latter is done after it reaches the coast]. After this a stage is built on which all the wood-work, together with the canoe, is placed, with its top-sides, masts, sprits, deck-beams, and the deck-poles; after which the whole is roofed-in with leaves, and left to the action of wind and rain. When this has been accomplished the seats and the *whakaahuru*, [a long beam running fore and aft amidships, extending beyond each end, where men hold it, to guide the canoe on its overland journey to the seaside] and then the topsides, masts, sprits, deck-beams, bow and stern pieces, paddles, etc., are placed on the vessel.

When every preparation had been made, the owners of the canoe applied themselves to dragging her. Meantime Pawa, Taikehu, Ruawharo, Tupai, Mokinokino, Te Rongo-tawhao and Kahu-para were working at their own canoe, which was treated precisely as that described above. Tu-taka-hinahina and his party dragged away with the *pu-whenua*, until they came to a place where it did nothing but roll about on the skids. The people were exhausted—some died right out, some broke their limbs, others were wounded. So the *pu-whenua* was left there, whilst the people went to carry their maimed friends to their home at Pae-kawa.

---

4. These *haumi*, says the scribe, were of the ancient fashion, that is, they were *haumi-tuporo*, or butt-ended pieces, not like the modern ones, which are dove-tailed, as it were, into the body of the canoe at either end. The old fashion was to join them on square,—not nearly so strong as the modern system, which, however, dates from the second generation after the arrival of 'Takitimu,' about 1350.

Now, the canoe of Pawa, Taikehu, Rua-wharo and others was dragged along until they came to the place where the *pu-whenua* lay. Here Ruawharo thrust under their canoe two [magic] skids, one at the bow and one at the stern, named 'Pakeke-taiari' and 'Te Takē,' and then they hauled along their canoe until they reached the landing-place at Te Pakaroa, where it was left under the *whare-rangi* [a large house with high sides—a canoe shed] in order to dry it and make it light to float. [This canoe was afterwards named 'Horouta.']

After they had been some time at their own home, Tu-taka-hina-hina came to Titi-rangi, to the *pa* of Tamatea, and said to him, "I came to ask you to send your men to drag down our canoe." Tamatea replied, "It is well," and he then sent Rua-wharo, Tupai, Te Rongo-patahi and others, to join the people who owned the canoe [the *pu-whenua*]. On their arrival they made ropes fast to the *taumanu-whakahaere* [temporary thwarts used in dragging] and to the *niao*, [gunwale] on each side [two near the stern, two near the bows]. Then said Rua-wharo to Puhi-whakaawe [owner of the *pu-whenua*] and others, "Sirs! we will drag your canoe to Te Pakaroa, to the landing place at Pikopiko-i-whiti,[5] and from there paddle round to your village." To this the chief of these people—Ngati-kopeka, Ngati-parauriuri, Ngati-pukohukohu and Ngati-paretao—would not consent; they had their own road to drag their own canoe on. [These people evidently felt suspicious that they would lose their vessel.] Rua-wharo did not argue the point, but said, "A! Then drag your canoe" [by yourselves]. Tu-taka-hinahina advised that all separate parts of the *pu-whenua* should be left for a second operation, which was agreed to; and then they fixed on the ropes, made of roots, and started to drag. But they had not long been at work when night fell. And so it continued until all the shoulders and hands of the men had become skinned. Then said Rua-wharo "A! How then will you ever get to your landing place with your canoe? Enough! we will no longer help you; when we get to the branch road to Te Pakaroa presently we shall remain, and you can drag on to your landing-place."

By this time Tu-taka-hinahina and the others had found out they could not drag the canoe to Pae-kawa—to their home. Te Rongo-patahi now said to Puhi-whakaawe and his people. "I see that your canoe cannot be taken to Pae-kawa. When we arrive at the branch track to Te Pakaroa, let your canoe be taken to the landing-place near at hand and then paddle round to Pae-kawa." And now Puhi-whakaawe

5. It has already been explained that Pikopiko-i-whiti is the name given by these people to the encircling lagoon that encloses Tahiti.

consented to this course, saying, "Yes! Let it be dragged to Te Pakaroa."

Now behold! you are all able to see the deceit practised against these people whilst dragging down their canoe. Rua-wharo had placed amongst the skids of the people, his own [magic] skids, whose names have been given. They were *tapu* skids, and had had *karakias* said over them to cause the dragging to be very heavy, and hence were the men exhausted in the work. Another deceit of Rua-wharo's was, his saying the canoe had better be dragged down to their home—Te Pakaroa—and thence be paddled round to Pae-kawa; his intention was that the canoe should be retained by Tamatea-ariki-nui and his people.

It was therefore agreed that the *pu-whenua* should be dragged to Te Pakaroa; and Rua-wharo arranged that new skids should be made for the canoe. So they were made—made by those *tohungas* [priests or artisans], and named 'Te Manu-tawhio-rau' for the bow, and 'Te Manu-ka-tiu' for the stern—these were the skids that moved the canoe. And so the *pu-whenua* was dragged along. But before Rua-wharo and his friends commenced to pull, all the fittings of the canoe were placed on board, and the command given to pull. When it reached the branch road to Te Pakaroa, the bows were directed along it and Rongo-patahi getting on to the canoe stood there reciting his *ngeri* [dragging song, here, generally a song to accompany the war-dance], this is it:—

>With one voice, shout together.
>Here am I in the inland direction—a—
>Here am I in the seaward direction—a—
>Then call aloud, over-stepping, step uplifting,
>What is the name of my skid?
>'Tis 'Manu-tawhio-rangi'!
>What is the name of my skid?
>'Tis 'Manu-ka-tiu'!
>To the sea—a—
>A! Lay it in the direction,
>A! Lay it to the sea,
>Lay it to the roaring sea.
>Lay it to the murmuring sea,
>A! Whose is the canoe? A! Whose is the canoe?
>A! The canoe belongs to Tāne, 6
>A! Whose is the canoe?
>A! 'Tis Tamatea-ariki-nui's canoe!
>A! For what purpose is the canoe?
>'Tis a canoe to carry gods!

6 Tāne, god of all woodwork, forests, birds, etc.

A! Whose is the canoe?
A! For Rua-wharo is the canoe!
A! Whose is the canoe?
A! For me is the canoe, then follow up!
A! For me is the canoe, then follow up!
A! In the right direction lay the canoe, and follow up!
A! Seaward be the direction of the canoe, follow up!

And now the *pu-whenua* flew along down to Te Pakaroa and there laid. Anxiety now possessed Puhi-whanake, Puhi-whakaawe and the others, on account of their canoe, which they judged by the words of the *ngeri* it was intended by the people to keep for their own.

On hearing the *ngeri* of Rongo-patahi all men congregated to behold the canoe; they knew then that both canoes [i.e., 'Horouta' and 'Takitimu'] had arrived at their place, so they gathered to look at the *pu-whenua*, because the fame of it had spread to all the islands of Hawaiki.

Tamatea said to Rua-wharo and Rongo-patahi, "O Sirs! It is enough. This canoe has arrived here; turn to and complete the *haumi*, the masts, thwarts, bow and stern posts, the sprits, the wash-boards; paint it with gum and also with *horu* [red paint—usually hematite earth]. When that is done, drag it into the water and let it float that we may see if she is symetrical and floats on an even keel, and fasten on the *korewa-moana*," [a kind of wash-board, 18 inches wide, fastened along each side of a canoe on top of the *niao* or gunwale, and inclined at an angle outwards, to fend off the breaking sea]. Rua-wharo and Te-rongo-patahi consented; and then Tamatea-ariki-nui said to Puhi-whakaawe and his friends, "Sirs! Leave your canoe here to be properly finished. Prepare food to give the workmen strength, and let some one come as cooks.[7] To all of this Puhi-whakaawe and his people assented; food was prepared and cooks told off.

When the canoe had been finished, at the same time as 'Tainui,' 'Te Arawa,' 'Mata-atua,' 'Te Pu-whenua,' and other canoes, it was arranged that a trial of them all should be held at Pikopiko-i-whiti [see note 5]. The day came and all the canoes were afloat in Pikopiko-i-whiti, whilst all the people [not engaged in the trial] ascended Puke-hapopo to see the regatta. After some time paddling, *Pu-whenua* drew ahead of all other canoes, and Rua-wharo and Pawa shouted out, "There is 'Te Pu-whenua' swallowing (*horo*) the land (*uta*)!" Ira said, "It is true! Let 'Horouta' be the name of your canoe." Now hence is the reason of the name 'Horouta' given in consequence of the

---

7. The expression used here is new to me, *hei ahi* (as a fire). The Scribe assures me it means a cook.

speed of 'Takitimu' on the ocean [and hence no doubt the constant confusion that has arisen as to whether these two canoes were one and the same].

Some time after the above occurrences, the 'Tainui,' 'Te Arawa,' 'Te Karaerae'[8] and 'Mamari' came away [to New Zealand]. Those were all that came [at that time], it was in the month of Akaaka-nui [December] that these canoes sailed. [The Scribe, in a letter to me adds the names of 'Aotea' and 'Te Ririno' canoes as leaving at that time.]

After this fleet had sailed and reached some distance away, Puhi-whakaawe and his companions agreed to meet in the presence of Tamatea at his house named 'Te Kura-o-tuwhenua,' at Titirangi village, where he said, "As 'Te Pu-whenua' is now completed, we think we ought to start and follow after the migration that has gone on; it is the strong desire to arise and proceed to the land, 'Tiritiri-o-te-moana' [New Zealand], to the land on which the clouds rest, as reported by thy ancestor Kupe." Tamatea replied, "It is well! Thine is the desire to go! who desires to remain behind? As I see you all have a desire to go, let us all go together." To this Tu-taka-hinahina and all his friends assented. Puhi-whakaawe said, "It is well! Let all of you go to see the land, and take possession of a portion of it for all of us, and let Tu-taka-hinahina return and fetch us who remain behind."[9] This course was then agreed on, and Tamatea, Rua-wharo, Taikehu, Pawa, and Ira all agreed, and one said to Puhi-whakaawe, "You had better remove over here, to Titirangi, to Te Pakaroa, and to Whanga-rā and occupy this part. Thou wilt not return to the un-ripe wilted crops; to the barren, foodless, desert [where you now live]. Remain here in plenty where women and children alone can gather the products of the sea and inland."—These are all the important words relating to this part.

Tamatea now said to his younger relatives, to Rua-wharo, to Tupai, to Te Rongo-patahi, to Kohu-para [who were priests—or at least some of them were] "O Sons! Arouse Tawhiri-matea [god of winds] and his family, that they may pull out the currents of Lady

---

8. 'Te Karaerae' is said by the Scribe to have sailed with the fleet under the command of Te Ahuru, and to have been lost at sea. Another canoe of the same name was afterwards made by Tamatea. 'Te Ririno,' another canoe that joined the 'Aotea' at Rangi-tawhi Island (Sunday Island) was lost at the French Pass (Te Au-miti), between D'Urville's Island and the South Island, New Zealand. But see Chapter VII. hereof, where it is stated she went to the Chathams.

9. The Scribe tells me that 'Takitimu' did return to Hawaiki to fulfil this promise under Puhi-whanake, but never came back to New Zealand—which accords with the Rarotonga records.

Ocean to 'Te Tiritiri-o-te-moana,' to Aotea-roa [New Zealand]; that the bows of the canoe may quickly reach the shore." And then [the Priests] called up Hau-a-roa, Huri-pari, and Te Ahu-puke [names of winds]; one day and one night were these winds blowing, and then 'Te Pu-whenua' was taken on to the *turuma*[10] at Titirangi, Hawaiki.

The following is the *karakia* used by Te Rongo-patahi to cause the east winds to blow, to make the ocean smooth for the canoe in its course to the south-west [some of this I am quite unable to translate]:—

> Here am I, using the *uruuru-tipua* [11]
> And the *uruuru-tawhito*,[11] of thine, O Tāne-the parent!
> Of the parental-stem, the origin, who cherished the Toi-hua-rewa,[12]
> And the Ara-tiatia,[12] up to Te Uru-o-manono.[13]
> I recite, I recite, the spell named Paroro-rangi,
> Withdraw the plug of the wind 'Huru-rangi!
> That thou mayest come forth, dancing on the waves,
> Dancing, moving, *tua-taniwaniwa.*
>
> Light, light thy fire [14] (on the waves)
> The dancing fire, the fire that flies to heaven,
> The carrying, the spreading fire.
> As a way for thee, O Tawhiri-nuku! O Tawhiri-rangi! [15]
> Here is thy fire, the fire of Titi-matangi-nui,[16]
> With that of Titi-para-uriuri,[16]
> Here lies thy way to the land, to Aotea-roa,[17]
> With the dragging-current, the spreading-current, the flat-current,
> The fleeing-current, the over-stepping-current, the descending-current
> Direct to the land, to Aotea-roa.[17]
>
> . . . .
> . . . . to the land
> At Tiritiri-o-matangi,[17]
> Who then is my objective? O Tawhiri-matea! [18]
> Thee, O Titi-o-matangi-nui! and Titi-matangi-rea! [16]
> And Titi-matakaka! [16]
> Bestride the earth, bestride the heavens before me
> And finally rest on the front of the land,
> At Tiritiri-o-te-moana, [17]
> . . . . . *e—i.*

NOTES: 10. *Turuma*, a polite term for *pae-tutae*, the latrine. The canoe was dragged there because it was a *tapu* place where no food was eaten, and hence the canoe absorbed as it were some of the sacredness of that place, and thus the evil influence due to any food taken on board in an unwarrantable manner was supposed to be destroyed—so says the Scribe. 11. Both these expressions represent branches of knowledge contained in two of the 'baskets' of knowledge—see "Memoirs," Vol. III. 12. The names of the way by which Tāne ascended to heaven. 13. A place in the heavens, not the *pa* of the same name. 14. 'Fire' used emblematically for the storm. 15. Variations of the name of Tawhiri-matea, god of the winds. 16. Names for winds. 17. Names for New Zealand. 18. God of winds, one of the children of the Sky-father and Earth-mother.

Before the coming away of 'Tainui,' 'Te Arawa' and the other canoes [referred to above], the people had enquired of the *tohungas* [priests, learned men] as to what Kupe had laid down in the *Wharewānanga* [house of learning] named Hui-te-rangiora at Hawaiki [as to the direction of New Zealand]. The *tohungas* replied, "Kupe's words were, in laying a course for the canoe to Aotea-roa from Ahuahu (which is the full name, though some call it Ahu), come straight to the south from Maui-taha and Maui-pae. These are twin islands outside of Ahuahu. The bows of the canoe must be directed straight to the south, and the same course leads on to Hawaiki [Tahiti][19]

After Kupe had said that, some one asked him, "O Kupe! Are there no places to land and rest at on the way?" Kupe replied, "There are plenty of landing places before you reach the place I named Aotearoa [New Zealand]." Again they asked, "Why did you name it Aotea-roa? Why not rather have called it Irihia or Te Hono-i-wairua, as a remembrance of the place we sailed from?" [originally]. Kupe said, "I left it so, in consequence of the anxiety I had felt as to whether I should make any land." The Sage here said he called it Aotea-roa, in consequence of the length of time he had been following up the octopus of Muturangi, and also because of his wife Hine-te-aparangi and their daughter fearing they might be lost at sea. When finally they beheld the clouds over the distant lands, Kupe exclaimed, "There are some peculiar clouds hanging there in the distance; it surely is a point of land!" Hine-te-aparangi called out "A cloud! a cloud!" When [afterwards] they arrived at a little island to the northeastward of Tuhua [Mayor Island], the island off Tauranga, Kupe decided to call the land after the greeting of his wife to the land, when she said "*He ao! he ao!*" and thus it became Aotea-roa, that long space—on account of their [long] voyage over the ocean and discovery

---

19. It is obvious from this statement that Kupe had also visited the Hawaiian Islands. The two twin islands outside Ahu, or Oahu, are probably Lanai and Kahoolawe. There is a point of land on Kahoolawe Island called Ka-ala-i-kahiki (in Maori letters, Te Ara-ki-Tahiti—the way to Tahiti), from which the voyagers took their departure for Tahiti; and no doubt Kupe would start from the same point. The course from there to Tahiti is S. 10° E., distance 1,750 nautical miles. Hence Kupe's directions are only 10° out. There is probably some confusion in the Sage's or the Scribe's mind when he says this is the course to Aotea-roa, for Kupe had already laid that down quite correctly from Hawaiki (Tahiti) to New Zealand, and which is repeated next page. He had said, in the month of November, leave the Sun, the Moon, and Venus at their setting on your left hand side, and as the sun sets in November about S. W. by W. the course is nearly right. The true course from Rarotonga to Auckland is about S. 56° W., or S. W. by W., distance about 1,860 miles, and Tahiti is 640 miles further.

of the land. Hence is Aotea-roa [from which it follows that "The long white cloud" is the translation of New Zealand's Maori name].

The people, high-chiefs, and chiefs said to the priest of the *Whare-wānanga* named Hui-te-rangiora, "Perhaps we should strike some other and different land, for now we know there are plenty of resting-places ahead of a canoe on the way to Aotea-roa." Kupe replied, "It will not be mistaken; there are two islands, one is in the direction of the north-east, one in the direction of the south, with a space of sea between, with a wide mouth towards the east, the principal opening is to the east whilst the western sea is beating [against the coasts]." Others asked, "O Kupe! Is the size of the land the same as Hawaiki? [Tahiti] or like Rarotonga? and Rangiatea? [Raiatea] and the other islands?" Kupe replied, "Hawaiki, [Hawaii] is the island we know of as bigger than all those you mention, but these two islands [New Zealand] are bigger than any we have seen." Then said some, "O Kupe! During the night, how shall the bows of the canoe be placed?" He answered, "Leave the Sun, the Moon, and Venus on the right hand,[20] a little south-westerly, lay the bows. That land on the north-westerly part is cut into indentations by the eating away of Lady Ocean, but the bays are good as are the rivers falling into 'The Great-sea-of-Kiwa' [Pacific Ocean]. The southern island has plains on it; and plenty of fish. That island is perhaps the fish of our ancestor, of Maui-tikitiki, told of in the idle tales of the winter's nights." [i.e. Te Ika-a-Māui, a name for New Zealand. The Sage in another place terms the "fishing up of New Zealand by Maui" an idle tale.]

And now all men outside the *whare-wānanga* understood Kupe's teaching as well as those answers to the questions asked of the priests as related above. [It must be clearly understood this conversation with Kupe took place ages before the voyages of 'Takitimu.']

But enough! My narrative will now return to 'Te Pu-whenua.' The gods were brought down from Kohurau—which is a cave—; there were 'Kahu-kura,' 'Tama-i-waho,' 'Tu-nui-a-te-ika,' 'Hine-korako,' 'Rongomai,' and 'Rua-mano,' which were all the gods in that cave. It was Rongo-patahi and Rua-wharo who fetched them, and placed them on board 'Te Pu-whenua.'

Now, when 'Te Pu-whenua' was taken to the *turuma* [see *ante*] of Titirangi, it was so done, that the invocations over the canoe might be *tapu*, and in order that [the emblems of the gods] 'Kahu-kura,'

---

20. In the former directions they were to steer to the right of the sun, etc.,—no very great difference however.

'Rongomai,' and 'Tama-i-waho' might come on board the canoe, for they were exceedingly *tapu atuas* [gods], whilst 'Rua-mano,' 'Tu-nui-a-te-ika' and 'Hine-korako' were gods that would listen to the calls of their *taura* [particular priests, those through whom the gods spoke in answer to invocation]. When these preparations had been completed the gods came [i.e., were brought] to Titirangi, and then the particular thwarts in the canoe were assigned to each man. They were as follows :—

The aft thwart, named 'Te Ra-kura,' was assigned to Te Rongo-patahi, to Rua-wharo, and to Tupai—the three priests and navigators. These were the chief priests, and near them were deposited [the emblems of] the gods.

The next thwart was 'Pae-rangi.'

The third was 'Pae-tahi,' and here Tamatea-ariki-nui [the head chief and *ariki*] together with his friends [relatives] men, women, and children took up their quarters.

Next were 'Kahu-tua-nui' and 'Rakau-amoamo,' assigned to Hape-ki-tua-rangi, and to Taikehu.

(Here a question was asked of the Sage by Pohuhu [also a learned *tohunga* of the *Whare-wānanga*] and Te Waitere, "O Sir! Taikehu came here in Horouta!" The Sage replied, "No! He came in 'Te Pu-whenua.' This is quite clear according to the teaching of the *Whare-wānanga*—it was never questioned.")

Then next was 'Rakau-whatawhata' thwart.

Beyond it was Tamatea-kota's thwart, named 'Pia-tangi-rere.'

Next was 'Maire-kura' thwart, occupied by Tu-ai-te-rangi.

Next came that occupied by Kohu-para, Mokinokino and their friends.

Next was 'Te Ata-kura' and 'Manu-tahi,' both of which were occupied by Tu-taka-hinahina, Puhi-whakaawe, Rau-tahi, Mokomoko, and their friends.

Next was 'Maire-hau' thwart, occupied by Rongo-mahae-ata and his friends.

Next was 'Te Pu-whenua' thwart, occupied by Puhi-whakaawe, Tu-taka-hinahina and their friends.

Then 'Pae-kawa' thwart, occupied by Te Rautahi, Moko-nui-a-rangi and their friends.

Next 'Riri-moana' thwart, occupied by Hau-tu-te-rangi and his friends.

Next 'Tiritiri-o-te-moana' thwart, occupied by Te Rongo-patahi, Rua-wharo and their friends.

Next 'Ruku-moana' thwart, occupied by Rerehu-rangi and his friends.

Next was 'Aotea-roa' thwart, occupied by Tu-ai-te-rangi and his friends.

Next came 'Horo-nuku-atea' thwart, occupied by Te Rangi-ka-tatau and his friends.

Next was 'Horo-nuku-rangi' thwart, occupied by Ira-kai-putahi [son of Uenuku, see Chap. VIII.] and his friends.

Next came 'Ahuahu,' 'Maui-taha,' and 'Maui-pae' thwarts. [Occupants unknown.]

These are all the thwarts that were mentioned to us in the *Whare-wānanga*, of your ancestors of that canoe—of 'Te Pu-whenua.' There were twenty-six thwarts. After the thwarts had been appropriated by the crew and the names given, an assignment of the various duties connected with the two sails, the bailing places, and those to take charge of the anchors, was made. After that the top-sides—of which there were four on each side, making eight in all—were arranged. Then the *popoki* (or *korewa*) of the gunwales to fend off the waves; the *tokowhiti* [cross sprits of the sails], the deck mats, the shelter house, made of *aute*[21], for the temporary shelter of the women and children, were fixed. The two sails were set up, named 'Te Haeata-o-te-rangi' aft, 'Pari-nui-te-ra' in the bow; they had four braces, two to each sail. [The Scribe makes here a sketch, showing two ropes from the base of the mast to the yard-arms, and two braces going aft from the yard-arms to keep the sail in position. The sails were triangular in shape, the apex downwards (were made of *pandanus* leaf in the islands), and were strengthened with several horizontal sprits.] Each man was provided with two paddles, but he in the bows had three, which were 'lifting paddles;' the *hoe-whakatere* [forcing-ahead paddle] and the *hoe-mata* [steering paddle] were at the stern. There were two bailers to each well, four in all, two small, and two large and long ones. The two large ones had carved handles and bases. The men in charge of the braces of the sails and the bailing wells, were specially selected as plucky, quick, and careful men, for windy days, or when the canoe ran on the crests of the waves. The men in charge of the steering paddle were accomplished in sea-going qualities, and in storm [the *tohungas*, or priests, were in charge of these, says the Scribe]. The same with the men at the bow paddles. The two braces of the aft-sail were named

---

21. The Broussenettia, or paper mulberry bark, used also for clothing.

'Ta-ngaenge' and 'Ta-kerekere.' The yard of the after-sail was named 'Toko-ahuru.' The braces of the forward-sail, one was called 'Te Aka-rinorino,' the second one was not named. The yard of the bow-sail was named 'Pae-takū.' Of the two anchors one was a *korewa*, [An anchor cast over the bows in deep water in storms, to prevent drifting, and to keep the bows to the wind—just the same plan as adopted by the whalers when caught in a storm, in their whale-boats.] and one an anchor to reach the bottom—which was named 'Horu-moana.' There were two cables to each anchor—those of the *korewa* had no names—but those of the main anchor were named 'Marohi' and 'Mawake.' There were two *korere*, one on each side of the canoe, and the *rakau-korewa* were made of very light wood [these were outriggers, *hou-ama* or *ama* are other names]. Their function was to prevent the canoe capsizing, and also, in case of a capsize, to facilitate the righting of the canoe on to her keel again by the people swimming round. I never heard in the *Whare-wānanga* the names of these *korewas*.

But when we were returning from Toka-a-kuku [this seige occurred in 1836—see "Journal Polynesian Society," Vol. XIII., page 58]—in the war party raised by Kakatarau and Te Hou-ka-mau—we got back to Whare-kahika, near the East Cape, where I learned from Ngati-Rakai, Ngati-Ira-te-kura, Ngati-Rau-matua, that these *korewa* of 'Te Pu-whenua' were named 'Paepae-moana.' But, this was learned in the *marae-atea* [in ordinary conversation, not in the *Whare-wānanga*].

Now that I have explained these things above, I will refer to the dragging of 'Te Pu-whenua' on to the *turuma* of Titirangi. The reason this was done was so that the god 'Kahu-kura' and others might come [i.e., be brought] on board the canoe. The fetching of the gods from the Kohurau cave has been described; it was there that Uenuku[22] lay; hence was it appropriate for Te Rongo-patahi, the grandson of Uenuku, to fetch the gods, and enter that cave. It was a burial-cave belonging to Uenuku, his children, and grand-children. So the gods were brought away besides the two celebrated axes, 'Te Awhio-rangi' and 'Whiro-nui.' These were very *tapu* axes, they were *toki-atua* [endowed with god-like powers], they were the axes with which were cut the props that support Rangi-e-tu-nei [the heaven] at Manga-nui-o-tawa, and at Hau-a-roa. [The Sage here refers to the old, old legend of the separation of heaven and earth, when the former

---

22. The celebrated old Priest, many of whose doings have been described in 'The Taranaki Coast,' page 77. It is clear from the text that he was dead when 'Takitimu' started.

was propped up by the 'four winds.' See "Memoirs," Vol. III., p. 121. 'Te Awhio-rangi' is so sacred no white man has ever been allowed to see it. It is deposited in one of the sacred caves of the Nga-Rauru tribe. A description of it and its recovery after being lost for seven generations will be found in "Journal Polynesian Society," Vol. IX., p. 229. We shall see later on how it came into the possession of the Nga-Rauru tribe]. These things were all placed in the stern of 'Te Pu-whenua,' and subsequently, the clothing, paddles, etc., and Te Rongo-patahi [the chief priest] arose to say the consecrating *karakia* over 'Te Pu-whenua,' which had become its true name. This is it :—

[There are some parts of the following *karakia* difficult to understand, but the general idea of appealing to the gods for help in their voyage is obvious.]

THE DEDICATION OF 'TAKITIMU.'

Now will I repeat my lay,
Drawn from ancient and god-like examples,
Overcoming earthly and heavenly powers,
By this descendant, by this disciple,
Of thine, O Kahukura ! O Tama-i-waho !
And of thine, O Tu-nui-a-te-ika ! *e—i*! 23
May these powers this son empower,——
A true son, a faithful disciple,
A disciple of thine, O Rua-mano, *e—i*! 23
Of Rongomai, of Hine-korako,23——to this son,
A descendant of thine, O Tāne-te-waiora, *e—i*! 24
Here am I, grant, O grant the power,
To this son of ancient, god-like lineage,
Even from the Rangi-tu-haha, 25 grant to this son *e—i* !
Now let me enter into thy spirit.
I enter into all of ye
Into the ancients, into the gods, *e—i* !
Here is your ancient and god-like resting place,
Here am I, a traveller over lands,
A voyager over the ocean,
To 'Tiritiri-o-te-moana,' to Aotea-roa, 26 *e—i*.
Here am I, directing my supplication.
By aid of the ancients of heaven and earth,
By the aid of the ancients of ocean,
Direct thy course, and face this son,

. . . . . .
To this son of yours, *e—i*.

2

Now do I recite my lay,
For the direction is clearly laid,
On the course to the distant land.

An ancient course, of Tāne-nui-a-rangi *e—i* 24
Thy canoe is a canoe of the ancient kind,
A canoe suitable for thee, O Kahu-kura ! 23
And for ye, O Tama-i-waho ! O Tu-nui-a-te-ika ! 23
O Tangaroa-ocean-holder—*e—i* ! 27
O Rua-mano ! O Rongomai, O Hine-korako ! 23
Your ways are over the ocean,
To Tiritiri-o-te-moana, to Aotea-roa *e—i* ! 26

3

Here I uplift my voice in prayer *e—i* !
Whose is thy canoe ? O the Ancients of old ?
O ye gods !
'Tis the summit of the skies, of the ocean,
The summit of the land *e—i* !
I now launch my canoe,
What is its name ? 'Tis ' Takitimu,' *e—i* !

4

Now I urge upwards my lay, *e—i* !
Emerge, emerge thy bow above, *e—i* !
Emerge above the ocean horizon,——
Over the ocean's breaking billows,
That thou mayest reach the desired land,
In the far distance, to Aotea-roa, *e—i* ! 26
For thou art a consecrated canoe, a canoe of the ancients !
A canoe to convey the gods, *e—i* !

5

I uplift my voice in this lay, *e—i* !
I sing of ' Takitimu ' my canoe,
A canoe of the gods, now parting
For the lands in the far distance, *e—i* !
Emerge, be bouyant thy great keel,
Above the waves of Lady Ocean, *e—i* !
Emerge, uplift thy bow above,
With a great and long uplifting,
As did the ancients, a powerful uplifting
By you all, O Kahukura *e—i* ! 23
Let her rest on the sea like the great albatross !

6

I raise my voice in this my lay, *e—i* !
Emerge, uplift my canoe,
The ' Takitimu ' !
Over the ripples of the ocean,
O Tangaroa ! 27 O Kiwa-ocean-overturner, 28 *e—i* !
Here am I in spirit entering, as the ancients,
With a spirit of a god from the heavens, *e—i* !
Like a heaven-flying god, an earth-flying god,
A god, an ancient traversing the ocean, *e—i* !

7

I raise to above my lay, *e—i*!
Bear up from below ye *tipuas*,—— 29
Ye gods of the sharp sands,——
From the moving, the gushing sands, *e—i*!
Thy ways and mine are those of the ancients,——
An ocean way; a follower of thine, O Lady Ocean!
A way of the gods of the conjoint heavens,
A way of the gods of earth,
To the desired and distant land at Aotea-roa, *e—i*! 26

8

O Tangaroa-ocean-holder! 27 O Ruamano! 25
Descend below here, under the canoe, *e—i*!
With striding steps, steps uplifting, emerging steps,
Lifting up, that the canoe may rest,
As a canoe of the ancients, a canoe of old,
A canoe of thy offspring, a canoe of the gods,
A very sacred canoe is my 'Takitimu'
Even to the summit of the heavens—*e*!
By whom shalt thou move forward *e*?
By Tangaroa-the-great-spouter, 27
By Tangaroa-ocean-holder, 27 *mourei*!
With great and lord-like efforts, *mourei—e*!
With great wave-climbing powers, *mourei—e*!
Bear up then from below *e*!
Thou ocean monsters, 29 *mourei e*!
Uplift, emerge, *mourei e*!
Who art thou that helps us along?
The school of whales, *mourei e*!
Who is now assisting our canoe?
The whales of ocean, *mourei e*!

9

Embrace her, hold fast, *mourei e*!
Open up thy way, an ocean way, *mourei—e*!
With striding steps, uplifting steps
To the land that fronts us, *mourei—e*!
Sweep, sweep away the breakers to a distance,
Open out my way, *mourei—e*!
O Ruamano! 23 Come and drag her along, *mourci—e*!
O Arai-te-uru! 23 Come to our help, *mourei—e*!
With a lasting, shaking pull, straight away,
To the desired land—*mourei e*!

NOTES: 23. Names of the gods whose emblems (often called idols) were taken on board the canoe. 24. Tāne, the favoured son of the 'Sky Family,' god of all wood-work, etc. 25. A name for all the ten heavens. 26. Both names for New Zealand. 27. Tangaroa, god of ocean. 28. Kiwa, the other god of ocean. 29. Tipua, a name which includes many things, but here means the *tuniwhas*, or monsters, also whales, which accompanied and guarded the canoe on her voyage.

When the invocation was ended, 'Takitimu' floated on the water, the people then embarked, men, women, and children; the uncooked food was placed on board, brought from several caves. There was no cooked food allowed on board, for it was a *tapu* canoe. See the wording of the invocation as proof thereof. [The Scribe tells me the food on these long voyages was largely dried fish, whilst water was carried in sea-weed bags which were towed overboard during the night to keep the water cool.]

When the canoe had floated outside the landing place, Puhi-whaka-awe called out, "O Tu-taka-hinahina! When you reach the land on which rests the clouds of heaven, have one generous thought to me; look at me as I stand aside (*whakataha*) here in the rippling waves of the ocean, let it be my name!" [that your people be called hereafter.] To this Tu-taka-hinahina ascented. Now the names of those tribes of Puhi-whakaawe were Ngati-kopeka, Ngati-parauri, Ngati-te-paretao and others, and those members of those tribes who then came away to Aotea-roa were [subsequently] called Ngati-waitaha [from the expression *whakataha*, above]—that is, those who live in Arapaoa, [the South Island of New Zealand] and were left there at the Ana-whakairo [about which we shall see later on].

Now, as they came forth from Pikopiko-i-whiti in the days of the month Putoki-nui-o-tau (March) the *taniwhas*, Rua-mano and Arai-te-uru advanced and accompanied the canoe on either side as also did Tu-tara-kauika and Te Wehenga-kauki. Rua-mano supported the bow of the canoe, leading the 'school of fish,' and then Hine-kotea, Hine-makehu, Hine-korito, and Hine-huruhuru all closed in with the canoe; these were *tipuas* [said by the Scribe to be the names of whales, who by force of the invocation above, swam along on each side to guard the canoe]. This 'school of fish' of Tangaroa carried the canoe along to the land they were bound for, to Aotea-roa. Arai-te-uru was placed in the wake (called 'Tahiti-nui' and 'Harua-tai), after the canoe. Rua-mano was in front of the 'school' of Te Wehenga-kāuki and Tu-tara-kauika. And now was seen the excellent disposition of Paikea [the whales].[30] And then the god Kahu-kura was dispatched to a distance ahead, so that the direction of the bows might be steered

---

30. A possible explanation of this is probably to be found in the presence of some whales just as the canoe started, which belief in the powers of *karakia*, and the marvellous, have afterwards been ascribed to the powers of the *tohunga* to bring on the scene.

towards that god.[31] When night came on, Kahu-kura returned to the stern of 'Takitimu,' and Hine-korako[31] was sent ahead. This was always the course pursued by these gods, until the canoe reached Whanga-paraoa [near the east side of the Bay of Plenty] in Aotea-roa.

But, we must here go back to the time when Rua-wharo and Te Rongo-patahi raised the easterly and north-easterly winds in order to drive the currents before them, in the direction of 'Para-wera-nui' [the south wind] and 'Tahu-makaka-nui' [the west wind—a warm wind says the Scribe] in order that the voyage of 'Takitimu' and 'Horouta' might be made easy towards the land of Aotea-roa. The people who had come on in advance [i.e., the crews of 'Tainui,' 'Te Arawa,' etc., says the Scribe] thought this proceeding of those on board 'Te Pu-whenua' was intended for their destruction, so they might perish on the ocean. It is said the name of this place is 'Tuahiwi-nui-o-Hine-moana;' it is where the easterly seas rise up to great heights. [The name above is, 'The-great-ridge-of-Lady-Ocean,' supposed to be half-way from Hawaiki to New Zealand, and it is suggested that it refers to the part of the ocean where the easterly trade winds are left and the south and westerly are the prevailing winds, in about Lat. 25°. This region of big seas is referred to in the accounts of other voyages.]

Now when Tamatea and his party reached those parts, they beheld the seas standing up like cliffs. Te Rongo-patahi and Tupai [the priests] arose to beat down the waves and cause a calm. The axe 'Te-awhio-rangi' was brought out and held up, to cut down the waves of 'Tuahiwi-nui-o-Hine-moana;' and when the waves had been 'cut down,' the names 'Tai-wawa,' 'Tai-wiwi,' 'Tai-hāro,' and 'Tai-whaka-huka' were given. These are the names of those parts [of the ocean].

[Here we introduce a portion of the narrative to be found in the original some pages further on.] When the canoe arrived at this place the priests took the axes 'Te-Awhio-rangi' and 'Whiro-nui' from the depository in the stern of the canoe, where they were kept in a calabash named 'Ahuahu-te-rangi.' These two axes were very *tapu*, and were used in the *poipoi* [or 'waving' ceremony] offered to the gods Kahu-kura, Rongo-mai, Tama-i-waho, Hine-korako, Tu-nui-a-te-ika, Uenuku-rangi and other gods. Tupai took hold of 'Whiro-nui' axe, and the following is the *karakia* used by those priests to fell the easterly seas of Tahiti :—

---

31. Kahu-kura is the name for the Rainbow in daylight, whilst Hine-korako is a Lunar Rainbow.

TE KAUWAE-RARO.

INVOCATION TO CALM THE WAVES.

Set forth, set up, my course,
The course to Tiri-o-te-moana, 32
A course to the point of the land, to Aotea-roa, 32
This is my spell, the spell of Mumu-whango, 33
The spell of Tāne of the standing forest,
What is my spell?
A spell of Tu-horo-nuku, of Tu-horo-rangi, 34
Resting there beyond the great clear space,
Here am I reciting my spell
The spell of the gods, of Kahukura of Tama-i-waho, 35
Of Rua-mano, of Hine-korako, 36 direct to the land of Aotea-roa, 32
At Tiritiri-o-te-moana, 32
Whose then is my spell? 'Tis that of Tu-mata-kaka, 34
The spell of Tu-mata-uenga, 34
That is given forth at Tawhiti-rangiura and Tawhiti-rangiawa, 38
Here am I reciting my spell,
The spell of Tangaroa-ocean-holder, 39
Of Tangaroa-of-the-jelly-fish, 39
My spell is that of Uenuku-rangi 40
Of Ruamano 41 outside there. Whose is my spell?
The spell of the many of the school of whales, 42
The spell of the whales outside there, 42
Let them draw near; let them adhere,
This is my spell, the spell for my canoe,
Which then is my canoe? The ' Timu-o-te-rangi,' 43
A sacred canoe is mine, the canoe of ' Te Awhio-rangi ' 44
A sacred canoe is mine, the canoe of ' Te Whiro-nui.' 44
A sacred canoe is mine, the canoe of Tama-nui,
The sacred canoe of Tamatea-ariki-nui, 45
The canoe of the heaven-compelling priests
The priests with exalted powers,
The priests who have ' bitten ' the bar of the altar,
At sea, at sea, to the land-direction of Aotea-roa, 32
My canoe will land, my canoe will land,
What then is this canoe? 'Tis ' Takitimu,' 43
A sacred canoe is my canoe,
Convoyed by gods, by the monsters,
Convoyed by Tangaroa's fleet of whales,
Convoyed by the sacred spells of the priests
By ancient rights, of ' Te Awhio-rangi,' of ' Te Whiro-nui,' 44
Then, my axes, have god-like powers, occult powers,
Axes to compel the hosts of heaven, of earth,
Axes to overcome the fierce winds, or mankind,
Axes to fell the forests, axes of thine, O Uru—*e*! 46
My canoe let it override, overstep,
Uplift it to the very land,
Uplift it to the front of the land discovered by Kupe 47
To the front of the land of Toi, Toi-te-huatahi, 48

His fire is my fire, volcanic fire is mine,
The fire of Great Toi, of Tall Toi, of Toi-the-successful,
Of Toi, my land that is in my front,
O Toi-te-huatahi, *e—i* ! 48

NOTES : 32. Names for New Zealand. 33. The 'father' of the *totara* tree. 34. Names for Tu, the god of war. 35. Some of the special gods of this tribe, whose emblems were on board. 36. The Lunar-rainbow. 38. Probably some ancient lands, Rangiura is some island in Indonesia. 39. Tangaroa, god of ocean and all that lies therein. 40. One of the 'heavenly family' of gods. 41. One of the gods of the sea of this tribe. 42. The whales are said to have convoyed the canoe. 43. The "Timu-o-te-rangi" (The Summit of Heaven), from this expression the canoe changed its name from Pu-whenua to 'Takitimu.' 44. The celebrated axes—see "Memoirs, Vol. III., p. 121," for an account of them. 45. This is the high-chief, commander of the canoe 46. Uru, the eldest of the 'heavenly family,' from whom the axes were obtained—see *supra*. 47. Kupe the discoverer of New Zealand—see Chap. III. hereof. 48. This is the Toi the first Eastern Polynesian to settle in New Zealand—see Chap. V. hereof.

Then were the two axes used to chop the waters, by Te Rongo-patahi and Tupai; and thus were the seas severed and spread abroad, and became as 'Tai-whakahuka, [foam on the waters] on the back of Lady Ocean, at 'Tuahiwi-nui-o-Hine-moana.'

UPOKO X.

Te haerenga mai o 'Takitimu' ki Aotea-roa (Te Roanga).

(Na Te Matorohanga enei korero.)

Te taenga mai o 'Takitimu' ki Whanga-paraoa—Ka whiti a 'Takitimu' ki Arapaoa—Ka hoki a Tamatea ki raro nei.

TE TAENGA MAI O TAKITIMU KI AOTEA-ROA NEI.

KA tae mai te waka nei, a 'Takitimu,' ka tae mai ki Whanga-paraoa. Te taenga atu, ka kite ratou i a Hotu-roa, i a Nga-Toro-i-rangi i reira e noho ana. E tau ana a 'Takitimu' i waho i te moana, ka haere atu rana ki ranga i a 'Takitimu'; ka ui mai a Tamatea, " Pewhea ake te tua-whenua?" Ka mea atu a Nga-Toro', "He pai; he one tai etahi wahi, he one matua etahi wahi, he one tuatara, he paraumu, he one-rere, he one-punga, he one-haruru, he one-puia, he one-kirikiri, he one-powhatu, he one-takataka, etahi wahi." Ka mea atu a Te Rongo-patahi, " Kowai te tiaki kainga?" Ka mea mai tera, " Ko Tini-o-Toi-te-huatahi; ko Tini-o-Whatonga, ko Tini-o-Rua-tamore, ko Tini-o-Maru-iwi, ko Tini-o-Awa-nui-a-rangi, ko Tini-o-Tai-tawaro; e hora atu nei i uta, puta atu ki te hiwi e whakapac mai ra, ahu ake nei whaka-te-tonga." A ka mea atu a Tamatea, " A, hei whea rawa koutou whakanoho ai i te toi-whenua, mo nga tamariki?" Ka mea a Hotu-roa, " Waiho ra, me titiro ake." Ka mea atu a Tamatea-ariki, "Kati! Kaore au e u atu ki uta. Me ahu au ki te marangai ki te whakataki i te wahi takoto noa o te whenua nei. Waiho a konei kia whai takanga ai mo koutou." Ka hoki a Hotu-roa, a Nga-Toro-i-rangi ki uta.

Katahi ka haere a 'Takitimu,' a, tau rawa atu i Muri-whenua ki te taha marangai-rawhiti. He rurea anaketia a 'Takitimu' e te puhi marangai i reira. A, ka toia ano te waka nei ki te moana, ka hoe whaka-te-taha ki te mauru. Ka mahue nga rango o 'Takitimu' i reira; e kiia ana kua kowhatutia aua rango e rua.

A, ka tau ana a 'Takitimu' ko roto i te awa o Hokianga, ka waiho a Arai-te-uru i te ngutu-awa, hei arai atu i etahi atu waka koi uru ake ki roto o Hokianga takoto ai. Ka whakanoho kainga nga tangata o runga i te waka nei ; ka tahuri ki te mahi kai, ara, ki te whakapai kainga, whare, pa, mahinga-kai—koia ra te mahi o te iwi nei.

Kati ; me hoki atu ta taua whakahaere mai i te wa i whakaarahia ai e Rua-wharo raua ko Te Rongo-patahi i te hau rawhiti me te hau marangai hei a mai i te au-kume, i te au-rona, kia takoto mai ki te uru o ' Para-wera-nui,' o ' Tahu-makaka-nui,' kia ngawari ai te whakaheke mai o 'Takitimu,' o ' Horouta' ki te uru-whenua ki Aotea-roa nei. Ka mahara tenei hunga i haere mai nei i mua, he patu tera na nga tangata o runga i a ' Te Pu-whenua ' i a ratou kia mate ki te moana. Ka kiia taua wahi ko 'Tuahiwi-nui-o-Hine-moana '; he tu tonu te mahi a te tai-maranga o taua wahi.

Na, ka tae mai a Tamatea ma ki taua wahi titiro mai ai, e tu ana tera te tai me he pari-apiti. Ka whakatika a Te Rongo-patahi, a Tupai, ki te patu i te moana kia marino. Ka tangohia mai a ' Te Awhio-rangi ' ka hapainga, hei kotikoti i aua ngaru o ' Tuahiwi-nui-o-Hine-moana.' Na, no te motuhanga o aua ngaru ka tau ki raro, koia a ' Tai-wawa,' a ' Tai-wiwi,' a Tai-hāro,' a ' Tai-whakahuka.' Koia tenei nga ingoa o aua wahi i reira ai.*

Ka noho ra a Tamatea-ariki i Hokianga me nga wahi o reira, e rua pea e toru pea nga tau ; e whakatipu ana i te kai. Ka mea ia ki a Te Rongo-patahi, ki a Hau-tu-te-rangi—nga uri o Nga-Toro-i-rangi o Uenuku-rangi—me Rua-wharo, ko Tu-pai, me Tu-taka-hinahina raua ko Puhi-whanake, me era atu katoa o ratou i haere mai i runga i a ' Takitimu,' " Haere tatou ki te mataki i tenei motu, tae atu ki tera motu." Ka whakaae katoa ratou. Katahi ka haere mai a ' Takitimu ' i roto o Hokianga, ka hoki ma Muri-whenua, ahu mai ai ma te taha rawhiti o te motu nei. Ka tae mai ki te tai rawhiti ka kaha te mate kai o nga tangata o runga o 'Takitumu.' Ka mea a Tu-ai-te-rangi, a Ira, " E Tama! Ina rawa te wahi kaore e kitea ana he ahi e koiri ana te auahi. Hei a matou tenei wahi." Ka mea atu a Tupai, " Koia kei a korua!" Ka whakauria tena wahanga ki Te Mawhai.

Ka rere mai a 'Takitimu' ka tae mai ki waho ake o Tapuae-o-Rongokako, ka mea a Hau-tu-te-rangi—tama ariki a Nga-Toro-i-rangi—" E Tama! Korewatia ake to tatou waka i konei ki tetahi ika ma tatou." Ka whakaaetia kia tau i reira hī ika ai. Ka waiho te huapae o te ra o 'Takitimu' hei toko maunga mo te taura o te ihu o

---

* Tirohia te karakia, topetope i te moana, i muri nei.

'Takitimu.' Ka mutu, ka hī. Ka mea a Kahukura—mokopuna a Uenuku, taina o Te Rongo-patahi, o Hau-tu-te-rangi—" Waiho te haupae o to tatou ra i konei hei taunaha mo tenei wahi tae atu ki uta, moku nei." Ka mea a Tupai, " E pai ana, me tapa ko te wahi nei ko Toka-ahuru." Ka whakaaetia e Te Rongo-patahi, ka waiho taua huapae hei tipua; e kiia ana kei te tipu taua toko i naia nei; kei te pito marangai, kei te papa ki waho rawhiti te wahi i tu ai taua toko, he kahika. Koia a Toka-ahuru ka waiho hei tohu mo Turanga, o tona tupuna, o Kupe, hei kainga mona.

Ka whakanohoia te ika a Kahukura i kona, te kohikohi, he ahua pu-whero whakakaokao te ahua, he ika ahua iti iho i te hapuku nei. Na ka mea a Te Rangi-ka-tatau, " Kia kotahi hoki maku, me karanga e au te ika a to tatou tipuna i a Maui-taha i tawhiti; karangatia te ika a to tatou tipuna, a Horo-te-pō." Ka tu a Kahukura ki te karakia karanga i taua ika kia tae mai. Katahi ka tae mai tenei ika, a te haku; koia te take i uaua ai tena ika te mau i te matau; kia pau katoa nga hau te tomo ka mate ai. Kati, ana nga iwi nana ena ika kei te rawhiti e noho ana.

Ka tae mai a 'Takitimu' ki Nuku-taurua, ka mea a Rua-wharo, " E! Ina rawa te wahi o te whenua nei i rite ki toku kainga, e takoto mai nei—mei kore te onepu o uta nei." Ka mea atu a Tupai, " Kati noa hei turanga waewae mo taua." Ka u a Rua-wharo me te taina ki uta. Ka riro a 'Kahukura' ki uta i roto i te kahu, i a 'Tawiri-rangi,' he kahu-kuri no Hau-tu-te-rangi. Ka mauria te karaka ki uta e Rua-wharo, me tona mokai manu, he kokako, he manu tohu-taua tenei na Rua-wharo. He maha nga mea i u ki uta i konei.

Ka haere mai a 'Takitimu' ka tae mai ki Te Whanganui-a-Tara; ka peka ki reira a 'Takitimu.' I reira a Tara e noho ana me ona iwi, a Ngai-Tara. Ka noho ki reira ka roa; e noho ana e mate-kai ana. Ka haere a Kohupara me nga tangata whenua—a Ngai-Tara—ki te hī. Ka karangatia te hapuku e Kohupara; ka tau te ika ki te ngutu-awa o Te Whanganui-a-Tara, e kiia nei te ingoa ko Te Puna-whangai-o-Tu-tere-moana (mokopuna a Tara).

KA WHITI A 'TAKITIMU' KI ARA-PAOA.

Ka mutu, ka rere atu a 'Takitimu' ki Arapaoa, ma te taha rawhiti. Ka hangai ki Te Waiau, ka mea mai a Puhi-whanake, " E Tea! He pai te whenua nei, he hangai te aroaro ki te ra, he tahora te takoto o te whenua. Hei konei taua mataki ai ki te oneone." Ka whakaae atu a Tutaka-hinahina; ka tukua a 'Takitimu' kia rere ki roto o Te Waiau. Kihai i tata atu ki te ngutu-awa ka eke te waka ki runga i te ranga tau ai. Ka tu a Te Rongo-patahi, ka karangatia a

'Tai-ahu-puke' a 'Tai-ahuahu'; e rua nga tai nana i heke a 'Takitimu' ki roto ki Te Waiau takoto ai. Kati. Tapaia ana ki tetahi maunga kei reira ano ko 'Takitimu,' hei whakamaharatanga mo 'Takitimu.' Kei tetahi takiwa o reira ano tae mai ki uta o Waitangi, a 'Takitimu, he kohatu i naia nei.

Na, ka mea a Tamatea, "Me mahi he whare mo tatou; hei te whare pu-whenua," ara, he ana taua tu whare. Katahi ka karia ki roto ki tetahi hiwi; ka oti taua ana, ka kiia te ingoa ko Te Ana-whakairo. Ka oti taua whare katahi a Tamatea ka mea kia mahia he waka mona. Ka mahia te waka, ka oti; ka tapaia te ingoa ko 'Te Karaerae.'

Ka mate te wahine a Tamatea—a Turihuka. Ka aroha ia, ka waiho tona pononga, a Kopu-wai, hei tiaki i tona wahine. He haerenga na Turihuka ki runga i te hiwi i tera motu, ka ahu atu tona aroaro ki te uru-marangai, ka kato ake te aroha ona ki te wa-kainga ki Hawaiki, i Tawhiti, ka tangi. He moe tonu iho i runga i taua hiwi, ka puta te huka—mate tonu iho. Na taua wahine a Nga-pu (? Nga-Puhi) e noho mai ra i te uru ki Muri-whenua. Na, ko nga kuri a taua wahine e rua: kaore e pirangi ki te whai i etahi tangata ke, ka noho tonu i te taha o to raua ariki tangi ai. Ka mea a Tamatea ki a Kopuwai, "Kati! E noho ki te tiaki i to ariki me ona kuri, a Kohau raua ko Maioha."

Ka roa e noho ana a Tamatea me ona tangata, ka mea ia ki a Puhi-whanake, ki a Tu-taka-hinahina, ki a Kohu-para, ki a Mokinokino, "E Tama! E hoki ana au ki Muri-whenua; a, maku e hoki mai. E noho i to tatou kainga; he kainga watea tenei mo tatou. Waiho tatou i te rawhiti nei; kaua e whiti ki te taha mauru—ko te tuara tera, ko te aroaro tenei."

KA HOKI MAI A TAMATEA KI RARO NEI.

Ka mutu, ka hoki mai a Tamatea-ariki ki tenei motu. Ka eke mai i te waka hou ra, i a 'Te Karaerae.' Ka tae mai ki Kapiti, ka mahi kai-moana mo ratou. I reira ka rere mai te waka nei ka hangai ki te ngutu-awa o Whanganui; ka kitea mai te auahi e koiri atu ana i uta rawa i te tua-whenua nei. Ka mea atu a Te Rongo-patahi, "Ina rawa te koiri auahi i tu mai ra." Ka mea a Tamatea-ariki, "Me peka tatou ki uta." Katahi ka peka mai, ka u ana ko te wahi e kiia nei ko Putiki; ka kite ia i a Te Papa-i-kowhai, i a Tahu, e noho ana i te taha marangai o te ngutu-awa; ka ui atu, "E Tama! Kei whea te tino kainga o tenei wahi?" Ka mea mai a Te Papa, "Kei Patea a Turi." Ka mea a Tamatea, "Haere, E koe! Ki atu ki a ia, ko au tenei, ko Tamatea-ariki. Haere mai kia kite atu au i a ia." Ka tae

TE KAUWAE-RARO.

a Te Papa-a-kapa. Ka ki atu ki a Turi, "Te ope kei Whanganui; ko Tamatea-ariki tona ingoa e ki mai ana."

Katahi a Turi ka whakahau ki ona tangata kia utaina he kai ma runga i nga waka, ka hoe mai. Ka puta mai a Turi me ona tangata me a ratou kai, ka ui atu a Tamatea raua ko Te Rongopatahi. "No wai te ahi e koiri ake ra i uta i te tua-whenua?" Ka mea mai a Turi, "No Nga-Toro-i-rangi! He mate makariri; karangatia ana te tuahine kia makaia mai he ahi mona. Koira tena e koiri ake na te au i kite atu na koe." Ka roa e noho ana, e uiui atu ana ki te ahua o nga tangata o tenei whenua. Ka mea mai a Turi, "He iwi pai! Engari he kiri-ahi te mate; he ika, he manu, ana te manawa; he iwi kai kino, he mata-karipi nga mata."

Ka roa e noho tahi ana nga iwi, ka hiahia a Tāne-roa (tamahine a Turi), ki a Uhenga-ariki—taina o Tamatea—hei tane mana. Ka mea a Tāne-roa ki a Rongorongo, ki tona whaea ake, "E! kei te hiahia au ki a Uhenga-ariki māku." Ka korerotia e Rongorongo ki a Turi taua korero; ka mea mai a Turi, "E pai ana; mau e whakapa atu ki to tungane." Ka mea atu a Rongorongo ki a Tamatea, "E whai ana a Tāne-roa i a Uhenga-ariki māna." Ka mea atu a Tamatea, "E pai ana!" Na, katahi ka moe a Uhenga-ariki i a Tāne-roa; a, ka tukua a 'Te Awhio-rangi' (toki) e Te Rongo-patahi raua ko Hau-tu-o-te-rangi ki a Tāne-roa i runga i te kuha, ara, i te moenga ona i a Uhenga-ariki.

Ka roa e noho ana ka mea a Kahu-ngunu ki a Te Poi. "Haere, tikina he harakeke hei nati ake i te tikitiki o taku mahunga." Ka tikina, ka mahia; ka oti te tikitiki katahi ka putikitia; he motu anake te harakeke putiki. Ka mea a Kahu-ngunu, "Aia! Tera rawa pea te whara-nui i a au e tu mai ra i te Rawhiti-roa." Ka aranga tenei ingoa a Putiki-whara-nui. Kati tenei.

Ka tae ki tetahi wa, ka haere te waka o Tamatea ma roto o Whanganui hoe ai, toko ai. Ka tae ki uta o Pipiriki ka moe i reira; ka mea a Tamatea-ariki, "Te kowhatu e puta mai ra i te pari ra, me ki ko taku aroaro"—mau tonu iho taua ingoa i naia nei. Ka haere, a uta atu, ko Papa-a-waka ano o Tamatea-ariki.

Ka tae ki Taupo, ka mate i te kai; e waru nga pō e noho ana i reira, ka tukua a 'Tu-nui-o-te-ika," ki te whakataki haere i a Nga-Toro-i-rangi. Ka kitea atu e kowha mai ana i runga ake o Pihanga, ka mohiotia kei reira a Nga-Toro' e noho ana. Ka waiho hei ingoa mo te wahi i noho ai ratou i nga pō e waru ra, ko Po-waru. Ka tae ki Roto-a-Ira, ki te wahi i noho ai a Nga-Toro', ka tu mai taua tangata ki te tangi ki a ratou, ka poua ai te tokotoko i raro i tona kauwae, katahi ka tangi mai ki a ratou—waiho tonu iho he ingoa mo taua wahi ra ko Pou-tu—kei te taha marangai-rawhiti o Te Roto-a-Ira.

Ka roa e noho ana i kona ka mea a Tamatea-ariki e haere ana ia. Ka tukua mai etahi tangata hei hoa hoe i tona waka, ka haere. Ka karanga a Tamatea, "E Ta! He whenua tohetea tenei. Waiho i te taha moana he kainga mou, kia mate i te moana, e ora ana a uta i te manu, i nga huruhuru ranei o to tatou tipuna, o Tua-nuku. Ko tenei; waiho hei kainga manu mau; ina hoki ra e titiro nei au he manu to runga rakau, he manu to raro." Ka whakaae atu a Nga-Toro-i-rangi.

Na, ka hoe te waka nei, ka tae ki te pito marangai o Taupo-nui-a-Tia; ka rere i roto i te awa o Waikato, ka tae ki tetahi wahi ka ki atu nga tangata o Nga-Toro' ki a Hau-tu-te-rangi. "Me tika tatou ra uta apopo, he rere ki mua i a tatou." Ka mea atu a Hau-tu-te-rangi, "Ko nga ngaru era pea i tupatia ai te moana i tawhiti, te rere na!" Ka mea nga tangata, "E pai ana! Koi mea koutou kaore maua i whakaatu ki a koutou." No te taenga atu ki taua rere, kaore hoki i tirotiro, kite rawa ake, E! kua rere te waka i te kaha o te ia. Ka mate te iwi nei i taua rere; poua tonutia iho te waka o Tamatea ratou ko nga tuakana me ona taina ki taua rere. Ka riro nga kai i te wai, ka u nga tangata ki uta tauraki ai i o ratou kakahu. Ka mea a Tamatea, "A! tē aitua mai i Te Moana-nui-a-Kiwa! Taka rawa ki te wai kowhao-waka nei ka tahuri"—mo te iti o te awa o te wai, a, ka mate ia, e rite mai hoki ki te wai e mapi mai ana ma roto i te puare-waka he mea poka na te tangata, a ka mate nei ia. No reira tera whakatauki, "He iti wai kowhao-waka e tahuri te waka."

Ka tae ki tetahi rangi mai ka haere a Tamatea me tona ope; ka waiho a Kahukura hei tiaki i to ratou waka. Ko Huka-nui taua rere. Kaore au e kite, engari ko nga korero e korerotia ana i roto i nga Whare-wānanga, koia tenei.

Ka tae ki te takutai moana-rawhiti, ki Te Awa-o-te-atua, ka noho i reira. Ka kitea atu i te ahi e koiri ake ana te auahi i Whakatāne. Ka mea a Tamatea ki te tama, ki a Rangi-nui, "Haere koe me etahi o te hanga nei ki te au o te ahi e koiri ake ra, ki tetahi kai ma tatou." Ka haere a Rangi-nui, ka tae ratou ko ona hoa. Pono atu he ahi tarai rakau-whare—ko Tamatea-a-moa ratou ko ona tangata. Ka tau atu a Ranginui me ona hoa tokowhitu ki te papa taraitanga, e mahi ana nga tohunga tarai me Tamatea-a-moa. Ka titiro atu a Ranginui ki te kino o te tarai i nga rakau a te iwi ra. He tino tohunga mohio hoki a Rangi-nui ki te hapai toki-tarai rakau; ka kite atu a Rangi-nui ki te he o te tarai o te tangata e tarai ra, e tarai ana i tona aroaro. Ka mea atu a Rangi-nui. "E Ta! Hoki atu te mata o to toki ki muri i a koe."

Ka hoki te mata o te toki o te kai-tarai, kaore i paneke mai te tarai-tanga. Ka mea atu ano a Rangi-nui. "E! Ka he ano to toki. Hoki ano ki muri i to waewae." Ka riri te tangata nana te toki, ka mea mai ki a Rangi-nui, "Nawai rawa koe kia tohutohu mai ki au? Tena! haere mai e mau to ringa ki te toki nei." Ka haere a Tamatea-a-moa ki tona whare i ko atu o aua rakau. Ka mau te ringa o Rangi-nui ki te toki, ka takoto nga kaho e rua ki raro i ona waewae, ka tarai ia. Ka hui katoa nga tangata tarai ki te matakitaki; ka kite i te pai o te ngao o te mata toki a Rangi-nui, ka mea kia kino a ratou na rakau, kaore i rite ki ta Rangi-nui te pai o te tarai.

I te hokinga ra o Tamatea-a-moa, ka ki atu ki ona tangata, "Ana! te whakahi o te tangata haere whenua ki te ki mai kei te he taku toki me taku tarai! Whakatika koutou ki te apa wahie mai, kowhatu hoki, ka kari he umu hei tao i a tatou kai." Kua mea ia kia patupatua a Rangi-nui me ona hoa tokowhitu. Kua mahia nga wahie, kua apaia mai nga kowhatu, kua kā nga umu. Ka tae atu te rongo ki nga tangata tarai a Tamatea-a-moa ake, e meatia ana nga tangata kia patua, kua kā nga umu. Ka pouri nga tangata a Tamatea-a-moa. Katahi ka haere, ka tae atu, ka ki atu ki a Tamatea-a-moa, "He aha tenei whakaaro ou? I huaina ai e koe? Kaore he tangata o tatou nei e rite ki te hangai toki a te tangata e mahi mai nei. He tino tohunga ra te tangata i a ia ra te toki." Katahi ka haere a Tamatea-a-moa, ka tae ki te marae tarai rakau, katahi ka titiro, e, koia ano he tino pai rawa atu. Katahi ano ra ia ka kite i te tino tangata pera te pai o te hapai o te toki tarai—e rua kaho i raro i nga waewae, a kaore he tiro-tiro o te whiu o tona toki.

Ka ui atu a Tamatea-a-moa, "Kowai koe?" Ka mea mai a Rangi-nui, "He tangata haere noa; na te mate i kawe mai ki konei waihape noa ai." Ka tarai ano a Rangi-nui; ka mea a Tamatea-a-moa ki tetahi o ona hoa, "E Ta! Kowai to kouton hoa?" Ka mea atu a Te Kopa, "Ko Rangi-nui a Tamatea-ariki-nui o Hawaiki tenei!" Kua ohorere mai te pouri me te wehi ki a Tamatea-a-moa; ka tu ki runga; ka auē, "Auē ki au e! Kowai hoki koa ka hua e Rangi! ko koe tonu tenei te haere nei. Auē ki au e!" Ka karanga a Tamatea-a-moa ki nga tangata, "Ko Rangi-nui! ko Rangi-nui a Tamatea-ariki-nui tenei. No Hawaiki mai, i Tawhiti!" Ka rongo atu te iwi, ka tino wehi katoa.

Kua paku hoki te rongo kua tae mai a Tamatea-ariki-nui ki Muri-whenua. Ko te take i nui ai te rongo o Tamatea te haere i roto i nga iwi kua tae mai i mua atu i a ia, he tino tangata-ariki taua tangata—no Hawaiki tae mai ki Rangi-atea, ki Rarotonga, me Maui-taha, tetahi motu kei te taha mauru mai o Ahu. He ingoa hoki era motu no ona ake tipuna, a Maui-taha, a Maui-pae. Koia tenei tona whakapapa:—

	Muri-ranga-whenua	i a	Mahuika
	Taranga	i a	Ira-whaki
50	Maui-tikitiki	i a	Hine-rau-maukuuku
	Tiki	i a	Te Ara-rau
	Tato	i a	Tawha-i-te-rangi
	Tewe	i a	Whanau-pari
	Takahapu	i a	Tau-pari-o-tu
	Tau-whare-kiokio	i a	Te Rangi-mata-keho
44	Whaitiri	i a	Kai-tangata
	Hemā	i a	Arawhita-i-te-rangi
	Tawhaki	i a	Maikuku-makaka
	Whatua-roa	i a	Te Au-pawa
40	Wahie-roa	i a	Hine-tua-hoanga
	Rata	i a	Kani-o-wai
	Po-matangatanga	i a	Ranga-hua
	Pai-mahutanga	i a	Uenuku-rangi
	Rua-tapu	i a	Harahara-te-rangi
	Tahatiti	i a	Te Ahina-riki
	Rakai-ora	i a	Hui-rowhitu
	Tama-ki-te-hau*	i a	Hine-rautipu
	Tama-ki-te-rā	i a	Hine-te-ahuru
	Tama-ki-te-kapua	i a	Tipu-ki-runga-te-rangi
30	Puhí	i a	Hine-tiromea
	Rere	i a	Hine-rautoto
	Tato (No. 2)	i a	Rutanga
	Tata	i a	Hine-tatau-rangi
	Maire	i a	Hine-tua-rourou
	Maika	i a	Te Ihi-moana
	Korotoi	i a	Ira-Manawa-piko
	Rongo-kako	i a	Maurea
22	Tamatea-ariki-nui	i a	Turihuka

50	Maui-taha (tuakana o Maui-tikitiki) i, a		
	Te Hau-te-rangi		
	Te Hau-te-horo		
	Te Pana-taua		
	Rangi-ahua		
	Wai-tohi		
	Te Puna-whakaea		
	Mata-whaiti		
	Te Karu-ka-hao		
	Tu-ka-huri-whenua		
	Te Au-paki	i a	Whatua-roa
39	Wahie-roa	i a	Hine-tua-hoanga
38	Rāta	i a	Kani-o-wai

* Ka heke iho a Toi-te-huatahi i a Tama-ki-te-hau raua ko Hine-rautipu.

TE KAUWAE-RARO. 235

```
50 Maui-pae (tuakana o Maui-tikitiki)
   Tawa-a-rangi              i a  Te Rarau-a-papa
   Kahu-koki                 i a  Huka
   Wai-taha-rangi            i a  Pae-whenua
   Taka-mai-awha             i a  Hokahoka
   Te Rangi-mata-keho        i a  Tau-whare-kiokio
44 Whaitiri                  i a  Kaitangata
```

Kati i konei, ka marama mai koe. Enei motu katoa no ona tipuna anake—ara, no Tamatea. He mea tapatapa ki ona tipuna aua motu—a Maui-taha, a Maui-pae, a Aotea-roa, e kiia nei ko Te Ika-a-Maui. Kati ake aku whakamarama ake i enei korero.

Ka kite mai koe ki te nui o tenei tangata, o Tamatea-ariki-nui, me te maha o nga motu i uru ai ia i runga i ona tipuna. Koia te wehi o tona ingoa me te nui o tona măna, me tona rangatiratanga e nui ana i o etahi atu tipuna; me tāna haere mai ki Aotea-roa, e hara i te aha te take; he haere mai kia kite ia i te ahua o tenei motu i kiia ai e Kupe he whenua nui noa atu i a Ahuahu, i nga Maui mahanga e rua, tae mai ki Hawaiki, tae mai ki Rangi-atea, tae mai ki Rarotonga, tae mai ki etahi motu ririki nei. He măna tonu ki aua motu mai i ona tipuna. He ariki nui ia; i uru ki nga tipuna nunui, maha, o te iwi Maori nei. Tae noa mai ki tona haerenga mai ki tenei motu ki Aotea-roa, i haere rangatira mai ia; kaore he take hē ona ki ona iwi ki ona motu i Tawhiti; heoi ano ko tona hiahia kia kite i te motu a tona tipuna a Kupe, a Toi, tamaua ai ki te remu wahine. I te nui a te korero a Kupe kia pau katoa nga motu o waho atu o Hawaiki me Hawaiki, katahi ka rite, kore noa ranei. Na tenei korero a Tamatea-ariki, nana ia i kawe mai ki Aotea-roa nei. Na, me titiro hoki koutou ki tona waka i haere mai ai, he waka nui, he waka tapu hoki; a, kua oti ake e au te takutaku ake i te karakia o taua waka i haere mai ai i te moana. I te taenga mai o te waka ki 'Tuahiwi-nui-o-Hine-moana,' ka tu a Te Rongo-patahi ki runga, ka tangohia mai a 'Te Awhio-rangi' i roto i te puneke o te waka, i roto i te taha e takoto ana. Ko 'Ahuahu-te-rangi' te ingoa o te taha i takoto ai; a 'Te Whiro-nui' hoki. Enei toki, he toki tapu, he toki poipoi ki nga atua, ki a Kahu-kura, ki a Rongo-mai, ki a Tama-i-waho, ki a Hine-korako, ki a Tu-nui-te-ika, ki a Uenuku-rangi me era atu atua. Katahi ka tango ake a Tupai ki a 'Te Whiro-nui,' koia tenei ta raua karakia i topetope ai nga tai-maranga o Tawhiti:—

Tu ake nei au, he tipua, he tawhito,
Nau, E Tangaroa-mau-tai, E Tangaroa-uta ē ī.
Whai ake nei au i taku ara,
He ara moana, he ara atua,

Nou, E Kahu-kura, Tama-i-waho,
Rongo-mai, ē ī.
Waere, waerea te ngaru roa
Te ngaru ikeike, te ngaru-anoano,
Te ngaru wanawana, te ngaru paepae.
Te ngaru-wharewhare, te ngaru ihiihi
Hai ake nei au i te toki—
He toki tipua, he toki uru-rangi
He toki matua, he toki atua
No te Toi-rangi, no nga Rangi-tuhaha
Mai ki tenei tama ē ī.
Kotikoti i nga tai wanawana
I nga tai wharewhare, i nga tai ihiihi
Tukua ki raro ki a Hine-moana, e takoto nei,
Ki a Wawa-tai, ki a Huka-a-tai,
Ki a Te Wiwi, ki a Te Wawa ē ī.
Tamaua he iho matua nou, E Kiwa!
Ki enei tama ē ī.
Waere, waerea to ara, he ara ka nguha,
He ara ka takoto. He aio, he marino, ē ī.
Ka puta, ka puta ki tua, he awa to,
Ko Harua-a-tai he awa to,
Ko Tauranga ki uta ki te ihu-whenua
Ki enei tama ē ī.

Ka tapahia nga toki e rua nei ki te wai i konei e Te Rongo-patahi e Tupai; ka motumotu nga tai i konei, ka wawa noa atu, ka marara noa atu, ka takoto i a ' Tai-whakahuka,' i runga i te tuara o Hine-moana, i 'Tuahiwi-nui-a-Hine-moana.'

Ka mutu taku takutaku ake nei i enei wahi o te korero nei, kia marama ai koutou ki te nui o tenei tangata, o Tamatea-ariki-nui. Ko tona iugoa tuā tenei; no tona haerenga mai ki konei ka mau tenei ingoa ki runga i a ia ko Tamatea-mai-Tawhiti. No tona haerenga ki te matakitaki haere i te ahua o tenei motu tae atu ki tera motu, ka kiia tenei ingoa ko Tamatea-pokai-whenua; no tona unga tuatahitanga ki uta, ki te hiku o te motu nei, ka kiia ko Tamatea Muri-whenua; no te kotinga i te kiri-matamata o tona aroaro, ka kiia ko Tamatea-ure-kotia.

Na, ko nga whakapapa o tenei tangata ariki, he tapu, he whakapapa atua, tae mai ki a Maui ma, tae mai ki a Kokako—haere atua tonu ona whakapapa. Na, koia te putake i nui ai te rongo o taua Tamatea, i wehi ai nga tangata i a ia. Koia ra te wehi a Tamatea-a-moa me ona iwi, i pera ai tona auē.

Ka mea atu a Tamatea-a-moa ki a Rangi-nui, "E Tama! E tu ki tahaki. Hoki ki te whare!" Ka haere a Rangi-nui me ona hoa tokowhitu, ka tae ki te kainga ka tangi katoa nga tangata ki a ia. Ka mutu ka haere a Tamatea-a-moa ki ona iwi ka mea, " E Tama! Tirohia mai etahi o koutou hei whakakapi ake i nga umu nei." Ka patupatua etahi o ona tangata (ara, etahi o nga tangata-whenua e noho herehere ana) ka taona, ka parea ki a Rangi-nui taua umu tangata. Ka ki atu a Rangi-nui, " Tonoa he tangata ki to tuakana kia haere mai. Kei Te Awa-o-te-atua e tau ana." Ka tonoa e Tamatea-a-moa a Horahora raua ko Te Kapu ki te tiki i a Tamatea-ariki me ona hoa.

Ka tae mai ratou, ka tonoa e Tamatea-a-moa ki a Tamatea-ariki kia whakaaetia a Rangi-nui kia whakamoea ki tana tamahine, ki a Kura-pori. Ka whakaaetia i konei ko Kura-pori hei wahine ma Rangi-nui.

Ka noho a Rangi-nui i Whakatāne; katahi ano ka tā te ngakau pouri o Tamatea-a-moa, ka tuturu, ka ora ia i a Tamatea-ariki. Ka whanau mai te tamaiti a Kurapori, he wahine—raua ko Rangi-nui; ka huaina te ingoa ko Uenuku-whare-kuta. Ka tukua nga kuri hokorima takitahi, me nga tangata tāne hokorua-ma-rima, me nga wahine-hokorua-ma-rima hei tangata mo Uenuku-whare-kuta. Kati ake aku whakataki i konei.

Na, ka haere a Tamatea me tona ope ki Hokianga ma runga i te waka—no Tamatea-a-moa te waka, ko 'Te Rotoiti' te ingoa, he waka rauawa. Ka mea a Tamatea-a-moa, " Kaore aku waka mohou. Me haere noa atu koe i te koki nei" (mo te iti o te waka te take o tera ingoa, a kokī). Ka tae a Tamatea ki Hokianga noho ai. He roa te nohoanga ki reira, ka haere mai ki te toro mai i tona tama, i a Rangi-nui, i a Kahu-ngunu, i a Rua-wharo i a Kahu-kura-kotare, i a Tara ma i Te Whanganui-a-Tara e noho ana. I tera wa ka haere a Tamatea-ariki ki Arapaoa i korerotia ake ra e au. Ka hoki a Tamatea-ariki ki Hokianga ano, a, mate atu ia ki reira. Kei reira ona mokai tiaki i tona puna-wai i roto i tona pa; he kekeno aua kai-tiaki e rua. Engari kaore au i tae ki te takiwa o Nga-Puhi, a, kaore au i kite i tetahi kaumatua o reira hei patai tangata maku ki te hangaitanga o nga korero o te wahi i tu ai te pa o Tamatea-ariki-nui, me te toma i takoto ai tona tinana. Kati ake pea aku korero i konei.

CHAPTER X.

(Told by Te Matorohanga.)

THE COMING OF "TAKITIMU" CANOE TO NEW ZEALAND
(Continued)

"Takitimu" calls in at Rarotonga—The arrival of "Takitimu" at New Zealand—"Takitimu" crosses to the South Island—Tamatea returns to the north.

[From another part of Te Matorohanga's teaching I take the following, which is important as showing that, even if the migration of *circa* 1350, did not sail together as a fleet, the vessels were not very far apart :—

After referring to the storm 'laid' by the Priests by aid of the two celebrated axes, he says :—" After 'Takitimu' had come forth from the mighty waves they landed at Rarotonga, where they heard that 'Tainui,' 'Tokomaru,' 'Mata-atua,' 'Te Arawa' and 'Te Ririno' had only just left. Tamatea hastened to follow those canoes. Some of the crew of 'Takitimu' were left at Rarotonga, whilst 'Takitimu,' 'Horouta,' and 'Te Karaerae' came on their way. And now the goddess Hinemakohu-rangi was stationed behind 'Takitimu' to prevent the south-west wind from blowing and so stopping the course of the canoes, and so that the bows of the canoe might be directed to the star Venus during the night and to the sun during the day, for these were the directors of the course of 'Takitimu' "]

THE ARRIVAL OF 'TAKITIMU' AT AOTEA-ROA.

SO the canoe arrived safely at Whanga-paraoa [near the east side of the Bay of Plenty, New Zealand], and on their arrival there they found Hoturoa [of the 'Tainui' canoe] and Nga-Toro-i-rangi [of the 'Arawa' canoe] staying at that place. When 'Takitimu' had anchored off there, those two people went off to her; and Tamatea asked them, "What kind of land is this?" Nga-toro' replied, "It is good, some parts are limestone, some are sandy soil, others rich soil, others friable soil, black soil, sand, pumacious soil, and light sandy soil, red volcanic soil; some parts are gravelly, stony, and some very loose soils." Te Rongo-patahi asked, "Who is the guardian of the place?" The other returned, "The Tini-o-Toi-te-huatahi, Tini-o-Whatonga, Tini-o-Ruatamore, Tini-o-Maruiwi, Tini-o-Awa-nui-a-rangi, Tini-o-Tai-Tawaro [all names of tribes, the first, second and fifth from Hawaiki, the others the original inhabitants]. They are spread out there inland, right up to the range in the distance there, and again away towards the south." Then Tamatea asked, "Where then do you propose to settle a home for your children?" Hoturoa replied, "Leave that at present; we shall see." Then Tamatea-ariki replied, "Enough! I will not land here, I will go to the north [north-west really] and search for some unoccupied part of this land, and leave this as a place for all of you." After this Hoturoa and Nga-Toro-rangi returned ashore.

'Takitimu' then continued its voyage and brought up near Muri-whenua [North Cape] on the north-east side. Here she was rolled about by the easterly seas as she laid on her skids. So they launched her and proceeded away towards the west. Two of 'Takitimu's' skids were left at that place, and it is said that they have now become stones.

[After passing Cape Reinga and sailing down the west coast] 'Takitimu' anchored in Hokianga harbour, where 'Arai-te-uru' [one of the *taniwhas* that accompanied the canoe from Hawaiki] was left at the mouth to prevent other canoes from entering the harbour. Here the people prepared wood for themselves and planted food, that is, to build villages, houses, *pas*, cultivations, etc.—such were the works of the people.

And now Tamatea-ariki dwelt at Hokianga and its neighbourhood two, perhaps three years; he was engaged in cultivating food there. And he said unto Te Rongo-patahi and Hau-tu-te-rangi—the descendants of Nga-Toro-i-rangi and Uenuku-rangi—to Rua-wharo and Tupai, to Tu-taka-hinahina and Puhi-whanake [these two latter belonged to the Hawaiki tribes from whom Tamatea had procured the 'Takitimu'] and others that came over in 'Takitimu,' "Let us proceed and see what this island is like, and even unto the other [south] island." To this all consented. And now 'Takitimu' left Hokianga and returned on her course *via* Muri-whenua, and so on down the east coast. As they came along the east coast they suffered much from shortness of food. At a certain place Tuai-te-rangi and Ira said, " O Sir! There is a place there ashore where no smoke is rising. Let us (examine) settle here." Tupai said, "You two are right," and then the canoe was beached at Te Mawhai [the point forty miles south of East Cape, south headland of Tokomaru Bay].

The 'Takitimu' then came on until she was off Tapuae-o-Rongo-kako. [Rongo-kako's footsteps, eight miles S.W. of The Gable End Foreland of Cook] where Hau-tu-te-rangi—the eldest son of Nga-Toro-i-rangi—said, "O Sir! Anchor our canoe in this place so that we may catch some fish," and it was therefore agreed to stay there and try. The *huapae* or yard of the sail of 'Takitimu' was used as a pole to fasten the bow-cable of the canoe to; and then they fished. Kahu-kura—grandson of Uenuku, younger brother of Te Rongo-patahi and Hau-tu-te-rangi, said, "Leave the yard of our sail here in order to take possession of this part, right across to the shore, for me." Tupai replied, "It is well! Let the place be called Toka-ahuru" [the resting-rock. It is a reef situated twelve and a-half miles a little south of east from the north head of Poverty Bay]. Te Rongo-patahi agreed to this, and so the yard was left there as a *tipua* [familiar spirit]; it is said that it is growing there to this day, on the N.E. end, on the flat rock towards the east, where the yard has become a *kahika* tree. Hence was Toka-ahuru left as a sign for Turanga [Poverty Bay], of the 'standing place' of Kupe,[1] as a home for him.

Kahukura's fish was established there, a *kohikohi*, a fish with reddish stripes on its sides, a fish smaller than the *hapuku* [Trumpeter]. Then Rangi-ka-tatau said, "Let there be one also for me; I will call the fish of our ancestor Maui-taha from the distance, I will call hither the fish of our ancestor Horo-te-pō" [one of the ancestors, a god]. And then came the *haku* [yellow-tail]; and hence is the difficulty of catching that fish with a hook, for all the winds that blow must enter before it is caught [referring probably to the speed with which a canoe must travel with lines over the stern to catch the *haku*, for it is a running fish like the *kahawai*]. There are only those particular people dwelling in the east who enjoy those fish.

Then 'Takitimu' came on to Nuku-taurua [Table Cape] and here Rua-wharo exclaimed, "Behold! There is the land which resembles my home, if it were not for the sandhills inland." Tupai said, "It will suffice at anyrate as a standing place for our two feet." So Rua-wharo and his younger brother landed there, and they took with them the god 'Kahu-kura' in the garment named 'Tawhiri-rangi,' a dog-skin cloak belonging to Hau-tu-te-rangi. Rua-wharo also took ashore with him some *karaka* seeds, and his pet bird, a *kokako*, which was a prognosticator of war-parties of his. There were also many others who landed at this place.

---

1. I think the Scribe has inadvertently here written Kupe for Toi, for the name was given by the latter.

'Takitimu' then came on south to Te Whanga-nui-a-Tara [Port Nicholson, Wellington] and turned off into that harbour. They found Tara [2] living there with his people, the Ngai-Tara. They stayed there for a long time, and suffered a good deal of starvation. Kohu-para and the people of the place—Ngai-Tara—went out to fish, when he 'called' [by *karakia*] the *hapuku*, which came to the entrance of Port Nicholson, which place is called Te Puna-whangai-o-Tu-tere-moana. (Tu-tere-moana was a grandson of Tara.)

'TAKITIMU' COMES TO THE SOUTH ISLAND.

After these transactions 'Takitimu' sailed for the east side of Arapaoa [South Island], and when she was opposite the Waiau river, Puhi-whanake said, "O 'Tea! [short for Tamatea] This is a fine country. It faces the sun, and the land is level. Let us examine the soil." Tu-taka-hinahina was agreeable to this, and so 'Takitimu' was directed to the mouth of Waiau. But they did not quite reach the mouth, when the canoe ran on a reef and rested there. So Te Rongopatahi arose and called on 'Tai-ahu-puke' [hill-making-sea] and 'Tai-ahuahu' [heaping-up-sea] ; these two waves lifted 'Takitimu' right into the Waiau river.[3] Enough! They called a certain mountain there after their vessel 'Takitimu,' in remembrance of their canoe. In a certain part there, up inland of Waitangi [Waitaki] is 'Takitimu,' which is now a rock [i.e., a rock resembling the canoe. The Takitimu mountains lie on the east of the Great Waiau river, which falls into Foveaux Straits, and on top is the rock named after the canoe. The geography of the Sage is a little obscure here, for Waitaki is no where near either of the Waiau rivers].

Tamatea now said, "Let us make a house for us here;" a *puwhenua*, that is, a cave, and so they dug one out of a certain ridge there, and when it was finished they called it Te Ana-whakairo. [The carved cave. This 'carved' cave may be that at Maere-whenua, on the

---

2. Tara was a grandson of Whatonga, who came to New Zealand in the 'Kurahaupo'—see Chapter V.
3. This is probably the Great Waiau river of Western Southland, not that of Canterbury. This river drains Lakes Manapouri and Te Anau, and just before falling into the sea, turns abruptly to the east, leaving a shingle bank between it and the sea, over and through which the waters of the river trickle into the sea. It is suggested that this is the bank, or reef, on which 'Takitimu' grounded. A very peculiar effect is to be noticed in that part of the rapidly flowing river where it runs parallel to the sea for about half a mile ; the current is so rapid in the centre that the water is raised up in the centre some eighteen inches above the sides, where no doubt the current is retarded by friction against the banks. I have never seen this effect in any other river. The Waiau is one of the largest rivers in New Zealand, and drains an immense area of country.

Waitaki river, South Canterbury (but its position is nowhere near the Southern Waiau), where is a limestone bluff, with a large (but not deep) cave, on the sides and roof of which are many peculiar paintings, drawings of which are in the possession of Mr. J. Edge-Partington, of London. The Scribe informs me that the traditional account of the paintings is that they are a species of writing brought by their ancestors from far Hawaiki—The Father-land—and that some of the figures represent *ngarara*, saurians or lizards, known to their forefathers in the same Hawaiki, others represent the adornment of the canoe 'Takitimu;' others again are representations of the tatooing on the faces of friends and relatives left in Tahiti when the 'Takitimu' came away from there. My recollection of the black and red paintings is that they were very much like others that have been found at various places in New Zealand.] After this cave was finished Tamatea gave orders to build a canoe for his use. This was done, and then it was named 'Te Karaerae.'[4]

Turihuka, the wife of Tamatea, died at this place, and Tamatea, out of his affection for her left his servant Kopu-wai to guard her [grave]. Turihuka had ascended a high ridge in the other island, and when turning herself in a northerly direction, love for her old home at Hawaiki, at Tawhiti [Tahiti] arose in her breast, and she cried. She lay down to sleep on that ridge, when a snow-storm came on, and she perished there. From that woman came Nga-Puhi, who live at the head of Muri-whenua [North Cape]. Now that woman owned two dogs, who would not follow other people, but ever rested by the side of their [dead] mistress, howling. Tamatea said to Kopu-wai, "Enough! Remain here to take care of your mistress and her two dogs, Kohau and Maioha."

Tamatea and his people remained there for a long time, and then he said to Puhi-whanake, Tu-taka-hinahina, Kohu-para, and Mokino-kino, "O Sirs! I am returning to the North Cape; but I shall come back again. Remain here at our home; it is a place free from others. Let us remain on this east side; do not cross over to the west side [of the island]—for that is the back, this is the front." [The people left behind were the Waitaha tribe, so called by the wish of Puhi-whakaawe, expressed just as 'Takitimu' left Tahiti. See Chap. IX.]

---

4. It will be seen in last chapter that the original 'Karaerae' under the chief Te Ahura sailed from Tahiti with the other canoes, and was lost at sea.

TAMATEA COMES BACK TO THE NORTH.

After this Tamatea-ariki came back to this island; he came in the new canoe 'Te Karaerae.' They came on to Kapiti island, where they remained some time preparing sea-provisions. From there they came on [by the west coast of the North Island] until opposite the mouth of the Whanga-nui river; where they saw smoke arising a long distant inland. Te Rongo-patahi observed, "Behold a column of smoke arising there!" Tamatea-ariki said, "We will diverge from our course and go ashore there." They did so and landed at the place named Putiki [just opposite the town of Whanganui]; where they saw Te Papa-i-kowhai and Tahu dwelling on the eastern side of the river, and they asked them, "O Son! Where is the principal dwelling place of this part?" Papa replied, "Turi is at Patea." Tamatea then said, "Go thou; and say to him, that I, Tamatea-ariki of Hawaiki, am here. Let him come that I may see him and learn all about this part." When Papa reached Patea he said, "There is a company of people at Whanganui; the chief says his name is Tamatea-ariki."

Turi then ordered his people to load some canoes with food, and then came away to Wai-puna [to Whanganui]. When he, his people, and their food arrived, Tamatea and Te Rongo-patahi asked them, "O Turi! What kind of country is it where you dwell?" Turi replied, "It is a pleasant land, with good soil, damp soil; there are plenty of birds of the trees, and of the ground, sea and fresh water fish to eat with them." "Where is the head-quarters of the people?" Turi replied, "On the side towards the north are the bulk of them." Tamatea then asked, "Are there people living up this river?" Turi answered, "There are no men up the river." "Whose is the fire that rises up away inland there? It was through seeing that we landed here." Turi replied, "It is Nga-Toro-i-rangi! He is at Taupo lake. Due to the cold, he called [by *karakia*] his sister to cast him some fire. That is the origin of the column of smoke which you see." [This refers to the legend of Nga-Toro-i-rangi, priest of 'Te Arawa' canoe, who ascended Tongariro volcano, and being stricken with the cold, sent a message to his sister in Hawaiki to send fire, which is the origin of the volcano according to Maori legends. Possibly this sister has something to do with Pele, the Hawaiian goddess of volcanoes. For the above legend see "Nga Mahinga," p. 80.] Tamatea then asked, "Is the river accessible?" To which Turi replied, "It is good, and bad, there are many rapids." They remained there a long time, enquiring about the people of this land. Turi said of them, "They are a good people, but are very lazy, they live on fish and birds; they are a gluttonous people, and look stealthily out of the corners of their eyes." [This refers to some of the *tangata-whenua* tribes.]

After the people had been dwelling here together some time, Tāne-roa, the daughter of Turi, fell in love with Uhenga-ariki—younger brother of Tama-tea—and desired him as a husband. She said to Rongorongo, Turi's wife, her own mother, "A! I desire to have Uhenga-ariki as a husband." So Rongorongo said to Tamatea, "Tāne-roa is pursuing Uhenga-ariki as a husband." Tamatea replied, "It is well!" and so Tāne-roa was married to Uhenga-ariki; and then the celebrated axe 'Te Awhiorangi' was presented to Tāne-roa by Te Rongo-patahi and Hau-tu-o-te-rangi as a marriage gift. [In modern days a great dispute arose as to who it was that brought this celebrated axe from Hawaiki—the above story seems to account for its possession at the present day by Turi's descendants.]

On one occasion Kahu-ngunu—Tamatea's son—said to Te Poi, "Go and fetch some flax to tie up the top-knot of my hair." So it was brought and properly worked, and the hair tied up into the usual knot, but the flax all broke. So Kahu-ngunu said, "A! far better is the *whara-nui* [a species of flax] that grows at Te Rawhiti-roa" [near the East Cape]. And hence arises the name Putiki-wharanui [for the Maori village just opposite the Town of Whanganui].

After a time, the canoe of Tamatea departed, going up the Whanganui river, by aid of paddling and poling. On arrival at a place inland of Pipiriki [fifty-six miles from the mouth] they camped there, and Tamatea, pointing to a stone in the cliff, said, "Let the name of this place be my front," which name remains to this day [It is a stone projecting from the face of the perpendicular cliff, but many miles above Pipiriki]. On their further voyage they named a place Papa-a-waka-of-Tamatea-ariki.

Next they arrived at Lake Taupo [it is not said what became of their canoe, 'Te Karaerae'] where they were very short of food, and after eight nights there, the god 'Tu-nui-a-te-ika' was sent away to search for Nga-Toro-i-rangi. A flash [of lightning] was seen above on Mount Pihanga; it was known from this that he was there. Now the place where they stayed for eight nights was called Po-waru [eight nights]. When they arrived at Lake Roto-a-Ira, where Nga-Toro' was, that man arose to greet them, and in doing so thrust his spear into the ground at his feet, and hence this place received the name of Pou-tu [The standing-post]; it is on the east end of Lake Roto-a-Ira. [Just at the outlet of the lake into Poutu river.]

After they had been there some time Tamatea-ariki said he was going on, and some of the local people were sent to paddle his canoe [across Lake Taupo]. Tamatea said to Nga-Toro', "O Sir! This is a place where no food will grow. Select a home for thyself on the seashore; so that if the products of the sea fail, there will be birds inland, and amongst the hair [vegetation] of our ancestress Tua-nuku [The Earth-mother, Papa-tua-nuku, in full]. Let this place be a bird preserve for you; for I perceive that there are birds in the trees above, and on the ground below." To all of this Nga-toro' assented.

The canoe now went on to the north-east end of Lake Taupo-nui-a-Tia, and then down the Waikato river to a certain place where Nga-Toro's men said to Hau-tu-te-rangi, "We will proceed overland to-morrow, for there is a waterfall ahead of us," Hau' replied, "Perhaps those waves are as big as those of the distant ocean?" [Meaning, we who have crossed the great ocean need not fear the waves of a river]. The men replied, "Very well then! Do not say hereafter that we did not warn you." When they arrived at the falls they did not examine it first, but found themselves suddenly flying along in the furious current too late to save themselves. [This, of course, is the famous Huka falls, where the whole strength of the Waikato river is gathered into a narrow channel, with perpendicular rocky sides, for a distance of some two hundred yards, and then falls perpendicularly some thirty feet]. The people came to sad grief here; the canoe of Tamatea, his elder and younger brothers, went down over the fall end on. All the provisions were lost in the river; whilst the men swam ashore, and there dried their clothes. Tamatea said, "A! We had no accident in crossing the Great-ocean-of-Kiwa, but when we come to this river that would run through a lashing-hole of a canoe we are shipwrecked!"—referring to the smallness of the river where he came to grief, which was like the water that leaks through the small holes bored by men in the canoe side. Hence is this saying, 'A little water through the lashing-hole shipwrecks the canoe.'

A few days after this Tamatea and his party went on, leaving the god [or? the man] 'Kahukura' to take care of the canoe. Huka-nui [great-foam] is the name of that fall. I have never seen it, but such was it described in the *Whare-wānanga*.

When they reached the coast at Te Awa-o-te-atua, Bay of Plenty, they remained there. They saw a column of smoke arising near Whakatane, so Tamatea said to his son Ranginui, "Take some men with you and go to the place where the smoke is rising, and obtain some food for us all." Ranginui and his companions started away. They found it was a fire [lit by those engaged in] dubbing out house slabs—it was Tamatea-a-moa and his men. When Ranginui and his seven companions arrived, the *tohunga-tarai*, artisans, and Tamatea-a-moa were at work. Ranginui looked on and saw how badly the work was being done by the people. He, himself, was very accomplished at that kind of work, so he detected the stupid manner the other was acting in cutting away in front of him. Ranginui said to him, "O Sir! Return the edge of the axe to the part behind you." The artisan did so, but the cutting did not progress, so Ranginui said again, "A! Your axe is still going wrong; work that part behind your foot." At this the man with the axe got angry, and said to Ranginui, "Who appointed you to show me how to do the work? Here! come and take hold of the axe yourself." Just then Tamatea-a-moa returned to his house [being affronted at the interference of the stranger] a little beyond the wood-cutting place. So Ranginui seized the axe, and placed two house-rafters under his feet and commenced trimming them both together, whilst all the men gathered round to look on. Then they saw the excellent work performed by the edge of Ranginui's axe, and they said their own work could not compare to his.

When Tamatea-a-moa got to the house, he said to the men, "Behold! The impertinence of the traveller in saying I held my axe wrongly and did my work badly! Arise some of you and collect firewood and stones, and dig out an oven to cook our food [Ranginui]." He had decided to kill Ranginui and his seven companions. The firewood and stones were collected and the oven was lighted. The news of these preparations reached those of Tamatea-a-moa's men at the wood-cutting place, and that it was proposed to kill the strangers. At this Tamatea-a-moa's people were very much annoyed, so they went and spoke to Tamatea-a-moa, "What kind of work is this of thine? There are none of us can compete in axe-work with he who is at work there. He is a complete master of axe-work." On this Tamatea-a-moa went to the place and examined the work. Yes, indeed, it was most excellent. He had then for the first time seen such excellent work and skill—two house-rafters under foot, and yet he hardly seemed to look at his axe.

Tamatea-a-moa then asked,[5] "Who art thou?" Said Ranginui, "I am only one wandering about; it was trouble that brought me here cruising about." Ranginui went on with his adzing; and Tamatea-a-moa said to one of the former's companions, "Who is your friend?" Te Kopa replied, "It is Ranginui, son of Tamatea-ariki-nui

---

5. The circumstances justified the question, otherwise it is not etiquette to ask a person's name—unless done with due formality and in an allegorical way.

of Hawaiki!" At this Tamatea-a-moa started up and anxiety and fear fell upon him; he stood up, and greeted, "Woe is me! Who indeed would think it was thee, O Rangi? It is thou who has come. Woe is me!" Then Tamatea-a-moa called out to his people, "It is Ranginui; Ranginui of Tamatea-ariki-nui; from Hawaiki, from Tahiti!" When the people all heard this they felt afraid [for the reason that they had proposed to kill the son of their *Ariki*, or Lord, and also for what follows].

The news of Tamatea-ariki-nui's arrival at Muri-whenua [North Cape] had resounded over the land. The reason why this news had spread to all people was that his fame was known before his arrival, to the effect that he was a very great chief—of Hawaiki, of Rangi-atea, of Raro-tonga, besides Māui-taha, an island on the west side of Ahu [Oahu, Hawaii Islands]. The names [of those islands] were derived from his ancestors, i.e., Māui-taha, Māui-pae. This is his pedigree [See the pedigree in the Maori text, beginning with Muri-ranga-whenua].

Now you will understand; all these islands belonged solely to his ancestors—i.e., Tamatea's. Those islands were called after his ancestors, Māui-taha, Māui-pae, and also Aotea-roa [New Zealand] which is also said to be 'The fish of Māui.' You can now see how great a man was Tamatea-ariki-nui, and the number of islands he claimed from his ancestors. Hence was the fear of his name, and the extent of his authority, and his chieftainship was greater than the ancestors of others. Likewise his coming here to Aotea-roa, it was not an ordinary cause; he came to see what this island was like which Kupe had said was very much larger than Ahuahu [Oahu] and of the two twin Mauis together with Hawaiki [Hawaii], Rangi-atea, and Raro-tonga and other smaller islands. He exercised authority over all those islands, derived from his ancestors. He was a great *ariki*; he descended from the great and many ancestors of the Maori people. And when he came to this island of Aotea-roa, he came as a chief; there was no cause of wrongdoing towards his people or his islands at Tahiti; nothing but his desire to see the island of his ancestors, of Kupe, of Toi, he came *tamaua ai ki te remu wahine* [a peculiar expression; said by the Scribe to mean, in peace and goodwill, of his own accord—not forced to flee as some were—as gently as a woman]. He came to see if the statement of Kupe was correct or not, to the effect that all the islands outside of Hawaiki [Tahiti] and Hawaiki [Hawaii] were not equal to this land. It was this report that brought Tamatea-ariki to Aotea-roa [New Zealand].

This ends my recital of this part of the story, repeated to enable you to understand the greatness of this man, Tamatea-ariki-nui. That was his *ingoa-tuā* or baptised name [i.e., name officially given by the priest at the *tuā* ceremony], but on his coming hither he was also called Tamatea-mai-Tawhiti [Tamatea from Tahiti]. In consequence of his travels to see this and the South Island he was called Tamatea-pokai-whenua [Tamatea-the-traveller]; and because he landed at Muri-whenua [North Cape] he was named Tamatea-Muri-whenua [Tamatea-end-of-land] and because of his circumcision he was named Tamatea-ure-kotia [Tamatea-the circumcised].

Now, the genealogies of this chief were *tapu*, they contain the genealogies of the gods, and right down to the Maui family and down to Kokako—all along lines of the gods. And hence was the fame of that Tamatea, and why men feared him, as did Tamatea-a-moa and his people, expressed by this *auē* [greeting, lamenting].

Ranginui was now told, "O Sir! Stand on one side. Return to the house." And then he and his seven companions went to the camp, where every one greeted and welcomed them. After this, Tamatea-a-moa went to his people and said, "O Sons! Select one of yourselves as a substitute for the oven." Then some of his men were killed, cooked, and the food presented to Ranginui. [It is explained that these men were some of the unfortunate *tangata-whenua*, or people found here by Toi—who had by this time all become slaves and vassals of the Hawaiki Maoris. They were some of Te Tini-o-Maru-iwi tribe.] Ranginui now said, "Despatch a messenger to your elder relative to ask him to come here; he is at Te Awa-o-te-atua, resting." So Tamatea-a-moa sent Horahora and Te Kapu to fetch Tamatea-ariki-nui and his companions.

When they arrived, Tamatea-a-moa begged Tamatea-ariki to consent that Ranginui should marry Kura-pori, the daughter of the first, and this was agreed to. Ranginui then settled down at Whakatāne, and thus were the apprehensions of Tamatea-a-moa set at rest, and he knew now that Tamatea-ariki had overlooked his mistake [in proposing to kill Ranginui]. Kura-pori and Ranginui had a daughter, who was named Uenuku-whare-kuta, and then were assigned to her fifty dogs [their skins for clothing], twenty-five men, and twenty-five women as her servants. [No doubt they were from the *tangata-whenua* people.] Enough of this part of my narrative.[6]

---

6. The scene of this marriage, etc., is here stated to be Whakatane. The Urewera account makes it to have taken place at Te Papuni, on the upper Ruakituri branch of the Wairoa, Hawke's Bay.

TE KAUWAE-RARO. 249

After these proceedings Tamatea-ariki and his party went on to Hokianga in a canoe given him by Tamatea-a-moa, the name of which was 'Te Rotoiti'; it was a canoe with topsides. Tamatea-a-moa said, "I have no proper canoe for you. You must use this *koki*." [7] (He used this term on account of its small size.) And so Tamatea went back to Hokianga and there dwelt. After a long time he returned south to visit his sons Rangi-nui and Kahu-ngunu, and [his old fellow-voyager] Rua-wharo, as also Kahu-kura-kotare, and Tara [the grandson of Whatonga, who must at this time have been a very old man. Tara was a great great grandson of Toi]. Tara and his people were then living at Port Nicholson. On this same expedition, Tamatea-ariki visited Arapaoa as I have explained. [This is rather obscure, for it is also stated that Tamatea at this time visited those of his fellow voyagers who had settled in the extreme south of the South Island.] After this Tamatea-ariki returned to Hokianga, where he died. At that place are his pets who guard his spring of water within his *pa*; they were two seals; but I have never visited the Nga-Puhi country, nor ever come across any learned man of those parts, of whom I might ask as to his descendants, or as to the name of the *pa* where he dwelt, or as to the tomb where his body was laid.

Enough! My narrative will cease here.

7. The same word for a small canoe is used by the Ati-awa tribe of Taranaki, but I never heard of it elsewhere.

UPOKO XI.

(Na Te Matorohanga enei korero.)

Te whakapapa o Toi-te-huatahi—'Tainui' me 'Te Arawa'—Te heke a Tara-pounamu—Te iwi nei, ko Ngati-Awa—Turanga-i-mua me Tāne-roa—Ka heke a Ngati-Awa ki te tai Hau-a-uru—Te heke o Ngati-Mamoe—Ka haere a Turanga-i-mua ki raro—Nga Whare-wānanga i te rangi—Te Whare i Oakura—Tama-ahua raua ko Raumati—Te weranga o ' Te Arawa ' i a Raumati—Tara, o Ngai-Tara, me Timuaki.

NA, he hiahia ano toku kia whakatakina nga korero mo nga waka katoa nei, kia marama ai ki nga wahi i haere mai ai, a me nga take i haere mai ai i nga motu o te moana, i Hawaiki hoki. Kati, kua kiia nei kaore e pai kia takitakina ena korero o nga iwi ke i a tatou, ko o tatou anake. E he ana tenei ahua o te korero. Ko tenei Whare-wānanga he whakawhaititanga i nga korero whai-take nui ; e pa ana ki nga atua, ki nga rangi, ki nga whetu, ki nga ra, ki nga marama, ki nga kauwhanga o nga rangi, ki nga hau, ki nga kapua, tae mai ki a Papa-tua-nuku me ona mea katoa, me nga tangata katoa, ahakoa he aha te take e whakaarotia ana he mea tika kia whakaurua ki roto i te Whare-wānanga, kia whakahekea iho ki nga whakatipuranga o nga iwi. Ki te whakaarotia kaore i te mea tika tetahi take, ka rukea ki waho o te Whare-wānanga hei korero purakau ma nga tamariki i roto nga pō takurua. Ko reira ka kitea te tamaiti kakama ki te whakarongo korero, maia ; ka tangohia tera ki roto i te ropu tamariki o te Whare-wānanga kia turatia ki te ' Toi-o-nga-rangi,' me nga take wānanga. Kati, kua kapea nei e o matua, e pai ana.

Ka mutu nga korero a Te Matorohanga ki au—ki a H. T. Whatahoro—i konei i runga i enei take korero. Ka ui atu ahau ki a ia, " Whakapapatia te ara o Toi-te-huatahi e heke mai ai ki a ia ake, i tona papa, i tona whaea hoki—me to Kupe hoki." Koia nei tana whakaheke i aua whakapapa, ara :—

    60 Whawhai-tipua   i a Pikopiko
      Whawhai-ariki   i a Moari-rangi
      Takere-nuku   i a Te Whakarara-o-te-rangi

TE KAUWAE-RARO. 251

	Takere-rangi	i a Poito
	Takere-haea	i a Huihui
	Te Kukune	i a Te More-o-te-rangi
	Wawau	i a Te Rangi-tohi-kura
	Wanawana	i a ....
	Rangi-hikitia	i a Hine-korito
	Rangi-hapainga	i a Puaki-rangi
50	Rangi-whakapou	i a Tu-tarere
	Te Pia-tangirua	i a Whakarongo-tai
	Tu-te-wana-a-tai	i a Mihi-hau-ata
	Tu-te-wānanga-a-rangi	i a Puhi-ratahi
	Rangi-whakaputa	i a Hine-kehurangi
	Uruhau	i a Toka-nui
	Marewa	i a Takapu-nui
	Taka-tua	i a Rongo-rua
	Turanga-a-tau	i a Miti-wai
	Te Haerenga-awatea	i a Te Wai-o-Tu
40	Te Kauwhanga-nui	i a Pua-tangi-awe
	Te Ao-pakū-rangi	i a Mata-rangi-rea
	Ao-kehu	i a Te Rangi-putanga-rua
	Te Ao-whirinaki	i a ....
	Rangi-tautahi	i a Rangi-hikihiki
	Rangi-pou-taka	i a Tawhai-purua
	Tawhanga-i-te-rangi	i a Hine-haro-nuku
	Hine-haro-rangi	i a Tarai-a-moa
	Te Manu-waero-rua	i a Te Haerenga-awatea
31	Toi-te-huatahi	i a Te Huia-rei
	Rongo-ua-roa	i a Ruarangi

Kati tenei whakamarama. Na, me titiro e koe nga tamariki a Tama-ki-te-hau i moe ra i a Hine-rau-tipu, koia ra te hekenga mai o te matua tāne o Toi, i takiritia iho ra i a Te Hau-te-horo i moe i a Kaiwai. Na, ka marama ano koe, he tangata rangatira a Toi-te-huatahi. Koia te take i ki ake ra au, i whai mai a Tamatea-ariki-nui ki Aotea-roa nei, i te mea kua pungarehutia te ahi o Toi, o Whatonga ki konei; koia ra te take i noho ai i Te Whanganui-a-Tara, i te kainga a Tara ratou ko ona iwi, i te haerenga ra ki Arapaoa i mahue atu ra a 'Takitimu,' a Tu-taka-hinahina ma ra.

He kupu tenei naku ki a koe. E tupono koe ki te haere ki te rohe o Nga-Puhi me patai atu e koe, kia korerotia e ratou te nohoanga o Tamatea-ariki i reira; me ana mahi, me te wahi i tapukea ai ia. I rongo au kei roto i te toma. Ka patai e koe ki nga iwi o Tamatea raua ko tona wahine mai o Hawaiki, a Turihuka, kua korerotia ake ra e au; kia marama ai koe mo a koutou haere ki reira e takoto mai ana te aho tangata hei nau mai, hei powhiri mai i a koutou.

'TAINUI' ME 'TE ARAWA' WAKA.

Na, me ki atu e au, te take i haere hoki atu taku korero ki a koe, ki te take i haere atu ai a Hotu-roa kia kite i a Tamatea-ariki-nui i a ia e tau atu ra a 'Takitimu' i waho o Whanga-paraoa ra, raua ko Nga-Toro-i-rangi ra. Koia tenei te take: He whanaunga hoki a Hoturoa, a Nga-Toro-i-rangi ki a Tamatea; taihoa ra au ka whakapapa ake ai i to ratou take i whanaunga ai ratou. Engari kia mahara tonu koe ki ite whakamahara mai ki au mo tenei; koi wareware i a au, kia marama ai koutou ki taua take.

I muri i te haerenga o Tamatea-ariki ki Muri-whenua, i te tai hau-marangai, ka whakaaro a Hoturoa me tona ope, kaore he painga o to ratou noho huihui, koi puta ake he tautohetohe i waenganui i a ratou, pera me nga take mai o Tawhiti. Ka mea a Hoturoa, "Me haere tatou ki etahi ake wahi o te motu nei tirotiro haere ai he kainga mo tatou." Ka whakaae katoa tona ope ra. Ko tetahi tenei o nga take. Ko tetahi o nga take, mo te tinihangatanga a Te Arawa i ta ratou pakake. I te unga atu o 'Tainui' ki Whanga-paraoa e pae ana te pakake; ka takiritia te harakeke ka whitikiria ka roa ka herea ki te pakake, ka kawea tetahi pito ki uta here ai ki te rakau. Ka toia a 'Tainui' ki uta takoto ai, ka haere nga tangata ki te kimi wahi pai hei tūnga kainga mo ratou; rokohanga iho ka po, ka noho atu i te wahi i kitea e ratou e pai ana hei kainga.

I muri i a ratou ka u mai a 'Te Arawa' ki Whanga-paraoa; ka kite i te pakake ra e takoto ana, e mau ana hoki te taura i te pakake ra. Ka mohiotia ki te waka ko Hoturoa ma, nana te taura harakeke e mau ana ki te pakake. Ka mahia hoki ta ratou ake taura, he mea paina nga harakeke ki te ahi kia ahua maroke ai; ka tahuri ki te mahi i nga otaota o to ratou kainga kia ahua maroke ai, kia kiia ai kua noho noa atu ratou ki reira. Katahi ka whakamaua te taura harakeke-paina a Tama-te-kapua ma ki te pakake ra, ka kuhua ki roto i ta nga tangata o 'Tainui' i whakamau ai. Ka tapuketia ta ratou ki te onepu.

Te taenga mai o nga tangata o 'Tainui' ki te tapatapahi i ta ratou pakake; ka kite, e mau ana he taura ke i runga; ka uia, nawai taua taura; ka kiia na nga tangata o Te Arawa. (Engari kei te hē tenei ki aku, 'o Te Arawa'—no to ratou waka ke tera ingoa. Engari ko Ngati-Ohomairangi koia tenei to ratou ingoa hapu mai o Hawaiki.) Na, ka mea a Hoturoa me ona tangata, na ratou taua pakake. Ka mea a Tama-te-kapua, kaore, na ratou. Ka mea a Hoturoa, "Ko to matou waka te waka tuatahi mai ki uta nei, a, na matou te taura tuatahi ki runga." Ka mea a Tama-te-kapua, "E! Ko to matou i.u tuatahi mai. Na matou te taura tuatahi ki te pakake." Ka tangohia ake te

TE KAUWAE-RARO.

taura a Tama-te-kapua; kua maroke noa atu. Ka tirohia to ratou kainga, koia ano! Kua maroke nga otaota o to ratou marae me nga rau o nga wharau—he mea paina ki te ahi. Katahi ka hinga te taha ki a Hoturoa i konei, ka riro te pakake nei i a Tama-te-kapua ma. Ka pouri a Hoturoa, ka whakahau nei hia haere ratou.

TE HEKE O TARA-POUNAMU.

Ka toia a 'Tainui' ki te moana, ka ahu te haere ki te marangai, a, ka tae atu ki Kawhia. Ka u atu a 'Tainui' ki reira, a, ka roa e noho ana i reira ka ara tetahi take na Tara-pounamu, he hiahia ki te haere ki te tirotiro haere i etahi wahi o ko atu o Kawhia. Ka whakaae atu a Hoturoa me ona hoa, ka mea atu, " Kia pai to koutou tiaki i to tatou waka." A, ka haere a Tara-pounamu me ona hoa; ka tae ki Mokau, ka tomo a ' Tainui ' ki reira takoto ai mo etahi ra. Ka kitea e Tara-pounamu he wahi pai a reira mo tona heke, ka hoki ia ki te tiki i nga wahine me nga tamariki. Ka mauria mai ratou ki Mokau ano noho ai; ka toia a ' Tainui ' ki uta takoto ai, a, kaore i mahia he wharau mo te waka nei hei arai i te ra, i te hau, i te ua hoki. Ka tae te rongo ki a Hoturoa ko ' Tainui ' kei uta e ngaua ana e te hau e te marangai, ka pouri ia; ka mea ki ona tangata, " E haere! tikina to tatou waka; mauria mai ki konei takoto ai." Ka haere nga tangata, ka tae ki Mokau ka hoea mai a ' Tainui ' ki Kawhia nei takoto ai. Katahi a Hoturoa ka mea atu, " Toia ki roto i te wao-ngahere takoto ai; ka pou he kowhatu mo te ihu, mo te kei, hei tohu mo te tatai o te roa o ' Tainui.' " A ka poua nga pou, ka huaina nga ingoa o nga pou, ko ' Hine' to te kei, ko ' Puna ' to te ihu. Ara, aua ingoa o aua kowhatu e rua e kiia ana he ingoa no nga punga o ' Tainui,' he kowhatu mai no Tawhiti mai. A, kei te tu tonu aua kowhatu i naia nei. Ko enei korero he mea ata whakatakoto na Hoturoa ki roto i te Whare-wānanga. Ko tetahi o nga punga i mahue atu ki Mokau; kei reira ano e takoto ana ki roto i te ana. Kati ake enei whakamarama mo ' Tainui ' i konei.

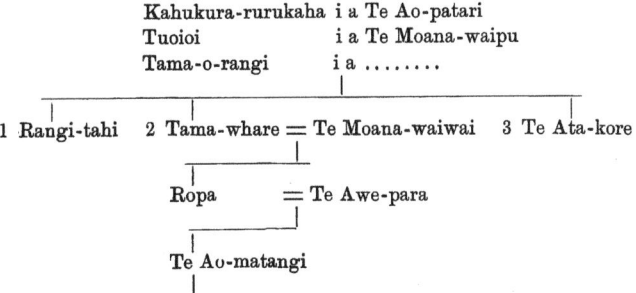

```
          Kahukura-rurukaha i a Te Ao-patari
          Tuoioi            i a Te Moana-waipu
          Tama-o-rangi      i a ........
                            |
  |                 |                       |
1 Rangi-tahi  2 Tama-whare = Te Moana-waiwai  3 Te Ata-kore
                    |
              Ropa       = Te Awe-para
                    |
              Te Ao-matangi
                    |
```

Kāri
Pakira
Kakahu-rukuruku
Weka
Rahiri
Te Uru-pare

Koia tenei te whakapapa mai o Tara-pounamu, o Ngati-Mutunga, o Ngati-Tama.

Na, ko tenei ingoa, a Tara-pounamu, he ingoa no tenei motu ano; no te nohoanga i Kawhia ka kitea e noho ana a Ngati-Hikawai i reira. Ka tikina e nga tangata o 'Tainui' ka tangohia mai nga tamahine wahine a taua hapu e rua-te-kau tuma te tokomaha o aua kotiro. I tetahi e mau ana te pounamu, he tara te ingoa, he penei te ahua. He tara wero manu, he mea whakamau ki runga i tetahi rakau mea ata tarai kia pai, kia ahua ngawari te ahua ka hohou ai i nga whakatara i raro mai o te pure-maunga taura, a ka tae mai ki nga whakatara e kaniwha nei te ahua pa mai ki te mata, ka mutu atu i reira te hohou ki te pito o te rakau. Ka oti ka kiia taua rakau he taowero-manu. E toru-te-kau, e wha-te-kau *putu* te roa o aua tao. A ko taua mata he pounamu.

Ko taua kotiro i a ia nei taua tara-pounamu e mau ana, he tino kotiro pai rawa, a Hine-moana-te-waiwai, i moe i a Tama-whare; ka mahue te ingoa tuturu o Tara-pounamu, a Kopu-wai, ka kiia ko Tara-pounamu tona ingoa. Ko te pounamu tuatahi tena i tupono ki nga tangata o runga i a 'Tainui.' Ko taua tangata ko Tara-pounamu kua noho ki te tai-hau-a-uru ona uri, puta atu ki roto o Ngati-Mania-poto.

Ko te pa nui i noho ai a Kahu-kura, ko Maru-wehi, kei Ure-nui i Taranaki ra. Na Mutunga nga tohu kei reira.

Ko Tu-whakapau i moe i a Rau-niao, he wahine no Ngati-Hau o Whanganui; i riro herehere atu i te parekura i Te Rake-tawa i Tangahoe. Te take o taua whawhai, he haere ki te kotikoti whenua, ka rokohanga atu a Whanganui i Tangahoe e noho ana; ka patua taua ope o Mutunga ka horo mai te nuinga. I a ratou e horo ana mai roto i te motu, ka tutaki ki etahi wahine i ro ngahere e kohi matai ana, tokowhitu ratou. Ka riro herehere mai ratou; koia nei tetahi o ratou i moe nei i a Tu-whakapau, tamaiti a Mutunga. Kati nei taku whakamarama ake mo tenei wahanga o nga tangata o runga i a 'Tainui.'

KO NGATI-AWA.

Na, he whakaatu tenei naku, ko Ngati-Awa tuturu, koia e takoto mai ra i Whakatāne, i Te Awa-o-te-atua. He uri era na Toi-kai-rakau kua korerotia ake ra. Kati, ko te Ngati-Awa i wehe atu ki te tai-haua-uru ki Taranaki, e kiia nei ko Te Ati-Awa (tetahi whakahuatanga) e penei ana: Ko Ngati-Awa to ratou ingoa tuturu, a no te mahi hiahia tonu o ratou ki te haere, ka kiia ratou ko 'Te Koro-Ati-Awa.' Ka tuturu te Ngati-Awa ki nga mea i noho i Whakatāne. Koia tenei te whakapapa:—

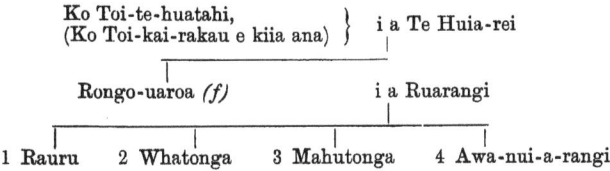

Ko Awa-nui-a-rangi he poriro na Uenuku-rangi. Ka ki iho ia ki a Rongo-uaroa, "Hei konei, E koe! E whanau to kopu he tamaiti tāne, me tapā e koe he ingoa ko te awa i kake ake ai au, ko Awa-nui-a-rangi. A, e whanau e koe he wahine me tapā e koe ko Hine-Awa-nui-a-rangi." Ka whanau he tāne, ka tapāia ko Awa-nui-a-rangi:—

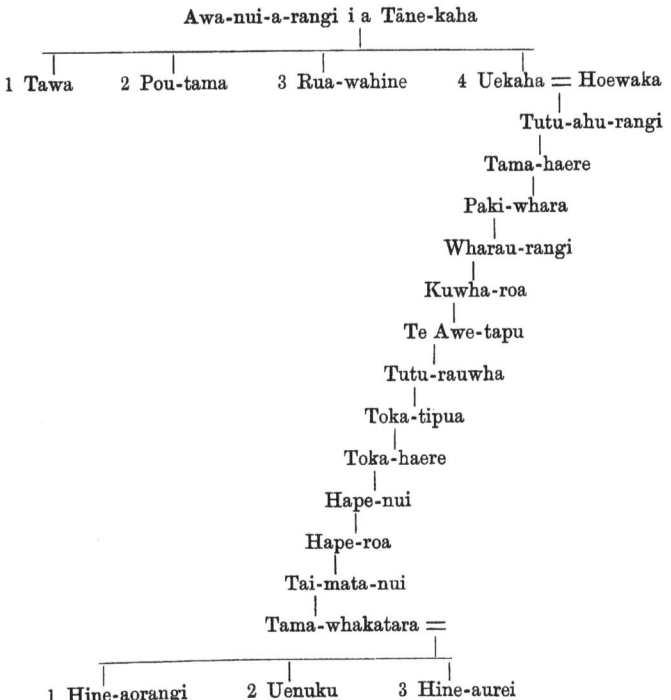

Ko Uenuku ka puta atu ki a Kiri-kumara ma me ona hapu katoa, ki a Te Ati-Awa ma.

Ko Hine-aorangi, i wahi iho tenei ki a Ngati-Awa i Whakatāne tae atu ki Te Awa-o-te-atua.

Ko Hine-aurei, i heke tenei ki a Ngati-Mutunga, ki a Ngati-Tama katoa i Pari-ninihi ra, tae mai ki Waitara, ki Nga-Motu, ki Taranaki ka mutu atu. Ka mutu nei te wahi i o ratou whakapapa i takoto ki roto ki te Whare-wānanga; ma ratou e takitaki atu ki ko atu.

KO TURANGA-I-MUA RAUA KO TANE-ROA.

Na, i korerotia ano e Nga-Waka-taurua, i tipu ake he take kino i waenganui i a Tāne-roa raua ko Turanga-i-mua me o raua uri. Te take, ka hapu a Tāne-roa i tona kopu, ka hia kai tangata ia. Ka mea atu a Uhenga-ariki, " E Hine! Kowai koa he patunga mau?" Ka mea atu a Tāne-roa, "Patua a ' Papa-tukura ' hei kai ake maku." (He kuri tenei na Turanga-i-mua. Ko te toa i waiho kia ora ana ko ' Mata-whare.') Ka mea atu te tāne, "Akuanei he hē te mutunga o tenei take!" Ka mea atu a Tāne-roa, ' Patua!' Ka patua taua kuri, ka mate ka taona, ka maoa ka kainga, ka pau; ko te kiri ka whakawhataia. Ka ahiahi ka hoki atu a ' Matawhare,' te toa, ka ngaro mai ko ' Papa-tukura.' Ka kimihia; ka kitea ki te kainga o Tāne-roa te kiri; ka korerotia atu ki a Turanga-i-mua, " Kua kitea to kuri; kei te kainga o Tāne-roa e whata ana te kiri." Ka haere a Turanga-i-mua, ka tae ki a Tāne-roa, ka mea atu, "Nawai i patu taku kuri?" Ka mea atu a Tāne-roa, "Naku! He hiahia no toku kopu!" Ka mea a Turanga-i-mua, " To kino ki taku kuri! patu ai! Me whakatika atu koe, me haere atu i konei!" Ka mea atu a Tāne-roa, " Hei aha mau te kuri na? Ka pa ko toku kopu he whare-tangata hei a i te mura o te ahi." Ka mutu era korero ka mea a Tāne-roa, "E pai ana! Maku e neke atu ki te taha moana noho ai kia watea ai koe!"

Noho rawa atu a Tāne-roa ki Whiti-kau i te taha moana o Patea; ka ara te whare, ko ' Kaikāpo.' Ka rarahi nga tamariki a Tāne-roa, ka tohutohu ia ki ana uri ka mea, " E mate kai reka koutou, ko o koutou tuakana e taka mai ra i to ratou kainga." Heoi, enei kupu, he kino, kaore e tika kia penei te whanau kotahi ki a raua, ratou ranei. Koi mau koe ki tenei tu whakaaro, he tohu kino te tahuri mai o te whatitoka ki te tuarongo ka patu. Ki te tukitukia te whare kei whea he whakaruru mo te hau, mo te marangai. Ma te whare e ora ai te tangata i te tupuhi, ma te kai e ora ai te tangata o roto o te pa tuwatawata; ma te manaaki i te tangata e tu ai te măna—e wehi ai te tangata ki a koe.

TE KAUWAE-RARO. 257

Ka wahi mai etahi o nga uri o Tāne-roa ki Wai-rarapa nei, e noho ana; koia Ngai-Tāne-roa e noho mai ra i Taumata i Hurunui-o-rangi. E noho mai ra hoki i Patea tai hau-a-uru. E kiia ana he Whare-maire a 'Kai-kāpo' no nga uri o Turi. Kati kua whakamaramatia e au te ahua o enei Whare-maire; he whare kino, ako whaiwhaiā, patu-tangata, patu-kai hoki—no te ware ena tu whare, no nga iwi kino.

TE HEKE A NGATI-AWA KI TE TAI HAU-A-URU

Na, me whakamarama ano e au i tenei take: Ka tae mai tetahi wahanga o Ngati-Awa ki Pou-a-kani noho ai, i te taha marangai o Taupo. I heke mai ma Waikare-moana, puta rawa mai nei ki Pou-a-kani noho ai. Rokohanga mai i reira e noho ana a Maru-wharanui, he uri mai no Hoturoa. Ka roa e noho ana i reira, ka heke mai ki Tau-mata-mahoe noho ai. I reira a Tau-karihi e noho ana. Ka roa e noho ana, ka moea e Rongotea-tau-karihi te tamahine a Te Ata-o-rangi, a Hine-ata; no taua wehenga o Ngati-Awa ano taua wahine. Na ka ki atu a Tau-karihi, " Hoake tatou ki toku takiwa noho ai." Na, ka haere mai ki Patea nei noho ai.

A, ka tae ki tona wa ka haere te ope taua a nga uri a Turi, a Turanga-i-mua, ki a Ngati-Maru-iwi, ara, ki Te Tini-o-Maru-iwi, o Rua-tamore, o Te Pana-nehu, e noho ana i Okoki i te takiwa o Urenui; haere atu ki Tamaki, ki Hauraki, ka ahu mai nei ki Tauranga. Ka tae te taua o Turanga-i-mua ki Okoki, ka tahuri a Okoki, ka mate a Te Ika-tuwhenua, he tangata rangatira tera no aua iwi nei e kiia ake ra. Ka taona; no te hukenga ake, kua pau katoa i te ahi—kore rawa he wahi i toe. Ka hamuhamu nga tangata i nga pakapaka e mau ana i runga i nga kowhatu. Koia i tapā ai e taua iwi ki runga i nga uri a Te Ika-tuwhenua, a Te Paka-kohi.

Ka marama koutou, he uri nga iwi o tenei motu i moemoe ki roto i nga iwi i kiia ake nei, a Tini-o-Maruiwi, Tini-o-Rua-tamore, Tini-o-Pananehu, Tini-o-Pohokura, Tini-o-Tai-tawaro, o Awa-nui-a-rangi, o Tara. A, no reira kia mahara i uru tatou ki nga uri o Toi me ona uri kua kiia ake ra, kua uru hoki tatou ki roto i nga toto o aua iwi nana ra i noho te whenua i mua mai i a Toi me ona uri me ona hoa o tona heke mai; i te mea, koia ra a ratou wahine i whai uri ai ratou. E kore tenei e taia te whakapeka e tatou. Engari ko nga iwi i noho toitu, kaore i moemoe mai ki nga heke o te wa i a Hoturoa ma nei, ko ena i patupatua haeretia nei e ratou e nga heke o muri, kia watea ai nga kainga, kia riro mai ai nga kotiro wahine hei wahine ma ratou. A Ngati-Kahungunu e pae haere nei i te taha rawhiti o nga motu nei, kaore i puta ki waho i nga toto o aua iwi nei. No te mea e ki ana tatou he uri tatou no Whatonga, no Mahu-tonga, no Rauru, no Awa-nui-a-rangi. Heoi, kua marama ai koe ki enei whakatakitaki aku.

Na, koia te whakapapa o Maru-iwi:—

Maru-iwi i a Pae-whenua

| 1 Te Hopuata | 2 Haere-moana | 3 Hau-paroa | 4 Te Akaaka | 5 Whakatara |

6 Mokau 7 Poho-kura
1 Hopuata i a Komako-riki
Paeata
Awatere
Horohoro
Akanui
Makawe-roa
Te Ika-tuwhenua i a Horahia

Kati, kua oti ake te whakahaere e tatou nga take korero mo enei iwi katoa.

Te Ika-tuwhenua i a Horahia
Te Pakakohi   i a Wai-matua

Na, kua korerotia ake e au Te Hoka-o-te-rangi me Hine-ata i moe i a Tau-karihi i heke mai ra ki Patea nei i te moenga o Hine-ata i a Karihi.

Na, ko Moana-nui i wehe atu ki roto i a Hotunui, nana a Hine-awepara i moe ra i a Maru-wharanui, ka puta mai ko Waitā nana ra a Tara-moana, kei nga iwi o te kauru o Whanganui o ratou putanga.

Kawakawa i a Wai-ngara
Waipara
Tawarau   i a Karaua

Na, ko Karaua, he uri mai na Maru-tuahu, ko Whanaunga, na Whanaunga ko Karaua i moe nei i a Tawarau.

Whanui i a Pitorua

No Ngati-Ira tenei wahine. Koia te take o Te Pakakohi ki Wai-pare, ki Anaura me era atu wahi i noho ai nga uri o Whanui.

Na, ko Puke-aruhe, kei roto i a Ngati-Tama, i a Ngati-Mutunga.

Ko Poho-kura, i a ia tetahi whenua kei te takiwa o Tarawera o Taupo, i tapaia e ia hei ingoa mona taua whenua a Poho-kura, a, i heke atu tenei o nga uri o Maru-iwi ki reira noho ai.

Ko Mokau, i aranga ai a Mokau awa i ko atu o Pari-ninihi ra, a, kaore au e kaha ki te kī i pewheatia tenei o ana uri.

Ko Poho-kura tenei, nana ra te tamahine i haere ra ia ki a Toi-te-hua-tahi kī atu ai kia homai tona tamahine, a Piopio, i riro herehere ra i a ia, kia hoki raua ki Okoki. I moe nei a Piopio i a Atakore mokopuna a Toi.

TE KAUWAE-RARO.

TE HEKE A NGATI-MAMOE KI TE WAI-POUNAMU.

E ki ana a Tu-raukawa, a Nga-Waka-taurua, a Hauauru o Whanganui nei (enei he tino kaumatua pukenga-korero) i a matou i Pito-one i te tau 1841, he tino tika ana aua iwi nei, a Tini-o-Maru-iwi, Tini-o-Rua-tamore, Tini-o-Pananehu, Tini-o-Koau-pari, Tini-o-Tai-tawaro. Ko tetahi o nga hapu o nga iwi nei i heke atu ki Ara-paoa, ko Ngati-Mamoe; i Te Wairoa, i Mohaka, i Here-taunga e noho ana. He iwi nui tenei no roto i aua iwi i kiia ake ra. Ko Orotu te tino tangata rangatira o taua iwi—o Ngati-Mamoe—koia te moana i Ahuriri i kiia ai ko Te Whanganui-o-Orotu. Na Rangi-tāne i pana enei iwi ki Ara-paoa, na Ngati-Kahungunu hoki.

KA HAERE A TURANGA-I-MUA KI RARO.

I muri iho o te nohoanga ki Matangi-reia i Patea nei, ka whakatika a Turanga-i-mua me ona taua, ka haere ki raro, ara, ki te pito atu ki Pari-ninihi, ahu atu ki Akarana. Ko te ingoa o tona pa, ko Tamaki. Ka noho i reira, ka ara te pakanga i reira; ka mate te iwi kainga i a Turanga-i-mua me tona ope. I a Kauika te atua, koia hoki te tohunga o taua ope.

Ko Te Rohutu, he pa kei te taha marangai o Waitara, o te ngutu awa, taua pa. Ko Arapawa-nui, he pa tenei kei ko mai o Pari-ninihi; enei pa, no mua. Ko Te Kerikeringa he pa kei uta o Waitara tenei pa. Kei te kautawa ki te marangai. Puke-rangiora, kei te taha tonga o Waitara awa. Kei uta ano o te awa ko Otaraua, kei raro mai kei te taha marangai o te awa, he pa ano tenei. Ko Rarotonga kei te ngutu awa o Wai-o-ngana awa, kei te taha tonga te pa nei a Rarotonga. Ko Te Rewarewa he pa ki te taha marangai o Wai-whakaiho; ko Otaka, he pa ano enei, no mua noa atu.

Ko Te One-potakataka te pa tahuri tenei i mate ai a Titahi i Tamaki, ara, i Akarana. Ka mutu, kaore i pai a reira ki a Turanga-i-mua me tona taua, he kore kai no reira, he kino hoki no te whenua tetahi. Ka haere mai ma Roto-rua, ka tika mai ma Waikare-moana, ka puta ki Mohaka, tae mai ki Ahuriri, ka ara te pa o te iwi nei, ka tapaia ko Karaka-nui—he karaka hoki to ratou ō haere mai i a ratou e haere ra. Ka rongo a Rangi-tāne i Mohaka, i Tutae-kuri, ka tikina, ka torona taua pa. Ko Pitahi raua ko Mokonui i haere ki te mataki i taua pa. Te taenga atu ka patua, ka mate era. Ka roa, ka tonoa atu ano e Te Pukaka-nui, tokowha; kotahi i tomo ki roto i te pa i te pō, kotahi i noho i waho titiro atu ai. Ka noho tahi me te ope, ka rangona i a Turanga-i-mua—te rangatira o te ope nei—ka ki atu a Taupua ki etahi tai-tamariki o te ope nei, "Hoake tatou ki waho nei whakatangitangi weka ai ma tatou." Ka whakaae mai nga tangata tokorua. Ka puta mai ki waho, motu rawa mai ki te whanga ka hopukia e nga hoa, ka mauria mai hei herehere ma ratou. Tae mai ki Te Poho-o-tutaki, ki te pa o Ngati-Mamoe, ka uia aua herehere ra, "No whea koutou?" Ka ki atu, "No Hawaiki matou. I u mai matou ki te hau-auru; ka haere mai nei ki te whakataki i te whenua, i te pai o te whenua." Ka patai, "Kowai to koutou ariki?" Ka mea mai raua, "Ko te tama matua a Turi, ko Turanga-i-mua." "A! e hia koutou?" Ka mea raua, "E toru rau tuma." Ka mutu ka tikina ka whawhaitia a ka hinga a Rangi-tāne i a Turanga-i-mua me tona ope nei.

Ka maunu mai a Turanga-i-mua, ka whaia mai, ka mate tana ope ki Te Wai-kopiro nei, i a Rangi-tāne, i a Ngati-Mamoe. Ka horo atu etahi me Turanga-i-mua, ka piki i Rua-hine; ka whaia mai, mau raua ake ko te pa o Toro, i runga mai o Pou-hangina uei. Ka mate a Tauranga-i-mua i konei, a Kauika, a Te Noho-parae, a Kaka-riki, a Tu-whare, a Po-tahi, a Marangai. E rua rau tuma te matenga i a Rangi-tāne i konei. Ka horo atu nga morehu i te nuku o te whenua, ka tae atu nga morehu ki a Turi; ka whakaatu, kua mate a Turanga-i-mua, ka pa te pouri ki a Turi, ka haere ka whakamomori i runga i te pari o Patea. Ka mate taua koroua.

NGA WHARE-WANANGA I TE RANGI.

Ko tenei whare, ko *Matangi-reia*, no Io tenei whare; ko te whare tenei i tae ai a Tāne-matua ki te tiki i te wananga a Rangi, kia homai te wananga mo Papa-tua-nuku. Ko *Rangi-atea*, ko te whare tera i takoto ai te wānanga, i te Ahu-rewa, i roto i te *Rau-roha*, i te pa o nga *Whatu-kura*, o nga *Marei-kura*, o *Te Toi-o-nga-rangi*. Ko *Te Pu-moto-moto* te tatau i te takere e tuwhera ana te tomokanga. Ko *Uru-rangi* te tatau e uru ai ki Te Toi. Ko *Whakamoe-ariki*, he whare tera no Ruatau, no Aītu-pawa, no Rehua, no Pono-aua, e kiia nei ko Te Tini-o-Pono-aua. Ko *Whare-kura*, tenei whare kei Rangi-tamaku nei e tu ana—koia tenei te whare i tauiratia ai te whare ki a Tua-nuku nei, a, waiho iho hei ingoa ano, ko *Whare-kura*, i whata ai te wananga a Tāne, me nga Whatu hoki. Ko *Tangi-te-wiwini*, he whare ano tenei i tu ki Irihia i Tawhiti-pa-mamao, ki Te Hono-i-wairua.

TE WHARE-KURA I OAKURA.

Ko Hau-tauira (? Ha-tauira), ko Rau-matangi, ko Maunga-roa, ko Te Hape, ko Taua-rau, ko Whatongo (*sic*), ko Tu-kapua, ko Te Aka-aka-whenna, i riro mai i konei te papa-tatau o *Whakamoe-ariki* o rawahi, o Manaia, i te heke mai o 'Kura-hau-po,' a i tu taua whare ki te tai-hauauru, ki Oakura. Ka whakaturia taua whare ka tapaia te

TE KAUWAE-RARO. 261

ingoa o taua whare, ko reira ano te ingoa; ko te take, mo te pa-paepae, he kiri-karā te ahua o taua kowhatu, he whero.

TAMA-AHUA ME RAUMATI.

Ko Tama-ahua i moe i a Tauranga, nana a Raumati. Ko tetahi o ona wahine ko Kau-whanga-roa, nana a Rakai-nui-kapua. He whakama i te takanga o tona maro-aroaro—o 'Tauhere'—ka whakama ia i te katanga a ona wahine, he tehe hoki ia. Ka mea ia ki ona wahine, "He aha ta korua e kata? Na, ka pa kaore i pipitia e korua ki te huare, e tau ai korua te kata pakohe i kona. Maku ra e romaki e kata ai ano korua. Maku e roro ki te wai-hoe ki Tawhiti-nui, ki Hawaiki i runga i te au-kume o Hine-moana, e kore korua e kata." Ka haere a Tama-ahua ki te poroporoaki ki tona tuahine, i a Tapuwae, kei Te Iringa te kainga i noho ai ia, i te iwi o tana tāne, o Te Kahui-maunga. Ka poroporoaki, " Hei konei noho ake ai ; e hoki ana au ki te wa kainga ki Hawaiki. Mau, E koe! e titiro ki te ra whiti ka kite koe i taku ahua e ura mai ana i te pu-aotanga o te ata, ka mohio koe kua ea ahau ki te uranga mai o te ra, ki Hawaiki. E kite koe, ka marama koe kua u au ki uta."

I te haerenga o Tama-ahua ka mahia tona waka, a ' Te Moana-waewae,' ka karangatia e ia te kauika pakake kia whakawhitia ia ki rawahi ki Hawaiki. I tona whitianga ka tukua mai te haeata kia tau ki runga o Poua-kai—koia i mau ai te haeata ki reira mau ai i te atatu. Ka mohio te tuahine kua u ia ki uta.

Ko nga wahine a Tama-ahua tokorua nei, i kata ai ki tenei mea, ki te tehe, he mea tuatahi tera mea ki a raua te tehe. Kaore he pera i roto i to raua ake iwi, i Te Kahui-tara, e kiia ra ko Te Kahui-maunga, kaore, ko Te Kahui-tara ke te ingoa o to raua hapu—ki etahi whakahua, ko Ngai-Tara. He uri enei na Te Kahui-tara. No runga enei iwi i a ' Kura-hau-po,' no mua atu enei i a Turi ma i u mai ai.

KA WERA A 'TE-ARAWA' I A RAUMATI.

Ko Raumati tenei, nana nei i tahu a 'Te Arawa' ki te ahi, i uta ake o Kaituna awa i Maketu ra. Te take i tahuna ai, mo te matenga o Tama-homai-kai, taina o Tama-ahua i roto o te ope a Turanga-i-mua ra, i mate ki tetahi o nga whawhai i tupono atu ki a ratou e ahu mai ana i Taranaki ki Rotorua, na ka ahu mai nei ki Waikare-moana, tae mai nei ki Mohaka nei. Ko Tama-ahua:—

41 Tama-kaka	= Tuarohea
40 Punga-teretere	= Puatau
Kawakawa	= Manihi
Rua-tau-nui	= Hine-turi
Te Akaaka-whenua	= Murihau

	Tu-poto	=	Oneone
	Tahu-mutu	=	Tau-awhea
	Tu-ngutu	=	Puapua
	Manoki	=	Te Raranga
	Horowai	=	Hine-turama
	Whakaroto	=	Tu-whenua
30	Hui-whenua	=	Uruhau
	Tama-kai-tahi	=	Te Manga-wai
	Rua-riki	=	Punga-wai
	Pirongia	=	Rahotu
	Kahukura	=	Waitaha
	Te Iringa-whakatau	=	Wai-hape
	Ha-taupeka	=	Waitau
	Ha-tauira	=	Wairau
22	Tama-ahua	=	Tauranga
	Rau-mati	=	(*nana i tahu a* 'Te Arawa')

Koia nei tona whakapapa o tenei tangata i korero ake ai au mo te weranga o 'Te Arawa' waka nei i te ahi. Na taua tangata i tahu hei ngaki i te mate nana, no tona papa, no Tama-homai-kai, taina o Tama-ahua. E hara a Hatauira i te heke i a Turi; Kaore! No te heke i a Whatonga ia, i runga i a 'Kura-hau-po.' He tangata-whenua tenei no roto i a Tapere-nui, ara, he ingoa tenei no te whare o Whatonga, o Tapere-nui-o-Whatonga.

Ka kitea ki te au o te ahi e tu ana te paoa i te taha tu o te rangi, ka mohiotia kua wera a 'Te Arawa' i te ahi. Na, ka tikina ka torona; koia ano kua wera i te ahi. Ka whakahaeretia, mehemua nawai i tahu. Ka rangona kua tae mai a Raumati ki Tauranga ki te iwi o tona whaea; ka mohiatia na Raumati i tahu hei ngaki-mate mo tona papa, mo Tama-homai-kai. Ka whakatika a Ngati-Ohomai-rangi ki te ngaki mate mo to ratou waka. He mea tipu na Hatu-patu [Hautupatu in orig.] ki te tipu a Whakatau, i mate ai a Rau-mati. Na taua tipu i horoa ai te pari, ka mate ai a Rau-mati i taua horo, ka hoki te taua nei ki Maketu.

TARA O NGAI-TARA, ME TIMUAKI.

Ko Toka-a-tara, ara, ko Tara ia Hine-ruhiruhi. No Ngati-Rahiri tenei wahine. He ope haere atu no Tara ki Waihi, i te taha marangai o Waitara, i tua atu o Wai-papa, ko Te Taniwha te pa. Ka moea taua wahine e Tara. I te wa ka hapu a Ruhiruhi i a Tara, ka tae atu te rongo kua mate te whaea o Tara, a Hotu-wai-para. Ka hoki mai a Tara, ki Whanganui-a-Tara, ka poroporoaki iho a Tara ki te wahine, "Hei konei! E whanau to kopu he tamaroa, me tapa e koe hei ingoa moku, Tapuae-tahi-a-Tara. E whanau he kohine, waiho he ingoa te rehunga mai o aku mata ki a koe." I muri ka whanau he tamaroa, ka tapaia ko Tapuae-o-Tara.

Tapuae	=	Miro
Taniwha	=	Wai-whiri
Tahau-nui	=	Wairiki
Orooro	=	Hina-maunu
Taha-rangi	=	Waipu
Toka-a-Tara	=	Ururoa
Tu-tanuku	=	Kokohine
Hine-wairangi	=	Taharengi
Nga-whawhata	=	Punui
Timuaki	=	Waiwai

tuarua, i a Tuahoanga, ko Potihi-roa te tungane. Koia nei te tangata i haere tuatahi ki te tiki pou-namu i Ara-hura. Ko Timuaki, no muri mai ka whai atu a Waiwai, a Potiki-roa, a i mate atu a Tua-hoanga ki tera motu, i paea te waka ki te akau, ko te tungane i ora; i moe i a te tamahine a Manga-huru, i a Puna-te-rito-rangi. Kati tenei.

CHAPTER XI.

(Told by Te Matorohanga.)

The reason why details of the other canoes are not here given—Of Toi-te-huatahi —'Tainui' and 'Te Arawa' canoes—The Migration of Tara-pounamu—The Ngati-Awa tribe—Turanga-i-mua and Tane-roa—Ngati-Awa migrate to the West Coast—Ngati-Mamoe migrate to the South Island—The expedition of Turanga-i-mua to the North—The heavenly Whare-wānanga—The Wharekura at O-akura—Tama-ahua and Raumati—The burning of 'Te Arawa' canoe—Tara, of Ngai-Tara and Timuaki.

[THE following Chapter is somewhat fragmentary but, nevertheless, throws light on several important points in Maori History which is not to be gathered from other sources.]

NOW, I desired to recite the history of all the canoes [of the fourteenth century] in order that it might be made clear the places they came from, and the causes why they left the islands of the ocean and Hawaiki. But it has been objected that it is not appropriate to recite the histories of outside tribes, but only our own. This is a wrong view. The *Whare-wānanga* was a place where all important histories were collected—it dealt with the gods, the heavens, the stars, the suns, the moons,[1] the *kauwhanga*[2] of the heavens, the winds, the clouds, and extending down to Papa-tua-nuku [The Earth], and all things pertaining thereto, as also to man, and of all subjects that were considered as appropriate to be taught in the *Whare-wānanga*, in order that such knowledge might be correctly transmitted to the descendants of the tribes. If anything was considered as unfit, it was cast aside, and not taught in the *Whare-wānanga*, and was then relegated to the assemblies on the winter nights, as mere stories to amuse. It was in these latter assemblies that clever, brave, and quick youngsters, able to retain what they heard, were selected to join the ranks of the youths

---

1. The Sage merely puts the sun and moon in the plural form to accord with grammatical rules—not that he intended to imply there was more than one of each.

2. *Kauwhanga*, means the space that laid between and separated the twelve heavens one from the other. The word is also used in one other case only, viz.: for the four stones that encompass the fire-places in a sacred building, such as a *Whare-wānanga*; the ordinary name of such stones, in a common building, is *takuahi*.

in the *Whare-wānanga* to be taught concerning the 'Toi-o-nga-rangi' [the uppermost Heaven, i.e., the most sacred things], and to be able themselves to teach thereafter. But, enough! the elders wish these things excluded—Let it be so.

TOI-TE-HUATAHI.

After Te Mątorohanga had thus ended, I [the Scribe] said to him, "Recite the pedigree of Toi-te-huatahi descending to him, his father and mother also—also to Kupe." The following is the recital of that pedigree :—[see the Maori text Chap. XI.]

That is all of that; you must look up the descendants of Tama-ki-te-hau who married Hine-rau-tipu, to find the father of Toi, the line which descends from Te Hau-te-horo, whose wife was Kaiwai.[3] You clearly understand that Toi was a great chief. Hence was it I said that Tamatea-ariki-nui followed him to Aotea-roa, because, at that time, the fires of Toi and Whatonga had become cold ashes here [i.e., they had passed away, almost forgotten]. Hence it was that Tamatea dwelt [on a visit] at Port Nicholson, the home of Tara [Whatonga's son] and his people on his way to Arapaoa [South Island] when 'Takitimu' canoe was left in the south with Tu-taka-hinahina and others. [Afterwards to return to Hawaiki, says the Scribe.]

TAINUI AND TE ARAWA CANOES
(Fourteenth Century)

My narrative will now return to the time, and I will explain the reason, that Hotu-roa [Captain of 'Tainui,' see Chapter X.] went off to see Tamatea-ariki-nui, when 'Takitimu' anchored off Whanga-paraoa [east side of Bay of Plenty]; both he and Nga-Toro-i-rangi went off. This is the reason: Hotu-roa and Nga-Toro' were both related to Tamatea; presently I will show the connection. Do not you forget to remind me.

After Tamatea had departed for Muri-whenua [North Cape] in the north, Hotu-roa and his people came to the conclusion that it was not advisable for them [and the people of 'Te Arawa '] to live together, lest troubles should arise amongst them, like those in Tahiti. Hotu-roa therefore said to his people, " Let us proceed to some other part of this island and search for a home for ourselves." All parties consented to this. That was one of the reasons; another was on account of the deceit of Te Arawa people about their whale. When 'Tainui' first arrived at Whanga-paraoa, a whale had drifted ashore

---

3. See the long pedigree beginning with Muri-ranga-whenua in Chapter X. Tama-ki-te-hau is thirty-three generations from the year 1900.

there.[4] They obtained some flax from which they made a long rope, and tied one end to the whale, and fastened the other to a tree ashore. Then 'Tai-nui' was hauled up on the beach, and the crew went to explore the land and find a suitable place to settle on; they were overtaken by night, and remained at the spot they had selected.

After them 'Te Arawa' canoe arrived at Whanga-paraoa, and saw the whale lying there with the rope attached. They knew from the canoe that it belonged to Hotu-roa's party, and that theirs was the rope tied to the whale. These people now made a rope for themselves, and scorched the flax at the fire so that it might appear dry; then they set to work to do the same with the leaves, etc,, they used at their camping place, so that the others might think they ['Te Arawa'] had been there some time. After this they fastened the rope of scorched flax, of Tama-te-kapua, [Captain of 'Te Arawa'] to the whale, and placed it beneath that of the 'Tainui' men, and buried the shore part in the sand.

When the 'Tainui' men returned to cut up their whale [for food], they beheld another rope attached; they asked whose it was, and were told it belonged to the men of Te Arawa. (But I am wrong in saying of Te Arawa—that was the name of their canoe—Ngati-Oho-mai-rangi was the original name of their tribe, even from Hawaiki.[5]) Hotu-roa and his people declared the whale was theirs—"It was our canoe that arrived first, and ours was the first rope attached." Tama-te-kapua replied, "Not so! It was our canoe arrived first! and ours was the first rope attached." The rope of Tama-te-kapua was then taken up; it was quite dry [and not green flax like the other]. Then their camp was examined; truly it was so! the leaves, etc., were quite dry, as well as those of their shelters, all had been scorched [to deceive]. And so Hotu-roa's side was defeated, and the whale became the possession of Tama-te-kapua and his party. Hence was Hotu-roa down hearted, and gave the command to his people to depart.

THE MIGRATION OF TARA-POUNAMU.

'Tainui' was launched, and they directed their course to the north and eventually reached Kawhia [on the west coast, North Island]. After they had landed and been living there some time, Tara-pounamu

---

4. Hence the name, Whanga-paraoa, Whale Bay.

5. It was only in later years, after 'Te Arawa' canoe had been burnt by Raumati (see "Memoirs," Vol. I.) that the tribe took the name of Te Arawa, which they bear to this day. On account of the dispute over the whale, the tribe has been called by other tribes, '*Te Arawa mangai nui*'—the big mouthed Arawa—due to their strenuous upholding of their fictitious claim to the whale.

expressed his desire to explore other parts, to the south, beyond Kawhia. Hotu-roa and his people consented to this, and he said, "Be very careful in taking care of our canoe." And so Tara-pounamu and his companions started, and went down the coast southward to Mokau, into which river 'Tainui' entered and was left there for a time. Tara-pounamu discovered in that district a suitable place for his party,[6] and then returned to fetch the women and children. They were all brought to Mokau to live, and 'Tainui' was hauled up there; but they did not build a shed to keep off the sun, the wind and rain. When the news reached Hotu-roa that 'Tainui' was ashore being exposed to the wind and storms, he was much annoyed, and said to his men, "Go! fetch back our canoe, bring it here to lie." The men went to Mokau, and then paddled 'Tainui' back to Kawhia; after which Hotu-roa said, "Drag the canoe into the clump of wood and let her lie there; then erect pillars at the bow and the stern as a sign to us of the length of Tainui." The stone pillars were set up and they were named 'Hine' at the stern, and 'Puna' at the bow. It is said these were the names of the anchors of 'Tainui,' they were stones brought from Tahiti, and they stand there still. This matter was deposed to by Hotu-roa in the *Whare-wānanga*. One of the anchors was left at Mokau, and is there now in a cave. [According to the Taranaki accounts, Tara-pounamu settled down at Waiiti, some twelve miles south of Mokau—see Journal Polynesian Society, Vol. XVII., p. 4, for the subsequent history of these people. Plate 5, p. 2, same volume, shows the pillars marking the resting place of 'Tainui'; they are eighty-six feet apart, and this indicates the length of this ocean-going canoe.]

[Here follows a brief table of Tara-pounamu's descendants—see the Maori Chapter XI.— but I do not see the connection unless Kahukura was his son. The Ngati-Tama—south of Mokau—and Ngati-Mutunga of Urenui north Taranaki are said, in part, to descend from him.]

This name of Tara-pounamu originated in this island. When the 'Tainui' people settled at Kawhia they found the Ngati-Hikawai tribe living there. The men of 'Tainui' went and took many of their young women, more than twenty-five of them. One of them possessed a piece of *pounamu* [jadeite] called a *tara*, or barb, it was a barb for spearing birds, and had been fixed on to a carefully prepared piece of wood [bird-spear], whilst the wood is soft [green?] the barb is fixed on below the place where the string is fastened, coming down in the

---

6. They settled at Waiiti—North Taranaki.—See 'Taranaki Coast,' p. 109.

barbs from the point . . . . When completed it is called a bird-spear, often thirty and forty feet long. This barb was made of jadeite.

The young woman who owned this barb, was a very fine girl, Hine-moana-te-waiwai by name, and she was first married to Tama-whare, and then Kopu-wai abandoned his old name and took that of Tara-pounamu. This was the first piece of jadeite that the 'Tainui' people came across. This man's (Tara-pounamu) descendants dwell on the west coast, and extend even to the Ngati-Mania-poto people [of inland Waipa river, and the head of the Mokau river].

The great *pa* where Kahu-kura lived was Maru-wehi at Urenui, Taranaki, where the Ngati-Mutunga tribe lives [Maru-wehi is an old *pa* on the north headland at the mouth of Urenui, twenty-two miles north of New Plymouth].

Tu-whakapau [not mentioned in the pedigree, but see Table XXXIIIA. in 'Taranaki Coast'] married Rau-niao, a woman of Ngati-Hau of Whanganui; she was taken a prisoner at the battle of Te Rake-tawa near Tangahoe [in the Patea District, South Taranaki]. The reason of that battle was this: [some people of Mutunga] went to seize land, and found the Whanganui people at Tangahoe; the party of Mutunga were beaten and fled. As they retreated through the forest, they came across a party of women gathering forest foods; there were seven of them, and they were brought away as prisoners; afterwards one of them was married to Tu-whakapau, son of Mutunga [who was grandson of Uru-pare—see Chapter XI. of the Maori text].

THE NGATI-AWA TRIBE.

Now, this is an explanation of mine; the original and proper Ngati-Awa are those that live at Whakatane and Te Awa-o-te-atua [Bay of Plenty]. They are the descendants of Toi-kai-rakau whose history has been given. Now, the Ngati-Awa that separated off to the western coast of Taranaki, who are called Te Ati-Awa (which is one pronunciation) are thus accounted for: Ngati-Awa is their proper and original name, and, in consequence of their wandering habits they have been called Koro-Ati-Awa. Ngati-Awa of Whakatane are therefore the true tribe of that name, and this is the descent:—

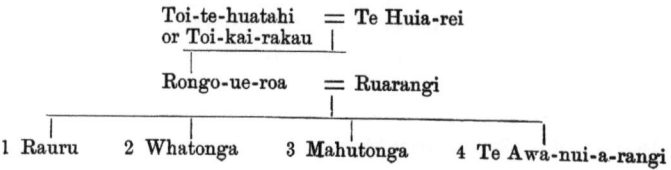

Awa-nui-a-rangi [the eponymous ancestor of Ngati-Awa] was a bastard by Uenuku-rangi [not the man of that name shown in the Genealogical Tables in this volume, but one of the minor gods, one of the seventy children of Rangi and Papa—Heaven and Earth—says the Scribe. See his position as god, No. 60, " Memoirs," Vol. III., p. 118.] He said to Rongo-ue-roa, " Farewell, O thou! If a male child is born to thee hereafter, name him from the *awa* (river) from whence I ascend, Awa-nui-a-rangi. And if a girl, call her Hine-awa-nui-a-rangi [Lady-the great river of heaven].

[Then follows the genealogical descent as in the the original Maori text, Chapter XI., down to Hine-aorangi, 2 Uenuku, 3 Hine-aurei, about whom the Sage says:—]

Uenuku's descendants are with Kiri-kumara [our well known ally in the Maori wars at Taranaki, of the ' sixties '—long since dead] and his *hapu*, and Te Ati-Awa.

Hine-aorangi, her descendants are amongst Ngati-Awa of Whaka-tane and Te Awa-o-te-atua [Bay of Plenty].

Hine-aurei, her descendants are Ngati-Mutunga, Ngati-Tama of Pari-ninihi, including those at Waitara and Nga-Motu, ending with the Taranaki tribe. The above are all the names that were preserved in the *Whare-wānanga*; let their descendants carry the lines on.

[The narrative then repeats the interview between Turi and Tama-tea, which has been given in Chapter X., and goes on as follows:—]

TURANGA-I-MUA AND TANE-ROA.

Whilst Tamatea-ariki-nui was with Turi at the mouth of the Whanganui river, the child of Turanga-i-mua, Turi's eldest son, was born. Tamatea said to him, "Call your child after me." This was agreed to, and the child was named Tamatea.

Now, it was told to me by Nga-Waka-taurua [of Ngati-Rua-nui, of Patea, who was a well known old man in the sixties, and very learned] when we met at Tai-porohe-nui, that a serious trouble arose between Tāne-roa and Turanga-i-mua [Turi's children] and their descendants. The cause was, when Tāne-roa was pregnant she desired some meat. Uhenga-ariki, her husband said, "O Lady! who indeed shall be killed for you?" Tāne-roa replied, "Kill 'Papa-tukura' as food for me." (This was a dog belonging to Turanga-i-mua, the male named 'Mata-whare' was saved.) Said her husband, "Presently there will be trouble about this!" Tāne-roa said in reply, " Kill it!" So the dog was killed and then cooked and eaten, and the skin was hung up. In the evening ' Mata-whare,' the male dog returned home, but 'Papa-tukura' did not. It was then searched for, and the skin was seen at

Tāne-roa's home; this was reported to Turanga-i-mua—"Your dog has been found, the skin is hanging up at Tāne-roa's house." Turanga-i-mua went to Tāne-roa and asked, "Who was it killed my dog?" Tāne-roa replied, "I did! It was a desire for flesh on my part!" Turanga-i-mua then said, "Thy evil to my dog! to kill it! You shall arise from here and depart!" Tāne-roa said, "O! what consequence was the dog to you? My child is more important than the flame of the fire." After this Tāne-roa said, "It is well! I will remove to the side of the sea so you may be rid of me."

So Tāne-roa removed from there [south side of Patea river] to Whitikau [a few miles north of Patea] where the house 'Kai-kāpo' was built. When the children of Tāne-roa had grown up she directed them, saying, "Should you desire sweet food, there are your elder relatives living at their village." Now, this was a very evil saying, it is not right that relatives should thus say of one another. Do not you hold fast to similar doings, it is a very bad thing for the door to turn upon the back of the house. If a house is destroyed, where is there a shelter from the winds and the storms? The house gives shelter from the storm; food supports men within the palisaded *pa*; by respect to other men is *măna* acquired, and men will fear you." [i.e., respect you.]

Some of Tāne-roa's descendants migrated to Wai-rarapa, and are there still; for instance Ngai-Tāne-roa, who live at Taumata, at Hurunui-o-rangi.[7] Some remain on the west coast, at Patea. It is said that 'Kai-kāpo' was a *whare-maire* [house of teaching] belonging to the descendants of Turi. Enough! I have already explained about this kind of house, they were houses of evil, where witch-craft, man-destroying, food-destroying were taught—they were the houses of the plebeians, and evil-minded people. [See Chapter I., "Memoir," Vol. III.]

THE MIGRATION OF NGATI-AWA TO THE WEST COAST.

I will now explain this matter: One division of Ngati-Awa came [from Whakatane] to Pou-o-kani and dwelt there, on the north side of Lake Taupo. They migrated by way of Waikare-moana Lake, and so made their way through to Pou-o-kani. On their arrival there they found Maru-whara-nui in occupation; he was a descendant of Hotu-roa [Captain of the 'Tainui']. After staying there a long time they removed to Taumata-mahoe [the forest country west of the Tanga-rakau branch of the Whanganui river—about forty-five miles due east

---

7. See the old song, page 135, "Taranaki Coast," for confirmation of this.

of New Plymouth] and there dwelt. They found Tau-karihi living there, and after some time Rongotea-tau-karihi [not the man of the same name, the grandfather of Turi[8]] married Hine-ata the daughter of Te Ata-o-rangi of that division of Ngati-Awa. Then Tau-karihi said, "Let us all go to my district and live there," and so they all came to Patea to dwell.

Now in due course of time, a war-party of Turi's descendants under his son Turanga-i-mua went against the [*tangata-whenua* tribes] Te Tini-o-Maruiwi, Rua-tamore, and Te Pana-nehu, who dwelt at Okoki at Urenui [the Okoki *pa* is twenty-four miles north of New Plymouth]; and from thence on to Tamaki [Auckland Isthmus] and to Hauraki, and then on to Tauranga in the Bay of Plenty. When the party of Turanga-i-mua arrived at Okoki, they took that *pa*, and Te Ika-tu-whenua, one of the chiefs of the tribes named, was killed there. The body was cooked, but when the oven was opened the body was all burnt, not a part was left. The men gathered round and ate the scraps adhering to the stones. Hence is the name Paka-kohi [scrap-collectors] given to the descendants of Te Ika-tu-whenua.

You must understand, the tribes of this island are the descendants of intermarriages with the people named—Tini-o-Maru-iwi, Tini-o-Rua-tamore, Tini-o-Pana-nehu, Tini-o-Pohokura, Tini-o-Tai-tawaro [all *tangata-whenua*] of Awa-nui-o-rangi, of Tara, etc. And remember that we all descend from Toi, his offspring, and those mentioned above; we have in us the blood of those people who occupied this land before Toi and his descendants and his companions who migrated here with him; because it was through the women of those tribes they had descendants. This fact cannot be contradicted. Those of the *tangata-whenua*, who kept separate and did not inter-marry with the migrations at the period of Hotu-roa and others, were exterminated by the last comers, so the land might be free from them, and their young women served as wives for the migrants. Ngati-Kahu-ngunu, who live along the east coast of these islands, are not excluded from the blood of those ancient people because we also claim to be descendants of Whatonga, Mahu-tonga, Rauru and Awa-nui-a-rangi [all migrants].

8. See Table XXXVIII., p. 131, "Taranaki Coast."

272   THE LORE OF THE WHARE-WANANGA.

This is the descent from Maru-iwi [who gave his name to Te Tini-o-Maru-iwi]:—

```
                        Maru-iwi = Pae-whenua
                               |
  ┌──────────────┬─────────────┼──────────────┬─────────────┐
1 Te Hopuata = Komakoriki  2 Haere-moana  3 Hau-paroa   4 Te Akaaka
         |
       Paeata                  5 Whakatara  6 Mokau  7 Poho-kura
         |
       Awatere
         |
       Horohoro
         |
       Akanui
         |
       Makawe-roa
         |
       Te Ika-tu-whenua = Horahia. [The man killed and baked at Okoki]
                      |
       Te Pakakohi    = Wai-matua
                      |
  ┌───────────┬───────┼────────────┬──────────────┐
1 Te Hoka-o-te-rangi 2 Whanui 3 Te Moana-nui 4 Kawakawa 5 Puke-aruhe
```

I have told about Te Hoka-o-te-rangi and Hine-ata, who married Tau-karihi, who migrated to Patea when Hine-ata married Karihi. Now, Te Moana-nui separated off to Hotu-nui, whose daughter Hine-awe-para married Maru-whara-nui, and they had Waita who had Tara-moana, whose descendants are with the people at the head of the Whanga-nui river.

Karaua was a descendant of Maru-tuahu and Whanaunga, whose daughter she was, married to Tawarau. Whanui [2, above] married Pitorua, who was from Ngati-Na, and hence the claim Te Pakakohi *hapu* [of Patea] have to Wai-pare at Anaura [forty miles north of Gisborne] and other places where Whanui's descendants live.

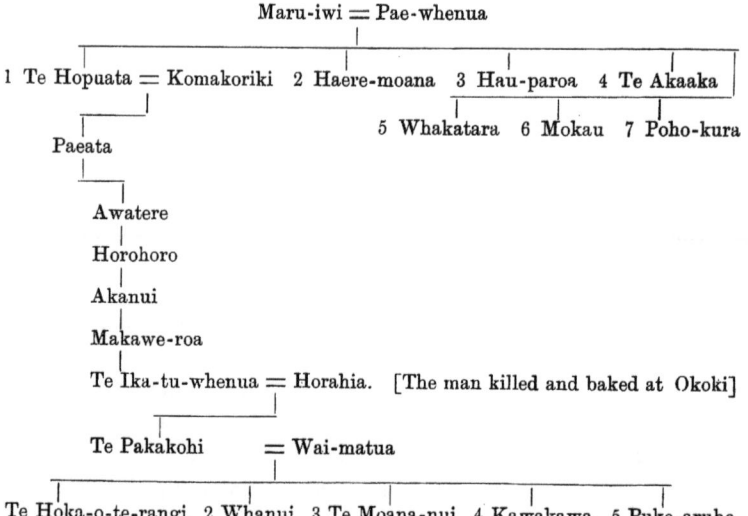

4 Kawakawa = Wai-ngara
              |
           Waipara
              |
        Tawarau = Karaua

The descendants of Puke-aruhe [5, above] are with Ngati-Tama and Ngati-Mutunga [North Taranaki].

Pohokura [son of Maru-iwi above] had lands in the Tarawera district, to which he gave his name [a hill near Tarawera, Napier-Taupo road]; this son of Maru-iwi migrated to that part and dwelt there. [This no doubt is the Pohokura, contemporary of Toi, see Chapter V.] Mokau [sixth son of Maru-iwi] gave his name to Mokau river. I don't know what became of him.

Pohokura [seventh son of Maru-iwi above] visited Toi-te-huatahi, to beg of him to return his daughter Piopio, who had been taken prisoner by Toi. She married Ata-kore, grandson of Toi—[see Chapter V.].

THE MIGRATION OF NGATI-MAMOE TO THE SOUTH ISLAND.

Tu-rau-kawa, and Nga-Waka-turua and Hau-auru of Whanganui (who were old men with great knowledge), when we were at Pito-one [near Wellington] in 1841, told me that it was perfectly correct [that there had been such people] as Tini-o-Maru-iwi, Tini-o-Rua-tamore, Tini-o-Pananehu, Tini-o-Koaupari, and Tini-o-Tai-tawaro. One of the *hapus* of this people migrated to Arapaoa [South Island]; it was Ngati-Mamoe of the Wairoa, Mokau (? Mohaka) and Here-taunga. They were a very large division of those tribes above-named. Orotu was their head chief, hence the name of Ahuriri harbour is called Te Whanga-nui-o-Orotu. It was Rangi-tane and Ngati-Kahu-ngunu who drove these people to Arapaoa.

THE EXPEDITION OF TURANGA-I-MUA TO THE NORTH.

Some time after Matangi-reia [Turi's home] at Patea had been occupied by his people, Turanga-i-mua, Turi's son, together with his war-party, arose from Patea and went north; that is, to that part in North Taranaki called Pari-ninihi (the White Cliffs), and from there on to what is now Auckland. The name of his *pa* there was Tamaki. Whilst they were living there a quarrel arose between them and the people of the place, in which the latter were defeated. Kauika was the *tohunga* [priest] who had charge of the god of the war-party.

There are a number of old *pas* in the Taranaki district; at the mouth of the Waitara river is Te Rohutu, on the eastern side. There are Arapawa-nui, Te Kerikeringa [inland Waitara], Puke-rangi-ora, O-taraua, Rarotonga, Te Rewarewa, and O-taka, all of which are very old. [It is not very obvious what these have to do with Turanga-i-mua's expedition.]

Te One-potakataka was the name of the *pa* that was taken at Tamaki, where Titahi was killed. After that Tamaki did not appear a good place to Turanga-i-mua to dwell in—the food plants did not grow well and the soil was bad. So he and his party came away from there by way of Rotorua, and then by Waikare-moana Lake, coming out of the mountains at Mohaka, and thence on to Ahuriri, where the people built their *pa*, which they named Karaka-nui—because Karaka berries were their food on their travels.

[NOTE.—Just here arises the question as to the oft repeated tale to the effect that Turi of the "Aotea" canoe introduced the karaka to New Zealand. Perhaps this statement may read as meaning that he —calling at the Kermadec Islands, as there is little doubt he did— brought some seed karaka from that Group, where the tree grows. But the fact that it also grows at the Chatham Islands, south-east of New Zealand, where Turi never was, nor has there been any communication with that Group since Turi's time until the eighteenth century, seems to prove that the tree is a native of both New Zealand and those islands. Turi may have been struck by the use of the fruit as a food and brought some of the berries with him, and then found it growing here also. It is also stated in these traditions that we are now dealing with, that Kupe, the undoubted discoverer of New Zealand, also brought the karaka with him, and planted the seed at Te Mahia on the east coast, and at Patea on the west coast. If so, he must also have called in at the Kermadec Islands. There is far more reason in this story than in that of Turi, for from the date of Kupe's discovery of these islands in the tenth century, the tree would have had time to spread, and as the Maoris occupied the Chathams about the thirteenth century, they may have carried the seed with them there.

The following is the statement in these documents as to the planting of the karaka at the east and west coasts : "The *pa* of Turi at Patea was named Matangi-reia. It was here that Kupe planted the karaka, that is, the post of his canoe. It is on the south side of the Patea river where the karakas are standing. If the fruit is found on the west side of the tree, it will be a good year for fish, if they fruit on the east side, there will be plenty of birds that year ; these are the signs of those trees. These trees were brought from the islands of the great ocean.

. . . . He passed on to Patea where he planted some karaka seed of the species called 'Oturu,' which—says the Scribe—is also to be found at Nuhaka near Te Mahia, and is believed to have been brought there by Kupe (also said to have been introduced by Whatonga in the 'Kura-hau-po' canoe). See Chapter III. hereof.]

[We continue the account of Turanga-i-mua's adventures.] When the Rangi-tāne tribe of Mohaka and Tutae-kuri heard of the arrival of these strangers in the district, they sent spies to find out about them. Pitahi and Moko-nui went to examine the new *pa*. When they were seen they were both killed by the expedition. After a time, Te Pu-kaka-nui [of Rangi-tāne] sent other four men, one of whom entered the *pa* in the night, whilst another of them remained outside on the watch. The spy now learned that this was Turanga-i-mua's party, and Taupua [? of the *pa*] said to some of the young men of the party,

"Let us go outside and see if we can catch some *wekas*." To this the young people agreed, as did the two spies. When they had reached some distance from the *pa*, the two spies seized the young people and brought them away as prisoners.

On arrival at Te Poho-o-Tutaki, to the *pa* of Ngati-Mamoe, the prisoners were asked, "Where do you come from?" They replied, "From Hawaiki. We landed on the west coast, and thence we have come to see what this land is like, to see its goodness." Then they were asked, "Who is your chief?" The reply was, "The eldest son of Turi, Turanga-i-mua." "A! How many are there of you?" The boys replied, "Over three hundred."

Then the Ngati-Mamoe went and fought against the intruders, but they were defeated by Turanga-i-mua and his party.

After this the expedition withdrew from those parts, but they were followed, and were defeated at Wai-kopiro by Rangi-tāne and Ngati-Mamoe. But Turanga-i-mua and others escaped, and fled by way of the Ruahine mountains, to which place they were followed, and overtaken at the *pa* of Toro, just above Pou-hangina. And here Turanga-i-mua, Kauika (the priest), Te Noho-parae, Kakariki, Tauwhare, Potahi, and Marangai were killed. Over two hundred were there killed by Rangi-tāne. The few that escaped made their way back to Turi at Patea, and reported that Turanga-i-mua was dead, when a great sorrow fell on Turi, so that he went away and committed suicide by throwing himself over the cliff at Patea. Thus died this old man.

[NOTE.—The expedition of Turanga-i-mua must have taken place somewhere about the year 1375, or towards the last quarter of the fourteenth century, and it shows that the *tangata-whenua*, as represented by the people the expedition came across at Tamaki, and afterwards near the present town of Napier, were very numerous; although the narrative says they defeated the Ngati-Mamoe and Rangi-tane, it is obvious they were driven away to be badly beaten at Pou-hangina; or as the story of Turi's descendants says, at Te Ahu-o-'Turanga on the spurs of Ruahine mountains, which bears his name to this day.]

THE WHARE-WANANGA OF THE HEAVENS.

The house named Matangi-reia was that of the Supreme God IO. It was to this house that the god Tāne went to secure from the Wananga-a-Rangi (heavenly knowledge), the knowledge of the *wananga* of Papa (knowledge of earthly things, laws, etc.). Rangi-atea was the house in which the knowledge of all pertaining to the service of the Ahurewa, or altar, was kept in the space named Rauroha, at the *pa* of the Whatu-kuras [or minor gods, guardians of the

'Heavenly Treasures']; and of the Marei-kuras [the female goddesses of the Toi-o-nga-rangi, or highest heaven]. Tawhiri-rangi was the house where those who were allowed to enter the upper-most heaven were purified; the entrance to which was named Te Pu-motomoto, which always was open. Uru-rangi was the door by which the spirits entered the upper-most heaven. Whakamoe-ariki was the name of the house where dwelt the gods Ruatau, Aitu-pawa, Rehua, and the Pono-aua, called 'The Many of Pono-aua.' Whare-kura was a house in Rangi-tamaku [eleventh heaven from the top]—and it was from that house that all later houses of that kind were designed, i.e., it was the pattern of all subsequent houses, and it also gave its name to all later houses—Whare-kura. It was in this house that was suspended the 'wananga' that Tāne brought down from heaven, together with the 'whatu-kuras' [or 'stones of knowledge']. Tangi-te-wiwini was the name of a house that was built in the land of Irihia (the fatherland), at Tawhiti-pa-mamao, at Te Hono-i-wairua.

THE WHARE-KURA AT O-AKURA, TARANAKI.

When Te Hatauira, Rau-matangi, Maunga-roa, Te Hape, Tauarau, Whatongo [*sic*.? Whatonga], Tu-kapua and Te Akaaka-whenua came here [in the 'Kura-haupo' canoe], they brought with them a 'Papa-tatau' (or inscribed stone) of (or from) Whakamoe-ariki [one of the heavenly houses] from the other side, and when Manaia came in the 'Tokomaru,' a house was built for it at O-akura. When the house was built it was named after the original one; the reason of so doing was the '*pa-paepae*' [the meaning of this is not clear, but it is suggested it refers to the altar within such a sacred house as that at O-akura was]. It was made of Kiri-karā [probably some kind of basalt] it was red in colour.

TAMA-AHUA AND RAU-MATI.

Tama-ahua married Tauranga, and they were the parents of Raumati. Another of his wives was Kau-whanga-roa, who was the mother of Rakei-nui-kapua. On one occasion Tama' was overcome with a great shame, when his waist-cloth named 'Tauhere' fell off, and his wives laughed at him because he had been circumcised. He said to his wives, "What are you laughing at? Had I not been gifted with the powers of a man, there would have been something for you to laugh at. But now, I intend to take to the paddle, and be off to Tawhiti-nui, to Hawaiki, over the drawing-currents of Hine-Moana, and then you two will not laugh."

Tama-ahua then went away to bid farewell to his sister Tapuwae, who lived at Te Iringa [sometimes, but wrongly, called Kai-take ranges] where she was living with her people, the Kahui-maunga. He uttered his farewell thus, " Remain you here, for I am going back to our original home at Hawaiki. Look you to the east in the days to come, and you will see my likeness gleaming in the morning light, and then you will know that I have reached the place where the ruddy sun rises, at Hawaiki. When you see it you will be sure that I have safely reached the land."

So Tama-ahua prepared his canoe named ' Te Moana-waiwai,' and he called to his assistance the schools of whales that they might convoy him across to Hawaiki. When he reached the other side, he caused his shadow (or likeness) to appear on the Pouakai Ranges; and hence is it that the morning light shines on that range. The sister thus knew that her brother had safely reached the other side.

The reason why the two wives of Tama-ahua laughed at him was, because circumcision was to them quite a new thing. In their own tribe they had nothing of that kind—that is, in the Kahui-tara tribe, which is called Te Kahui-maunga tribe, but the first is the true name —sometimes called Ngai-Tara. The tribe are descended from Te Kahui-tara, and they came here in the ' Kura-haupo ' canoe long before Turi and his migration.

'TE ARAWA' CANOE IS BURNT BY RAUMATI.

The Raumati mentioned above is he who burnt 'Te Arawa' canoe, inland of Kaituna river at Maketu [in the Bay of Plenty]. The reason he burnt it was on account of the death of Tama-homai-kai, a younger brother, or relative of Tama-ahua, who was killed during the expedition of Turanga-i-mua [mentioned a few pages back] as they came from Taranaki on their way to Rotorua, from whence the party went on to Wai-kare-moana and Mohaka.

[Then follows a long pedigree of Raumati, for which see the original Maori text.]

That above is the pedigree of Raumati who burnt 'Te Arawa.' That man burnt it to avenge the death of his relative Tama-homai-kai, younger brother of Tama-ahua. Hatauira did not come in the migration of Turi—not at all! He belonged to the migration of Whatonga who came here in the ' Kura-haupo ' canoe. He was a 'tangata-whenua' from within Tapere-nui, that is, from the house of Whatonga, which was called Tapere-nui-o-Whatonga.[10]

10. Said to have been built inland of Gisborne, and also in the Seventy Mile bush.

When 'Te Arawa' was burnt, a great column of smoke ascending notified the fact to the tribe. They sent to see, and behold! their fears were realised. An investigation was then made as to who had done it; it was ascertained that Raumati was staying at Tauranga with the people of his mother, and it was at once known that he was the culprit, and had burnt the vessel in order to avenge the death of his *papa* [perhaps an uncle; Maoris do not distinguish between a father and an uncle unless the circumstances demand it] Tama-homai-kai. So Ngati-Ohomai-rangi [11] arose in their wrath to avenge the loss of their renowned canoe. This was accomplished by Hautu-patu [or Hatu-patu, according to the Arawa people], who made use of a powerful spell called 'Te Tipu o Whakatau.' It was through that spell that a cliff fell on Raumati and killed him, and then the war-party returned to Maketu.

TARA OF NGAI-TARA AND TIMUAKI.

Toka-a-Tara, that is, Tara, married Hine-ruhiruhi, who was of the Ngati-Rahiri tribe of north Waitara, Taranaki. Tara went with a visiting party to Waihi on the east side of Waitara, beyond Waipapa, to the famous old *pa* named Te Taniwha. [See "Taranaki Coast," p. 283, for some account of this ancient *pa*.] Here Tara married the lady, and soon after she became pregnant, the news arrived that Tara's mother had died, that is, Hotu-waipara. Tara decided to return to Whanganui-a-Tara (Port Nicholson), and in bidding fare-well to his wife said, "Remain here. If your child should be a son, call him after me, Tapuae-tahi-a-Tara. If a daughter, let her be called after the vision of my eyes to you." Subsequently a son was born and he was named Tapuae-a-Tara.

[Then follows a genealogical table from this Tapuae down to Timuaki, nine generations. For the full adventures of Timuaki, see "The Taranaki Coast," p. 165, where will be seen his search for the greenstone, or jadeite] Timuaki married Waiwai, and secondly, Tua-hoanga, the sister of Potiki-roa. Timuaki was the first man to go in search of the greenstone at Arahura on the west coast, South Island. Afterwards his wife, Tua-hoanga went in search of him, together with Potiki-roa, and Tua-hoanga died in that island; the canoe was wrecked on the coast, but the brother was saved, and there married Puna-te-rito-rangi, daughter of Manga-huru. That is all of that story.

[It is satisfactory to find in these notes from the East Coast the confirmation of names and incidents already recorded as derived from

---

11. The original name of the Arawa tribe.

the West Coast people, and now embodied in 'The Taranaki Coast'; the more so as this information was derived from the teaching of the *Whare-wānanga*, or Maori College, in which, according to the Sage, nothing was admitted but what was considered unquestionable.

Here ends Te Matorohanga's teaching as far as relates to the migration of East Coast tribes from the Fatherland, and the settlement of these wandering people in New Zealand. There is much more matter yet to be translated dealing with incidents in the history of these tribes from the fourteenth century down to the early years of the nineteenth century, which we hope to get recorded in print from time to time in the pages of the "Journal of the Polynesian Society."]

INDEX.

	PAGE.
ANCIENT foods of the Maori	10, 101
Arai-toto-Kore (or rice)	10
Ahu, or Oahu Island	11, 97, 29, 32, 133, 135
Ancient Indian vessels	23, 30
Alexander, Dr. W. D., reply to his criticism	36
Ancient inhabitants of N.Z.	54, 71, 112, 113, 271
Aotea-roa (N.Z.) origin of name	215
Axes, celebrated	219, 224
Ancient voyages, Hawaii to Tahiti	40
Awa-nui-a-rangi came to N.Z. with Toi, his descendants	255, 269
Awhi, ceremony to avert evil in a new country	119
Arawa Te, and Tainui canoes, arrive	265
Arawa Te, is burnt by Raumati	277
BORNEO is probably Tawhiti-nui	31
Bows and arrows used by first inhabitants of N.Z. (note)	73
Battas people of Sumatra	15
CHALDŒA, ancient	9
Canoes, the first known	13
Canoes of migration to Tawhiti-nui	27
Canoe race at Tahiti	29, 98, 212
Canoe named Ao-Kapua	38
Canoe named Uruao	16, 17, 209
Canoe named Tuahiwi-o-Atēa	38
Canoe named Matahourua	58
Canoe named Te Wao	98
Canoes, how lengthened	57, 209
Canoe building described	109, 151, 209, 212, 218
Canoe named Kurahaupo	109
Canoe named Te Hawai	86
Canoe named Tokomaru	129

INDEX.

	PAGE.
Canoes named Tangiapakura, Houama and Waimate	133
Canoes named (of the Chatham Island migration) Aotea-roa, Te Mapouriki, Rangiahua, and Te Ririno	155, 162
Canoe named Takitimu	205, 213, 218, 249, 263
Canoe named Te Karaerae	159, 213
Canoes of "the fleet" left at same time	212, 224, 239
Canoes accompanied by whales	223
Canoes at Whangaparaoa, N.Z.	228, 265
Cave dwelling, in Tawhiti-nui	28
Cave, Te Kohurau	28, 180, 216
Chatham Islands, aborigines flee there	75
Chatham Islands discovered by Toi (note)	101, 150, 152
Chatham Islands, Kahu's voyage to	149
Chatham Islands, Kahukoka returns to Hawaiki	161
Course steered by Aborigines to N.Z.	112
Course from Hawaii to Tahiti	40, 215
Course from Tahiti to New Zealand	65, 112, 215
College, Maori, nature of teaching	264
DRAVIDIANS, J. T. Thompson's theory	7
Deluge, The	7
Dates of residence in fatherland	12
Dog-like monster	185
Dates from Maori and Ratongan sources	12
Descent of Maoris *Tangata-whenua*	271
EAST Coast tribes, a later migration	18
Evil influences on settling in new country	117
GANGETIC Race	8
Genealogical Tables—	
Kupe's descendants and others	68
Tangata-whenua	75
People living in Irihia	12
Ancestors of Ngati-Mutunga	50
Ngati-Mamoe	75
Toi-te-huatahi	80, 116, 250, 255, 265, 268
Whatonga's children	90

INDEX.

iii

	PAGE.
Genealogical Tables—	
Whatonga's descendants (tangata whenua)	95, 117
Hatauira's descendants	96
Nga-Toro-i-rangi's descendants	120
Maui, to Rata and Toi } Toi to Whare-matangi }	opp. p 120
Manaia's descendants	120, 121, 136
Tama-ahua's descendants	137, 261, 276
Morioris ancestors	141, 142, 143, 151, 152
Maui to Tamatea	165, 234
Rangi-nui to Whātonga	172
Maruiwi	288, 272
HAWAIKI-NUI, same as Irihia	8, 10
Hono-i-wairua, fatherland	8, 10
Hawaii-loa, (?) identical with Tama-rereti	17, 20, 33
Hawaiian Islands, names	29
Hui-te-rangiora, his period	37
Hui-te-rangiora, his brother at Ra'iatea	38
Hui-te-rangiora, his voyage to New Guinea	38
Horouta, canoe built by Pawa	209, 212
Hora-nui-a-tau, fatherland of aborigines	91
Hokianga, Tamatea died there	249
INDIA, (Hawa, Sindhava)	9
Irihia, the fatherland	8, 28
Irihia, names of tribes inhabiting	12, 30
Irapanga, leads migration to Oahu	32, 35
Irapanga, his son leads migration to Fiji	36, 98
Iwipupu, and her celestial lover	176
Ira-kai-putahi, eats his mother's heart	180, 185
KURANUI, a part of the fatherland	8, 12
Kupe discovers New Zealand	53
Kupe, his possible identity with Te Ara-tanga-nuku	54
Kupe possibly led by birds to New Zealand	55
Kupe starts for New Zealand	58
Kupe crosses Cooks Straits	61
Kupe explores the South Island	63

	PAGE.
Kupe makes a feast	64
Kupe, his conversation with Turi	66
Kupe, his descendants', table	68
Kupe's visit to Samoa	150
Kupe's visit to Hawaii (note)	215
Kurahaupo canoe brought the Oakura stone	57
Kurahaupo leaves for New Zealand	109
Kurahaupo, The Taranaki account of	119
Kelp, used for preserving sea stores	60
Karaka tree introduced (note)	64, 240, 274
Kumara and Taro, not known in New Zealand in Toi's time	101
Kahukura, ancestor of Ngati-Mutunga	268
Kahui-maunga tribe	277
MANAIA arrives in New Zealand	113, 129
Manaia, his doings in Hawaiki	129
Manaia, his descendants	136
Maoris all have aboriginal blood	271
Maori and Rarotonga dates	12
Maruiwi, his descendants	258, 272
Maungaroa, Te, and Hatauira came to New Zealand in Kuahaupo	111, 113, 114, 119, 134, 137
Maui family	14, 34, 120, 165, 234
Mentawi Island	14
Migration, first, from Irihia	13
Migration, second, to Tawhiti-nui	27, 30
Migration, third, to Oahu	29, 32
Migration, fourth, to Tahiti	30, 39
Migration, fifth, to New Zealand	100
Migration of Toi-te-huatahi to New Zealand	100
Migration of Whatonga to New Zealand	109
Migration of Manaia to New Zealand	113
Migration of Turi to New Zealand	120
Monsoons	30
Mount Meru	10
Monster, The, Moehau	185
Mutunga and his son	268
NGAHUE, the voyager, his date (note)	58
New Zealand uninhabited in Kupe's time	66

INDEX.

	PAGE.
Ngati-Mamoe expelled from North Island	118, 273
Nuku-tama-roro pursues Manaia to N.Z.	132
Nuku-tama-roro returns to Hawaiki	135
Net, fishing, Poutama caught in it	113, 181
New Zealand (Aotea-roa) origin of name	215
Ngati-Awa, migration to Taranaki	116, 268
Ngati-Awa, origin of, West Coast	268
Ngati-Awa, migration to West Coast	270
Nga-Tara, origin of tribe, their location	117
OPPERT, G., "Original Inhabitants of India"	9, 11
Oahu, or Ahu	11, 29, 31, 32, 35, 98
Original inhabitants of New Zealand	54, 71, 91, 112, 271
Original inhabitants, their fatherland	73, 91
Original inhabitants, extermination of	74, 102
Original inhabitants, tribal divisions	76, 113
Original home of the Maoris	8, 10
Original people of Ra'iatea Island	105
Omens from actions of birds	130, 182
POLYNESIANS from India (J. T. Thompson)	7
Proto-Aryans, or Gangetic Race	8
People's names in fatherland	12
Pikopiko-i-whiti (note)	97, 223
Paikea, at Whangarā	185
Pakakohi, origin of name	258
Poho-kura, had land at Tarawera	272
Poho-kura visits Toi	103, 273
QUIPUS, or knotted cord	104
RICE, same as Arai-toto-kore	11
Rarotonga and Maori dates	12
Ruatea remains at Rarotonga	112
Ruatea on board Kura-haupo	110
Rangitane tribe, origin of	117
Raumati, who burnt Te Arawa canoe	119, 277
SINDHAVA (India)	7, 8
Sava	7
Sumatra is (?) Tawhiti-roa	14, 15, 21
Straits of Malacca	15, 22

INDEX.

	PAGE.
Stars used in navigation	21
Spirits go back to Hono-i-wairua	30
Stone at Oakura, brought in Kura-haupo	57
Samoa, visited by Toi (note)	101, 150
Sorcery	183
Stone pillars, showing length of Tainui	267
TAWHITI-PA-MAMAO, the Fatherland	7, 10
Tawhiti-nui, mountain of purefication	10, 11, 14
Tawhiti-nui is probably Borneo	31
Tawhiti-nui identical with Iti-nui	32
Tawhiti-roa, Island	11, 14
Tribes of the Fatherland	8, 30
Tribes of Tahiti	205, 132, 156
Tawhiti, or Tahiti	11
Tawhiti or Java-siti	22
Turehu people	13
Tonga-whiti migration	14
Tama-rereti the voyager	17
Tangata-whenua of New Zealand	54, 71, 112, 113, 271
Turi's conversation with Kupe	66, 100
Turi, his migration to New Zealand	120
Tuhua Island near Tahiti	97
Toi-te-huatahi's migration to New Zealand	100, 112, 150
Toi-te-huatahi, his grandson marries Piopio	103, 273
Toi-te-huatahi at Whakatane	114, 116
Toi-te-huatahi, his ancestors	250, 255, 265, 268
Tribes in New Zealand on arrival of Takitimu	239
Tini-o-Awa tribe	103, 116
Tongaporutu, origin of name	115
Turanga (Poverty Bay), origin of name	117
Tama-ahua, story of	114, 134
Tama-ahua, his descendant	137, 261, 276
Tama-ahua goes in search of the Jadeite	137
Tama-ahua, passenger in Kura-hau-po	110
Tama-ahua, his ancestors	276
Tama-ahua returns to Hawaiki	277
Tamatea's wives in Tahiti	175
Tamatea orders the building of Takitimu	206
Tamatea decides to go to New Zealand	213
Tamatea dwells at Hokianga	239

INDEX.

	PAGE.
Tamatea died at Hokianga	249
Timu-whakairihia, the sorcerer	182
Takitimu canoe, her building	205
Takitimu canoe, her dedication	216, 220
Takitimu canoe, position of crew assigned	217, 218
Takitimu canoe calls at Rarotonga	228
Takitimu canoe arrives at New Zealand	228
Takitimu canoe lands settlers at Tokomaru	239
Takitimu canoe lands settlers at Nukutaurua	240
Takitimu canoe left at Murihiku	265
Tara dwells at Port Nicholson	249, 263
Tara, or Ngai-Tara tribe	278
Tainui and Te Arawa canoes arrive	265
Tara-pounamu's migration	266
Tainui canoe at Kawhia	267
Turi's son makes expedition to Tamaki	271, 273
Turi's son quarrels with his sister	269
Titahi of the aborigines	273
Timuaki's expedition to South Island	278
URU, the land of	8, 9, 12
Ulu-nui of the Hawaiians	8
Uruao canoe	16, 17, 209
Uru-o-manono, Te, in Hawaiki	155
Uenuku-titi, the demi-godess, dwelt on the sea	176, 179
Uenuku the high priest	180, 219
Urenui, Kahu-kura's *pa* there	268
Uenuku, the god	269
VOYAGES, water on	11, 223
Voyages, earliest known, is Uruao	16
Voyages from Hawaii to Tahiti	39
Voyages, Kahukoka's to Hawaiki	161
Volcanic eruption, Tuhua Island	97
WHAREKURA, ancient temple	10
Water on sea voyages	11, 223
Wilson, Captain, on equatorial currents	34
Whatonga's sojourn at Ra'iate Island	98
Whatonga returns to Tahiti	103
Whatonga migrates to New Zealand	109

INDEX.

	PAGE.
Whatonga's descendants, etc.	117
Whatonga, his tribes in Hawaiki	119
Whiti-a-Poutama, incident in Tahiti	180
Witchcraft	182
Whare-maire (note)	184
Winds raised by sorcery	213, 224
Waitaha tribe, South Island, N.Z., origin	223
Whales, accompanying canoes	223, 158
White race (note)	13
Whare-wananga, nature of teaching, etc.	264, 275
Whare-kura, at Oakura	276

For EU product safety concerns, contact us at Calle de José Abascal, 56–1°,
28003 Madrid, Spain or eugpsr@cambridge.org.

www.ingramcontent.com/pod-product-compliance
Ingram Content Group UK Ltd.
Pitfield, Milton Keynes, MK11 3LW, UK
UKHW041951230426
12048UKWH00008B/273